Klaus Megerle (Hrsg.)

Warum gerade die Nationalsozialisten?

Klaus Megerle (Hrsg.)

Warum gerade die Nationalsozialisten?

mit Beiträgen von:
Jürgen Bergmann, Georg Kotowski,
Detlef Lehnert, Klaus Megerle
und Peter Steinbach

Wissenschaftlicher
Autoren-Verlag (WAV)

Berlin

CIP-Kurztitelaufnahme der Deutschen Bibliothek

Warum gerade die Nationalsozialisten? / Klaus Megerle (Hrsg.). Mit Beitr. von: Jürgen Bergmann ... - Berlin: Wissenschaftlicher Autoren-Verlag, 1983.
ISBN 3-88840-201-8

NE: Megerle, Klaus (Hrsg.); Bergmann, Jürgen (Mitverf.)

Herstellung: Interprint Limited, Marsa
Umschlaggestaltung: C. Cosin

Printed in Malta 1983

ISBN 3-88840-201-8

Inhalt

Einleitung

Wenn wir uns mit der nationalsozialistischen Machtergreifung beschäftigen, stoßen wir immer wieder auf die besonders unmittelbar nach dem Zweiten Weltkrieg vielfach gestellte Frage: „Wie war das möglich?". Es geht dabei in erster Linie um das zweifelsohne wichtige Problem der Voraussetzungen und Ursachen der „deutschen Katastrophe". Aber die Frage berührt noch weitere Aspekte. In ihr sind unterschwellige Vorwürfe verborgen, die sich gegen die Leichtgläubigkeit und das mangelnde Urteilsvermögen der damaligen Zeitgenossen richten. Es deutet sich auch ein gewisses Maß an Schuldgefühlen oder zumindest an Unsicherheit an, das sogar Nachgeborene hin und wieder beschleicht. Vor allem aber bringt sie das selbst heute - nach intensiver Geschichtsforschung - noch immer bestehende Erstaunen über das unfaßbare Geschehen zum Ausdruck; sie signalisiert das Unverständnis, mit dem wir die vor nunmehr fünfzig Jahren erfolgten Ereignisse und Entscheidungen zur Kenntnis nehmen.

Die Frage, unser Entsetzen und unsere Verwunderung stehen dabei in engem Zusammenhang mit der heutigen Situation. Das demokratische System in der Bundesrepublik präsentiert sich uns trotz aller Schwächen und Anfeindungen in einer gefestigten Verfassung - und dies, obwohl die Niederlage Deutschlands im Zweiten Weltkrieg noch offenkundiger war als im Ersten und obwohl darüber die staatliche Einheit des Reiches verlorenging. Und diese Erfahrung stabiler Verhältnisse überträgt sich - oft unbewußt - auf Teilbereiche unseres Erkenntnisgegenstandes. Wir sehen dann die Weimarer Republik in einem idealisierten Zustand, die demokratischen Parteien und ihre Vertreter in einem verzweifelten Abwehrkampf gegen die Feinde der Weimarer Ordnung. Für uns ist dabei selbstverständlich, daß die Republik erhalten werden mußte, und an der prinzipiellen Entschlossenheit und der guten Absicht der Demokraten zweifeln wir deshalb nicht.

Derartige Gedanken mögen ehrenwert sein, sie beziehen sich jedoch nicht auf die Realität der Weimarer Republik. Zu keiner Zeit war die demokratische Ordnung unumstritten, zu keiner Zeit wurde die außenpolitische Orientierung des Reiches von einem breiten Konsens getragen. Grundsätzliche Kritik und partielle Vorbehalte wurden dabei nicht nur von den extremistischen politischen Kräften vorgebracht; auch für ihre eigentlichen politischen Träger war die Weimarer Demokratie keine „Herzensangelegenheit". In der Zentrumspartei gab es starke monarchistisch und autoritär gesinnte Kräfte, die Deutsche Volkspartei stellte sich nur äußerst widerwillig und auch bloß vorübergehend auf den „Boden" der Verfassungsordnung, für einen großen Teil der Sozialdemokratie war Weimar nur eine Etappe auf dem Weg zum Sozialismus, und den Demokraten wurde von den Wählern bereits 1920 das Mandat für die liberale Republik entzogen.

Angesichts dieser Situation besaß das häufig bemühte Schlagwort von der „Republik ohne Republikaner" durchaus seine Berechtigung. Die Abwendung von der parlamentarischen Demokratie erfolgte nicht erst in der Endphase der Republik, in der Krise wurde sie nur offenkundig. Auch wenn der Bruch mit den Verfassungsprinzipien zur Durchsetzung gesellschaftlicher Teilinteressen bewußt herbeigeführt und Schritt für Schritt vollzogen wurde, stießen diese Aktivitäten weder 1930 noch später auf entschiedenen Widerstand. Hinzu kam die demoralisierende Wirkung der Wirtschaftskrise. Sie lähmte den letzten Beharrungswillen; zu deutlich schien die Unfähigkeit demokratischer Politik. Während ihre Träger und Anhänger nahezu völlig in Resignation und Apathie verfielen, triumphierten die Gegner des Systems. Zeugnisse hierfür gibt es in großer Zahl; beispielsweise schrieb ein der DDP angehörender Bürgermeister, „daß in tausenden von deutschen Gemeinden von der örtlichen Bevölkerung so gut wie garnichts für diesen Staat und für die Pflege der Staatsgesinnung dieses Staates erwartet werden kann" (zitiert bei Werner Jochmann, Brünings Deflationspolitik und der Untergang der Weimarer Republik. In: D. Stegmann u.a. [Hg.], Industrielle Gesellschaft und politisches System. Bonn 1978. S. 107).

Beim damaligen Weimarer Staat handelte es sich demnach nicht um eine gefestigte Demokratie, sondern um eine durch zahlreiche gesellschaftliche Auseinandersetzungen belastete und durch die Erschütterungen der Weltwirtschaftskrise sturmreife Ordnung: In dieser Phase gab es in der Republik weder konsensfähige Grundüberzeugungen noch verbindliche Werte. Vor einem derartigen Hintergrund stellt sich uns dann nicht mehr vordringlich die Frage „Wie war das möglich?"; angesichts des desolaten Zustands der Republik und des Anrennens der antidemokratischen Kräfte geht es vielmehr darum, warum gerade die Nationalsozialisten zum Zuge kamen. Schließlich gab es doch noch andere Gegner der Weimarer Republik, die eine Änderung, einen Ausweg aus den Krisen und Nöten versprachen. Da waren die Kommunisten, die durch revolutionären Umsturz zur Diktatur des Proletariats gelangen und dann einen Arbeiterstaat aufbauen wollten. Es gab die nationalistischen Gruppen und Parteien, die Deutschland zu seiner früheren „Größe", zur Monarchie zurückführen und die Parteipolitik durch „Sachpolitik" ersetzen wollten. Da waren schließlich die Propheten einer „konservativen Revolution". Reichskanzler von Papen strebte einen autoritären Staat an, sein Nachfolger von Schleicher suchte die Absicherung seiner Politik durch eine Gewerkschaftsachse unter Einbeziehung des „linken" Flügels der NSDAP, und auch der erste Kanzler eines Präsidialkabinetts, Heinrich Brüning, hatte sich bemüht, durch einen „Verfassungsumbau" die Weimarer Ordnung zu verändern.

Warum waren die Nationalsozialisten „erfolgreicher" als die anderen Gegner der bestehenden Demokratie und Republik? Diese Frage stellt einen Zugriff für die Analyse des Weimarer Untergangs und des nationalsozialistischen Triumphes dar, der zumindest in dieser Form neu ist. Er erlaubt es, aus der Vielzahl der in den einzelnen wissenschaftlichen Untersuchungen genannten Gründe für die nationalsozialistische Machtergreifung einige Ursachenkomplexe auszuwählen. Dabei kann verdeutlicht werden, welche Schwächen der Republik die NSDAP besonders angriff, wie sie dabei agitierte, worin sie sich von ihren Gegnern unterschied und warum sie diesen „überlegen" war. So kann das kaum noch entwirrbare Geflecht der Anlässe, Ursachen und Hintergründe für die Machtergreifung und die Machtfestigung freigelegt werden.

Dieser Konzeption sind die folgenden fünf Beiträge - trotz unterschiedlicher Positionen im Ansatz und bei der Wertung von einzelnen Aspekten - verpflichtet. Zunächst unternimmt es Detlef Lehnert, die Bedeutung der NSDAP als republikfeindlicher Sammlungsbewegung aufzuzeigen. Den Ausgangspunkt bildet die interessenpolitische und weltanschauliche Zerrissenheit des Parteienspektrums in der Krise des Weimarer Staates, ohne die der Erfolg einer „Volksgemeinschafts"-Ideologie nicht zu begreifen ist. Nach einer Skizze der wichtigsten Stationen auf dem Weg zur Machtergreifung werden die verschiedenen politischen „Lager" daraufhin untersucht, mit welchen Zielen und Agitationsformen sie in dieser Phase um die Gunst der Bevölkerung gekämpft haben. Durch diese vergleichende Betrachtung kann die Bedeutung der Leitfrage „Warum gerade die Nationalsozialisten?" gezeigt und zugleich ihre Ergiebigkeit für die Analyse der Machtergreifung demonstriert werden.

Im zweiten Teil, der sich mit der Ideologie beschäftigt, tritt diese Frage etwas zurück. Dies liegt weniger daran, daß fast alle Bestandteile der nationalsozialistischen Ideologie schon im 19. Jahrhundert und oft sogar nicht einmal in Deutschland entstanden sind. Georg Kotowski betont nachdrücklich, daß es schließlich die Nationalsozialisten waren, die die einzelnen Elemente der zeitgenössischen Ideologien in ein System gebracht haben, „in dem die rassistischen Doktrinen ihre äußerste Konsequenz entfalteten". Insofern wäre unsere Fragestellung durchaus angemessen. Zudem erreichte die scheinbar geschlossene radikale Ideologie der NSDAP, ihr konsequenter Antisemitismus, ihr Führermythos und die von ihr lautstark propagierte Idee der Volksgemeinschaft eine Anziehungskraft, wie sie die Gegner der Nationalsozialisten nicht erreichen konnten. Und doch dürfte das eigentlich rassistisch-imperialistische Programm der Bewegung in seiner Massenwirksamkeit hinter anderen Faktoren zurückstehen und in seiner letzten Konsequenz von den meisten Wählern sicherlich nicht wahrgenommen worden sein.

Als besonders massenwirksam kann dagegen die außenpolitische Agitation eingeschätzt werden; nicht umsonst ist die Außenpolitik in der Endphase der Republik zum bevorzugten Propagandafeld der Nationalsozialisten geworden. Den Ansatzpunkt hierfür bildete der gegen die Versailler Friedensordnung gerichtete Revisionismus, der von allen Parteien und fast allen nennenswerten politischen Gruppierungen der Weimarer Zeit vertreten und verfolgt wurde. Zwar wäre es sicherlich verfehlt, die außenpolitischen Belastungsfaktoren für die Krise der Republik verantwortlich machen zu wollen. In der Krise erhielt die außenpolitische Agitation dann aber eine Dynamik, die für den Aufstieg und den Massenzulauf der NSDAP von entscheidender Bedeutung werden sollte. Wie Klaus Megerle zeigen kann, gelang es den Nationalsozialisten nämlich am besten, die Außenpolitik und dabei vor allem die Reparationszahlungen für die wirtschaftlichen Nöte verantwortlich zu machen, auf diese Weise die nationalistischen Emotionen anzuheizen und für ihre Zwecke auszunutzen. Der Frage „Warum gerade die Nationalsozialisten?" kommt auch hier ein zentraler Stellenwert zu.

Bei dem nicht zuletzt durch Agitation hervorgerufenen starken Zulauf von Mitgliedern und Wählern zur NSDAP seit der Jahreswende 1929/30 interessiert die Frage, aus welchen sozialen Schichten und Klassen sich die nationalsozialistische Massenbasis eigentlich rekrutierte. Ein erster Blick führt zu der Aussage, daß die NSDAP eine - allerdings weitgehend auf den protestantischen Bevölkerungsteil beschränkte - Volkspartei war. Erst eine vergleichende Analyse zeigt, daß die einzelnen gesellschaftlichen Gruppen in den Reihen der nationalsozialistischen Anhänger recht ungleichmäßig vertreten waren. Die in diesem Zusammenhang wichtige Frage, wie sich diese Gruppen in der Krisensituation verhielten, steht im Mittelpunkt des Beitrags von Jürgen Bergmann und Klaus Megerle. Führte die soziale Verelendung zur Radikalisierung der Bevölkerungsgruppen? Kam dies den Nationalsozialisten zugute? Und warum gerade ihnen oder auch - wie bei den Arbeitern - warum ihnen gerade nicht? Welche Unterstützung erhielt die nationalsozialistische Bewegung schließlich von den gesellschaftlichen Führungsgruppen, welche speziell von der Großindustrie? Dies alles sind Fragen, die für den „Erfolg" der Nationalsozialisten und insofern für den Weg zum 30. Januar 1933 entscheidend waren.

Mit der Phase der Festigung der nationalsozialistischen Herrschaft nach der Ernennung Hitlers zum Reichskanzler beschäftigt sich Peter Steinbach im letzten Teil des Bandes. Es geht dabei einmal um die Gleichschaltung von Staat und Gesellschaft durch unbedingte und durch keinerlei Hemmung und Reflexion gebremste Gewaltanwendung der NSDAP. Zum anderen aber muß berücksichtigt werden, daß die Nationalsozialisten nur gleichschalten konnten, weil in weiten Teilen der Bevölkerung „die Bereitschaft zur gesellschaftlichen und politischen Gleichschaltung weit verbreitet war". Damit gilt auch für die durch Gleichschaltung und Selbstgleichschaltung gekennzeichnete „nationalsozialistische Revolution" die Frage, warum dies den Nationalsozialisten auf allen Ebenen nahezu problemlos gelang.

Über die Betrachtung der einzelnen Aspekte und Phasen wird der Blick an dieser Stelle dann auf die Konsequenzen der Machtergreifung gelenkt. Hier beginnt die totalitäre, menschenvernichtende und schließlich auch zur Teilung Deutschlands führende Diktatur der Nationalsozialisten. Bis heute ist dies ein nur teilweise bewältigtes deutsches Trauma geblieben. Wir können die Geschichte nicht einholen und die Ereignisse ungeschehen machen; wir können uns aber - wie dies Peter Steinbach am Ende seines Beitrags vorschlägt - mit den Tendenzen auseinandersetzen, „welche in ihrer Gesamtheit die Konsolidierung des Nationalsozialismus begünstigten", indem wir in der Gegenwart die „Mechanismen und Folgen einer politisch-moralischen Gleichgültigkeit" ergründen, die Ansätze antidemokratischen Denkens und Tuns bereits frühzeitig zu erkennen versuchen und diesem ein liberaldemokratisch ausgerichtetes Handeln entgegenstellen. Und auch hierbei kann unsere Leitfragestellung helfen, geht es doch heute wie damals um die spezifischen Aussagen und Versprechungen, Zielsetzungen und Visionen, Aktivitäten und Handlungen, die die demokratischen Kräfte, die sich an Menschenwürde und geistig-politischem Pluralismus orientieren, nicht zu erfüllen vermögen.

Nicht zuletzt dieses auf die Gegenwart gerichtete Anliegen hat auch die Konzeption des Bandes beeinflußt. Es ging nicht darum, ein weiteres Buch zur wissenschaftlichen Detailanalyse der nationalsozialistischen Machtergreifung vorzulegen. Das vorliegende Buch wendet sich über den Kreis der Fachleute hinaus an ein breiteres Publikum, dem die großen Linien der Entwicklung in der Endphase vertraut sind. Diesen Lesern soll mit Hilfe der Leitfrage des Buches ein Zugang erschlossen werden, der es ihnen erlaubt, die Gründe für den Erfolg der Nationalsozialisten und schließlich auch für deren Machtergreifung zu erfassen.

Dementsprechend haben die Autoren auch versucht, auf wissenschaftliche Fachausdrücke weitgehend zu verzichten, die Vorgänge übersichtlich darzulegen und die Argumente bewußt allgemeinverständlich vorzutragen. Verzichtet haben sie auch auf den sogenannten wissenschaftlichen Apparat mit ausführlichen Quellenbelegen, Literaturhinweisen, Bemerkungen zu abweichenden Positionen und speziellen Erläuterungen. Nur die allernotwendigsten Belege sind im Text in Klammern angefügt. Verzichtet wurde schließlich auf eine umfassende Literaturliste zum Gesamtthema. Statt dessen haben die Verfasser jeweils am Ende ihrer Beiträge die im Text in Kurzform zitierten sowie weiterführende Literaturtitel zusammengestellt. Unabhängig davon seien hier noch einige grundlegende bzw. in das Gesamtthema einführende Beiträge genannt:

- Einen gut lesbaren Überblick über die Entwicklung der Weimarer Republik bietet:

  Helmut Heiber, Die Republik von Weimar. 11. Aufl. München 1978
- Eine wichtige Aufsatzsammlung zu den einzelnen Faktoren des Scheiterns der Weimarer Republik ist:

  Weimar. Selbstpreisgabe einer Demokratie. Eine Bilanz heute. Hg. K.D. Erdmann und H. Schulze. Düsseldorf 1980
- Die Phase der Machtergreifung, darüber hinaus aber auch die Zeit der nationalsozialistischen Herrschaft behandeln:

  Karl Dietrich Bracher, Die deutsche Diktatur - Entstehung, Struktur, Folgen des Nationalsozialismus. 6. Aufl. Frankfurt 1979

  Martin Broszat, Der Staat Hitlers. Grundlegung und Entwicklung seiner inneren Verfassung. 9. Aufl. München 1981
- Als thematisch breit angelegtes Studienbuch zur Machtergreifung der Nationalsozialisten liegt jetzt vor:

  Klaus Megerle, Die nationalsozialistische Machtergreifung. Berlin 1982
- Für die Auflösung der Weimarer Republik und die nationalsozialistische Machtergreifung sind nach wie vor grundlegend:

  Karl Dietrich Bracher, Die Auflösung der Weimarer Republik. Eine Studie zum Problem des Machtverfalls in der Demokratie. 6. Aufl. Düsseldorf, Kronberg/Ts. 1978

  Karl Dietrich Bracher / Gerhard Schulz / Wolfgang Sauer, Die nationalsozialistische Machtergreifung. Studien zur Errichtung des totalitären Herrschaftssystems in Deutschland 1933/34. 3 Bde. 3. Aufl. Frankfurt, Berlin, Wien 1974
- Die wichtigsten Dokumente für diesen Zeitraum sind abgedruckt in:

  Ursachen und Folgen. Vom deutschen Zusammenbruch 1918 und 1945 bis zur staatlichen Neuordnung Deutschlands in der Gegenwart. Eine Urkunden- und Dokumentensammlung zur Zeitgeschichte. Hg. H. Michaelis und E. Schraepler unter Mitwirkung von G. Scheel. Bände 7-9. Berlin 1962ff.

Berlin, im Dezember 1982 — Klaus Megerle

Detlef Lehnert

AUF DEM WEG ZUR „NATIONALEN VOLKSGEMEINSCHAFT"?

Die Durchsetzung der NSDAP als republikfeindliche Sammlungsbewegung im Parteiensystem und in der politischen Öffentlichkeit

Sammlungspolitik durch paradoxe Integration

Die NSDAP und ihr „Führer" Adolf Hitler müssen dem kritischen Betrachter aus der Distanz eines halben Jahrhunderts den Eindruck babylonischer Sprachverwirrung hinterlassen: ein staatenloser Österreicher als der „Trommler" des reichsdeutschen Nationalismus, der bajuwarische Katholik Hitler als Eroberer des preußischen Protestantismus, ein unentwegter Junggeselle als Künder der Mutterschaftsideologie, der Verächter der Massengesellschaft als agitatorisch perfekter Volkstribun. Damit nicht genug: Die National„sozialistische" Deutsche „Arbeiter"-Partei wurde zur Sammlungsbewegung der Mittelschichten und erreichte die wohlwollende Unterstützung der herrschenden Klassen, ihr Kampf gegen den „Parteienstaat" mündete in eine extreme Einparteienherrschaft. Diese Verächter des demokratischen „Wahlschwindels" entwickelten die modernsten und wirkungsvollsten Propagandamethoden, ihre Feindschaft gegen den „Marxismus" hinderte sie nicht, die roten Fahnen (mit anfänglich verschämt kleinem Hakenkreuz auf weißem Grund) der Arbeiterbewegung zu übernehmen.

Das Ergebnis der ersehnten „Volksgemeinschaft" in einer gleichgeschalteten Gesellschaft war schließlich die Verfolgung und Ermordung der politischen Gegner und „rassefremden" Minderheiten, nachdem bereits der Aufstieg der NSDAP vielfach von bürgerkriegsähnlichen Zuständen begleitet wurde. Die lärmenden „Braunhemden" waren entscheidend an der Schaffung jenes politischen Chaos beteiligt, als dessen Überwinder sie sich dann dem verängstigten Bürger präsentierten. Erst die Wahlerfolge der NSDAP machten den Weimarer Parlamentarismus vollends funktionsunfähig, woraus Hitler und seine Wegbereiter wiederum die Rechtfertigung zur „Rettung der Staatsautorität" durch Verfassungsbruch schöpften. Die Geschichte der Durchsetzung des Nationalsozialismus in der deutschen Innenpolitik erscheint als niemals abreißende Kette von Widersprüchen und Ungereimtheiten, Irrationalismus und haarsträubender Unlogik. Wie war es möglich, daß ausgerechnet eine solche politische Bewegung in freien Wahlen nahezu vierzehn Millionen Stimmen eroberte, mehr als jemals zuvor eine einzelne Partei in Deutschland?

Wir wollen in den folgenden Überlegungen die These entfalten und begründen, daß gerade in der aufgezeigten Vieldeutigkeit des politischen Gesamtprofils der NSDAP und ihrer Konzentration auf wenige Schlagworte das Geheimnis des raschen Aufstiegs von einer Sekte zur Massenbewegung liegt. Die gleiche Außenseiterstellung im Parteiensystem, der die NSDAP bis 1928 ihre Stagnation zuzuschreiben hatte, ließ sie seit 1929/30 zum Hoffnungsträger verschiedenster Wählerschichten werden, die zunächst lediglich ein diffuses Krisenbewußtsein und die Verdrossenheit über die bisherigen etablierten Parteien einte. Über eine solche Funktion als Auffangbecken eines Protestpotentials hinaus gelang den Nationalsozialisten auf dem Weg zur Machtergreifung zugleich ein sammlungspolitischer Erfolg ihrer Parole der „Volksgemeinschaft", die vom Harmoniebedürfnis weiter Kreise des Bürgertums profitierte.

Diese in der mittelständischen Soziallage und den obrigkeitsstaatlichen Traditionen fest verwurzelte deutsche „Sehnsucht nach Synthese" (Dahrendorf) konnte vor dem Hintergrund einer hochgradig differenzierten Industriegesellschaft nur die Form einer „paradoxen Integration" annehmen: Die agitatorisch wirkungsvolle Eingliederung breiter Bevölkerungsschichten in die „nationale Front" verdeckte nur notdürftig die widersprüchlichen Erwartungen, die einzelne Wählergruppen mit ihrer Stimmabgabe für die NSDAP verbanden. Das vielgestaltige Eigenleben der Interessen, Ideologien, Konfessionen und Regionen vermochten die Nationalsozialisten nicht wirklich in einem vereinheitlichten Staatsbewußtsein aufzuheben. Als hinter der nebulösen Propaganda die schroffen Konturen der Praxis des NS-Herrschaftssystems sichtbar wurden, hatte die Realität der Verfolgung politischer Gegner und einstiger Bündnispartner die Ideologie längst eingeholt.

Zur Vor- und Frühgeschichte des Nationalsozialismus

Die gesellschaftlichen und ideologischen Wurzeln für die Entstehung des Nationalsozialismus reichen bis in die Zeit vor dem Ersten Weltkrieg zurück. In den autobiographischen Passagen seines Hauptwerkes „Mein Kampf" hat Hitler selbst geschildert, welchen Eindruck die „alldeutsche Bewegung" auf den jungen Österreicher machte, der den Anschluß seiner Heimat an ein starkes Deutsches Reich ersehnte: „Sie war nationalistisch, aber leider nicht sozial genug, um die Masse zu gewinnen. Ihr Antisemitismus aber beruhte auf der richtigen Erkenntnis der Bedeutung des Rassenproblems und nicht auf religiösen Vorstellungen" (S. 133). Demgegenüber betrachtete er an der „christlich-sozialen Partei" des Wiener Bürgermeisters Karl Lueger, deren Festhalten am Habsburger Vielvölkerstaat und religiös motivierte Ausprägung des Antisemitismus Hitler ablehnte, die Agitations- und Organisationsformen als vorbildlich: „Sie besaß das nötige Verständnis für die Bedeutung der Masse und sicherte sich wenigstens einen Teil derselben durch offensichtliche Betonung ihres sozialen Charakters vom ersten Tage an. Indem sie sich in wesentlicher Weise auf die Gewinnung des kleinen und unteren Mittel- und Handwerkerstandes einstellte, erhielt sie eine ebenso treue wie ausdauernde und opferwillige Gefolgschaft" (Ebd., S. 130).

Es läßt sich demnach schon an den historischen Quellen ihres Ursprunges ausmachen, daß die Erfolgsmaxime der nationalsozialistischen Ideologie auf einer Verknüpfung des großspurigen bürgerlichen Nationalismus der imperialistischen Ära mit engherzigen sozialen Ressentiments im Mittelstand hinauslief. Unter dem schützenden Dach des monarchischen Obrigkeitsstaates verliefen die Wege des alldeutschen Imperialismus und der antisemitischen Protestparteien auch im Kaiserreich Wilhelms II. bis 1914 noch zweigleisig. Eine völkisch-nationalistische Massenagitation entfaltete damals vor allem der „Bund der Landwirte". Die extrem imperialistische und sozialdarwinistische Propaganda des Alldeutschen Verbandes erreichte hingegen überwiegend bildungsbürgerliche Trägerschichten. Seinem Organisationscharakter nach blieb er ein massenferner Honoratiorenklub, dessen Verbandsvorsitzender Heinrich Claß jedoch in seinem 1912 unter Pseudonym veröffentlichten „Kaiserbuch" wesentliches Gedankengut der NSDAP vorwegnahm. So erschien ihm wieder „ein starker Führer nötig" (Frymann, Wenn ich der Kaiser wär', S. VIII), der die nach Bismarck nicht mehr ernstlich angepackte Aufgabe einer nationalen Sammlung durch eine autoritäre Staatsleitung bewältigte: „Das Volk im politischen Sinne sind wir alle, vom Kaiser herunter bis zum geringsten Manne, und die Volksgemeinschaft findet ihre Grenzen erst gegenüber Fremdvölkischen" (Ebd., S. 230).

Die alldeutsche Kriegsverherrlichung zeigte bereits deutlich ihr Profil: „Wer nun sein Volk liebt und die Krisis der jetzigen Krankheit beschleunigen möchte, wird den Krieg herbeisehnen als den Erwecker aller guten, gesunden, starken Kräfte im Volke" (Ebd., S. 53). Mit den von ihm propagierten „Maßregeln gegen die jüdische Zersetzung" ging Claß weit über den in Kreisen des protestantischen Konservatismus und katholischen Zentrums gelegentlich anklingenden „christlichen" Antisemitismus hinaus: „Die Rasse ist der Quell der Gefahren - die Religion spielt keine andere Rolle, als daß sie ein Ausfluß der Rasse ist" (Ebd., S. 38). Eine rücksichtslose Diskriminierung ganzer Volksgruppen aus rassistischen Beweggründen hat dieser gutbürgerliche Justizrat der wilhelminischen Epoche in den Bereich der vorstellbaren Perspektiven gerückt: „Ist der verkommene oder halb tierische russische Bauer des Mir, der Schwarze in Ostafrika, das Halbblut Deutsch-Südwests, oder der unerträgliche Jude Galiziens oder Rumäniens ein Glied dieser Menschheit?" (Ebd., S. 186).

Wenn sich der Autor solcher Machwerke als „Altliberaler" (Ebd., S. 124) und bis 1912 noch Mitglied der Nationalliberalen Partei (Ebd., S. 205) zu erkennen gab, war dies ein deutliches Indiz dafür, daß ihn vom radikalisierten Konservatismus des „Bundes der Landwirte" nur seine soziale Herkunft trennte. Die tendenzielle Überlagerung dieser traditionellen Klassen- und Fraktionsgrenzen erfolgte erst im Zeichen der „Vaterlandspartei" des letzten Kriegsjahres 1917/18, die mit mehr als einer Million Mitgliedern die Massenbasis für diktatorische Bestrebungen der Obersten Heeresleitung Hindenburg/Ludendorff stellte. Bezeichnenderweise gelang auch nach der militärischen Niederlage Deutschlands und der Übernahme der politischen Macht durch die sozialdemokratische Revolutionsregierung wiederum den Alldeutschen die erste Initiative: Mit der Gründung des „Deutschvölkischen Schutz- und Trutzbundes" betrieben sie bereits seit Frühjahr 1919 den Aufbau eines rechtsradikalen Agitationsverbandes, dessen Anhängerschaft auch vor politischen Morden an republikanischen Ministern wie Matthias Erzberger und Walther Rathenau nicht zurückschreckte.

Im Vergleich mit diesem überwiegend preußisch-protestantischen Flügel des rechtsradikalen Protestes gegen Weimarer Demokratie und Versailler Vertrag unterschied sich die NSDAP nicht allein durch ihre Ursprünge im katholischen Milieu Bayerns und Deutschösterreichs. Ebenso wie ihre Vorläuferorganisation „Deutsche Arbeiterpartei", die Anfang 1919 im Kampf gegen die „jüdischen" Münchener Räteexperimente der Regierung des USPD-Politikers Kurt Eisner aus der Taufe gehoben worden war, ist die durch ihren Hauptredner Hitler rasch dominierte NSDAP nicht einfach nur als ein verlängerter Arm irgendwelcher großbürgerlich-reaktionärer Hintermänner zu betrachten. Vielmehr muß der Nationalsozialismus als weitgehend authentischer Ausdruck des Bewußtseins der seinen Parolen folgenden Front- und Freikorpssoldaten, Jungakademiker und Mittelständler ernstgenommen werden.

Das im Februar 1920 verabschiedete und später als „unabänderlich" erklärte Programm der NSDAP (vgl. Maser, Sturm, S. 468 ff.) lieferte die für diese neue Strömung im Parteienspektrum charakteristische Synthese von Schlagworten der alten Rechten und einer nationalsozialistischen Erneuerungsbewegung: Von „Groß-Deutschland", „Aufhebung der Friedensverträge von Versailles und St. Germain" sowie „Kolonien" für ein wiedererstarktes Reich war dort ebenso die Rede wie von „Brechung der Zinsknechtschaft", „Einziehung aller Kriegsgewinne", „Verstaatlichung", „Gewinnbeteiligung" und „Bodenreform". Lediglich in den nationalistischen Parolen und der Forderung nach einer vor allem die Juden diskriminierenden „Fremden-Gesetzgebung" folgte das NSDAP-Programm bruchlos jenen völkischen Vorstellungen, die von den Alldeutschen formuliert wurden (vgl. Lohalm, Radikalismus, S. 23).

Die NSDAP war somit keineswegs nur eine Fraktion der äußersten Rechten, sondern durch ihren plakativen Anspruch der Integration der „nationalen" und „sozialen" Komponente und dem gleichermaßen zügellosen Haß auf das „jüdische Finanzkapital" und den „jüdischen Marxismus" eine Partei neuen Typs. Als „Extremismus der Mitte" (Lipset) ist der Nationalsozialismus freilich allein in bezug auf die Sozialstruktur seiner Gefolgschaft, nicht aber im politischen Spektrum zwischen der proletarischen Linken und der bürgerlichen Rechten einzuordnen. Der frühe Nationalsozialismus verfolgte erklärtermaßen „nicht das Ziel, eine Umschichtung im an sich nationalen Lager vorzunehmen, sondern ein Gewinnen des antinationalen" (Hitler, Mein Kampf, S. 375). Daß die eigentümliche Mischung aus wirtschafts- und sozialpolitisch vielfach gemäßigt „linken" sowie außen- und verfassungspolitisch militant „rechten" Schlagworten letztlich die breiten Mittelschichten am ehesten erreichte, entbehrte nicht einer gewissen Folgerichtigkeit, war aber nicht von vornherein beabsichtigt.

Die Machtergreifung des italienischen Faschismus, der Mussolini nach dem „Marsch auf Rom" im Oktober 1922 zum Durchbruch verhalf, beflügelte zweifellos auch den Tatendrang der deutschen Nationalsozialisten. Durch die seit der blutigen Niederwerfung der Räterepublik freigesetzten politischen Haßgefühle hatte sich München zur Hochburg der NSDAP-Agitation entwickelt. Eine großzügige Tolerierung seitens der gegenrevolutionären bayerischen Staatsregierung, die in den Wirren des Kapp-Lüttwitz-Putsches vom März 1920 zur Macht gelangt war „unter Umständen, die einem Staatsstreich sehr nahe kamen" (Schönhoven, Bayerische Volkspartei, S. 38), sicherte Hitler und der ihm ergebenen Bewegung ungehinderte Entfaltungsbedingungen. Die sich während des Jahres 1923 zuspitzende Staats- und Wirtschaftskrise infolge der Besetzung des Ruhrgebiets durch die Franzosen sowie der völlig außer Kontrolle geratenen Inflation ließ die Situation als reif zum Gewaltstreich erscheinen: Am symbolträchtigen fünften Jahrestag des vielgeschmähten „Novemberverbrechens", der Revolution des 9. November 1918, sollte die Machtübernahme in München gelingen und von dort aus ein „Marsch auf Berlin" in Kopie des italienischen Vorbildes organisiert werden.

Doch wie so häufig in der modernen Geschichte geriet die versuchte Wiederholung eines politischen Trauerspiels dann nur noch zur Farce. Angesichts der dilettantischen Vorbereitung blieb es ein Pyrrhussieg, wenn Hitler und seine Gefolgsleute eine Kundgebung der monarchischen Restauration um den bayerischen Regierungschef Ritter von Kahr am Abend des 8. November 1923 im Münchener Bürgerbräukeller mit Pistolenschüssen gegen die Decke stürmten, als handele es sich um den Einzug von Revolverhelden in einen Wildwest-Saloon. Die überrumpelten Honoratioren erklärten zwar ihr Einverständnis mit der Bildung einer „nationalen" Regierung unter Hitler und dem an seine Seite getretenen „Kriegshelden" Erich Ludendorff. Doch arbeitete das bayerische Regime, das einer frontalen Kraftprobe mit der Reichsregierung und eventuell sogar Teilen der Reichswehr noch skeptisch gegenüberstand und die vollständige Dominanz der Nationalsozialisten fürchtete, hinter deren Rücken bereits auf eine Entmachtung der voreiligen Putschisten hin.

Als es am folgenden Tage nach Straßenumzügen der SA zur Konfrontation vor der Münchener Feldherrenhalle kam, brach der Putsch unter den Schüssen der regierungstreuen Polizeikräfte kläglich zusammen, woraufhin Hitler unter wenig rühmlichen Umständen die Flucht ergriff. Der nach seiner Festnahme im Frühjahr 1924 gegen die Verschwörer durchgeführte Prozeß geriet zu einem Spektakulum nationalsozialistischer Propaganda, da die bayerische Regierung an einer genaueren Durchleuchtung ihrer zwiespältigen Rolle kein Interesse hatte und die Justiz den angeklagten „Patrioten" um Ludendorff mit Wohlwollen gegenüberstand. Ein halbes Jahr komfortable Haft mit guten Arbeitsbedingungen bei fünfjähriger Bewährungsfrist war für Hitler ein äußerst geringer persönlicher Preis der einzigartigen Chance, im Brennpunkt des öffentlichen Interesses die Prozeßverhandlungen in ein Tribunal gegen die Republik der „wirklichen Hochverräter" des November 1918 umzufunktionieren. Zumal Ludendorff, wie schon bei seiner Teilnahme am Kapp-Lüttwitz-Putsch, von aller Schuld freigesprochen wurde, gehört der Hitler-Prozeß zu den herausragenden Beispielen von politisch motivierter Rechtsprechung.

In den nur eine Woche nach der Urteilsverkündung, die mit höchst unfreiwilliger Selbstironie auf den 1. April 1924 angesetzt worden war, abgehaltenen bayerischen Landtagswahlen erntete der von der NSDAP geführte „Völkische Block" die reifen Früchte der kostenlosen Wahlpropaganda von der Anklagebank. Mit annähernd 20 % aller Stimmen im Landesdurchschnitt und gar 35 % in München war dem deutschen Faschismus endgültig der Durchbruch zur Massenbewegung gelungen. Die kurz darauf am 4. Mai stattfindenden Reichstagswahlen bescherten der völkischen Allianz im Nachklang der Inflations- und Ruhrkrise reichsweit immerhin 6,5 % aller abgegebenen Stimmen. Den Hauptgewinn aus der Revanchestimmung gegen Republik und Versailles zogen damals aber noch die Deutschnationalen, die vorübergehend sogar die SPD als stärkste Reichstagsfraktion überrundeten.

Die Stabilisierung der wirtschaftlichen und außenpolitischen Lage beendete allerdings schon in der zweiten Jahreshälfte 1924 die völkische Krisenkonjunktur. Ein Rückgang auf 3 % Stimmenanteil bei den Reichstagswahlen des 7. Dezember und geradezu peinliche 1 % für Ludendorff als Reichspräsidentenkandidat der NSDAP im Frühjahr 1925 signalisierte den tiefen Einbruch. Nach außen hin begann seit der Wiederzulassung der zeitweise verbotenen NSDAP im Jahre 1925 freilich die Phase der sogenannten „Legalitätspolitik". Die Nationalsozialisten sahen unter der Reichspräsidentschaft des gerade in „nationalen" Kreisen hochgeachteten Generalfeldmarschalls Paul von Hindenburg keinerlei Chancen auf eine Neuauflage der Putschtaktik. Deshalb konzentrierten sie ihre Anstrengungen auf den Ausbau der Parteiorganisation.

Mit intensiver und relativ erfolgreicher Mitgliederwerbung schuf man bis zum Jahre 1928 einen Propagandaapparat, der nicht mehr allein auf die Reden des „Führers" angewiesen war. Die reichsweite Organisationsform, mit der die situationsbedingte Konzentration auf die „Ordnungszelle" Bayern und die „Hauptstadt der Bewegung" München überwunden wurde, brachte zunehmend innere Spannungen mit sich. Gleiches galt für die ungeklärte Frage, wie der „sozialistische" Anspruch der NSDAP konkret zu verstehen sei. Ohne jemals aus der leitenden Stellung verdrängt worden zu sein, datiert dennoch die erneut demonstrativ zur Schau gestellte Solistenrolle Hitlers erst mit dem agitatorischen Aufschwung von 1929/30: den vom Young-Plan gedemütigten und durch die Weltwirtschaftskrise in Existenznot geratenen Bevölkerungsschichten war seitens der NSDAP wiederum ein Retter aus der „nationalen Misere" zu präsentieren.

Die Krise der Weimarer Republik und der Übergang zum Präsidialsystem

In den Jahren 1925 bis 1928 zeichnete sich in Deutschland eine „relative Stabilisierung" der innen- und außenpolitischen Verhältnisse ab: Eine bürgerliche Republik unter dem „Ersatzkaiser" von Hindenburg und Koalitionskabinetten, die sogar zu einer Mitarbeit der Deutschnationalen am bestehenden Staat führten, vermittelte einen trügerischen Eindruck von Harmonie und Prosperität. Die Sozialdemokraten blieben auch in der Opposition die sicherste Stütze der Verfassung und trugen die Außenpolitik Gustav Stresemanns gerade dann loyal mit, wenn deutschnationaler Revanchegeist die Verständigung mit dem französischen „Erbfeind" zu torpedieren drohte. Somit ruhte ein nach rechts verschobener Minimalkonsens offenbar auf ähnlich soliden Grundlagen wie einst die „Weimarer Koalitionen" der Jahre 1919/20 und 1921/22 aus SPD, katholischem Zentrum und liberalen Demokraten.

Die Reichstagswahlen des 20. Mai 1928 sollten sogar eine neue Sternstunde der überzeugten Republikaner einleiten. Als alleiniger Wahlsieger triumphierten die wiederum auf 30 % Stimmenanteil angewachsenen Sozialdemokraten. Wenn zusätzlich die mehr als 10 % kommunistischen Abgeordneten berücksichtigt werden, war einstweilen ein Regieren gegen die Arbeiterbewegung im Rahmen der Verfassung kaum noch vorstellbar. Während die republiktragenden bürgerlichen Parteien nur geringfügige Einbußen hinnehmen mußten, wurden die Deutschnationalen mit dem Verlust fast eines Drittels ihrer Wähler für die mit Kompromissen verbundene Regierungsbeteiligung „bestraft". Von dieser politischen Krise der etablierten Rechten profitierten freilich nicht die auf 2,6% stagnierenden Nationalsozialisten, sondern Splittergruppen von mittelständischen Wirtschaftsinteressenten sowie die „Partei der Nichtwähler". Eine Große Koalition von den Sozialdemokraten bis hin zu Stresemanns rechtsliberaler DVP unter dem SPD-Kanzler Hermann Müller war die einzige realisierbare Mehrheitsbildung.

Über die Fortsetzung einer den Versailler Vertrag zuverlässig erfüllenden und verständigungsorientierten Außenpolitik bestand innerhalb dieses Regierungsbündnisses weitgehendes Einvernehmen. Die Verfassungsfragen blieben angesichts der lediglich „vernunftrepublikanischen" und zugleich „herzensmonarchistischen" Einstellung im rechtsliberalen und rechtskatholischen Lager problematisch, jedoch mit erwartungsvollem Blick auf eine ausbaufähige Position des Reichspräsidenten vorläufig in der Schwebe. Im Bereich der Wirtschafts- und Sozialpolitik entwickelte sich allerdings zwischen den gewerkschaftlich orientierten Sozialdemokraten und dem Industrieflügel der DVP ein zunehmend schärferer Dissens. Unstrittig war es den Arbeitnehmerorganisationen in den zurückliegenden Jahren der Hochkonjunktur gelungen, die gravierenden Reallohnverluste der Inflationszeit wettzumachen und sozialpolitische Fortschritte wie die gesetzliche Arbeitslosenversicherung und ein aktives staatliches Schlichtungswesen in Tarifkonflikten zu erreichen. In Verbindung mit dem sozialdemokratischen Wahlsieg und gewerkschaftlichen Plänen für eine „Wirtschaftsdemokratie" reichte dieser tatkräftig erhobene Anspruch auf die Gleichberechtigung von Kapital und Arbeit aus, um den Unternehmerverbänden die stets nur widerwillige Tolerierung der Weimarer Republik zu verleiden.

Von einer „kommunistischen Gefahr" oder bedrohlichen Massenaktionen der Arbeiterschaft konnte im Herbst 1928, als die Schwerindustrie mit der „Ruhreisen-Aussperrung" einen Angriff auf das Lohnniveau und die staatliche Zwangsschlichtung organisierte, nicht im geringsten die Rede sein. Die im Zuge ihrer „Stalinisierung" bürokratisch erstarrte KPD verfolgte unter ihrem Vorsitzenden Ernst Thälmann in den Jahren der relativen Stabilisierung eine Strategie der inneren Konsolidierung und des Wartens auf die nächste große Krise. Der Kurs der „Sozialfaschismus"-Agitation mit Hauptstoß gegen die SPD machte die Kommunisten einigen sich unvorsichtig offen äußernden Industrievertretern insofern fast sympathisch, als verschärfter innerer Zwist in den Reihen der Arbeiterbewegung stets den Interessen des Kapitals diente. So war die Rechtswende der Industriellenverbände auch als „präventiver Antireformismus", d.h.

als ein Versuch zu interpretieren, eine Weiterführung arbeitnehmerfreundlicher Wirtschafts- und Sozialpolitik bereits im Keim zu ersticken.

Der vorzeitige Tod des in seinem Amte aufgeriebenen Stresemann im Oktober 1929 beraubte die Große Koalition ihres mächtigsten, primär außenpolitisch motivierten Fürsprechers in den Reihen der DVP. Von nun an steuerte die Partei der großbürgerlichen Wirtschaftsinteressen, zusätzlich aufgeschreckt von dem gleichzeitig registrierten Alarmsignal des Zusammenbruchs der New Yorker Börse, unbeirrt auf den Bruch mit den Sozialdemokraten und die Bildung eines autoritären Präsidialkabinetts zu. Selbst der diesen Bestrebungen nicht abgeneigte kommende Reichskanzler mußte den Sozialdemokraten zubilligen, daß ihre Kompromißbereitschaft in der legendären Frage des Abbaus der Arbeitslosenversicherung wegen der starren Haltung der Rechtsliberalen zunehmend eingeschränkt sein mußte: Sie rechneten aufgrund grassierender Gerüchte ohnehin mit ihrer baldigen Ausschaltung von der politischen Macht durch Intrigen im Umfeld des Reichspräsidenten und wollten deshalb ihre Rückkehr in die Opposition nicht auch noch mit einem Akt sozialer Demontage belasten (vgl. Brüning, Memoiren, S. 162).

Nach dem Zerfall der Großen Koalition entstand im Frühjahr 1930 erstmals eine Präsidialregierung, deren Kanzler Heinrich Brüning seine Position vorrangig auf das Vertrauen von Hindenburgs gründete und den Parteien des Reichstags eine ähnliche Stellung wie im monarchischen Konstitutionalismus der Vorkriegsära zuwies. In der Tat hat sich der konservative Zentrumskanzler gegenüber dem greisen Reichspräsidenten der Entschlossenheit gerühmt, „die Machtbefugnisse des Parlaments ... auf den Stand der Bismarckschen Zeit zurückgeführt" (Ebd., S. 387) zu haben. Als die Krönung seines politischen Werkes erstrebte Brüning gar die „Restauration der Hohenzollern" (Ebd., S. 456). Erstmals seit der Bereinigung der Inflationsfolgen zur Jahreswende 1923/24 setzte das Präsidialkabinett wieder ein drastisches Sparkonzept mit erheblichen Einschnitten in Sozialleistungen auf dem Wege von Notverordnungen durch, nachdem die Vorlage infolge unzureichender Zugeständnisse an die Sozialdemokraten im Reichstag gescheitert war.

Die unverzüglich bei von Hindenburg erwirkte und auf den 14. September 1930 anberaumte vorzeitige Neuwahl des Reichstags brachte jedoch nicht die erhoffte Stärkung der parlamentarischen Basis des Kabinetts Brüning. Dieser mit dem Pathos der nüchternen, fast asketischen Sachlichkeit auftretende Reichskanzler flüchtete sich in die massenpsychologisch abwegige Spekulation, daß die Wählerschaft gerade in Krisenzeiten zu einer heroischen Selbstbeschränkung zu bewegen sei. Im übrigen mußten die jüngsten Wahlerfolge der NSDAP auch den lediglich auf harte Daten bauenden Skeptiker eines Besseren belehren: Die 11,3% in Thüringen vom Dezember 1929 hatten mit Wilhelm Frick einen Münchener Putschisten von 1923 in das Amt des Innenministers - mit Zugriff auf den Polizeiapparat - gebracht; bei den Landtagswahlen in Sachsen, die im Juni 1930 stattfanden und der Reichstagsauflösung vorausgingen, erzielte die NSDAP nicht weniger als 14,4% der Stimmen. Unzweifelhaft wurden die Nationalsozialisten als Partei des radikalsten Protestes die Nutznießer der Krisenentwicklung und des seit dem Volksbegehren gegen den Young-Plan (Herbst 1929) wieder auflebenden Rufes nach „Befreiung von den Versailler Ketten".

Insofern war unter Berücksichtigung der Sogwirkung, die von dieser öffentlichen Aufmerksamkeit ausging, der nationalsozialistische Stimmenzuwachs auf 18,3% im September 1930 keine wirkliche Überraschung mehr, sondern nur die weitere Durchsetzung eines voraussehbaren Trends. Über die parteipolitische und soziale Herkunft dieser knapp sechseinhalb Millionen NSDAP-Wähler ist seitdem viel gerätselt worden, zumeist ohne daß überzeugende Belege für kühne Behauptungen angeführt worden wären. Nach neueren statistischen Modellrechnungen dürfen wir davon ausgehen, daß nur 14% der NSDAP-Wähler von 1930 auch schon bei den Reichstagswahlen 1928 für diese Partei abgestimmt hatten, jedoch 21% aus den Reihen der Deutschnationalen, 33% von der bürgerlichen Mitte sowie Splittergruppen und 9% aus Verlusten der SPD resultierten, während 23% zweieinhalb Jahre zuvor gar nicht gewählt hatten (vgl. Schnabel, „Wer wählte Hitler?", S. 121, Anm. 23).

Bei einer Gesamtwürdigung dieses Wahlergebnisses tritt schon auf den ersten Blick die besondere Stabilität der „sozialmoralischen Milieus" (Lepsius) des politischen Katholizismus und der Arbeiterbewegung zutage, die deren Anhängerschaft auch in Krisenzeiten gegen das Eindringen des Nationalismus weitgehend resistent machte. Trotz der von 74,6% auf 81,4% gestiegenen Wahlbeteiligung konnten Zentrum und Bayerische Volkspartei ihren reichsweiten Stimmenanteil von rund 15% ungefähr halten, was darauf hindeutet, daß nicht nur den radikalen Protestparteien, sondern in gewissem Umfang ebenso Kanzler Brüning die Mobilisierung neuer Wählerschichten (teilweise auch in evangelischen Regionen) gelungen war. Lediglich in einigen Hochburgen des rheinischen Katholizismus mußte das Zentrum erhebliche Stimmenverluste zugunsten der NSDAP hinnehmen. Offenkundig bewährte sich die politische Geschlossenheit der „katholischen Subkultur" vorrangig in der Diaspora und konfessionell gemischten Gebieten, wohingegen die unumstrittenen Hochburgen eher für die Abwanderung unzufriedener Mitläufer anfällig waren.

Die Hinwendung von ca. einer halben Million vormaliger SPD-Wähler zur NSDAP darf gleichfalls nicht überbewertet werden. Da die Sozialdemokraten aus der Opposition 1928 trotz damals gesunkener Wahlbeteiligung mehr als 1,2 Millionen Stimmen hinzugewonnen hatten (bei gleichzeitigem Zuwachs der KPD von einer halben Million), ist davon auszugehen, daß lediglich Wechselwähler zu einem Teil wieder verlorengegangen sind. Vermutlich handelte es sich dabei in erster Linie um die nach einer politischen Orientierung suchenden Angestellten sowie ländliche Unter- und Mittelschichten, deren Protest gegen die bürgerliche Republik 1928 überproportional bei den dort sonst wenig verwurzelten Sozialdemokraten, seit Kriseneinbruch aber für die NSDAP zu Buche schlug. Angesichts der Beteiligung an unpopulären Regierungsentscheidungen in der Haushalts- und Rüstungspolitik (Panzerkreuzerbau) hatte die SPD weitaus stärker nach links an die um 2,5 % auf 13,1 % angewachsene KPD abgegeben, die ihrerseits offenbar auch aus dem Potential der Arbeitslosen Neuwähler zu mobilisieren verstand.

Von den bürgerlichen Parteien hatte sich die DDP - nach ihrer Umbenennung zur „Staatspartei" infolge der Angliederung des bündisch-nationalen „Jungdeutschen Ordens" - noch am relativ besten gehalten und nur 1 % ihres Stimmenanteils eingebüßt. Schwerwiegende Verluste verzeichneten vornehmlich die nach rechts gerückten „nationalen" Parteien DNVP (- 7,2 %) und DVP (- 4,2 %). Ungefähr die Hälfte der ehemaligen deutschnationalen Wähler dürfte dabei einer der Gruppierungen der gemäßigten Rechten (Christlich-Sozialer Volksdienst, Landvolkpartei, Konservative Volkspartei) zugefallen sein, die zum „Brüningblock" gehörten und den extrem republikfeindlichen Kurs des DNVP-„Führers" Alfred Hugenberg ablehnten. In der Summe bestand demnach die Wählerschaft der NSDAP aus zwei in etwa gleichgewichtig vertretenen Lagern: einerseits dem politischen „Flugsand" bisheriger Nicht- und Wechselwähler, die nun endlich eine ihren sozialen und ideologischen Bedürfnissen entsprechende Partei oder einfach nur ein neues Ventil für Proteststimmen gefunden hatten; andererseits „gesinnungsfesten" Anhängern der nationalen Rechten, die in der NSDAP die zeitgemäß entschiedenste Vertretung ihrer Vorstellungen erblickten.

Noch hatte also der Nationalsozialismus nicht nennenswert am Bestand der verfassungstreuen Parteien und konkurrierender Integrationsmilieus gerührt, aber bereits einen wesentlichen Schritt auf dem Wege der antirepublikanischen Sammlung hinter sich gebracht. In der Logik des parlamentarischen Systems bedeutete es einen gewaltigen Unterschied, ob sich die Gegner des Weimarer Staates in Wahlverweigerung, mannigfaltige Sonderlisten und zeitweise regierungsfähige etablierte Parteien zersplitterten, oder einer dynamisch aufstrebenden Massenbewegung mit weitgesteckten Kampfzielen einen kompakten Block begeisterter Anhänger zuführten. Nachdem sich die NSDAP erst einmal als die mit Abstand stärkste und zukunftsträchtigste Partei außerhalb der proletarischen und katholischen Subkultur erwiesen hatte, strömten ihr die vom Erfolg beeindruckten Mitläufer scharenweise zu: nur wenige Wochen nach der Septemberwahl 1930 entschieden sich zur Bremer Bürgerschaft anstelle von damals erst 12,0 % urplötzlich stattliche 25,6 % für die Hoffnung auf eine vom Nationalsozialismus emphatisch verkündete politische Wende.

Ein mit 107 NSDAP-Abgeordneten besetzter Reichstag wurde, was den Verfechtern eines Präsidialregimes durchaus gelegen kam, noch weniger arbeitsfähig als sein Vorläufer. Den Nationalsozialisten war es gelungen, die von Brüning angestrebte Einbeziehung der Deutschnationalen in ein gemäßigtes Restaurationskonzept allein schon dadurch auszuschließen, daß eine solche Allianz gegen die SPD über keine Mehrheit verfügte. Ein Pakt von den Sozialdemokraten bis zu Hugenberg aus bloßer „Staatsraison" blieb von vornherein undenkbar, so daß von nun an die NSDAP das ausschlaggebende Kraftzentrum für das Verhalten sämtlicher regierungsfähiger Parteien wurde: die Deutschnationalen mußten noch engeren Anschluß an die offenkundig erfolgversprechende „nationale Opposition" suchen, die schwer getroffenen kleineren bürgerlichen Parteien strebten nach Befreiung von der unpopulären Regierungsverantwortung. Den mehrfach unternommenen Versuchen, die verschiedenen Parteien des konservativ-liberalen „Brüningblocks" organisatorisch zusammenzuführen, blieb der Erfolg aufgrund von kompromißlos vertretenen Sonderinteressen versagt.

Darüber hinaus wurde die SPD fortan in das Dilemma verwickelt, entweder Brünings Präsidialregierung zu tolerieren oder deren allmähliches Hinübergleiten zur Abhängigkeit von den Nationalsozialisten bzw. eine völlige Ausschaltung des Parlaments zu riskieren. Die Sozialdemokraten entschieden sich alsbald für die Tolerierungslösung als das „kleinere Übel", und die mittelständisch geprägte Wirtschaftspartei sowie ein Jahr später auch die industrielle DVP kehrten Brüning den Rücken, da jede Landtagswahl ihnen neue Verluste an die NSDAP bescherte und seine Deflationspolitik sich als den Gewerbeinteressen abträglich erwies. Der SPD wurde es gleichzeitig durch die ausweglose Alternative, die unsoziale Sparpolitik nicht zum Anlaß eines Sturzes der Regierung zu nehmen oder den Nationalsozialisten den Weg der legalen Beteiligung an der politischen Macht zu ebnen, unmöglich gemacht, die Krisenstimmungen in Teilen der Mittelschichten aufzugreifen.

Die Zerstörung der Demokratie und der nationalsozialistische Weg zur Macht

Im Herbst 1931 sammelte sich in der „Harzburger Front" nahezu deckungsgleich jenes soziale und politische Potential des autoritären Staates, das 1913 dem „Kartell der schaffenden Stände" und 1917 der Gründung der „Vaterlandspartei" gefolgt war: Das traditionelle Bündnis der Agrarierverbände mit Teilen der Großindustrie, ergänzt um krisenbedrängte Mittelstandsgruppen, wurde von den diversen nationalistischen und militärischen Verbänden umrahmt und zur Unterstützung aller Rechtsparteien von der NSDAP bis zur DVP sammlungspolitisch erfaßt. Gegenüber der spätwilhelminischen Ära bestand die entscheidende Differenz darin, daß es mittlerweile keinen Status quo mehr zu verteidigen und keinem Kaiser oder großen Heerführer die Treue zu halten galt, sondern der Sturm gegen die letzten Bastionen einer verhaßten Republik der „Landesverräter" auf die Tagesordnung gesetzt wurde. Diese Aufgabe begründete aus den Erfordernissen der Massenagitation und militanten Kampfbereitschaft den agitatorischen Führungsanspruch Hitlers und der NSDAP, die nunmehr bei den herrschenden Eliten in größerem Umfange als bisher politische und finanzielle Unterstützung fand.

Das zunehmende Mißverhältnis zwischen regulärer Parlamentsarbeit und den lediglich aus präsidialer Vollmacht gemäß Artikel 48 der Weimarer Reichsverfassung herrührenden Notverordnungen läßt sich mühelos aus einfachsten Fakten ablesen: Während noch 1930 fünf Notverordnungen 94 Reichstagssitzungen gegenüberstanden, hielten sich 1931 die autoritären Eingriffe (44) mit 41 Plenumsterminen ungefähr die Waage, wohingegen 1932 bei 60 Notverordnungen und nur 13 Reichstagssitzungen die Schwelle von der Einschränkung zur Ausschaltung der parlamentarischen Souveränität deutlich überschritten wurde. Der Sturz Brünings im Mai 1932, der Intrigen eines wegen bodenreformerischer Siedlungspläne beunruhigten Großgrundbesitzes sowie der Reichswehrführung unter Kurt von Schleicher zuzuschreiben war, bedeutete in dieser Hinsicht noch einmal einen qualitativen Sprung.

Einen letzten Anstoß für den Übergang zu einem noch schärfer autoritären Kurs dürften dabei die Ergebnisse der Reichspräsidentenwahlen vom 13. März und 10. April 1932 sowie der kurz darauf am 24. April in Preußen und vier weiteren Ländern stattfindenden Regionalwahlen gegeben haben. Bei der Entscheidung über die Person des Staatsoberhauptes wurde die prekäre Situation der republikanischen Kräfte in einer bislang unübertroffenen Weise erkennbar. Die gemäßigt restaurativen Parteien um den Reichskanzler Brüning setzten sich erwartungsgemäß für eine Wiederwahl von Hindenburgs ein, der ihnen trotz oder gerade wegen seines biblischen Alters von 84 Jahren der beste Garant eines friedlichen Anknüpfens am kaiserlichen Deutschland der Vorkriegsära erschien. Um die Aufstachelung der politischen Leidenschaften in einer Notstandslage zu vermeiden, traten die Anhänger von Hindenburgs für die Verlängerung seiner Amtszeit durch eine Zweidrittelmehrheit des Reichstags anstelle von Direktwahlen ein.

Doch die Nationalsozialisten wollten von einer solchen konfliktscheuen Vorgehensweise nichts wissen. Zum einen konnten sie dem greisen Staatsoberhaupt die ihm durch sein Amt verfassungsmäßig auferlegte Unterzeichnung des Young-Planes nicht verzeihen. Zum anderen hatten sie längst die Vorzüge ihrer seit dem Erfolg vom September 1930 praktizierten Strategie erfahren, die „Zertrümmerung des Systems durch ein Inferno von Wahlen" (Bracher, Auflösung, S. 547) zu betreiben. Die Deutschnationalen sahen sich in ihren Erwartungen, die sie 1925 mit der ersten Wahl von Hindenburgs verbunden hatten, gleichfalls getäuscht. Außerdem drängte Hugenberg aufgrund des Konkurrenzverhältnisses innerhalb der „nationalen Opposition" auf eine selbständige Kandidatur, die schließlich ein prominenter Repräsentant eines militaristisch-nationalistischen Verbandes, der stellvertretende Vorsitzende des „Stahlhelms" Theodor Duesterberg, zu vertreten hatte.

Da die Unterstützung der KPD für einen sozialdemokratischen Präsidentschaftskandidaten nicht zu gewinnen war, sah die SPD-Führung letztlich wiederum nur die höchst undankbare Alternative, entweder die Wiederwahl von Hindenburgs zu unterstützen oder möglicherweise Hitler den Weg zur Macht zu bahnen. Allerdings erscheint diese Kalkulation aus heutiger Sicht nicht überzeugend. Ein halbwegs populärer Sozialdemokrat, etwa der preußische Ministerpräsident Otto Braun, hätte mit Hilfe bürgerlicher Republikaner schon im ersten Wahlgang ohne weiteres 25 - 28 % der Stimmen auf sich vereinigen können. Der kommunistische Kandidat Thälmann wäre in diesem Falle nicht über 10 - 12 % hinausgelangt (selbst bei ausschließlich rechten Gegenspielern erreichte er am 13. März 1932 tatsächlich nur 13 %). Die Ergebnisse für Hitler (1. Wahlgang 30 % der Stimmen) und Duesterberg (7 %) waren nach den vorliegenden Erfahrungen ungefähr vorauszusehen. Mehr als rund 25 % wären somit dem „Brüningblock", dessen einzige politische Kraft mit Massenverankerung die katholischen Parteien Zentrum/BVP darstellten, wohl kaum verblieben. In dieser Situation hätte von Hindenburg mit größter Wahrscheinlichkeit auf eine Kandidatur verzichtet.

Folglich wäre es zu einem 2. Wahlgang zwischen dem SPD-Kandidaten und Hitler gekommen, bei welchem das Zentrum einer klaren Entscheidung für seine Verfassungspositionen von 1919 oder die Kapitulation vor der nationalsozialistischen Diktatur nicht hätte ausweichen können. Eine politische Absprache dergestalt, daß als Gegenleistung für die mögliche Wahl eines Otto Braun ins Amt des Reichspräsidenten mit Hilfe der Zentrumsstimmen die Kanzlerschaft Brünings für die volle Dauer der Legislaturperiode von der SPD zu garantieren war, hätte vielleicht den Reichstag über den Tiefpunkt der Weltwirtschaftskrise hinwegretten und die legale Verfügungsgewalt über die Notstandsparagraphen in die Hände eines zuverlässigen Republikaners legen können. Doch selbst bei einer nicht auszuschließenden Wahl Hitlers wären für die Abwehr seines voraussehbaren Weges eines offenen Verfassungsbruchs ungleich günstigere massenpsychologische Voraussetzungen entstanden, als sie faktisch infolge der scheinlegalen Aushöhlung der Republik später jemals gegeben waren.

Der Verzicht auf eine selbständige Kandidatur der stärksten demokratischen Partei brachte zwar einen sicheren Wahlsieg von Hindenburgs (53 %) gegen Hitler (37 %) bei weiterem Absinken Thälmanns (10 %) im 2. Wahlgang, ließ aber einen fatalen Eindruck über das Selbstbewußtsein der republikanischen Kräfte zurück: „Kein einziger der fünf Kandidaten für das höchste Amt der Republik war nach voller Überzeugung und innerer Bedeutung, nach soziologischem und parteitraditionellem Stand Republikaner im demokratisch-parlamentarischen Sinne" (Bracher, Auflösung, S. 475). Insofern haben die sozialistischen und bürgerlichen Demokraten bereits auf ihrem ureigensten Handlungsfeld, der Legitimation politischer Entscheidungen aus dem Wählerwillen, mangelnden Kampfgeist gezeigt. Sie verzichteten auf eine energische Verteidigung jener Verfassungsprinzipien, die ihre zum Rechtsbruch entschlossenen Gegner dann um so leichter verletzen konnten.

Die Ereignisse nach der Wiederwahl von Hindenburgs und dem erwarteten Anschwellen der NSDAP auf mehr als 36 % in Preußen, das die dortige Weimarer Koalition die Mehrheit kostete, liefen mit einer bedrückenden inneren Konsequenz ab: Der wieder Anschluß nach rechts suchende Reichspräsident trennte sich von dem ihm gegenüber allzu leichtgläubigen Brüning und berief mit Franz von Papen einen Reichskanzler, dessen „Neuer Staat" ultrareaktionär-ständische Züge tragen sollte. Das von Brüning noch vor den Preußenwahlen als letzte mutige Tat durchgesetzte SA-Verbot hob von Papen bezeichnenderweise wieder auf. Der nicht zuletzt aus diesem Grunde zunehmende Straßenterror diente ihm als Vorwand, um die noch geschäftsführend amtierende preußische Regierung am 20. Juli 1932 durch die Einsetzung eines Staatskommissars von der Exekutivgewalt auszuschalten.

Gegen diesen als „kaum getarnter Staatsstreich" (Bracher, Auflösung, S. 585) zu interpretierenden Verfassungsbruch sahen die Parteien der demokratischen Preußenkoalition keine Möglichkeiten zum außerparlamentarischen Widerstand. Schließlich hatten sie noch ein Vierteljahr zuvor einem Reichspräsidenten zur Wiederwahl verholfen, der nunmehr als institutionelle Stütze des Weges in den autoritären Staat fungierte. Die in Teilen der sozialdemokratischen Basis vorhandene Kampfbereitschaft ließen die seit ihrer Wahlniederlage in Preußen demoralisierten Führungsgremien ungenutzt. Wenngleich die Chancen eines Generalstreiks angesichts der Massenarbeitslosigkeit und der scheinlegalen Fassade des Eingriffs der höchsten Reichsinstanzen ungewiß waren, bedeutete die kampflose Preisgabe der letzten republikanischen Bastion jedenfalls das Ende der demokratischen Ordnung. Nichts vermag die verhängnisvollen Auswirkungen dieser Passivität eindringlicher zu beleuchten, als die triumphierenden Tagebucheintragungen des NSDAP-Propagandachefs Joseph Goebbels: „Man muß den Roten nur die Zähne zeigen, dann kuschen sie ... Die Roten haben ihre große Stunde verpaßt. Die kommt nie wieder" (vgl. Goebbels, Vom Kaiserhof, S. 131ff.).

Den am 31. Juli 1932 abgehaltenen Reichstagswahlen, zu denen von Papen aus einer unverkennbar antiparlamentarischen Motivlage Zuflucht suchte, kam lediglich noch die Funktion zu, das Schicksal der Weimarer Republik auch durch die Wählerschaft besiegeln zu lassen. Bei wiederum angestiegener Wahlbeteiligung (83,4%), die allerdings noch immer nicht das Niveau des späten Kaiserreiches (1907 und 1912: fast 85%) erreicht hatte, gelang der NSDAP mit 37,3% aller Stimmen ein Erfolg, der allein mit dem der Mehrheitssozialdemokraten in den Revolutionswahlen des Januar 1919 zu vergleichen ist. Unter den Parteien der bürgerlichen Rechten fand lediglich noch die DNVP (5,9%) einen erwähnenswerten Anhang, während die übrigen Gruppierungen mit allenfalls 1% Stimmenanteil in Bedeutungslosigkeit versanken. Die Stammwähler der DDP dürften, wie sich anhand der Resultate aus ihren Hochburgen begründet vermuten läßt, dort überwiegend - aus Sorge um die Verfehlung der zu einem Wahlkreismandat erforderlichen Stimmenzahl von 60.000 - den Weg zu den benachbarten republikanischen Parteien SPD und Zentrum gefunden haben.

Somit war der geringfügige Anteilsgewinn der Zentrumspartei auf wahltaktische Motive zurückzuführen, ihre Widerstandskraft gegen den Vormarsch der Nationalsozialisten aber erneut unter Beweis gestellt. Auch die Sozialdemokraten hatten sich in der verheerenden Krise, die den Kommunisten nahezu 15% der Wählerstimmen bescherte, relativ gut behauptet. Trotz der ihr gewiß keine neuen Potentiale erschließenden höheren Wahlbeteiligung konnte die SPD das Ergebnis der vergleichbaren Krisenwahlen des Mai 1924 noch übertreffen (21,6% gegenüber 20,4%). Demnach blieben die Einbrüche der NSDAP in das gefestigte politische Milieu der Arbeiterbewegung und des parteimäßig organisierten Katholizismus selbst bei ihrem absolut besten Ergebnis in freien Wahlen äußerst bescheiden. Hingegen hatten die Nationalsozialisten die Wähler der stark zersplitterten und fluktuierenden bürgerlichen Mitte und Rechten, deren Anhänger keine ausgeprägt weltanschauliche Bindung an eine Partei aufwiesen, fast restlos in sich aufgesogen. Die von den privilegierten Schichten bevorzugte DNVP zeigte an der Seite der NSDAP keine grundsätzliche Alternative auf, während das kleine Häuflein liberaler Demokraten lediglich im Massenanhang der SPD oder des Zentrums wahlpolitisch fortexistieren konnte.

Ebenso wie zuvor in Preußen bestand nach der Juliwahl 1932 auch auf Reichsebene keinerlei Chance mehr für eine konstruktive Mehrheitsbildung. Die einzige rechnerisch tragfähige und politisch noch am ehesten vorstellbare „Lösung", eine Koalition zwischen Nationalsozialisten und Zentrumspartei, scheiterte an dem in Verhandlungen unbeugsam erhobenen Anspruch Hitlers auf das Reichskanzleramt mit weitgehenden Handlungsvollmachten. Abgelöst von dem endgültig lahmgelegten Reichstag, versuchte das Kabinett von Papen weiterhin autoritär zu regieren. Da es sich im Parlament auf nicht einmal 10 % der Abgeordneten (DNVP und DVP) stützen konnte, wurde bereits nach wenigen Wochen eine erneute Reichstagsauflösung erwirkt. Dieses Vorgehen rechtfertigte der Reichskanzler nur noch aus der „Gefahr" einer Aufhebung von Notverordnungen durch das Parlament; es zielte nicht ernstlich auf die Rückkehr zu einer arbeitsfähigen Mehrheitskonstellation, sondern beabsichtigte die Ausschaltung und Diskreditierung des Reichstags durch einen ad absurdum geführten Wahlkampf in Permanenz.

Tatsächlich zeigte sich die Bevölkerung erstmals ein wenig wahlmüde, so daß am 6. November 1932 die Beteiligungsrate auf 80 % zurückging. An den Mehrheitsverhältnissen hatte sich grundsätzlich nichts geändert, doch bedeuteten die Einbußen der NSDAP von 37,3 % auf 33,1 % zugunsten der rechtsbürgerlichen Parteien eine politische Zäsur: das bislang so erfolgreiche Sammlungskonzept der vereinfachenden Schlagworte und pathetischen Versprechungen stieß an Grenzen, sobald die Reibungsflächen in der politischen Praxis (z.B. der nationalsozialistischen Regierungsbeteiligung in den Ländern oder des gemeinsam mit den Kommunisten durchgeführten Berliner Verkehrsstreiks unmittelbar vor dem Wahltag) sichtbar wurden. Außerdem drohten jetzt auch in der NSDAP, die massenpsychologisch von einem demonstrativ vermittelten Bild der inneren Geschlossenheit und starken Führung profitierte, schwerwiegende Konflikte um Strategie und Taktik zwischen Legalitätskurs, Straßenterror und dem Ziel der Machtergreifung aufzubrechen. Erstmals seit vielen Jahren blieb im Umkreis der Novemberwahlen der NSDAP selbst ein Verlust an Mitgliedern und SA-Kämpfern nicht erspart, so daß die Partei auf eine ernste Krise zusteuerte.

Die Verfechter des Präsidialsystems, denen die Weimarer Verfassung mindestens ebenso suspekt war wie eine nationalsozialistische Einparteienherrschaft, spielten Ende 1932 ihre letzte Trumpfkarte aus: die Kanzlerschaft des Reichswehrgenerals Kurt von Schleicher, der sich bis dahin als Drahtzieher im Hintergrund der politischen Verantwortung zu enthalten trachtete. Ausgehend von übertriebenen Hoffnungen auf eine Spaltung der NSDAP durch Gregor Strasser, dessen Bruder Otto bereits 1930 der Partei Hitlers wegen mangelnder Aufrichtigkeit ihrer „sozialistischen" Phraseologie den Rücken gekehrt hatte, wollte von Schleicher als „sozialer General" in die Geschichte eingehen und an Erfahrungen des „nationalen Burgfriedens" während der Kriegswirtschaft der Jahre 1914-1918 anknüpfen. Die geplante „Gewerkschaftsachse" als Massenbasis einer Militärdiktatur fand jedoch lediglich Sympathien bei den christlich-nationalen Arbeitnehmerorganisationen, wohingegen Strasser vor Hitler kapitulierte und die sozialdemokratischen Gewerkschaften nach anfänglicher Gesprächsbereitschaft durch ihre Partei von diesem gefährlichen Experiment ferngehalten werden konnten.

Somit geriet von Schleicher noch schneller an das Ende seiner politischen Möglichkeiten als sein Vorgänger von Papen, der in persönlicher Rache und als reaktionärer Gegner einer „Gewerkschaftsachse" von vornherein bei von Hindenburg auf den Sturz des Reichswehrpolitikers hinarbeitete. Gewiß hat dieses „selbstherrliche Intrigenspiel einer winzigen Minderheit" (Bracher, Machtergreifung, S. 44) von Adelstitelträgern in der Umgebung des Reichspräsidenten entscheidend daran mitgewirkt, daß am 30. Januar 1933 das Kabinett der „nationalen Konzentration" unter Führung des Reichskanzlers Hitler ernannt wurde. Ohne die Wahlerfolge der NSDAP von 1929/30 bis 1932 und die gravierenden Fehler sämtlicher konkurrierender Parteien wäre ein solcher Endpunkt der Krise des Weimarer Staates allerdings nicht denkbar gewesen.

Deshalb wollen wir das öffentliche Auftreten der politischen Gruppen im Streit um die Gunst der Bevölkerung in den folgenden Abschnitten anhand wichtiger Presseorgane der fünf größeren ideologischen Lager illustrieren. Die Gliederung dieser Analyse des Parteiensystems ergibt sich aus dem historischen Prozeß und einer politischen Standortbestimmung: Zunächst werden die tragenden Kräfte der Kabinette Brüning und von Papen behandelt. Daraufhin sind die grundlegend verschiedenartigen Zielvorstellungen der oppositionellen Kommunisten einerseits und der demokratischen Republikaner andererseits zu skizzieren. Abschließend wird es vor diesem Hintergrund möglich sein, die Ursachen für den herausragenden Erfolg der nationalsozialistischen Agitation aufzuzeigen. Aus den genannten Erwägungen soll dabei der Schwerpunkt auf Argumentationen und Propagandamustern aus den Wahlkämpfen des betrachteten Zeitraums liegen.

Die gemäßigte Restauration: der „schwarz-blaue" Brüningblock

Nach ihren Stimmenverlusten bei den Reichstagswahlen von 1928 reagierte die Zentrumspartei mit einem Rückzug auf ihren klerikalen Charakter und einem

Rechtskurs, der allerdings erst seit dem Bruch der Großen Koalition im März 1930 politische Konsequenzen zeitigte: „Mit der Wahl des Prälaten Ludwig Kaas zum Vorsitzenden der Gesamtpartei begann der letzte Abschnitt in der Geschichte des Zentrums, der gradlinig zum Jahre 1933 führt" (Ende der Parteien, S. 287). Die Kooperationsbereitschaft des Zentrums mit den Sozialdemokraten in den Reichstagsperioden von 1912 bis 1924 und 1928 bis 1930 erwies sich als bloßes realpolitisches Zugeständnis an die Stärke der reformistischen Arbeiterbewegung, ohne ein weltanschauliches Zusammenrücken der Verfassungsparteien zu begründen. In der Ära Kaas-Brüning fand der politische Katholizismus zu jener obrigkeitsstaatlichen Vergangenheit zurück, in welcher das damals als „schwarz-blauer Block" bezeichnete Bündnis mit den regierungsloyalen Konservativen die sicherste Stütze des wilhelminischen Kaiserreiches dargestellt hatte.

Folgerichtig präsentierte sich das Zentrum in der Weimarer Krisenzeit als der „alleinige Hort konservativen Denkens", während man Hugenberg vorwarf, er habe „das konservative Element aus der Deutschnationalen Partei hinausgetrieben, die Partei verliberalisiert und sie damit in den Zusammenbruch des Liberalismus hineingeführt" (Kölnische Volkszeitung = KV 26.4.1932). Diese auf den ersten Blick erstaunliche Stoßrichtung der Kritik konnte an der Tatsache anknüpfen, daß Hugenberg als Alldeutscher vor dem Kriege ein rechtsgerichteter Nationalliberaler gewesen war. Gegen den Radikalismus einer „nationalen Opposition", die jeglichen Respekt vor der Staatsautorität von Reichspräsident und Kanzler sowie den Verfassungsprinzipien vermissen ließ, empfahl das Zentrum seine „Politik der Sachlichkeit und Wahrhaftigkeit" auf dem Wege zur „Herrschaft der Ordnung, des Aufbaus, der klugen Staatsführung" (KV 13.9.1930).

Auch Brüning bezeichnete seinen politischen Standort als „von Haus aus konservativ" (Germania = Gm 4.7.1932) und betrachtete es als Ausdruck seines Staatsideals, „den Mut zu zeigen zur Verantwortung, den Mut auch zur höchsten Unpopularität" (Gm 10.9.1930). Im Umkreis der heftig umkämpften Septemberwahlen 1930, die den Durchbruch der NSDAP zur zweitstärksten Reichstagsfraktion nach der SPD und vor dem Zentrum brachten, wurde Brüning von der katholischen Parteipresse mehrfach als „Führer" seiner Bewegung gefeiert (Gm 14.9.1930, 19.9.1930). Dabei begrüßte insbesondere die „Generation der Frontkämpfer" den mit 44 Jahren noch relativ jungen Reichskanzler als „den wahren Führer" (KV 12.9.1930) des deutschen Volkes. Unter Bezugnahme auf sein Ansehen im westlichen Ausland verbreitete das Zentralorgan der Zentrumspartei die Parole: „Ein neuer starker Mann für Deutschland" (Gm 14.9.1930).

Ebenso wurde von Hindenburg in beiden Wahlgängen zur Reichspräsidentschaft als der „Führer" (Gm 13.3.1932, 10.4.1932) empfohlen und zum „Vater des Volkes" (KV 12.3.1932) sowie Repräsentanten der „Volkseinheit" (Gm 7.4.1932) verklärt. Während man den greisen Generalfeldmarschall darin rühmte, „daß er die Nation verkörpert", wurde der Machtanspruch des Gefreiten Hitler als „reine Parteikandidatur" (Gm 1.3.1932) abqualifiziert. Ganz ausdrücklich bekannte sich das Zentrum zum „wahren autoritären Staatsgedanken" (Gm 6.11.1932) und äußerte die Hoffnung, „daß sich eine echte Volksgemeinschaft bildet und daß diese mit unbedingtem Vertrauen einer sachkundigen und starken Führung folgt" (Gm 28.7.1932). Die strikt antiliberalen Auffassungen des politischen Katholizismus offenbarten sich nicht zuletzt im Geistesleben: „Die Zentrumspartei ist der unübersteigbare Wall gegen undeutsche, fremde, kulturzerstörende Ideen, die sich im deutschen Volke, von außen her hineingetragen, in Kunst, Literatur und Bühne breitzumachen suchen" (Gm 14.9.1930).

Selbst der Nationalsozialismus wurde aus Zentrumssicht mit konservativen Argumenten als bloße Kehrseite des linken Aktivismus betrachtet: „Die Massenmeetings sind eine Erfindung der Revolutionszeit, und sie wurden seit zwei Jahren von den Nazi in besonderem Grade gepflegt und entwickelt" (KV 1.8.1932). In wehmütiger Erinnerung an die gesicherten Verhältnisse einer „bodenständigen" politischen Volkskultur hielt man der NSDAP ihr „ganzes ungemein raffiniert angelegtes System psychologischer Werbetricks" vor (KV 31.8.1930). Freilich vertraten weiteste Zentrumskreise nach dem NSDAP-Erfolg des Juli 1932 gerade aus Sorge um die überlegenen Propagandamethoden die Ansicht, „daß es dem Nationalsozialismus nicht mehr gestattet sein darf, um die Verantwortung einen großen Bogen zu machen" (KV 2.8.1932). Der seitdem „vor allem an die Adresse der Nationalsozialisten gerichtete Appell zur ‚Sammlung'" (Ende der Parteien, S. 414) war damit motiviert, die NSDAP in der Regierungsbeteiligung zu „zähmen" und ihr die bequeme agitatorische Oppositionsstellung zu nehmen.

Wenngleich nach der Übernahme des Reichskanzleramtes durch Hitler in der Zentrumspresse von einer „Machtergreifung" (Gm 31.1.1933) die Rede war, kommentierte man die ein Übergewicht deutschnationaler Politiker und parteiloser Adelsherren vorspiegelnde Zusammensetzung des Kabinetts mit grotesker Fehleinschätzung: „Die drei nationalsozialistischen Mitglieder des Reichskabinetts sind also sorgsam in Watte verpackt worden. Sie dürfen repräsentieren und in Hitler als Reichskanzler die formelle Verantwortung tragen, während sie von der Vorbereitung der Sachentscheidungen sorgsam ausgeschlossen sind" (KV 31.1.1933). Das wichtigste Anliegen des Zentrums gegenüber der Regierung Hitlers bestand letztlich in dem Anspruch der eigenen Konfession auf

Teilhabe an der politischen Macht: „Eine wahrhafte nationale Konzentration im wirklichen Sinne muß kommen" (KV 1.2.1933). Die Bereitschaft zum Arrangement des Katholizismus mit dem nationalsozialistischen Regime deutete sich in solchen Stellungnahmen bereits an, obschon die Zentrumswähler keinen Vorwand zu einem Anpassungskurs liefern konnten, da sie bis zuletzt ihrer Partei die Gefolgschaft hielten.

Die Bayerische Volkspartei unterschied sich von einem auf Rechtskurs steuernden Zentrum im wesentlichen nur durch das partikularistische Leitbild, ein „bayerisches Vaterland" (Münchener Neueste Nachrichten = MNN 13.9.1930) zu erhalten, wie ein BVP-Politiker wählerwirksam formulierte. Den allgemeinen ideologischen Orientierungsmustern der Schwesterpartei fügte man ansonsten noch ein deutlicher ausgeprägtes monarchistisches Leitbild hinzu. Von den übrigen politischen Gruppierungen im „Brüningblock" vertrat die Landvolkpartei spezifische Interessen des Bauerntums und die Wirtschaftspartei das Konzept einer „Mittelstandsfront zwischen Kapitalismus und Sozialismus" (Schumacher, Mittelstandsfront, S. 205), worin sich die spezifischen Belange städtischer Gewerbetreibender verbargen. Bezeichnenderweise lösten sich beide Standesparteien unter dem Druck von Interessenkonflikten der Kabinettsarbeit und dem Siegeszug der Nationalsozialisten schon 1931/32 zur Bedeutungslosigkeit auf. Dem weltanschaulich abgesättigten Christlich-Sozialen Volksdienst lag die Intention einer Art „evangelischer Zentrumspartei" zugrunde, was jedoch als neuartiges Experiment in der krisenhaften Endphase der Weimarer Republik nicht mehr den gewünschten Erfolg einbrachte.

Die politisch-ideologisch mit Abstand aufschlußreichste Kraft der gemäßigten Restauration bildeten die nach der Trennung von Hugenbergs Deutschnationalen auch parteimäßig selbständig auftretenden „Volkskonservativen". In einer Kontinuität der gouvernementalen Einstellung seit der Bismarckära war es „der realistische Zug der konservativen Grundhaltung, ihre Bejahung und Mitverantwortung des Staates, so wie er ist" (Neumann, Parteien, S. 68), der den Altkonservativen um den Grafen Westarp und den „Jungkonservativen" des Brüning-Vertrauten Gottfried Treviranus die Regierungsloyalität im „schwarzblauen Block" nahelegte. Über diese ideologischen Motive hinaus waren in den zuvor der DNVP nahestehenden „wirtschafts- und gewerkschaftsgebundenen Kreisen" (Jonas, Die Volkskonservativen, S. 47) die Bedenken gegen Hugenbergs ökonomisch verantwortungslose Young-Plan-Kampagne für die Abspaltung maßgeblich.

Allerdings wäre es vollkommen verfehlt, die konservative Überhöhung der Staatsautorität mit einer allmählichen Annäherung an die demokratische Republik zu verwechseln. So wollte Graf Westarp die Unterstützung einer Wiederwahl von Hindenburgs ausdrücklich auch als „Kampf gegen das System" (MNN 3.3.1932) verstanden wissen. Gegenüber der deutschnationalen Bündnisbereitschaft beharrten die restaurativen Kräfte auf der Einschätzung, die Nationalsozialisten seien „die erbittertsten Gegner des konservativen Gedankens" (Kreuz-Zeitung = KZ 3.9.1930). Der NSDAP warf man außerdem „bedenkliche Anleihen an das sozialistische Denken" vor, wollte aber „einen gesunden Kern" (KZ 14.9.1930) durchaus anerkennen, den der konservative Reichstagskandidat General a.D. von Lettow-Vorbeck in einem „idealen Nationalismus" (MNN 28.8.1930) erblickte. Dementsprechend konnte von diesen stark an den Vorkriegsleitbildern festhaltenden Kreisen keine massenwirksame Abwehrkraft gegen die Verbreitung des nationalsozialistischen Gedankengutes ausgehen, wenn auch die führenden Persönlichkeiten gerade wegen ihrer festgefügten Wertordnung nicht zu den Enthusiasten des „Dritten Reiches" überliefen.

Die extreme Reaktion: das „schwarz-weiß-rote" Lager der „nationalen Opposition"

Es wäre eine schematische Verkennung der tatsächlichen Konstellation der politischen Kräfte, die im Vergleich mit dem „Brüningblock" radikalere antirepublikanische Stoßrichtung der Deutschnationalen als bloße Fixierung auf die monarchische Vergangenheit zu interpretieren. Vielmehr waren die Alldeutschen vom Schlage Hugenbergs bereits in den Vorkriegsjahren zur „nationalen Opposition" übergegangen, als die gemäßigt konservative Regierung ihrer Ansicht nach im Kampf gegen die Sozialdemokratie und für expansive außenpolitische Zielsetzungen versagte. Allein der traditionelle Konservatismus mit seiner Ehrfurcht vor der geschichtlichen Überlieferung, die auch in der Überwindung der parlamentarischen Republik zugunsten des Präsidialsystems ein behutsames Vorgehen nahelegte, kann deshalb zutreffend als „restaurativ" begriffen werden. Hingegen zielte die „reaktionäre" Politik der Deutschnationalen unter der Parole der Rückkehr zur kaisertreuen Reichsflagge „schwarz-weiß-rot" auf eine die Verfassungsordnung mißachtende Zerstörung des Weimarer Staates ab.

Wenn ein „Aufruf des Führers" Hugenberg die eigene Partei der „Synthese zwischen nationalrevolutionärem Angriffsgeist und staatspolitischer Beherrschtheit" (Der Tag = Tg 20.7.1930) rühmte, markierte er unverkennbar eine Vermittlungsposition zwischen Konservatismus und Nationalsozialismus. Indem der millionenschwere Konzernchef die „Unantastbarkeit des sittlich erworbenen Privateigentums" propagierte, wollte er den gleichzeitig beschworenen „Frontsoldatengeist" (Tg 21.8.1930) von „kriegssozialistischen" Mißverständnissen abschirmen. Obgleich gerade Hugenberg als ehemaliger Krupp-Direktor und weithin bekannter „Pressezar" der Weimarer Republik mit skrupellos „modernen"

Geschäftsmethoden hervorgetreten war, pflegte er mit Rücksicht auf die Mentalität seiner ostelbischen Gefolgschaft eine reaktionäre Agrarideologie: „Nicht in den sterbenden Großstädten sollte in Deutschland gebaut werden, sondern auf dem Lande, wo die Familie noch wächst" (Tg 16.8.1930). Aufgrund seiner alldeutschen Gesinnung vermochte Hugenberg zugleich Großindustrielle wie Emil Kirdorf, der sich vorübergehend „öffentlich zur Nationalsozialistischen Partei bekannt" hatte, wieder ins rechtsbürgerliche Lager zurückzuführen: „Ich stehe treu zur Deutschnationalen Volkspartei, solange sich diese einer zielbewußten, nationalen Führung wie derjenigen des Herrn Dr. Hugenberg erfreut" (Tg 24.8.1930).

Seit ihrer Präsentation als „Hugenberg-Bewegung" (Ende der Parteien, S. 554) strebten die Deutschnationalen ohnehin nach einer Übernahme von Propagandamustern der NSDAP. Vom Interessenstandpunkt des Großbesitzes bemängelte man vornehmlich „Unklarheiten des nationalsozialistischen wirtschaftlichen Parteiprogramms", bekundete aber zugleich ausdrückliche Hochachtung vor den agitatorischen Leistungen der Hitlerbewegung: „Den Nationalsozialisten ist es vor allem geglückt, mit ihrem nationalen Kampfwillen die Lethargie in den Massen zu überwinden" (Tg 16.9.1930). Für einen eingeschworenen Reaktionär wie den DNVP-Abgeordneten Elard von Oldenburg-Januschau, der schon im Kaiserreich den Reichstag am liebsten „mit einem Leutnant und zehn Mann" auseinanderjagen wollte, war die NSDAP weit eher als das verfassungstreue Zentrum ein politischer Bündnispartner: „Wenn die Nationalsozialisten im kommenden Reichstag an Stelle des Herrn Wirth einen Innenminister stellen, wie den in Thüringen, so werde ich das aufrichtig begrüßen" (KZ 30.8. 1930).

An der diktatorischen Konzeption der NSDAP hatte die deutschnationale Presse im Wahlkampf um die Reichspräsidentenschaft einen Mangel autoritärer Konsequenz auszusetzen: „Auch Hitler stellt das Führerprinzip in den Vordergrund seiner Politik. Aber seine Auffassung ist doch nicht frei von demokratischer Denkweise, die sich an die Massenwirksamkeit klammert" (KZ 12.3.1932). Da von Hindenburg „als Kandidat des Systems" (Tg 16.2.1932) in deutschnationaler Perspektive zum Verräter an der gemeinsamen Sache geworden war, empfahlen sie den zweiten Stahlhelm-Führer Duesterberg als „Vertreter unseres Frontsoldatenprinzips" (KZ 4.3.1932) für das höchste Staatsamt. In den Tagen vor dem ersten Wahlgang übernahm die traditionsreiche „Kreuz-Zeitung" in ihre Kopfzeile das Symbol des Stahlhelms, der als „Wahlparole" der Juliwahlen 1932 gleichrangig „für die NSDAP oder für die DNVP" (KZ 17.7.1932) zu stimmen vorschlug.

Die zutiefst antidemokratische Gesinnung der Deutschnationalen gelangte in der frühzeitig erhobenen Forderung „Her mit dem Reichskommissar für Preußen!" (Tg 10.7.1932) noch vor den später als Vorwand genutzten Ausschreitungen des „Altonaer Blutsonntags" an die Öffentlichkeit. Den Staatsstreich von Papens gegen das republikanische Preußen begrüßte man dementsprechend als „erlösende Tat" und setzte sich über rechtsstaatliche Bedenken in zynischer Offenheit hinweg: „Verfassungsparagraphen und Formalien dürfen sich nicht als stärker erweisen als die staatspolitischen Notwendigkeiten" (KZ 21.7.1932). Diese rücksichtslose Machtstaatsideologie wurde nach der als „große nationale Front" (KZ 31.1.1933) begrüßten Regierungsübernahme Hitlers allen Regimegegnern drohend entgegengehalten: „Der nationale Staat kann nur Gefolgschaft oder Feindschaft kennen" (Tg 5.2.1933). Über die passive Hinnahme der Machtergreifung hinausgehend, mit der die gemäßigt restaurativen Kräfte ihre Anpassungsbereitschaft signalisierten, feierte die deutschnationale Reaktion das Koalitionskabinett mit der NSDAP als Erfüllung ihrer ureigensten Ziele: „Aus dem Morgen, auf das wir 1930 hinarbeiteten, ist das Heute von 1933 geworden" (Ebd.).

Diese Rolle als Steigbügelhalter des nationalsozialistischen Aufstiegs zur Macht erfüllte neben der Hugenberg-Presse auch manche scheinbar „unabhängige" und „überparteiliche" Provinzzeitung. Wenn z.B. im „Bamberger Tageblatt" nach den Septemberwahlen 1930 von einem „Entscheidungskampf zwischen Nationalsozialismus und Kommunismus" die Rede war, „dessen Ausgang das Schicksal Deutschlands bestimmen würde" (BT 15.9.1930), konnten die Sympathien der bürgerlichen Leserschaft ebenso wenig zweifelhaft sein wie angesichts der außenpolitischen Versprechungen: „So kann die Minderung der Reparationslasten vielleicht gerade einer vorwiegend nationalsozialistischen Regierung am besten gelingen" (BT 17.9.1930). Auf den Vorwurf lediglich „getarnter Farblosigkeit" reagierte eine solche Zeitung dann mit einer höchst aufschlußreichen Rechtfertigung, stets „zuverlässig national und durch und durch sozial" gewesen zu sein: „Völlig unabhängig von den Parteien haben wir die Kernforderungen der heute bestehenden Nationalsozialistischen Deutschen Arbeiterpartei schon verfochten, als es diese Partei noch gar nicht gab" (BT 23.4.1932).

Der ausdrücklich artikulierte Konsens bis hin zu den Kreisen der großindustriellen DVP, „daß es immer noch besser ist, wenn verärgerte Wähler hugenbergisch oder nationalsozialistisch wählen, als wenn sie überhaupt nicht zur Urne gehen", gründete sich in erster Linie auf ein klares Feindbild: „Denn trotz allem bedeutet jedes für rechts gewonnene Mandat eine Schwächung der Sozialdemokratie" (Deutsche Allgemeine Zeitung = DAZ 24.8.1930). Entgegen dem zuweilen einem unaufgeklärten kleinbürgerlichen Publikum präsentierten bolschewistischen Popanz frohlockte dieses industriefreundliche Sprachrohr, daß die Kommunisten „dazu berufen sind, das Anwachsen der Sozialdemokratie zu verhindern und als Pfahl im Fleische dieser großen Partei zu wirken" (Ebd.). Die Parole „Los von der SPD!" (Weser-Zeitung = WZ 20.9.1930) und eines Protestes „gegen den hemmenden Einfluß der Sozialdemokratie auf die Staatspolitik" (WZ 17.9.1930) war auch für andere ehemals nationalliberale Blätter eine Aufforderung, „daß der marxistischen Gesamtstellung ein deutlicher bürgerlicher Gesamtwille entgegengesetzt wird" (Rheinisch-Westfälische Zeitung = RWZ 9.8.1930).

Während das großbürgerliche DVP-Lager den „sozialistischen Wirrwarr" (WZ 15.9.1930) im NSDAP-Programm beklagte, zeigte es für den entschiedenen Kampfkurs gegen den Versailler Vertrag deutliche Sympathien: „Eine nationale Opposition gegen die Regierung und alle Regierungsparteien kann in außenpolitischen Fragen nützlich sein" (WZ 12.9.1930). Infolgedessen wurde die Forderung nach einer Regierungsbeteiligung der NSDAP im Zeichen der Wahlerfolge keineswegs taktisch mit der „Zähmung" ihres Radikalismus, sondern in prinzipieller Gegnerschaft zur SPD begründet: „Es geht nicht an, unter der Hand mit der Sozialdemokratie zu sprechen und die Nationalsozialisten überhaupt nicht zu befassen" (WZ 20.9.1930). In gleicher Weise warnte eine andere Zeitung der rechten DVP den Reichskanzler Brüning vor einer Bündnispolitik auf dem Boden der verfassungstragenden Parteien: „Es ist nicht einzusehen, weshalb die nationalen Sozialisten für eine Regierung mit dem Zentrum ungeeigneter sein sollen, als die internationalen Sozialisten" (RWZ 15.9.1930).

Obgleich die DVP offiziell die Wiederwahl des Reichspräsidenten unterstützte, bestand „gar kein Zweifel, daß der industrielle Flügel der Partei überwiegend nicht geneigt ist, die Parole der Deutschen Volkspartei für Hindenburg mitzumachen" (WZ 5.3.1932). Zumindest verlangte man als Gegenleistung den Übergang „zu einer Regierungsführung, die noch über das ‚System Brüning' hinaus von jeglicher parlamentarischer Bindung unabhängig ist" (WZ 13.3.1932). Wenn in der Presse der Großindustrie überhaupt noch Sympathien für von Hindenburg vorhanden waren, bezogen sie sich auf sein Bekenntnis zum „Geist von 1914" als „einer wahren Volksgemeinschaft" (DAZ 11.3.1932) und die Erinnerung an den „Ruhm von Tannenberg", der die „Überwindung des Parteigeistes" (Ebd.) begünstigen sollte. Die Existenz extremerer Standpunkte wurde jedoch drohend hervorgehoben: „Es gibt heute in Deutschland Wirtschaftsführer, die sagen, ‚uns kann nur noch ein Wunder retten', und die meinen, dieses Wunder könne und müsse nur Hitler und der Nationalsozialismus vollbringen" (WZ 11.3.1932).

In jedem Fall strebte die auf einen reaktionären Kurs einschwenkende

DVP-Presse die Integration der NSDAP in ein autoritäres System an: „Nicht der Nationalsozialismus soll den Staat ‚aufsaugen', sondern der Staat den Nationalsozialismus" (DAZ 7.3.1932). Die fortbestehenden Vorbehalte betrafen neben den vom „ordnungsliebenden" Bürgertum nicht gern gesehenen Kampfmethoden der SA insbesondere die schwer kalkulierbaren Wirtschaftsgrundsätze. „Offen gesagt: Uns imponiert am Nationalsozialismus viel eher sein Nationalismus, als sein Sozialismus" (Ebd.). Für den herbeigesehnten „Sturz der linksradikalen Preußenregierung", womit wohlbemerkt die Koalition von gemäßigten Sozialdemokraten bis zu konservativen Zentrumspolitikern gemeint war, propagierte das großindustrielle Blatt „die nationale Opposition von Hitler bis Dingeldey" (DAZ 24.4.1932), also im Sinne der „Harzburger Front" einschließlich des DVP-Vorsitzenden. Gegenüber der Beseitigung der Demokratie im größten deutschen Teilstaat kam erst in zweiter Linie „in Betracht, daß der Nationalsozialismus, der der kräftigste Stoßtrupp gegen das preußische Regierungssystem ist, neben sich als selbständige Bundesgenossen klar antisozialistische und nationale Männer braucht" (DAZ 23.4.1932).

Unter Berufung auf ihren ein „halbes Jahrhundert" lang vertretenen „national-liberalen Standpunkt" erklärte die „Rheinisch-Westfälische Zeitung" als wichtigstes Sprachrohr der schwerindustriellen Konzernherren an Rhein und Ruhr im Vorfeld der Preußenwahl sogar den Abschied von einer zur Einflußlosigkeit verdammten DVP: „Es kommen in diesen schweren Zeiten, in denen wir leben und in den noch schwereren, denen wir entgegengehen, nur noch scharfe und rücksichtlos nationale Kämpfer in Frage - und das sind heute nur die Deutschnationale Partei und die Nationalsozialistische Partei" (RWZ 21.4.1932). Die gleichfalls von der DVP zur DNVP umgeschwenkte „Weser-Zeitung" lastete den Zerfall der bürgerlichen Parteien der versäumten Integration des Nationalsozialismus unter Brüning an: „Es ist der größte innerpolitische Fehler des Reichskanzlers gewesen, daß er nach den Septemberwahlen von 1930 die NSDAP in der Opposition ließ und noch schärfer in sie hineinführte" (WZ 25.4.1932).

Als sich die preußische Krise nach dem zahlreiche Todesopfer fordernden „Altonaer Blutsonntag" entscheidend zuspitzte, verlangte die ‚Deutsche Allgemeine Zeitung" ein offensives Handeln aller Republikfeinde: „Durch die Zusammenarbeit zwischen der revolutionären Kampfbewegung Adolf Hitlers und den ursprünglichen Kräften der nationalen Tradition wird sich das deutsche Schicksal allein wenden lassen" (DAZ 18.7.1932). Wie wenig das Gerede von der „bolschewistischen Gefahr" in diesen großindustriellen Kreisen ernstgenommen wurde, zeigte die insgeheim auf deren republikzerstörende Mittäterschaft bauende schonende Behandlung der KPD: „Das Verbot der Kommunisten würde nur einen gewaltigen Stimmenzuwachs für die Sozialdemokratie bedeuten; daran hat niemand ein Interesse" (Ebd.). In dem Wunsche nach einem „Ausnahmezustand" griff man gern auf entsprechende „nationalsozialistische Anregungen" (WZ 20.7.1932) zurück. Den Staatsstreich von Papens gegen Preußen begrüßte diese Rechtspresse folgerichtig als ein „Machtwort" (DAZ 20.7.1932). Bei einem rücksichtslosen „Kampf gegen den Umsturz" habe es „wenig Zweck, Rechtsfragen zu diskutieren" (RWZ 21.7.1932).

Während die „Weser-Zeitung" bei der NSDAP in den Reichstagswahlen des Juli 1932 „deren leidenschaftlichen, nationalen Elan" anerkennen mußte, bewegten sich die Vorbehalte im engen Gesichtswinkel ökonomischer Sonderinteressen: „Die NSDAP will die Stärkung des Binnenmarktes, Bremen braucht den Weltmarkt" (WZ 24.7.1932). Gleichzeitig bekräftigte man erneut die gemeinsame antisozialdemokratische Frontstellung: „Es ist das Verdienst der NSDAP, die marxistische Irrlehre als ungeheure Gefahr für den Deutschen aufs schärfste bekämpft zu haben" (WZ 31.7.1932). Als Idealzustand schwebte den schwerindustriellen Propagandisten die „Vereinigung des vom Reichspräsidenten verkörperten autoritären und überparteilichen Führerwillens mit dem Gefolgschaftswillen, den Hitler in seinen Anhängern wachzurufen verstanden hat" (RWZ 7.8.1932), in diffuser Weise vor.

Diese in der alldeutschen Tradition des rechten Nationalliberalismus stehende Fraktion eines reaktionären Großbürgertums hielt auch im Herbst 1932 unbeschadet der inneren Spannungen im Spektrum der „Harzburger Front" an den Einheitspostulaten fest: „In fünfzig Jahren wird kein Historiker mehr imstande sein, grundsätzliche Unterschiede in den politischen Zielen der Reichsregierung, der Deutschnationalen, des Stahlhelms und der Nationalsozialisten festzustellen" (RWZ 2.10.1932). Nach dem Ergebnis der Novemberwahlen lautete deshalb die Forderung: „Hitler und Hugenberg müssen sich mit Hindenburg auf einer gemeinsamen Basis finden" (RWZ 13.11.1932). Hingegen wurde von der „Weser-Zeitung" ein „Kampf mit der nationalsozialistischen Bewegung gegen die nationalsozialistische Partei" (WZ 6.11.1932) angekündigt. Dabei ließ man sich von der zentralen Erwägung leiten, „daß nicht ein Staatskapitalismus oder ein Staatssozialismus, sondern allein die freie Leitung des unternehmerisch eingestellten Einzelnen der nationalen Wirtschaft das Gepräge geben darf" (WZ 30.10.1932).

Unter den nach Ansicht dieser Kräfte Ende Januar 1933 noch verbleibenden „beiden Möglichkeiten: Hitler oder Diktatur" (WZ 30.1.1933) entschied sich das großbürgerliche Lager für den pseudolegalen Weg: „Die natürlichste Lösung ist unseres Erachtens ein Kabinett der nationalen Konzentration unter der Reichskanzlerschaft Hitlers" (RWZ 29.1.1933). Den Tag der Machtergreifung verklärte man zum „packenden Erlebnis der Volksgemeinschaft" unter Führung der NSDAP: „In der nationalsozialistischen Bewegung, die zum ersten Male in der deutschen Geschichte starke Millionenmassen für das nationale Bekenntnis auf die Beine gestellt hat, sehen wir die Verkörperung und den Gralshüter des volksdeutschen Gedankens, in dessen Zeichen sich die Nation am ehesten einigen könnte, und ihr Sozialismus, wenn man ihn im Sinne Spenglers versteht, schreckt uns wenig" (DAZ 6.2.1933).

In den von der DVP frühzeitig eingeleiteten „Bemühungen, den Niedergang der Partei in einer bürgerlichen Sammlungsbewegung aufzufangen" (Ende der Parteien, S. 530), war die großbürgerliche Rechte über die Annäherung an die DNVP letztlich zu Lobeshymnen für die Regierung Hitlers gelangt: „Das neue Kabinett steht an Persönlichkeiten gemessen stark da und man darf wohl sagen, daß es den kühnsten Träumen derer entspricht, die sich für die Einigung der nationalen Gruppen und Parteien eingesetzt haben" (WZ 31.1.1933). Hinsichtlich der Versuche des Zentrums, eine Teilhabe an der politischen Macht zu erlangen, belächelten die schwerindustriellen Bündnispartner der NSDAP bereits zynisch „den komischen Irrtum, Hitler mit Schleicher oder irgendeinem parlamentarischen Kanzler zu verwechseln" (RWZ 2.2.1933). Deutlicher ließ sich die Bereitschaft kaum mehr signalisieren, dem Nationalsozialismus freie Hand für Verfassungsbruch und Diktatur zu geben, soweit dies den eigenen Interessen zumindest nicht abträglich war.

Die soziale Revolution: das „rote Sowjetdeutschland" der Kommunisten

Wenngleich die großbürgerlich geprägte äußerste Rechte und die seit 1928 auf „ultralinken" Kurs gebrachte KPD in Sozialprofil, weltanschaulichen Leitlinien und politischen Zielen den extremsten Gegensatz im Parteiengefüge verkörperten, bestand doch in einer wichtigen Frage weitgehende Übereinstimmung: der Kampf gegen die demokratische Republik wurde von beiden Lagern mit vergleichbarer Vehemenz geführt. Diese Einheit in der Verneinung des Weimarer „Systems" fand ihren politisch bedeutsamsten Ausdruck in dem von Kommunisten, Nationalsozialisten und Deutschnationalen sowie kleineren Rechtsgruppen gemeinsam unterstützten Volksentscheid zur Auflösung des Preußischen Landtags im Sommer 1931. Dieses mit der Zustimmung von fast 37 % der Wahlberechtigten zwar nicht staatsrechtlich, aber politisch-psychologisch erfolgreiche Vorspiel zur Zerstörung des demokratischen Preußens der Weimarer Koalition offenbarte den destruktiven Kern der kommunistischen Politik dieser Jahre.

Der Übergang zur „ultralinken" Linie, die in der Denunziation von Sozialdemokraten als „Sozialfaschisten" und einer auf die organisatorische Spaltung abzielenden Politik der „Revolutionären Gewerkschafts-Opposition" (RGO) ihren sinnfälligsten Ausdruck fand, war 1928 in der Moskauer Zentrale von Stalin durchgesetzt worden. Allerdings haben die Verschlechterung der materiellen Lage der Arbeiterschaft im Zuge der Weltwirtschaftskrise und Ereignisse wie der Berliner „Blutmai", als auf Anordnung des sozialdemokratischen Polizeipräsidenten Zörgiebel zahlreiche Teilnehmer einer verbotenen Demonstration niedergeschossen wurden, gewiß zur Akzeptierung solch abenteuerlicher Strategien unter den radikalisierten Anhängern der KPD beigetragen. Eine zunehmende Gefolgschaft gewannen die Kommunisten mit ihren bedingungslosen Parolen gegen die bestehenden Verhältnisse und alle übrigen Parteien vor allem im Millionenheer der arbeitslosen Industrieproletarier.

Die vielleicht eindringlichste Demonstration eines verschärften Agitationsfeldzuges organisierte die KPD anläßlich der Reichstagswahlen von 1930. Der wortgewaltige Protest „gegen die faschistische Hungerregierung Brüning-Hindenburg" (Die Rote Fahne = RF 19.7.1930) zählte dabei zu den belanglosen Selbstverständlichkeiten. Mit besonderer Inbrunst widmeten sich die stalintreuen Kommunisten vielmehr der Enthüllung einer vermeintlich „sozialdemokratisch-faschistischen Einheitsfront der Arbeitermörder" (RF 14.9.1930) sowie angeblicher Machenschaften des „hochbezahlten Volksverräters und SPD-Führers Philipp Scheidemann" sowie der anderen „sozialfaschistischen Bankkontenbesitzer" (RF 11.9.1930). Der Vorwurf der Korruption und der Wesensgleichheit mit dem „Nationalfaschismus" der NSDAP sollte die republiktragenden Sozialdemokraten vor dem Urteil der Arbeiterschaft diskreditieren: „Im Ringen um Ministersessel konkurrieren die beiden Söldnerführer der Bourgeoisie, die Scheidemann und Hitler" (RF 14.9.1930). Der abgrundtiefen Verachtung der deutschen Republik stellte man den Glorienschein des „Vaterlands aller Werktätigen" gegenüber: „Der grandiose Fünfjahresplan des sozialistischen Aufbaus in der Sowjetunion ist unser bester Wahlhelfer" (Ebd.).

Im Mittelpunkt der kommunistischen Agitation stand neben dem sozialen Elend der Krisenperiode die „nationalrevolutionäre" Komponente der Argumentation. In bewußter Verknüpfung der nationalistischen Stimmungslage gegen den Young-Plan mit der Systemfrage prangerte man das „kapitalistische Young-Deutschland" (RF 19.7.1930) in stereotypen Formulierungen an. Eine als Wahlplattform eingesetzte „Programmerklärung zur nationalen und sozialen Befreiung des deutschen Volkes" bezeichnete die „Handlungen der verräterischen, korrupten Sozialdemokratie" in der Sprache der äußersten Rechten als „Hoch- und Landesverrat" und konkurrierte mit der NSDAP um den extremsten Revanchismus gegen die „imperialistischen" Westmächte: „Wir werden den räuberischen Versailler ‚Friedensvertrag' und den Young-Plan, der Deutschland knechtet, zerreißen, werden alle internationalen Schulden und Reparationszahlungen, die den Werktätigen Deutschlands durch die Kapitalisten auferlegt sind, annullieren" (RF 24.8.1930).

Für die über ihr Selbstverständnis als „Avantgarde des Proletariats" und den bürokratisch-zentralistischen Parteiaufbau ohnehin mit autoritären Strukturen vertrauten Kommunisten war Thälmann „unser Führer" (RF 12.9.1930). Als dann die Parlamentswahlen für die Partei des „Führers" Hitler einen deutlich größeren Massenanhang offenbarten, verkündete das KPD-Blatt in verblendeter Selbstüberschätzung: „Das wichtigste Ereignis der Reichstagswahlen vom 14. September, die entscheidende Tatsache für den ganzen weiteren Verlauf des Klassenkampfes in Deutschland ist der Wahlsieg der Kommunistischen Partei" (RF 15.9.1930). Die Entscheidung einer zugespitzten Alternative, ob „Sowjetdeutschland oder der Faschismus" das Endprodukt einer politischen Radikalisierung sein werde, konnte für die stalinistischen Verwalter der Geschichtsgewißheit selbstredend nicht in Zweifel geraten: „Der 14. September war der Höhepunkt der nationalsozialistischen Bewegung. Was nachher kommt, kann nur Niedergang und Abstieg sein" (Ebd.).

Auch als im Vorfeld der Reichspräsidentenwahlen des Frühjahrs 1932 die Abwegigkeit solcher Prognosen längst durch den unaufhaltsamen Wähler- und Mitgliederzuwachs der NSDAP erwiesen war, sah die KPD weiterhin „eine glänzende Rechtfertigung dafür, daß die klassenbewußten Arbeiter das Schwergewicht ihrer Stoßkraft gegen die SPD-Führer richten müssen" (RF 11.2.1932). Sogar vereinzelte Angebote von sozialdemokratischen Politikern zu Verhandlungen über ein gemeinsames Vorgehen in dieser gefahrvollen Situation wurden seitens der KPD-Zentrale „mit dem Hinweis zurückgewiesen, man pflege mit Feinden der Arbeiterklasse wie dem SPD-Vorstand nicht brieflich zu verkehren" (Ende der Parteien, S. 669f.). Während die Sozialdemokratie unverändert als „soziale Hauptstütze der Bourgeoisie" (RF 24.4.1932) entlarvt werden sollte, wurde gleichzeitig Hitler zum „Knecht des Youngkapitals" (RF 1.3.1932) degradiert. Ungeachtet der Behauptung, „daß die Nazis jetzt einen ‚echt jüdischen Dreh' zu machen suchen", stand für die KPD-Propaganda außer Frage: „Der einzige Kandidat gegen Young und Versailles heißt Ernst Thälmann!" (Ebd.).

Unter der Parole: „Wer Nazis wählt, wählt das System" (RF 24.4.1932) sowie der Abstempelung der „Hitlerpartei als eine Partei der Tributsklaverei und des Versailler Schandpaktes" (RF 28.7.1932) versuchte die KPD den Nationalsozialismus über alle Wahlerfolge Hitlers hinweg mit dessen eigenen Schlagworten zu bekämpfen. Nachdem die Betriebsorganisationen von KPD und NSDAP im Berliner Verkehrsarbeiterstreik Anfang November 1932 in gemeinsamer Front gestanden hatten und den Nationalsozialisten von einem verschreckten Bürgertum bei den wenige Tage später stattfindenden Reichstagswahlen erstmals Stimmenverluste zugefügt worden waren, verbreiteten die Kommunisten unbeirrt von den tatsächlichen Machtverhältnissen fortlaufend Illusionen über die Hintergründe der häufigen Regierungswechsel: „Proletarische Offensive sprengt Papen-Kabinett" (RF 18.11.1932), hieß es lapidar über das Ergebnis des Machtkampfes innerhalb der herrschenden Kaste.

Zweifellos erfüllten die wortgewaltigen Parolen der KPD-Agitation nicht zuletzt die sozialpsychologische Funktion, die gesellschaftlich isolierte Anhängerschaft in ihren Hoffnungen auf einen radikalen Umsturz aller bestehenden Verhältnisse zu ermutigen. Neben dieser Kompensation für Elend und Ohnmacht erschien die hemmungslose Polemik gegen die Sozialdemokraten geeignet, aus dem einzig noch zugänglichen Potential der benachbarten Arbeiterpartei neue Gefolgsleute für die kommunistischen Ziele der „Diktatur des Proletariats" zu gewinnen. Der aus historischer Urteilsperspektive allzu hohe Preis dieser Fixierung auf das eigene Parteimilieu war die Mitwirkung am Prozeß der Zerstörung des Weimarer Systems. Die aufgrund ihrer gesellschaftlichen Massenbasis allein potentiell kampffähige antifaschistische Kraft wurde bis einen Tag vor der Machtergreifung von der KPD-Presse mit Schmähungen überschüttet: „Die SPD-Führer auf der Hitler-Linie!" (RF 29.1.1933). Eine damals verbreitete kommunistische Anspielung auf Lenins Ratschlag, daß die Sozialdemokraten „‚unterstützt'" werden sollten, „wie der Strick den Gehängten stützt" (RF 6.1.1933), trug angesichts der zurückliegenden und bevorstehenden Terrorakte gegen Politiker beider Arbeiterparteien erschütternd makabre Züge.

Die demokratischen Republikaner: das Eintreten für die „schwarz-rot-goldenen" Weimarer Verfassungsideale

Bei der Abgrenzung des politischen Spektrums der verfassungstragenden „Gesinnungsrepublikaner" sind die hergebrachten Parteigrenzen kein vollends überzeugendes Kriterium. Die größte Annäherung an die politische Wirklichkeit über einen organisatorischen Rahmen läßt sich aus der Zusammensetzung des mehr als drei Millionen Mitglieder starken republikanischen Schutzbundes „Reichsbanner Schwarz-Rot-Gold" gewinnen: Neben dem gerade in den letzten Jahren der Weimarer Periode bestimmenden Einfluß der Sozialdemokraten beteiligten sich einzelne Politiker und aktivistische Minderheiten der linksliberalen Demokraten sowie des progressiveren Zentrumsflügels um den Ex-Kanzler Joseph Wirth (vgl. Rohe, Reichsbanner). Gewiß hat es insbesondere im Prozeß der Umwidmung der DDP zur „Staatspartei" sowie in Randbereichen der SPD politische Tendenzen gegeben, die keineswegs als zuverlässig republiktreu einzuschätzen waren. Anders als bei der Zentrumspartei der Ära Brüning-Kaas blieben in der DDP/Staatspartei und vor allem der Sozialdemokratie die Anhänger des Verfassungswerkes von 1919 jedoch dominierend, so daß sie zusammen mit kleinen Gruppen linksrepublikanischer Intellektueller ohne feste Parteibindung den Abwehrblock gegen eine autoritäre Überwindung der Weimarer Republik formierten.

In der politischen Selbstdarstellung für die Septemberwahlen 1930 präsentierte sich die SPD als „die einzig wirkliche Staatspartei der Republik" (Vorwärts = Vw 24.7.1930) und trug unter Hinweis auf die Spaltungstendenzen im bürgerlichen Lager demonstrative Siegesgewißheit zur Schau: „Unsere Position ist sachlich richtig und deswegen wahltaktisch günstig" (Vw 15.3.1930). Dieses noch ungetrübte Vertrauen in rationale Wahlmotive ließ die Sozialdemokraten aus ihrer oppositionellen Haltung zum Kabinett Brüning hoffen, daß mit gewerkschaftlicher Unterstützung eine Kampagne gegen die „liberal-konservative Einheitsfront der sozialen Reaktion" (Vw 16.8.1930) wirksam durchzuführen war. Aufgrund ihrer breiten Mitgliederbasis glaubte die SPD den lautstark vorgebrachten Propagandaaufwand der Republikfeinde unterlaufen zu können: „Versammlungen und Straßenkundgebungen sind notwendig - aber die letzte Entscheidung vollzieht sich in jenem unübersehbaren molekularen Prozeß des Volkslebens, der sich im Betrieb, im Hause, auf der Straße, kurz überall abspielt, wo zwei Menschen oder mehr ihre Meinungen untereinander austauschen" (Vw 24.8.1930).

Weit entfernt von einer Verharmlosung der nationalsozialistischen Gefahr bezeichnete das sozialdemokratische Zentralorgan die SA als „Organisation der Totschläger" (Vw 26.8.1930), was mit detaillierten Aufstellungen über deren Mordtaten und die interne Organisationsstruktur illustriert wurde. In vereinfachender Prägnanz erfaßten sie SPD-Publizisten wichtige historisch-gesellschaftliche Grundlagen für die politische Anziehungskraft der NSDAP: „Die bürgerliche Jugend strömt zum Faschismus - weil sie nicht mehr königlich preußischer Reserveoffizier werden kann" (Vw 27.8.1930). Als die „Partei der Lüge, des Mordes, des Krieges" waren die Nationalsozialisten für die von beiden Seiten gewalttätig bedrängten Sozialdemokraten zugleich „nur eine andere Spielart kommunistischer Zerstörungswut" (Vw 13.9.1930). In polemischer Gleichsetzung sah die SPD eine „neue Einheitspartei" der Katastrophenpolitiker am Werke: „Nachdem die KPD ihre Programmerklärung ‚zur nationalen und sozialen Befreiung des deutschen Volkes' veröffentlicht hat, steht ihrer Verschmelzung mit den Nazis nichts mehr im Wege!" (Vw 26.8.1930).

Am Vorabend des Wahltages erschien die Spätausgabe des „Vorwärts" unter der euphorischen Schlagzeile „Sozialdemokratie vor dem Sieg" und der kommentierenden Ergänzung: „Sie hat jetzt schon das Diktaturgerede zum Schweigen gebracht, ihr Erfolg hat Weltbedeutung" (Vw 13.9.1930). In Erwartung des Wählerauftrags verschrieb sich die SPD unabänderlich dem „Weg der friedlichen Evolution. Sie sieht in der parlamentarischen Demokratie den Boden, auf dem sich der Ausgleich der miteinander ringenden Kräfte ohne Schädigung des Volksganzen vollziehen kann" (Vw 14.9.1930). Nachdem dieses Leitbild der pluralistischen Demokratie durch den gewaltigen Stimmenzuwachs der NSDAP gefährdet schien, fand das SPD-Zentralorgan bei einer problematischen Deutung der Kräfteverschiebungen politische Zuflucht: „Die Mehrheit der Wähler hat sich zu Parteien bekannt, die sich selber als sozialistisch bezeichnen. Sie zu kritisch-sozialistischem Denken zu erziehen und ihnen zu zeigen, wie sehr sie bei dem ‚Sozialismus' Thälmanns und Hitlers die Betrogenen sind, wird unsere Aufgabe sein" (Vw 15.9.1930).

Im Kampf um die Reichspräsidentschaft versuchten die Sozialdemokraten den „Führer" der NSDAP als „einen seiner Klasse davongelaufenen Anstreicher aus Braunau" (Vw 28.2.1932) zu diskreditieren. Ein Aufruf der SPD lobte von Hindenburg in seiner Amtsführung als „unparteiisch" und gab die Parole aus: „Schlagt Hitler! Darum wählt Hindenburg!" (Leipziger Volkszeitung = LV 27. 2. 1932). Unter dem Schlachtruf „Tod dem Faschismus" wurde auch jede kommunistische Stimme als Wahlhilfe für Hitler bereits im voraus gebrandmarkt: „Wer Teddy Thälmann wählt, die Nazis stählt!" (LV 5.3.1932). In einem Appell „an alle sozialdemokratischen Wähler" setzte sich der preußische Ministerpräsident Otto Braun für die Wahl von Hindenburgs als „Verkörperung von Ruhe und Stetigkeit" ein, wohingegen er Hitler zum „Prototyp des politischen Abenteurers" (Vw 10.3.1932) abstempelte.

Gegen die manipulatorische Gleichsetzung sämtlicher gesellschaftlicher Krisenerscheinungen mit Strukturfehlern des Weimarer Staates beharrten die Sozialdemokraten auf der These, „daß nicht das politische System der Demokratie, sondern das Wirtschaftssystem des Kapitalismus versagt hat" (Vw 13.4. 1932). Jenseits einer lediglich instrumentellen Sichtweise trug die demokratische Verfassungsordnung für SPD-Politiker wie den preußischen Innenminister Carl Severing auch ihren Wert in sich selbst, so daß er im „Kampf gegen die Radikalen von rechts und links" (Vw 20.4.1932) kaum noch deren unterschiedliche soziale Basis berücksichtigen wollte. Als sich die Krise um den größten deutschen Teilstaat bereits dramatisch zugespitzt hatte, stimmte der „Vorwärts" den drohenden Schlachtruf „Hände weg von Preußen!" an und zeigte sich gegenüber pseudolegalen Beschwichtigungen immun: „Reichskommissar ist Staatsstreichkommissar, in den Augen der verfassungstreuen Bevölkerung ein Gewalthaber ohne Recht" (Vw 20.7.1932).

Gemessen an diesen wortstarken Erklärungen mußte die am nächsten Tag verbreitete Reaktion des SPD-Vorstandes auf den „Preußenschlag" den aktionswilligen Sozialdemokraten als kleinlaute Kapitulation erscheinen: „Der Kampf um die Wiederherstellung geordneter Rechtszustände in der deutschen Republik ist zunächst mit aller Kraft als Wahlkampf zu führen" (Vw 21.7.1932). Die bevorstehende Wahlauseinandersetzung hatte die das „Reichsbanner" erweiternde „Eiserne Front" der sozialdemokratischen Arbeiterorganisationen zur Abwehr des NSDAP-Terrors schon frühzeitig als „Freiheitskampf" (LV 30.6.1932) deklariert. Auch der in diesem Zeichen stehende Aufruf des ADGB gab sich über die Bedrohung durch den Nationalsozialismus keinerlei Illusionen hin: „Das Dritte Reich Hitlers übertrumpft den alten Obrigkeitsstaat. Es ist Zuchthausstaat, der selbst in den schlimmsten Jahrzehnten der Sozialistenverfolgung nie auf deutschem Boden bestanden hat" (LV 15.7.1932).

Als das Wesen einer Diktatur der NSDAP enthüllte die SPD-Presse den Aufbau eines „Zuchthausstaates bei Hungerlöhnen unter Bajonetten", in dem die Bandenführer der SA ihren „Sadismus gegen das eigene Volk" ausleben konnten: „Wer die Freiheit liebt, soll wie ein Kriegsgefangener in Konzentrationslagern Strafdienst tun" (Vw 22.7.1932). Unter der Anspielung auf von Papens „Kabinett der Barone" galt die sozialdemokratische Wählermobilisierung jedoch zugleich dem Sturz eines Regimes der extremen Reaktionäre: „Gegen die Freiherrn, für die Freiheit!" (Vw 31.7.1932). Obgleich der „Vorwärts" nach dem bedrückenden Wahlerfolg der NSDAP vor der „Absicht eines Terror- und Willkürregiments" (Vw 4.8.1932) und dem „Ende des Rechtsstaates" (Vw 6.8.1932) eindringlich warnte, kündigte der bisherige sozialdemokratische Reichstagspräsident Paul Löbe zugleich Experimente mit einer neuen taktischen Variante an: „Wir werden der Mehrheit des Reichstags, die das Wort sozialistisch im Munde geführt hat, die praktischen Vorschläge zur Milderung und Behebung der Krise durch staatliche Eingriffe und soziale Maßnahmen unterbreiten und erproben, wie weit sie gewillt sind, die dem Volke gegebenen Versprechungen zu erfüllen" (Vw 2.8.1932).

Um den Verlauf der folgenden Ereignisse bis zur Machtergreifung Hitlers noch aktiv beeinflussen zu können, war der SPD jedoch bereits allzu sehr „das Gesetz des Handelns aus den Händen geglitten" (Ende der Parteien, S. 110). Zwar zeigte sich die traditionsreiche Partei der Arbeiterbewegung bis zuletzt „innerlich gefestigt", doch nicht imstande, „nach außen werbende Kraft auszustrahlen" (Ebd., S. 119). Am Vorabend der Ernennung des NSDAP-„Führers" zum Reichskanzler lieferte das Zentralorgan der SPD nochmals eine treffliche Charakteristik: „Hitler - das ist der Bandenführer gegen die Arbeiterbewegung, der Chef des blutigen Faschismus, dessen Ziel die Zerschlagung der Demokratie, die Errichtung der faschistischen Diktatur ist" (Vw 29.1.1933).

Angesichts solcher Erkenntnisse über den totalitären Gehalt der nationalsozialistischen Zielsetzungen mußte die anschließende Berufung auf das Legalitätsprinzip um so befremdlicher anmuten: „Gegenüber dieser Regierung der Staatsstreichdrohung stellt sich die Sozialdemokratie und die ganze Eiserne Front auf den Boden der Verfassung und der Gesetzlichkeit" (Vw 30.1.1933). Mit der gutgläubigen Hoffnung, daß die „Zukunft" einst „unser sein wird trotz alledem" (Ebd.), verzichtete die stärkste Kraft des republikanischen Lagers in den entscheidenden Monaten auf wirksamen Widerstand. Die Sozialdemokratie hatte bis zum Höhepunkt der Wirtschafts- und Staatskrise ihren millionenstarken Massenanhang im wesentlichen vor Abwanderungen zur NSDAP oder dem Eindringen nationalsozialistischer Ideologien bewahrt, ohne selbst irgendwelche Abstriche an den demokratisch-republikanischen Überzeugungen zu machen. Der Aufgabe jedoch, die Verfassungswirklichkeit von Weimar gegen die immer schwerwiegenderen Rechtsverletzungen auf dem Weg vom Präsidialsystem zur Diktatur mit außerparlamentarischen Mitteln zu verteidigen, zeigte sich auch die SPD nicht gewachsen.

Die seit Jahren in starke Bedrängnis ihrer rechtsbürgerlichen Konkurrenten geratene DDP konnte 1930 bei ihrer Selbstauflösung zugunsten der „Deutschen Staatspartei" zwar die meisten ihrer politischen Grundsätze und Forderungen aufrechterhalten. Im weltanschaulichen Beiwerk gelangte jedoch mit dem Ziel, die „Volksgemeinschaft" und eine „volksnationale Geschlossenheit in der Führung des schweren deutschen Schicksals" (Vossische Zeitung = VZ 29.7. 1930) zu erstreben, das mehr „bündische" als parteipolitische Gedankengut des an der Gründungsinitiative beteiligten „Jungdeutschen Ordens" voll zum Tragen. Die führende linksliberale Publizistik zeigte sich freilich von solchen wahltaktischen Zugeständnissen wenig berührt. In der gegen die Mehrheit des antirepublikanischen Bürgertums verteidigten Einsicht, „daß ein großes Industrievolk wie das deutsche niemals die Interessen seiner Arbeitermassen außer acht lassen kann" (Frankfurter Zeitung = FZ 23.8.1930), dokumentierte sich die Prinzipienfestigkeit der Demokraten ebenso wie hinsichtlich der Beurteilung des NSDAP-Programms: „Hitler bedeutet Krieg. Wer Krieg will, mag für den Nationalsozialismus stimmen" (FZ 2.9.1930).

Im Eintreten für die Wiederwahl von Hindenburgs zeigten sich allerdings zwischen den demokratischen Sprachrohren gewisse Nuancen. Die „Frankfurter Zeitung" gab unverklausuliert zu verstehen, „daß die Präsidentschaft des Generalfeldmarschalls dem Reich einen staatspolitischen Charakter gibt, der, gelinde gesagt, nicht unserem Ideal entspricht" (FZ 2.3.1932). Das politische Votum erfolgte unter diesem Vorbehalt ähnlich wie bei der SPD aus Mangel an

Alternativen: „Wir wollen keinen Hitler zum Führer Deutschlands haben, sondern einen Hindenburg!" (FZ 5.4.1932). In der „Vossischen Zeitung" wurden hingegen mehrfach recht unkritische Bekenntnisse zum „Führer" (VZ 6.3.1932) oder „wahren Führer" (VZ 12.3.1932) von Hindenburg abgelegt und ihm „echtes Führertum" als „Symbol deutscher Einheit und Einigkeit" (VZ 10.3.1932) bescheinigt. Mit den Stichworten „Für Volksgemeinschaft: gegen Zwietracht" (VZ 8.4.1932) und „Volksfront für Hindenburg" (VZ 10.4.1932) sollten die Wähler ohne Unterschied ihrer sonstigen Parteipräferenzen zur Stimmabgabe für das greise Staatsoberhaupt veranlaßt werden.

Der Zwiespalt von Zugeständnissen an nationalsozialistische Mentalität und Versuchen ihrer Überwindung kam in der These recht plastisch zum Ausdruck, „daß die durch unsere Zeitlage geforderte und schon vor mehr als dreißig Jahren von Friedrich Naumann proklamierte Synthese von ‚national und sozial' schon in sehr weitem Umfange von allen Parteien (mit Ausnahme der Kommunisten) praktisch anerkannt ist" (VZ 10.3.1932). Immerhin bescheinigte man der sozialdemokratischen „Eisernen Front" angesichts ihrer zuverlässigen Wahlmobilisierung für von Hindenburg ausdrücklich „politische Reife" und „nationale Gesinnung" und würdigte vorbehaltlos die soziale Basis der Abwehr Hitlers: „Die gute Hälfte der Wählermassen, die dem Reichspräsidenten Gefolgschaft leisteten, um dem deutschen Volke den Bürgerkrieg zu ersparen, stellen die Anhänger der Gewerkschaften aller Richtungen. Des Vaterlandes ärmster Sohn hat sich auch diesmal als sein getreuester erwiesen" (VZ 14.3.1932).

Im Wahlkampf um das als „Bollwerk der deutschen Republik" (VZ 24.4.1932) verteidigte Preußen spotteten die Demokraten über den „mit völkischem Stolz als überamerikanische Propagandamethode angekündigten zweiten Werbeflug Hitlers durch Deutschland" (VZ 17.4.1932), ohne der Wirksamkeit eines solchen Feldzuges der Mobilisierung etwas entgegensetzen zu können. Trotz seines unaufhaltsamen Aufstiegs zur stärksten Partei war der Nationalsozialismus aus dem Blickwinkel des demokratisch-rationalistischen Politikverständnisses „höchstens das Sammelbecken dumpfer Unzufriedenheit" (VZ 23.4.1932), aber keine konstruktiv gestaltungsfähige Staatsidee. Demgegenüber wurde das republikanische Preußen als ein „‚System' der Leistung" (VZ 22.4.1932) präsentiert und damit von der Phrasenhaftigkeit seiner Widersacher positiv abgesetzt.

Ebenso wie die Enttäuschung hochgesteckter Erwartungen in den Septemberwahlen von 1930 schon bald den Bruch der Demokraten mit den „Jungdeutschen" herbeigeführt hatte, rührte die Reduzierung auf eine winzige Splittergruppe nach den Preußenwahlen an der Existenzfähigkeit der „Staatspartei".

Dementsprechend empfahl die „Vossische Zeitung" zu den Reichstagswahlen des Juli 1932 bereits gleichrangig die drei Parteien der Weimarer Koalition mit dem Mahnruf: „Gegen Diktatur und Faschismus! Für Verfassung und Freiheit! Wählt Republikaner!" (VZ 29.7.1932). Nicht ohne Besorgnis registrierte das gemäßigte Bürgertum neben der Ausschaltung des Liberalismus als selbständige politische Kraft im neu gewählten Reichstag, „wenn man die nationalsozialistischen, sozialdemokratischen und die kommunistischen Mandate zusammenrechnet, eine antikapitalistische Dreiviertelmehrheit" (VZ 1.8.1932).

Nach dem Staatsstreich gegen Preußen und der endgültigen Blockierung jeder arbeitsfähigen Mehrheitskonstellation im Reichstag erlahmte sichtlich der Widerstandswille des linksliberalen Lagers. Nunmehr betrachtete man es als das kleinere Übel, „irgendeine Art von parlamentarischer Zusammenarbeit zwischen Nationalsozialismus und Zentrum zustandezubringen" (FZ 2.8.1932), und forderte die NSDAP geradezu beschwörend zur Mitarbeit auf: „Die Nationalsozialisten haben die unabweisliche Pflicht, an der staatlichen Verantwortung sich mit zu beteiligen" (Ebd.). Als im November 1932 erneut zu den Wahlurnen geschritten werden mußte, gab es für viele Linksliberale nur noch die Erwartung, „daß der demokratische Protest gegen jede gewaltsame Überrennung der Verfassung und der demokratischen Grundrechte so laut, wirkungsvoll und ehrlich wie möglich zum Ausdruck gebracht wird - hierfür eignet sich die Stimmabgabe für die Staatspartei ebenso wie für das Zentrum und die Sozialdemokratische Partei" (FZ 3.11.1932).

Mit dem Stichwort „NSDAP-Abstieg beginnt" feierten die weiterhin politisch einflußlosen Demokraten den Verlust von gut zwei Millionen Hitler-Wählern als Wende zum Besseren: „Der Nationalsozialismus ist mit einem Bankier zu vergleichen, der durch großartige Versprechungen günstigster Anlage und höchster Verzinsung den kleinen Mann anlockt, seine alten Verbindungen zu lösen und seine Guthaben ihm anzuvertrauen. Bis es eines Tages mit dem blinden Glauben aus ist und der große Run des Zweifels beginnt, der das Schicksal des Unternehmers besiegelt" (VZ 7.11.1932). Das Existenzrecht der autoritären Regierung von Papen galt nach diesem für die bürgerliche Rechte trotz einiger Stimmengewinne unzureichenden Wahlergebnis als beseitigt: „13 Millionen ‚Marxisten', über 11 Millionen antikapitalistischer Nationalsozialisten und daneben Millionen von katholischen und anderen Wählern, die ebenfalls mit schmalen Oberschichten nichts zu tun haben und nichts zu tun haben wollen" (FZ 8.11.1932).

In den Tagen vor der Ernennung Hitlers zum Reichskanzler hielten die Linksliberalen den „Herren von Harzburg" das Verdikt entgegen: „Ein so mit Gewalt vom Reichspräsidenten erzwungenes Präsidialkabinett der Deutschnationalen, der Nationalsozialisten und der nationalen Verbände würde unmißverständlich als ein Kabinett der Reaktion gekennzeichnet sein" (FZ 27.1.1933). Diese politische Kampfansage beinhaltete jedoch zugleich einen verhängnisvollen Fehlschluß, wie aus dem Kommentar über die neue Regierung ersichtlich wurde: „In diesem Kabinett ist unzweifelhaft Hugenberg die stärkste Persönlichkeit, zumindest die stärkste Willenskraft" (VZ 30.1.1933). Dementsprechend ignorierte man den qualitativen Unterschied zwischen einem „Kabinett der Barone" und der Übergabe entscheidender Machtpositionen an die Führer der nationalsozialistischen Massenbewegung: „Wir nehmen an, die derzeitige Regierung wird sich hier genau so vorsichtig verhalten wie alle ihre Vorgängerinnen. Sie wird sich genau so wie ihre Vorgängerinnen darüber im klaren sein müssen, wie der Gedanke der Legalität trotz der schweren innerpolitischen Verwicklungen, die nun seit Jahren unser Volk heimsuchen, eine geradezu ungeheure Wirklichkeit besitzt" (FZ 2.2.1932).

Allerdings befürchteten linksliberale Publizisten die Ingangsetzung eines Mechanismus von Repressionsmaßnahmen, die über das Ausbleiben des versprochenen wirtschaftlichen Wiederaufbaus hinwegtäuschen sollten: „Die Armut kann man nicht abschaffen, aber die Freiheit kann man abschaffen. Die Not läßt sich nicht verbieten, aber die Presse läßt sich verbieten. Der Hunger läßt sich nicht ausweisen, aber die Juden kann man ausweisen" (VZ 31.1.1933). Gegen die Gefahr einer diktatorischen Gleichschaltung vertrauten die Linksliberalen letztlich aber auf die Widerstandskraft traditioneller Differenzierungen des politischen Lebens: „Die Vielfältigkeit des deutschen Volkes verlangt die Demokratie ... Daß die wahre deutsche Volksgemeinschaft demokratisch ist, bezweifeln wir heute so wenig wie je" (FZ 1.2.1933). Nur ganz am Rande schimmerten hinter der Nebelwand von Selbsttäuschungen angesichts der Machtübernahme Hitlers auch substantielle Einsichten durch: „Allzu lange haben die bürgerlichen Schichten den Massenheeren von rechts und links das Feld überlassen und den Schutz ihrer wirtschaftlichen und politischen Interessen in die Hände der Obrigkeit befohlen" (VZ 5.2.1933).

Die „Staatspartei" wie zuvor die DDP ist mit „der alten demokratischen Mission, die Kluft zwischen dem bürgerlichen Lager und der Sozialdemokratie zu überbrücken" (Ende der Parteien, S. 39), an den republikfeindlichen und antisozialistischen Ressentiments der deutschen Mittel- und Oberschichten gescheitert. Eine linksrepublikanische Intelligenz, deren bedeutendstes Sprachrohr die „Weltbühne" Carl von Ossietzkys war, wandte sich von vornherein nur an ein Minderheitenpublikum. Auch die in der öffentlichen Meinung völlig einflußlosen Splittergruppen SAP und KPO, die jeweils als Brücke zur Erneuerung von SPD und KPD in der „Einheitsfront" beider Arbeiterparteien fungieren wollten, können in diesem Zusammenhang außer Betracht bleiben. In einer Zeit akuter Bedrohung durch den Nationalsozialismus und unvereinbarer Gegensätze zwischen SPD und KPD war für eine „dritte Kraft" der Arbeiterbewegung kein Platz im Parteiensystem, so sehr einzelne SAP- oder KPO-Theoretiker auch scharfsichtige Analysen liefern mochten. Die bemerkenswerteste Ausnahme bildete im Spektrum außerhalb der bedeutsameren Parteien der heute vollkommen in Vergessenheit geratene „General-Anzeiger für Dortmund und das gesamte rheinisch-westfälische Industriegebiet" (= GA), der mit einer viertel Million Exemplaren täglich in seiner Kopfzeile „Deutschlands größte Auflage außerhalb Berlins" vermelden konnte.

Die parteipolitische Orientierung der bevorzugt in diesem - gleichermaßen anspruchsvoll und populär aufgemachten - Massenblatt schreibenden „Weltbühne"-Autoren lief entweder auf die Absicht hinaus, „die Sozialdemokratie zum klaren Pazifismus zu bekehren" (von Schoenaich, GA 31.7.1930), oder zunächst die in Abspaltung von der DDP durch den Pazifisten Ludwig Quidde gegründete „Vereinigung Unabhängiger Demokraten" zu unterstützen (von Gerlach, GA 7.8.1930). Nachdem sich diese Splittergruppe als ein völliger Fehlschlag erwiesen hatte, empfahl auch dieser sich selbst weiterhin als „pazifistischer Demokrat" begreifende bekannte linksrepublikanische Publizist das Votum zugunsten der verfassungstreuen Arbeiterpartei: „Dem bürgerlichen Demokraten, der die Linke stark machen will, bleibt nichts anderes übrig, als für die SPD zu stimmen" (LV 13.7.1932). Zum Profil des „General-Anzeigers" gehörte in diesem Sinne auch das Bekenntnis des ehemaligen DDP-Gewerkschafters Anton Erkelenz, daß für eine radikaldemokratische Partei im politischen Spektrum kein Wählerpotential vorhanden war: „Der Sozialdemokratie habe ich mich angeschlossen, als ich einsah, daß diese Bestrebungen zum dauernden Mißerfolg verurteilt sind" (GA 29.3.1932).

An politischem Scharfblick für die wahren Ziele des Nationalsozialismus standen die linksbürgerlichen Republikaner den Sozialdemokraten um nichts nach, wie die Warnung Helmut von Gerlachs bezeugte: „Natürlich ist die ganze Außenpolitik Hitlers auf dem Gedanken an den Krieg aufgebaut" (GA 12.3. 1932). Bereits aus den im Reichstag eingebrachten Agitationsanträgen der NSDAP entnahm Quidde die Bedrohung „mit Tod und Zuchthaus für alle Gegner des nationalsozialistischen Programms, wenn sie sich nicht lautlos unterwerfen, sondern noch wagen, eine eigene Ansicht zu äußern" (GA 13.3.1932). Entgegen einer den „gesinnungsethischen" Radikaldemokraten im Umkreis der „Weltbühne" von wenig berufener Seite gern unterstellten „Verantwortungslosigkeit" gegenüber institutionellen Erfordernissen des Weimarer Staates kürte man den preußischen Ministerpräsidenten am Tage der entscheidenden Wahl zum „Kopf der Woche" und stellte den Stimmbürger vor die klare Alternative: „Braun-Regiment oder braunes Regiment?" (GA 24.4.1932).

Wie nur wenige andere publizistische Gegenspieler einer Hitler-Diktatur bemühte sich der „General-Anzeiger" gleichzeitig um ein tieferes Verständnis der Motive, die auch viele mit den bezahlten Schlägertrupps der SA nicht vergleichbare idealistisch gesinnte jüngere Menschen in die Reihen der NSDAP trieb. Als Ergebnis einer Umfrage, die von einem Mitarbeiter der Redaktion unter überzeugten Nationalsozialisten durchgeführt worden war, mußten vor allem die Hinweise auf „die großartige Synthese zwischen sozialen und nationalen Gedanken", eine „Vormachtstellung des Gemeinnutzes vor dem Eigennutz" sowie den durch die NSDAP ermöglichten „Zusammenschluß über alle Stände, Berufe und Volksschichten hinweg" (GA 9.10.1932) zu denken geben.

In dem darauf bezogenen Kommentar wurde treffend daran erinnert, daß gerade diese in der nationalsozialistischen Massenmentalität angelegte „Sehnsucht nach sozialer Gerechtigkeit" in ihrer Verknüpfung mit „verderblichem Chauvinismus" (Ebd.) die besondere Dynamik der Bewegung ausmachte. Selbst ein so geistreicher Zeitkritiker wie von Gerlach zeigte sich letztlich aber in der Bemerkung, die Wahlniederlage der NSDAP vom November 1932 bedeute „noch nicht entfernt das Ende des deutschen Faschismus, aber immerhin den Anfang vom Ende" (GA 24.12.1932), blind für die bedrohlichste Perspektive: daß Hitler und die NSDAP nämlich gerade wegen der Erosionserscheinungen in ihrer Massenbewegung beschleunigt den Weg zu Macht im Bündnis mit den reaktionären Herrschaftseliten suchen mußten.

Die nationalsozialistische „Revolution": das „Dritte Reich" der Braunhemden

Zu den Septemberwahlen 1930 trat das vom Chefpropagandisten Goebbels herausgegebene NSDAP-Blatt mit der unverhüllten Ankündigung hervor, „daß der neu zu wählende Reichstag der letzte sein soll" (Der Angriff = Ag 20.7.1930). Unter der ultimativen Parole „Nationalsozialismus oder Untergang!" (Ag 27.7. 1930) wurden die Gefolgsleute Hitlers zu gewaltigen Agitationsleistungen vorwärts getrieben: „Die Parteigenossenschaft fällt wie ein Schwarm von Hornissen über die Wählerschaft her" (Ag 14.8.1930). Mit einer die Dynamik unaufhaltsamer Massenbewegung versinnbildlichenden Metapher der „nationalsozialistischen Welle" bzw. „Lawine" (Ag 24.8.1930) sollte der Eindruck vermittelt werden, daß sich die „Sturmabteilungen" der NSDAP wie entfesselte Naturgewalten über alle Hindernisse hinwegsetzen mußten. Gleichzeitig überschüttete Goebbels die Wahlkampfbeiträge der „Systemparteien" mit Hohn und Spott: „Die Lüge gehört zur Demokratie, wie die Laus zum Russenfell" (Völkischer Beobachter = VB 9.9.1930).

Ebenso fanden sich in seinen Reden noch deutliche Elemente einer „sozialistischen" Phraseologie: „Wir wollen aus Deutschland einen Arbeiterstaat machen, in dem der Arbeiter der Stirn und der Faust bestimmend ist" (Ebd.) In seinem publizistischen Sprachrohr, das als Motto die Kopfzeile „Für die Unterdrückten / Gegen die Ausbeuter" mit jeder Ausgabe verbreitete, deklarierte Goebbels den Leitgedanken „Schafft mehr Eigentümer!" zum eigenständigen gesellschaftspolitischen Weg zwischen Besitzprivileg und Enteignung: „Der Kapitalismus gibt Wenigen alles, der Marxismus nimmt Allen alles, der Sozialismus aber gibt Jedem das, was ihm zusteht" (Ag 20.7.1930). Mit abgrundtiefer Verachtung begleitete die NSDAP-Presse das politische Verhalten der „schon beinahe fossil gewordenen SPD, der Partei der Reaktion schlechthin" (VB 14./15.9.1930). Demgegenüber erfüllten die „nationalrevolutionären" Parolen der Kommunisten das von Hitler herausgegebene Zentralorgan seiner Partei mit hämischer Genugtuung: „Das ‚neue Programm' der KPD bedeutet unsern bisher größten Sieg, denn zähneknirschend muß die bolschewistische Leitung unsere Losungen stehlen" (VB 28.8.1930).

Eine Sonderstellung unter den nationalsozialistischen Tageszeitungen nahm Julius Streichers „Der Stürmer" (= St) ein. Als Thema der Berichte und Meinungen enthielt dieses Hetzblatt fast ausschließlich Variationen des jede Titelseite in fettgedruckten Buchstaben verunzierenden Wahlspruches „Die Juden sind unser Unglück!" (Der Schöpfer dieses Leitsatzes war übrigens in der Wirtschaftskrise Ende der 1870er / Anfang der 1880er Jahre der nationalliberale Geschichtsprofessor und Bismarckverehrer Heinrich von Treitschke, von dem auch der Antisemitismus des Alldeutschen Claß entscheidend geprägt war.). Während Streichers „Nürnberger Wochenblatt zum Kampfe um die Wahrheit" (Untertitel) die Kommunisten als „Untermenschen" abqualifizierte, „die nach dem Blute des anderen gieren wie der Metzgerhund", waren noch vor diesen politischen Haßtiraden die rassistischen Feindbildstereotypen bestimmend: „Vom Diebstahl und Raub leben die Zigeuner und auch die Juden halten es nicht anders" (St Nr. 34/1930).

Im Wahlkampf um die Reichspräsidentschaft erreichte ein weiterer Charakterzug der nationalsozialistischen Propaganda, der Personenkult um die „Heldengestalt" Hitlers, seinen Höhepunkt. Mit der „Parole des jungen Deutschlands: Alle Macht dem Führer!" wurde Hitler als „der Glaube und die Hoffnung von Millionen" (VB 3.3.1932) einer autoritätshörigen Bevölkerung präsentiert. Dieser „Mann aus dem Volke", der vom „Gelegenheitsarbeiter zum Führer von Millionen" (Braunschweiger Tages-Zeitung = BTZ 29.3.1932) aufgestiegen war, hatte die geheimen Sehnsüchte der emporstrebenden „kleinen Leute" zu verkörpern: „Hitler ist eines der erstaunlichsten und interessantesten Beispiele des

Dortmunder General-Anzeiger, 10. April 1932

politischen ‚self-made-man'" (Der Führer = Fü 2.4.1932). Voller Selbstvertrauen konnte sich die NSDAP nach den Worten Gregor Strassers des verbreiteten Eindrucks rühmen, „daß wir allein, d.h. die Angst vor uns, die deutsche Innenpolitik überhaupt gestalten" (VB 3./4.4.1932).

Mit sicherem Gespür für die Mentalität einer Wählerschaft, die in verzweifelter Krisenlage nach der rettenden Tat rief, wollte ein offizieller Aufruf der NSDAP „für die Wahl des deutschen Volksführers Adolf Hitler zum Reichspräsidenten" werben: „Hitler ist die letzte Hoffnung derer, denen man alles nahm, Haus und Hof, Ersparnisse, Existenz, Arbeitskraft, und denen nur eines blieb, der Glaube an ein gerechtes Deutschland, das seinen Volksgenossen wieder Ehre, Freiheit und Brot geben wird" (Fü 3.3.1932). Unter dem Motto „Wir wollen, daß es anders wird!" (BTZ 9.3.1932) profilierten sich die Nationalsozialisten gegenüber dem konservativen Einheitskandidaten der Republikaner und Monarchisten als Erneuerungsbewegung: „Wer will, daß alles so bleibt wie es ist, wählt Hindenburg; wer will, daß alles geändert wird, was heute ist, wählt Hitler!" (Ag 12.3.1932).

Die vereinfachende Skizze für den „Aufmarsch der Fronten: Volksdeutschland gegen Parteideutschland" (VB 5.4.1932) suggerierte den durchschlagenden Erfolg einer einheitsstiftenden Sammlungsideologie: „In der nationalsozialistischen Bewegung steht der Bauer neben dem Arbeiter, der Prinz neben dem Proletarier, der Student neben dem Frontsoldaten, Millionen und Millionen haben sich in ihr zur Idee der deutschen Volksgemeinschaft zusammengeschlossen" (Ag 5.3.1932). Neben diesem Leitbild der im Inneren konfliktlosen und nach außen machtvoll auftretenden Nation lag die Ursache für den Massenzulauf der NSDAP, wie Hitler selbst ausdrücklich hervorhob, in den überaus aufwendigen und spektakulären Agitationsmethoden begründet: „Unsere Propaganda des Plakates und der Rede wird von der ganzen Welt als unerreicht bewundert" (Fü 29.3.1932).

In der Zusammenfügung von bislang unverträglich erscheinenden Ideologiekomponenten zum „Nationalsozialismus" sowie vor allem den stilprägenden Volksversammlungsreden ist überhaupt nur die eigenständige politische Rolle Hitlers und der NSDAP festzumachen, die ansonsten stark an vorhandenen Ressentiments gegen die Weimarer Republik anzuknüpfen vermochte. Über das Erfolgsgeheimis seiner politischen Agitationsmethode hatte sich Hitler bereits in seinem Hauptwerk höchst freimütig ausgesprochen: „Jede Propaganda hat volkstümlich zu sein und ihr geistiges Niveau einzustellen nach der Aufnahmefähigkeit des Beschränktesten unter denen, an die sie sich zu richten gedenkt. Damit wird ihre rein geistige Höhe um so tiefer zu stellen sein, je größer die zu erfassende Masse der Menschen sein soll" (Mein Kampf, S. 197). Die wichtigste Konsequenz aus dieser Maxime bestand für ihn im Verzicht auf differenzierte Argumentation und der Hervorhebung des Schlagwortcharakters jeder Massenagitation: „Sie hat sich auf wenig zu beschränken und dieses ewig zu wiederholen" (Ebd., S. 202).

Zu den Wesenszügen des öffentlichen Auftretens der NSDAP gehörte auch die demonstrative Bekräftigung der eigenen Rastlosigkeit und eines unerschöpflichen Kampfgeistes: „Für den Nationalsozialisten gibt es keine Ruhepause. Der Nationalsozialist ist der Soldat Deutschlands, der nach Siegen nur die eine Losung kennt: Nach gewonnener Schlacht binde den Helm fester" (Fü 26.4. 1932). Diesem Selbstbild entsprach die Losung: „Die Dämme brechen - Die braune Sturmflut kommt" und der Symbolgehalt von „des Führers Freiheitsflug" in den Wahlkämpfen des Jahres 1932: „Ein Volk im Aufbruch - aber nun nicht mehr ringend Zoll um Zoll, jahraus jahrein um jede Seele kämpfend. Nein! Diesmal emporreißend wie ein Vulkanausbruch und mit einem Stoß das ganze Land, das ganze Volk erfassend. Wie eine Fanfare wird der Weckruf des Führers durch alle Gaue deutschen Landes schallen, Motore donnern ihr gewaltiges Lied durch die Lüfte, ein heulender, alles aufrüttelnder Sturm peitscht es von Ost nach West, von Süd nach Nord, das gellende: ‚Deutschland erwache!'" (Fü 16.7.1932).

In seiner die Wahlagitation eröffnenden Rundfunkrede nannte der einer bürgerlichen Öffentlichkeit als vertrauenswürdig geltende Gregor Strasser die „Staatsidee des Nationalsozialismus nichts anderes als Bekenntnis zum Leistungsprinzip, zum Mannestum, zum Gemeinschaftsgedanken" (Fü 16.6.1932). Abgesehen von Parolen wie „Weg mit Versailles!" (Fü 12.7.1932) war in den Reden Hitlers die Gegenüberstellung der Zerstrittenheit des Weimarer Parteiensystems mit dem Totalitätsanspruch der NSDAP die wirkungsvollste Agitationswaffe: „Zwei Deutschland stehen einander gegenüber, und zwischen beiden gibt es keine Verständigung, gibt es keine Versöhnung, sondern nur eine klare Entscheidung: auf der einen Seite das Deutschland des Zerfalls und Verfalls von Dutzenden von Parteien und Klassen, der Konfessionen, der Stände und Stämme, und auf der anderen Seite das Deutschland eines einzigen politischen Willens" (BTZ 23.7.1932).

Der „Stürmer" hatte zum Wahlkampf der NSDAP wiederum nichts als primitivsten Antisemitismus vom Stil der Warnung: „Wer beim Juden kauft ist ein Volksverräter!" beizutragen, den man angesichts des öffentlich bekundeten Widerstandswillens auch der sozialdemokratischen „Eisernen Front" in pseudochristlichem Gewande entgegenschleuderte: „Das Hakenkreuz ist das Symbol der Gottsuchenden im deutschen Volke, die drei Pfeile aber sind das Abzeichen des Untermenschentums, das Symbol des Teufels, verkörpert im ewigen Juden"

(St Nr. 30/1932). Ansonsten brachte die NSDAP-Presse bevorzugt Sensationsmeldungen über „Riesenunterschlagungen roter Bonzen" (Fü 14.7.1932), die den politischen Gegner moralisch diskreditieren sollten.

Die notleidenden Arbeiter wurden mit dem Hinweis darauf, daß es sich die „roten Bonzen" überaus „wohnlich im Kapitalismus eingerichtet" hätten, in einer der KPD-Propaganda entlehnten Diktion zu Neid- und Haßgefühlen aufgestachelt: „Sie haben sich die Wangen mit Fett gepolstert, während dein Gesicht schmal wurde und einfiel. Sie haben sich einen dicken Spießerbauch umgebunden, während du den Hungerriemen enger schnallen mußtest. Sie wohnen in vornehmen Villen, während du mit Frau und Familie auf einem Zimmer in den Mietskasernen hockst. Sie essen Kaviar und Austern, während es bei dir nicht mehr zu Hering und Pellkartoffeln reicht" (Fü 22.7.1932). Außerdem erschien die Sozialdemokratie in der NSDAP-Agitation als eine eher der Vergangenheit verhaftete und keineswegs zukunftsträchtige politische Kraft: „Die marxistische Bewegung wollte revolutionär sein; die SPD ist völlig erstarrt und ihre Weisheit beschränkt sich heute auf die Erhaltung des Bestehenden, der Demokratie und anderer sagenhafter ‚Errungenschaften' der Revolution" (Fü 18.6.1932).

Über eine derartige geschickt vorgebrachte Bloßstellung einer Diskrepanz von Anspruch und Wirklichkeit hinaus steigerten sich die antisozialdemokratischen Ressentiments der NSDAP zuweilen zu blindem Haß auf die SPD: „Diese Partei war seit Jahren das riesige Auffangbecken für alle rassisch verkommenen Elemente! Ihre Bürokratie bestand zu zwei Dritteln aus Landesverrätern, Volksschindern, bestochenen Lakaien des Finanzkapitals und gewerbsmäßigen Großbetrügern!" (BTZ 10.7.1932). Die Schlußfolgerung aus solchem Fanatismus, die „marxistischen Parteien" müßten „deshalb mit Stumpf und Stiel ausgerottet werden" (Fü 28.7.1932), war durchaus wörtlich zu nehmen: „Sorgt dafür, daß sie durch den Sieg des Nationalsozialismus baldigst dahin kommen, wo sie hingehören: An die Wand oder ins Zuchthaus!" (BTZ 10.7.1932). Zugleich war für die NSDAP gemäß der Formulierung ihres „Theoretikers" Alfred Rosenberg der „sozialreaktionäre Nationalismus" (BTZ 4.8.1932) der DNVP nur mit Vorbehalten als Bundesgenosse gegen die demokratischen Republikaner akzeptabel.

Nach dem Durchbruch zur Position der weitaus stärksten Partei auf Reichsebene bei den Juliwahlen 1932 konnte die NSDAP bereits von erheblichen Einwirkungen auf die gesamte innenpolitische Konstellation sprechen: „Rein äußerlich schon hat die Haltung und das Auftreten sämtlicher politischer Gruppen eine entscheidende Beeinflussung durch den Nationalsozialismus nicht nur nach der negativen, sondern auch nach der positiven Seite hin erfahren"

(VB 6.8.1932). Den erneuten Wahlkampf im Spätherbst 1932 führte die NSDAP angesichts des krisenbedingten Anwachsens der Kommunisten unter der Parole „Bolschewismus oder Nationalsozialismus" (Ag 15.10.1932), vor allem aber mit einem zugleich das „Kabinett der Barone" attackierenden Schlachtruf: „Gegen Reaktion und Marxismus!" (Ag 27.10.1932). Durchaus zutreffend unterstellte man von Papen die Absicht, den „Reichstag wieder arbeitsunfähig" machen zu wollen, und leitete daraus die Konsequenz ab, daß jedes Votum für eine der zahlreichen gegnerischen Parteien „also praktisch eine Stimme für die Reaktion" sei: „Nur die Nationalsozialistische Deutsche Arbeiterpartei kann den reaktionären Klüngel von seinen angemaßten Ministerstühlen herunterfegen!" (Fü 19.10.1932).

Ganz in diesem Sinne hob die Parteipresse nunmehr verstärkt „das neue dem Frontsozialismus entsprungene Gemeinschaftsgefühl" und die daraus entspringende „revolutionäre Sendung des Nationalsozialismus" (BTZ 19.10.1932) hervor. In einer Wahlrede unterstrich Goebbels den Grundgedanken der „nationalen Erhebung" im Verständnis der NSDAP: „Wir sind davon überzeugt, daß erst dann, wenn der Nationalismus revolutionär umgeprägt wird, er in seiner Vermählung mit dem Sozialismus jenes Fundament abgeben wird, auf dem sich jeder Deutsche von rechts bis links die Hand reichen kann" (Ag 20.10.1932). Mit dieser Vision der „nationalen Volksgemeinschaft" rechtfertigte er zugleich die ohne weiteres eingeräumte Tatsache, „daß die nationalsozialistische Bewegung für sich den Anspruch der Totalität erhebt" (Ebd.). Entsprechend den Verheißungen einer Überwindung des Klassenkampfs konnte sich die NSDAP nach den Worten Goebbels' „weder auf die proletarische, noch auf die bürgerliche Seite" stellen: „Wir nahmen diesen beiden Fronten gegenüber eine dritte Position ein" (Ag 25.10.1932).

Im Vergleich mit der reformistischen Sozialdemokratie rühmten sich die Nationalsozialisten sogar eines stärker ausgeprägten politischen Aktivismus: „Dieser mit dem neuen Nationalismus unlösbar verbundene deutsche Sozialismus wartet nicht wie der internationale, marxistische geduldig auf die prophezeite Evolution, sondern er will durch die Vollendung der deutschen Revolution der wahren sozialistischen Idee den Sieg verleihen" (BTZ 21.10.1932). Überdies wähnte sich auch Hitler im „Besitz einer Weltanschauung, die auf eine absolute Totalität Anspruch erheben kann", und glaubte sich allein deshalb über die materiellen Interessenunterschiede seiner sozial heterogenen Anhängerschaft souverän hinwegsetzen zu können: „Die Bereitwilligkeit zum Ertragen wirtschaftlicher Nöte, ja die allgemeine Opferwilligkeit überhaupt nehmen in eben demselben Umfange ab, in dem die Menschen mangels großer völkisch-politisch aufwühlender und bewegender Gedanken und Aufgaben sich nur mehr mit ihren eigenen wirtschaftlichen Belangen beschäftigen und in ihnen aufgehen" (VB 21.10.1932).

Die erstmaligen Stimmenverluste bei einer Reichstagswahl konnten die NSDAP nicht davon abhalten, weiterhin eine „Volksfront wider Reaktion und Bolschewismus" (Fü 11.11.1932) zu proklamieren und die anschließend gebildete Regierung von Schleichers als „letzte Hoffnung der vereinigten Reaktion von Oldenburg-Januschau bis Breitscheid" zu disqualifizieren: „Die NSDAP wird ein Kabinett Schleicher nicht tolerieren! Sie überläßt das den roten Judengenossen des Marxisten Breitscheid" (VB 30.11.1932). In ungeschminkter Brutalität wurde bereits eine wesentliche Zielsetzung des erstrebten „nationalsozialistischen Staates" angekündigt: „In ihm werden Landesverräter jeglicher Art keine andere Stätte als die des Grabes haben" (VB 15.12.1932). Nach dem raschen Sturz von Schleichers forderte die NSDAP-Presse erstmals mit Aussicht auf Erfolg die „Kanzlerschaft Hitler" (VB 30.1.1933) und gab sich siegesgewiß: „Das Volk fordert Hitlers Führung!" (Ag 28.1.1933).

Am Tage nach der Ernennung Adolf Hitlers zum Regierungschef feierte Alfred Rosenberg diese Durchsetzung des eigenen Machtanspruchs beim Reichspräsidenten enthusiastisch als „historischen Umschwung" und sah die Führungsrolle für die „nationalsozialistische Volksbewegung" darin begründet, „daß in ihr Ströme deutscher Sehnsüchte zusammenliefen, weit aus vergangenen Jahrhunderten: aus den Bauernkriegen, aus dem friderizianischen Preußen, aus den gesunden Quellen der Arbeiterbewegung des 19. Jahrhunderts" (VB 31.1.1933). Jenseits solcher Geschichtsmythologie verkündete die NSDAP vorbehaltlos ihre Absicht, die einmal gewonnene Machtstellung bis zur Verwirklichung der weitgesteckten Zielperspektiven einzusetzen: „Unsere Revolution ist nicht beendet mit der Machtergreifung, wie die Revolution derer von 1918" (Fü 31.1.1933). Offenkundig wußten auch die Nationalsozialisten nur zu gut, daß sie die Nutznießer der folgenschweren Inkonsequenz von 1918/19 geworden waren, die demokratische Republik zwar in Verfassungsparagraphen, aber nicht hinlänglich auch in den gesellschaftlichen Herrschaftsverhältnissen zu verankern.

Anders als die vielgeschmähten „Novemberverbrecher", die keinem einzigen „Kriegshetzer" und „Konterrevolutionär" auch nur ein Haar gekrümmt haben, zeigten sich die Nationalsozialisten in der Stunde ihres Triumphes bar jeder humanitären Großherzigkeit: „Wer unser Werk sabotiert, dem werden wir die Zähne zeigen, daß er kaum mehr Zeit hat, über die Schnelligkeit zu staunen, mit der hier gearbeitet wird" (Ebd.). Während die demokratischen Parteien noch Illusionen über die Respektierung der „Legalität" hegten, wurden von Hitlers Sprachrohren bereits Andeutungen über verbrecherische Konsequenzen der fanatischen Rassenideologie in aller Öffentlichkeit verbreitet: „Der

Jude hat Haß gesät, er soll und wird Haß ernten. Und damit er nicht neue Giftsaat säe, ist es ein dringendes Gebot nationalsozialistischer ,Realpolitik', das Ungeheuer Juda unschädlich zu machen für immer" (St Nr. 8/1933). Die Nationalsozialisten haben auf ihrem Weg zur Machtergreifung keineswegs ihre wahren Absichten verschleiert, sondern sie vielfach in einer aufrüttelnden und erschreckenden Radikalität auf den politischen Meinungsmarkt getragen. Doch aufgrund eben dieser Überspitztheit wollten die meisten Zeitgenossen darin bloße Wortexzesse und nicht schon vorweggenommene Realität eines „Dritten Reiches" erblicken.

Die Suggestivkraft der Nationalsozialisten: „Partei der unbegrenzten Möglichkeiten"

Der rasche Siegeszug der nationalsozialistischen Massenagitation wird häufig mit dem Rückgriff auf Relikte „vorindustrieller Mentalitäten", der Flucht aus einer rationalistischen Welt in „vormoderne" Mystik begreiflich zu machen versucht. Dieser soziologische Zugang kann jedoch die vielgestaltige historische Realität genauso wenig auf einfache Erklärungsmuster reduzieren, wie dies die wieder etwas aus der Mode gekommene vulgärmarxistische These vermochte, der Faschismus sei im wesentlichen nur ein Herrschaftsinstrument des „Monopolkapitals" in einer sonst ausweglosen Systemkrise. Beide Herangehensweisen berücksichtigen unzureichend, daß die NSDAP ihre Entstehung und ersten bedeutsamen Wahlerfolge auch dem „tertiären Sektor" der Verwaltungs- und Dienstleistungsberufe verdankte, dessen Beschäftigungsanteil gemeinhin als Gradmesser der „Fortgeschrittenheit" einer Gesellschaft betrachtet wird: Unter den abhängig Beschäftigten fanden zunächst die Angestellten den Weg zum Nationalsozialismus, unter den Selbständigen die Einzelhändler und Freiberufler, bei den Nichterwerbstätigen waren es die Studenten.

Für eine Gegenthese zu vorherrschenden Faschismustheorien, daß nämlich die NSDAP gerade als parteipolitische Neuschöpfung in bislang „heimatlosen" Wählerschichten attraktiv wurde, spricht auch die weithin bekannte Altersstruktur der Führungsorgane. Während nahezu zwei Drittel der nationalsozialistischen Reichstagsabgeordneten von 1930 (wie auch der kommunistischen) den Geburtsjahrgängen 1890 - 1900 angehörten, hatte die 1860 - 1880 geborene Mehrheit der Parlamentarier aller „gemäßigten" Parteien ihre politische Sozialisation noch im Kaiserreich erfahren. Erst als sich die NSDAP zur stärksten Kraft außerhalb des festgefügten proletarischen und katholischen Integrationsmilieus und damit zum Kristallisationskern einer neuen Sammlungsbewegung entwickelt hatte, strömten ihr die vorindustriellen Schichten massenhaft zu und wurde die Partei schließlich für das Großbürgertum bündnisfähig. Die Vision des „Dritten Reiches" war zur Fluchtburg aller jener geworden, die den Weimarer Staat und erst recht ein „Sowjetdeutschland" ablehnten und auch nicht einfach die Verhältnisse des Kaiserreiches restauriert sehen wollten.

Keineswegs zufällig deckte sich das partei- und verbandspolitische Spektrum für Hitlers „nationale Konzentration" zumindest in seiner Ausgrenzungsfunktion gegen Arbeiterbewegung, Zentrumskatholizismus und Linksliberalismus weitgehend mit früheren Sammlungsinitiativen aus der Kaiserzeit. Der allerdings gravierende qualitative Unterschied bestand vornehmlich darin, daß als Kraftzentrum der Integrationspolitik nach dem Übergang vom Obrigkeitsstaat zur parlamentarischen Demokratie nicht mehr allein die herrschenden Eliten fungieren konnten, sondern eine „Volksbewegung" unabdingbar war. Die Sammlungsbemühungen des „restaurativen" Regimes unter Brüning wie des „reaktionären" von Papens waren zum Scheitern verurteilt, weil ihnen jene „populistische" Massenbasis fehlte; in ihrer Fixierung auf die Autorität des Reichspräsidenten versuchten sie im Grunde nur, den Regierungsstil der früheren konstitutionellen Monarchie nachzuahmen.

Außerdem waren sämtliche Parteien dieses Spektrums von vornherein in ihren Ausdehnungsmöglichkeiten beschränkt, ob durch ein konfessionelles Gepräge (Zentrum, BVP, Christlich-Sozialer Volksdienst) oder eine für den Wähler durchsichtige Interessenbindung (DVP, DNVP, Wirtschafts- und Landvolkpartei) bzw. ausgeprägten Honoratiorencharakter (konservative Splittergruppen). Eine bloße Addition solcher extrem partikularen Kräfte war für die Wählerschaft in einer Krisen- und Umbruchsituation nicht attraktiv. Das Experiment der DDP-Gründung als Partei bürgerlicher Republikaner, die zusammen mit den stabilen Integrationsparteien SPD und Zentrum den Verfassungskonsens mittrugen, konnte keine bleibenden Erfolge erzielen, da gemäß den politischen Traditionen des deutschen Bürgertums drei Essentials für eine Sammlungsbewegung konstitutiv waren: „national" (gegen „Versailles" und „Erfüllungspolitik"), antimarxistisch und autoritären Leitbildern verhaftet. Nach Lage der Dinge konnte allein die NSDAP als Partei neuen Typs eine derartige Vision der „Volksgemeinschaft" glaubwürdig verkörpern.

Wesentliche Einsichten über das geistig-politische Umfeld, in dem der Nationalsozialismus zur Massenbewegung emporsteigen konnte, sind bereits von der zeitgenössischen Publizistik formuliert worden. So konstatierte Edgar J. Jung, einer der Wortführer der „konservativen Revolution" jener Epoche, hinsichtlich des völkischen Radikalismus: „Nationale Ressentiments, Abneigung gegen Marxismus und Verachtung bürgerlicher Schwächen bilden also die drei Hauptelemente, aus denen die Psyche der radikalen nationalen Opposition besteht" (MNN 14.9.1930). Während Nationalismus und Antimarxismus nicht minder tragende Prinzipien der etablierten Rechtsparteien kennzeichneten, war deren Zerstrittenheit und mangelnder perspektivischer Elan die Wurzel ihres Absinkens in der Wählergunst: „Das ‚Bürgertum' ist in sich aufgelöst, es ist weder gesellschaftlich faßbar, noch irgendwie Träger einer staatsbürgerlichen Idee. Gerade das aber charakterisiert den Sammlungserfolg des Nationalsozialismus" (WZ 17.9.1930).

Aus einer solchen Analyse leiteten die Sozialdemokraten eine klassenpolitische Funktion der NSDAP ab, nachdem sie tatsächlich mehr als drei Viertel der weder ins proletarische noch ins katholische Milieu eingebundenen Wähler in sich aufgesogen hatte: „Die Nazis sind nichts anderes als der Bürgerblock, der alle bürgerlichen Parteien beerbt, um Groß- und Kleinbürgertum, Junker und Bauern gegen die Arbeiterklasse in einer Front zu vereinigen" (LV 3.8. 1932). Allerdings ist eine derartige Massenflucht aus dem herkömmlichen berufsständisch geprägten Vielparteiensystem in eine entschlossen auftretende Sammlungsbewegung mit materiellen Motiven nicht zureichend erklärbar, da die bisherigen Streitpunkte keineswegs beseitigt, sondern nur durch den Wunsch nach krisenlösender Handlungsfähigkeit überlagert waren: „Arbeiter, Bauern, Unternehmer und Intellektuelle fragen nicht mehr, ob das Programm einer Partei ihren Interessen zuwiderläuft, sondern wollen Führung um jeden Preis" (RWZ 14.9.1930).

Nicht etwa die Nationalsozialisten, sondern die restaurativen und reaktionären Konfessions-, Standes- und Honoratiorenparteien blieben in der Epoche der Massendemokratie hoffnungslos „ungleichzeitig" (Bloch), d.h. ihren Ursprüngen der vorindustriellen Gesellschaft verhaftet. Die bürgerlichen und proletarischen Klassenparteien waren zwar typischer Ausdruck einer hochindustriellen Sozialstruktur. Doch da die Mittelschichten die Errichtung einer einseitigen Klassendiktatur des Großbesitzes oder der Arbeiterschaft abpufferten und ein pluralistischer Interessenausgleich in der Wirtschaftskrise nicht mehr möglich erschien, konnten auch die dezidierten Klassenparteien nicht zum Kern eines Sammlungskonzeptes werden. Die NSDAP war demgegenüber als Prototyp einer Sammlungsbewegung gewissermaßen schon ihrer Zeit voraus, eine eigentümliche deutsche Frühform der zunächst in den USA auftretenden „catch-all-party" („Allerweltspartei"): Sie versprach nahezu sämtlichen Sozialgruppen die Erfüllung ihrer Wünsche und überwölbte dieses Konglomerat widersprüchlicher Interessen mit einer „völkisch-nationalen" Ideologie als dem zeitbedingt kleinsten gemeinsamen Nenner.

Überdies war Hitler für eine solche Sammlungsbewegung, die gleichzeitig eine gegensätzliche Wahrnehmung ihres diffusen Programmprofils durch verschiedenste Sozialgruppen zu ermöglichen hatte („paradoxe Integration"), der idealtypische Volkstribun. Gerade weil er je nach Publikum als „Arbeiter" oder „Frontsoldat", Beamtensohn oder angeblicher „Kunstmaler" bzw. „Baumeister" auftreten konnte und als österreichischer Katholik im protestantischen Norddeutschland die meisten Anhänger hatte, war er soziologisch einfach nicht greifbar - und stieß damit anders als die Führungspersönlichkeiten der konkurrierenden politischen Kräfte nicht von vornherein allzu viele potentielle Wähler ab. Außerdem verkörperte Hitler inmitten der zahlreichen Adelstitelträger, Großgrundbesitzer, Kapitalmagnaten oder zumindest höherer Offiziere und Beamte des „nationalen" Lagers die personifizierte Legende eines „Aufsteigers" der ersehnten „nivellierten Mittelstandsgesellschaft": Er hatte es zwar nicht vom Tellerwäscher zum Multimillionär, aber doch immerhin vom Gründungsmitglied einer Siebenmannpartei zum allmächtigen Führer einer Millionenbewegung gebracht.

Schließlich war auch der politische Agitationsstil der NSDAP atemberaubend „hypermodern". Die Gigantomanie der Massenversammlungen, der „Starkult" um den „Führer", eine marktschreierisch aufgemachte Plakat- und Flugzettel-Werbung mit schlagwortartig verkürzter Reklamesprache, der unermüdliche Wahlkampfeinsatz per Auto und Flugzeug - dies alles machte die Nationalsozialisten im Zeitalter der Massenkommunikationsmittel zum technisch perfekten „Medium" der sozialpsychologischen Manipulation mit maximaler „publicity". Als in Deutschland schlechtweg nichts mehr „ordnungsgemäß" funktionierte, weder Wirtschaft und Finanzen noch Parlamentarismus und außenpolitische Handlungsfähigkeit, präsentierte sich die NSDAP als eine Partei der unbegrenzten Möglichkeiten, die den Gordischen Knoten einer epochalen Krise mit dem Schwertstreich der „nationalen Erhebung" zu durchtrennen versprach. Mit einem Wort: Was die agitatorische Zielsetzung der „völkischen Sammlung" und die Techniken des politischen Machterwerbs anbelangt, waren die Nationalsozialisten die am „modernsten" und „rationellsten" organisierte Partei, im Vergleich zu der alle Konkurrenten bedauernswert „traditionalistisch" erschienen.

Gleichwohl bleibt zutreffend, was eine auf Rassenwahn und „Blut und Boden"-Ideologie fixierte Interpretation häufig zu eindimensional betont hat: Die Inhalte der NSDAP-Propaganda und die Gedankenwelt ihrer Wortführer waren zutiefst irrationalistisch. Aber sie sind eben nicht hinlänglich mit einem mystischen Rückfall hinter die Aufklärung, als „mittelalterliches Relikt" begreiflich zu machen, sondern sollten zugleich als Extremform jener „Dialektik der Aufklärung" (Adorno/Horkheimer) verstanden werden, die aus der „Ungleichzeitigkeit" des Massenbewußtseins gegenüber einer technisierten Umwelt erwächst: „Offensichtlich wird hier die Grenze der Rationalisierung, die alles rational macht, nur den Menschen nicht. Es ist kein Zufall, daß sich gerade im Zeitalter der höchsten Rationalisierung irrational betonte Massenbewegungen entwickeln" (Neumann, Parteien, S. 80). Die nationalsozialistische Bewegung wurde in ihrer Widersprüchlichkeit, eine „rationelle" Erfolgsorientierung der „modernsten" Werbemethoden mit dem taktisch geschickten Appell an „traditionelle" Sehnsüchte und Ressentiments zu verbinden, zur Brücke zwischen „technisch-wissenschaftlicher Zivilisation" und „bodenständiger Volkskultur". Sie versprach ihren Wählern, auf den sicheren Fundamenten altbewährter Wertorientierungen eine neue Welt der unbegrenzten Horizonte zu bauen.

Neben den erfolgreich inszenierten Agitationsfeldzügen der NSDAP sind allerdings die einschüchternden Wirkungen des SA-Straßenterrors auf politische Gegner und Mitläufer in gebührender Weise zu berücksichtigen. Die skrupellosen Mordtaten, denen mehrere Hundert Menschenleben zum Opfer fielen, sowie die unzähligen brutalen Überfälle auf mißliebige Personen und Gruppierungen enthüllten frühzeitig das wahre Gesicht dieser vermeintlichen „nationalen Erhebung" im Dienste der „Volksgemeinschaft". Kein anderer „Faschismus" kann schließlich auch nur im entferntesten mit dem Vernichtungspotential der nationalsozialistischen Diktatur nach innen wie nach außen verglichen werden, weil in Hitlers KZ- und Kriegsmaschinerie die Barbarei auf höchster „Zivilisationsstufe" exekutiert wurde. Aber schon auf dem Weg zur Macht hat die NSDAP ihre Einzigartigkeit unter den „faschistischen" Bewegungen unter Beweis gestellt; denn niemals zuvor und seitdem ist mit solcher Virtuosität die Verbreitung banalster Schlagwortpolitik dermaßen wirksam praktiziert worden, daß noch auf dem Boden der demokratischen Verfassung etwa die Hälfte der Wähler für deren Zerstörung durch das „Dritte Reich" stimmte.

Der Aufstieg der NSDAP zur millionenstarken Massenbewegung läßt sich also mit ihrer sammlungspolitischen Attraktivität, dem Profil ihres „Führers" sowie der Agitations- und Verhaltensmuster durchaus erklären. Wer die zugespitzte Wirtschafts- und Staatskrise am Ende der Weimarer Republik, die schwerlich ad hoc aufhebbare Einkapselung der proletarischen und katholischen Integrationsparteien in ihr Sozial- und Konfessionsmilieu sowie die Zersplitterung der bürgerlichen und agrarischen Interessengruppen bedenkt, wird schwerlich behaupten können, daß die NSDAP nach ihrem Durchbruch von 1929/30 durch wirksamere Politik und Wahlpropaganda konkurrierender Kräfte noch nennenswert am Erfolg zu hindern gewesen wäre. Erheblich stärker schlagen die sachlichen und politisch-psychologischen Fehler zu Buche, die schon in der Ära Brüning der Bevölkerung das Bild einer ausweglosen Krise vermittelten und den Nationalsozialisten die einträgliche Rolle der lediglich negierenden Protestpartei ermöglichten.

Doch war mit den vorhandenen Parteien und gesellschaftlichen Klassenkräften, die bereits vor Ausbruch der Weltwirtschaftskrise auf Kollisionskurs steuerten, eine wirklich durchschlagende Krisenlösung nicht zu bewerkstelligen. Wie wenig es auf ein paar Hunderttausend neuer Stellen, die vielleicht durch ein Arbeitsbeschaffungsprogramm kurzfristig bereitzustellen waren, oder selbst den Verlust von zwei Millionen NSDAP-Stimmen überhaupt noch ankommen konnte, haben die Geschehnisse zum Jahresende 1932 deutlich dokumentiert. Wer eine Antwort auf die hypothetische Frage nach historischen Chancen einer Weichenstellung gegen den späteren nationalsozialistischen Siegeszug sucht, müßte in der Chronologie der Ereignisse viele Jahre weiter zurückgreifen: Mit großer Gewißheit hätte ein die Republik solider verankernder Verlauf der Revolution von 1918/19 oder ein entschlossenes Verbot der NSDAP sowie die Ausweisung Hitlers, der damals nicht einmal die deutsche Staatsangehörigkeit besaß, nach dem Münchener Putsch von 1923 ein „1933" aus dem Möglichkeitshorizont der Geschichte verbannt.

Wenn wir dem Massenzulauf der NSDAP in den Krisenjahren 1929 - 1932 nach eingehender Analyse eine kaum zu durchbrechende Eigendynamik zuschreiben müssen, so heißt dies aber noch lange nicht, daß auch die „Machtergreifung" des 30. Januar 1933 ein notwendiges Ergebnis der vorausgegangenen Entwicklungen war. Vielmehr bleibt die Schlüsselposition des Reichspräsidenten und der politische Einsatz der Notverordnungsparagraphen als entscheidendes Vermittlungsglied hervorzuheben: „Nicht als Führer einer tragfähigen Mehrheitskoalition, wie die irreführende Apologetik noch immer suggeriert, sondern durch diese autoritäre Einbruchsstelle der Weimarer Verfassung ist Hitler betont ‚legal' an die Regierung gelangt" (Bracher, Diktatur, S. 212). Die Wiederwahl des 84jährigen von Hindenburg, ohne die Hitler vermutlich niemals Reichskanzler geworden wäre, hätte eine zum Kampf um die Republik entschlossene „schwarz-rot-goldene" Front jedoch verhindern können. Denn auch die NSDAP suchte damals die Konfrontation und wäre schwerlich bereit gewesen, in direkter Kraftprobe mit einem „Systemkandidaten" Hitler zugunsten des zwischen sämtliche Stühle geratenen greisen Generalfeldmarschalls zurückzuziehen.

Zweifellos wäre es dann in jedem Falle, ob nun das Zentrum einem Sozialdemokraten ins höchste Staatsamt verholfen oder die Wahl Hitlers in Kauf genommen hätte, zu jenem gewaltsamen Zusammenstoß gekommen, den man mit einer Unterstützung der Kandidatur von Hindenburgs vermeiden wollte. Weder hätte sich die NSDAP das entschlossene Einschreiten gegen ihren Straßenterror durch einen verfassungstreuen Reichspräsidenten widerstandslos gefallen lassen, noch die Arbeiterbewegung das binnen kürzester Frist zu Verfassungsbrüchen schreitende Regiment eines „Diktators" Hitler. Doch sollte uns heute vollkommen einsichtig sein, was nicht wenige überzeugte Republikaner unter den Zeitgenossen bereits vorausgesehen haben: Die einzige „friedliche" und scheinbar „legale" Lösung des NSDAP-Problems war die Kapitulation, die Übergabe des staatlichen Machtapparats mit gebundenen Händen. Jede wirksame Form des Widerstandes gegen Hitlers „Gewalthaufen" hätte den Bürgerkrieg bedeutet, vermutlich mit dem Ergebnis, daß die Reichswehr als „Retter aus dem Chaos" eine Militärdiktatur errichtete.

Auch wenn diese „Lösung" den demokratischen Republikanern alles andere als verlockend erscheinen mußte, war sie nach dem Aufstieg der NSDAP zur Massenbewegung die einzig noch verbleibende Chance, in letzter Minute einen Keil zwischen Nationalsozialismus und herrschende Eliten zu treiben. Denn allein den „friedlichen" und pseudolegalen Weg wollte das „ordnungsliebende" Bürgertum und die Herrenkaste des alten Obrigkeitsstaates an der Seite Hitlers beschreiten. Nach einem bürgerkriegsähnlichen Zusammenstoß zwischen dem „braunen" und „schwarz-rot-goldenen" Lager wäre der Reichswehrführung zur „Befriedung" nichts anderes übrig geblieben, als die paramilitärischen Organisationen beider kämpfenden Parteien zu verbieten, eine jede zur erneuten Gewaltanwendung aufstachelnde politische Agitation zu unterbinden. Möglicherweise hätte sich nach einer solchen Entladung der aufgestauten innenpolitischen Spannungen der Plan von Schleichers, eine „Gewerkschaftsachse" mit einem weitreichenden Beschäftigungsprogramm zu formieren, den zermürbten Kontrahenten aufzwingen lassen. Ein gewaltsamer Zusammenstoß mit anschließendem Zugriff der Reichswehr wäre immerhin das Ende der sammlungspolitischen Attraktivität und des Führungsanspruches der NSDAP gewesen.

Für die Sozialdemokratie und Gewerkschaftsbewegung blieb in einem solchen Falle kaum mehr als eine zwangsintegrierte Position mit bescheidenen Mitspracherechten, ähnlich wie dies im Ersten Weltkrieg, dessen „Burgfriedenssituation" das politische Leitbild der Reichswehrführung war, die Lage gekennzeichnet hatte. Weitergehende „antifaschistische" Perspektiven waren, um eine bittere Wahrheit offen auszusprechen, im Jahre 1932 nur noch Wunschdenken: Selbst die aufgrund unvereinbarer Ziele illusorische „Einheitsfront" von SPD und KPD verfügte nicht über genügend Wähler, noch weniger über hinreichend Waffen, um die bürgerliche „nationale Sammlung" an Massenanhang zu übertreffen und neben der NSDAP zugleich eine nach der Diktatur greifende Reichswehr militärisch niederzuwerfen. Angesichts ihres Festklammerns an der längst ausgehöhlten Legalität und dem Vertrauen auf die Kraft ihrer schwerfälligen Organisationsapparate haben SPD und Gewerkschaften noch nicht einmal vermocht, den die NSDAP neutralisierenden Gegenpol für eine autoritäre

(„bonapartistische") Krisenlösung durch die Reichswehr aufzubauen.

Die mangelnde Konfliktfähigkeit und fehlender Mut zum Risiko im Kampf gegen einen in jeder Hinsicht skrupellosen Nationalsozialismus sind freilich nur die halbe Erklärung für das Versagen der Verfassungsparteien. Die andere Seite der Medaille hat die demokratische „Frankfurter Zeitung" wenige Tage vor den Reichspräsidentenwahlen für das bürgerlich-republikanische Lager sehr freimütig aufgedeckt: „Unruhig brannte in uns der Gedanke, daß das durchaus berechtigte Bedürfnis unseres Volkes nach einem sinnfälligen Ausdruck für das, was deutsch ist, nicht befriedigt worden war. So kam es, daß viele von uns aus Respekt vor ihrem eigenen Volke mit ihrer Entrüstung über die Verzerrung Deutschlands durch den Nationalsozialismus lange zurückgehalten haben. Wahrscheinlich zu lange. Uns quälte, ja lähmte das Gefühl, daß in dieser Bewegung wirklich edle, gute, wenn auch blinde Kräfte unseres Volkes enthalten seien" (FZ 10.3.1932). Dieses unterschwellige, aus vielfältigen Enttäuschungen über politische Alternativen geborene Eingeständnis verdrängte bis weit in die liberale und katholische Mitte hinein jeden Gedanken an Widerstand. Die entscheidende Verantwortung für den Weg in die Diktatur haben allerdings jene bürgerlichen und agrarischen Rechtsparteien sowie Machteliten zu tragen, die spätestens seit 1930 bewußt Kurs auf die Zerstörung der Weimarer Republik nahmen. Denn sie erstrebten dabei offen das Bündnis mit der NSDAP oder betrachteten es zumindest als „kleineres Übel" gegenüber einer Verständigung mit den Sozialdemokraten und Linksliberalen.

Zitierte und weiterführende Literatur

Bracher, Karl Dietrich, Die Auflösung der Weimarer Republik. Eine Studie zum Problem des Machtverfalls in der Demokratie. 6. Aufl. Kronberg/Ts. 1978.

Bracher, Karl Dietrich, Die deutsche Diktatur. Entstehung, Struktur, Folgen des Nationalsozialismus. 6. Aufl. Frankfurt 1979.

Bracher, Karl Dietrich / Sauer, Wolfgang / Schulz, Gerhard, Die nationalsozialistische Machtergreifung. Studien zur Errichtung des totalitären Herrschaftssystems in Deutschland 1933/34. 3 Bde. Frankfurt/Berlin/Wien 1974.

Brüning, Heinrich, Memoiren 1918 - 1934. Stuttgart 1970.

Das Ende der Parteien 1933. Darstellungen und Dokumente. Hg. Erich Matthias/ Rudolf Morsey, Düsseldorf 1960. Neuausgabe 1979.

Frymann, Daniel, Wenn ich der Kaiser wär' - Politische Wahrheiten und Notwendigkeiten. 4. Aufl. Leipzig 1913.

Goebbels, Joseph, Vom Kaiserhof zur Reichskanzlei. München 1934.

Hitler, Adolf, Mein Kampf. 85.-94. Aufl. München 1934.

Jonas, Erasmus, Die Volkskonservativen 1928-1933. Entwicklung, Struktur, Standort und staatspolitische Zielsetzung. Düsseldorf 1965.

Lohalm, Uwe, Völkischer Radikalismus. Die Geschichte des Deutschvölkischen Schutz- und Trutz-Bundes 1919-1923. Hamburg 1970.

Maser, Werner, Der Sturm auf die Republik. Frühgeschichte der NSDAP. Stuttgart 1973.

Neumann, Sigmund, Die deutschen Parteien der Weimarer Republik (1932). Mit einer Einführung von Karl Dietrich Bracher. 4. Aufl. Stuttgart 1977.

Rohe, Karl, Das Reichsbanner Schwarz Rot Gold. Ein Beitrag zur Geschichte und Struktur der politischen Kampfverbände zur Zeit der Weimarer Republik. Düsseldorf 1966.

Schnabel, Thomas, „Wer wählte Hitler?" Bemerkungen zu einigen Neuerscheinungen über die Endphase der Weimarer Republik. In: Geschichte und Gesellschaft. 8. Jg. (1982). Heft 1. S. 116-133.

Schönhoven, Klaus, Die Bayerische Volkspartei 1924-32. Düsseldorf 1972.

Schumacher, Martin, Mittelstandsfront und Republik. Die Wirtschaftspartei - Reichspartei des deutschen Mittelstandes 1919-1933. Düsseldorf 1972.

Hi und Hu

Hugenberg: „Da habe ich mir ein nettes Kuckucksei ausgebrütet!"

Dortmunder General-Anzeiger, 18. September 1930

Georg Kotowski

RASSE STATT NATION

Die Ideologie des Nationalsozialismus

Die Auseinandersetzung um Ursachen und Wirkungen des Nationalsozialismus ist in vollem Gange. Von einer einmütigen Beurteilung sind wir auch heute noch weit entfernt. Die Weimarer Republik war stets bedroht, ehe sie in der großen Krise unterging. Starke antidemokratische Kräfte sind während der ganzen Zeit ihres Bestehens nachweisbar. Eine besondere Frage, die in der Forschung zunehmend wichtiger wurde, ist, warum es gerade die Nationalsozialisten waren, welche die demokratische Republik und den Rechtsstaat zertrümmern konnten.

Diese Frage ist gerade bei unserem Thema nicht leicht zu beantworten. Unzweifelhaft hat die geschlossen wirkende Ideologie, die „granitene Weltanschauung", wie Hitler sie später nannte, den Zusammenhalt der Partei gefördert und starke Anziehungskraft auf wirtschaftlich gefährdete, aber auch moralisch und geistig verunsicherte Menschen ausgeübt. Dennoch können für verschiedene Menschen verschiedene Auslegungen, das Hervortreten dieses, das Zurücktreten jenes Aspektes entscheidend gewesen sein. Auch die Konsequenzen einer solchen Weltanschauung dürften viele Wähler nicht übersehen haben.

Der Nationalsozialismus war kein auf die Spitze getriebener deutscher Nationalismus, obwohl beide Strömungen nicht immer klar unterschieden werden können. Der Rassebegriff unterscheidet das nationalsozialistische Deutschland vom nationalen Deutschland. Dieser Rassebegriff ist es auch, der die Einordnung des Nationalsozialismus in den Sammelbegriff „Faschismus" fragwürdig macht; denn der italienische Faschismus kann zwar in manchem mit dem Nationalsozialismus verglichen werden, bildete jedoch keine eigentliche Rassedoktrin aus.

Der Schwerpunkt dieses Beitrags liegt in der Behandlung der nationalsolistischen Ideologie in der Weimarer Republik, vornehmlich in ihrer zweiten Hälfte. Dennoch müssen frühere Entwicklungen, die in den Nationalsozialismus einmündeten, mitherangezogen werden. Dabei wird sich zeigen, daß fast alle Bestandteile der Ideologie schon im 19. Jahrhundert und zunächst gar nicht in Deutschland entstanden sind, aber von den Nationalsozialisten in ein System gebracht wurden, in dem die rassistischen Doktrinen ihre äußerste Konsequenz entfalteten.

Radikale Ideologien, „linke" wie „rechte", sind in allen europäischen Staaten schon vor 1914 aufgetreten. Ihre Anwendung stieß in der gefestigten Staatengesellschaft des Jahrhunderts vor dem Ersten Weltkrieg aber auf enge Grenzen. Stillschweigend galten damals in fast allen Staaten Grundsätze, die von gesitteten Staatsmännern gegenüber Europäern nicht oder höchstens ausnahmsweise verletzt wurden. Auch dann, wenn allgemeine Menschenrechte nicht durch die Verfassung festgeschrieben waren, wurden christlich-humanitäre Prinzipien nicht dauernd mißachtet. Sieht man von einigen Regionen Osteuropas ab, so ist selbst der Antisemitismus in seinen Auswirkungen begrenzt geblieben.

Der Erste Weltkrieg hat das bei allen Spannungen und begrenzten Kriegen verhältnismäßig harmonische Europa zerstört. Imperialistische Ideologien setzten sich bei allen kriegführenden Völkern durch. In der Folge wurden das alte Europa und seine beherrschende Stellung in der Welt vernichtet. Deutschland und die Deutschen hatten an dieser Entwicklung erheblichen Anteil. Es entsprach jedoch nicht den Tatsachen, wenn behauptet wurde, ihnen komme daran hauptsächlich oder gar allein die Schuld zu.

Der deutsche Imperialismus hat durch den den Russen aufgezwungenen Friedensvertrag von Brest-Litowsk im Jahre 1918 das europäische Staatensystem erschüttert. Er ließ aber dem geschlagenen Gegner durch den Verzicht auf Ersatz der Kriegskosten Aussichten auf eine allmähliche Wiedergenesung. Es ist umstritten, ob das Deutsche Reich bei einem Verzicht auf Machtausweitung im Westen zu einem erträglichen Frieden hätte gelangen können. Klar ist jedoch, daß die Durchsetzung imperialistischer Ziele im Osten wie im Westen für alle Kriegsgegner Deutschlands unannehmbar sein mußte.

Andererseits haben die Westmächte nach der Ausschaltung Rußlands Deutschland und seine Verbündeten, also Österreich-Ungarn, Bulgarien und die Türkei, nach ihrer Niederlage zu Friedensverträgen gezwungen, die von diesen Völkern kaum hingenommen werden konnten. Für Deutschland gilt, daß seine wirtschaftliche Erholung auf das Ärgste bedroht war, wie sich auch das deutsche Volk nicht nach den Grundsätzen des nationalen Selbstbestimmungsrechtes staatlich organisieren durfte. Seine Souveränität wurde erheblich eingeschränkt. Der Versailler Vertrag, das war offenkundig, war kein Friedensvertrag im Sinne der europäischen Tradition. Er hatte Strafcharakter und wurde von den Deutschen auch so aufgefaßt. Das verletzte deutsche Nationalgefühl konnte sich mit ihm höchstens dann abfinden, wenn wesentliche Entscheidungen rückgängig gemacht oder doch wenigstens abgemildert wurden. Es fällt auf, daß es keine deutsche Partei gab, die bereit war, diesen Vertrag anzuerkennen. Die deutschen politischen Parteien unterschieden sich allerdings erheblich voneinander in der Frage, ob man die Revision des Vertrages gegebenenfalls auch durch einen Krieg erreichen könnte. Für einen Krieg bestand jedoch zunächst keine Möglichkeit. Die Sieger zwangen das Deutsche Reich, die allgemeine Wehrpflicht abzuschaffen und stattdessen eine kleine Berufsarmee, die Reichswehr, aufzubauen.

Die Politik der Sieger hat erheblich dazu beigetragen, den deutschen Nationalismus immer erneut aufzuputschen.

Volk und Nation im 19. Jahrhundert

Deutschland ist wie Italien erst im 19. Jahrhundert zur staatlichen Einheit gekommen. Bei der Friedensregelung von 1815 wurde zwar ein Deutscher Bund gebildet, der als lockerer Staatenbund gewisse gemeinsame Interessen der Deutschen hätte durchsetzen können. Schon dadurch aber, daß ihm der größte Teil der Habsburger-Monarchie angehörte, in welcher die Deutschen nur eine Minderheit darstellten, konnte er ein eigentlich deutscher Staat gar nicht werden. Nach dem Fehlschlag der Revolution von 1848/49 wurde es bald offenkundig, daß nur noch der preußische Staat, der zu fast 90 % von Deutschen bewohnt war, einen deutschen Nationalstaat begründen konnte; das war nur möglich, wenn man auf die Deutschen im österreichischen Staate verzichtete. Der Kampf zwischen Großdeutschen und Kleindeutschen hat lange Zeit die nationale Diskussion bestimmt. Nach der Zerschlagung der Habsburger-Monarchie am Ende des Ersten Weltkrieges hätte ein deutscher Nationalstaat gebildet werden können. Dies ließen aber die Westmächte nicht zu.

Das deutsche Nationalgefühl hat unter diesen Umständen Brechungen hinnehmen müssen, deren Wirkungen sich noch im 20. Jahrhundert zeigten. Während sich in Frankreich relativ früh der Grundsatz durchsetzen konnte, daß Franzose ist, wer französischer Staatsbürger ist, haben in Deutschland Volkstums- und Kulturideologien noch lange eine Rolle gespielt. Deutscher Staatsbürger und Deutscher waren offenkundig nicht unbedingt dasselbe. Nach der Gründung des Deutschen Reiches, vornehmlich nach 1871 also. setzte sich die Auffassung durch, daß der Begriff Deutscher an die Staatsbürgerschaft eines der das Deutsche Reich bildenden Einzelstaaten gebunden sei.

Es ist hier nicht der Ort, die Schwierigkeiten auf dem Wege zur Festigung des Deutschen Reiches aufzuzeigen. Auf zwei Probleme sei jedoch hingewiesen: Einmal sind die Deutschen unter den großen Völkern Europas das einzige, das aus den der Reformation folgenden Krisen und Kriegen nicht mit einer vorherrschenden Religion heraustreten konnte. Römische Katholiken, Lutheraner und Calvinisten haben je nach der betreffenden Region Deutschlands ihre Selbständigkeit behalten, obschon das Königreich Preußen wenigstens Calvinisten und Lutheraner organisatorisch in einer Union zusammenfaßte. Die Konfessionsverschiedenheit hat auch nach der Gründung des Deutschen Reiches zu schweren Auseinandersetzungen geführt. Zum anderen ist das noch ungefestigte junge Deutsche Reich von Anfang an in die sozialen und wirtschaftlichen Auseinandersetzungen, die der Industrialisierung folgten, hineingerissen worden. Wenn es auch gelang, den größten Teil der damals entstehenden Sozialdemokratischen Partei an den Staat heranzuführen, so daß die SPD nach 1918 einer der Hauptträger der Weimarer Republik wurde, ist doch im Bewußtsein vieler der Beteiligten kein volles Staatsbürgergefühl entstanden.

Das Deutsche Reich ist trotz diesen Belastungen sehr rasch zu einem politisch mächtigen Staate mit großer Wirtschaftskraft herangewachsen. Es überholte schon vor 1914 als Industriestaat nicht nur Frankreich und das relativ rückständige Rußland, sondern auch Großbritannien, ohne sich doch an den kolonialpolitischen Beutezügen der Randvölker Europas beteiligen zu können. Ausgehend vom schon älteren Kolonialbesitz konnte sich Großbritannien, dem etwa ein Viertel der Erde gehörte, immer noch erweitern, und auch Rußland vergrößerte sein Territorium ständig, bis es schließlich rund ein Sechstel der Erde beherrschte. Auch Frankreich und Italien trieben aktive Kolonialpolitik, bei der sie beträchtliche Gebietserwerbungen durchsetzen konnten.

Der Reichsgründer Otto von Bismarck, der Kolonialpolitik gegenüber eher skeptisch eingestellt, hat einige Gebiete Afrikas der deutschen Herrschaft unterstellt. Verglichen mit dem Besitz anderer europäischer Staaten war das deutsche Kolonialreich gering und ökonomisch von zweifelhaftem Werte. Kaiser Wilhelm II. hat sich dann seit 1890 mit allen Kräften bemüht, dieses Kolonialreich auszudehnen. Seine Erfolge waren jedoch nicht eindrucksvoll. Der deutsche Imperialismus, soweit er eine Gebietsausweitung der deutschen Herrschaft anstrebte, mußte daher die Möglichkeiten Deutschlands als Kolonialmacht überdenken. Die offizielle Politik des Deutschen Reiches ist vor dem Risiko eines Krieges mit einer anderen Großmacht wegen kolonialer Forderungen im allgemeinen zurückgewichen, hat aber dadurch Anlaß für eine skrupellose Agitation in Deutschland selbst gegeben. Der Alldeutsche Verband, der 1891 entstand, hat die deutsche Politik wegen ihrer vermeintlichen Schwächlichkeit bei der Durchsetzung deutscher Interessen fast immer auf das Schärfste bekämpft.

Nachdem das Deutsche Reich, vor allem seit dem Beginn dieses Jahrhunderts, den Bau einer Schlachtflotte vorantrieb, isolierte es sich im europäischen Staatensystem. Das Bündnis, das noch Bismarck selbst mit dem aus dem deutschen Staatenverband verdrängten Österreich-Ungarn geschlossen hatte, wurde damit für die deutsche Politik immer wichtiger. Aber dieser Staat war wegen der in ihm geführten Nationalitätenkämpfe im Ernstfall kein starker Verbündeter.

Der Antisemitismus

Die Bezeichnung Antisemitismus wird für judenfeindliche Bestrebungen unterschiedlicher Art in Europa gebraucht. Obwohl der Begriff schief, ja sogar unrichtig ist, soll er auch hier benutzt werden, weil er allgemein gebräuchlich ist. Besonders verhängnisvoll hat sich der Rassenantisemitismus ausgewirkt, weil er Juden ausnahmslos und für alle Zeiten aus der Bevölkerung ausschloß. Die nationalsozialistische Auslegung, auch Christen als Juden zu bezeichnen, wenn sie jüdische Vorfahren hatten, schloß zusätzlich einen Teil des deutschen Volkes aus der Nation aus.

Der Antisemitismus ist entstanden, seitdem als Folge der Aufklärung und vor allem der Französischen Revolution die bis dahin separat lebenden Juden Staatsbürger wurden. In den einzelnen Ländern Europas ist dieser Prozeß unterschiedlich verlaufen. Die Niederlande, aber verhältnismäßig früh auch andere westeuropäische Länder, haben den Juden als erste volle Bürgerrechte verliehen. Allerdings wurde am Ende des 19. Jahrhunderts Frankreich durch eine mächtige antisemitische Welle erschüttert, die der Dreyfus-Skandal verstärkte. Im kaiserlichen Rußland kam es noch im 20. Jahrhundert zu Juden-Pogromen, wie denn überhaupt deren Stellung im Osten Europas ungesichert blieb. Österreich-Ungarn hat dann vornehmlich seit dem Ende des vorigen Jahrhunderts seinen Juden, die hier als eine von mehreren Nationalitäten verstanden wurden, Gleichberechtigung eingeräumt. Dies führte jedoch bei Teilen der Bevölkerung zu einem radikalen Antisemitismus, der hier lange Zeit eine weit größere Rolle spielte als im Deutschen Reich.

In diesem Reiche ist die Gleichberechtigung der Juden durch ein weitergeltendes Gesetz des Norddeutschen Bundes von 1869 herbeigeführt worden. Der rasche Aufstieg vieler jüdischer Familien, die sozialen Probleme der vollen Eingliederung haben viel Neid und Unruhe erregt. Da es sich bei den Juden in Deutschland vornehmlich um Stadtbevölkerung handelte, muß man ihre Entwicklung im Rahmen des Aufstieges des deutschen Bürgertums sehen. Da die meisten Juden liberal waren und in der liberalen Bewegung hervortraten, verband sich der deutsche Antisemitismus sehr früh mit antiliberalen und antidemokratischen Strömungen. Ein Radauantisemitismus entstand, der mit einer Flut von Flugblättern und Broschüren auf die deutsche Bevölkerung einwirkte, ohne jedoch zu einer wirklichen Massenbewegung zu werden. Antisemitische Äußerungen lassen sich in der Zeit vor 1914 vielfach finden. Das Kaiserreich war jedoch viel zu gefestigt, um sich auf den Weg einer Einschränkung der Staatsbürgerrechte der deutschen Juden drängen zu lassen. Der Radauantisemitismus hat aber ein Bild von den Juden geschaffen, das später im Nationalsozialismus furchtbare Wirkungen hatte.

Die antisemitische Agitation folgte einem einfachen Schema: Alles, was irgendwo in den letzten 2.000 Jahren gegen Juden gesagt oder geschrieben worden war, wurde in primitiven Broschüren zusammengestellt und zum Nachweis des unveränderlich schlechten Charakters der Juden benutzt. Dabei gingen weltanschauliche, religiöse, soziale und ökonomische Argumente in kaum trennbarer Weise ineinander über, und der aufkommende Sozialdarwinismus, eng verbunden mit Rasseideologien, lieferte Scheinargumente aus der vulgären naturwissenschaftlichen Diskussion.

Damit konnte kein Beitrag zur Beseitigung bestehender Mängel geliefert werden. Man stelle sich vor, daß alle negativen Äußerungen, die in den letzten 1.000 Jahren über Deutschland und die Deutschen getan wurden, zusammengefaßt und als ideologische Waffe gegen das deutsche Volk benutzt würden. Selbstverständlich würde das Ergebnis einer solchen Pamphletistik ganz unsinnig sein. Im „Antisemiten-Katechismus", der zuerst 1887 erschien, ist ein von den Nationalsozialisten später im wesentlichen übernommenes Kompendium aller Vorwürfe gegen die Juden enthalten: Danach bilden die Juden unter dem Deckmantel der Religion eine politische, soziale und geschäftliche Genossenschaft, welche auf die Ausbeutung und Unterjochung der nichtjüdischen Völker hinarbeitet. In diesem Ziele sind die Juden aller Länder und aller Sprachen einig und arbeiten einander zu. Daher kann ein Jude niemals ein ehrlicher Patriot sein. Spielt er den Deutschen, den Franzosen oder den Engländer, so nur aus wohlberechneter Heuchelei. Wo dies ohne Schaden möglich ist, übertritt er alle Gesetze des Landes. Nur sich selbst erkennt er die Bezeichnung Mensch zu. Betrug und Verrat, wenn sie zur Bereicherung führen, sind deshalb in den Augen der Juden nicht nur erlaubt, sondern geboten und geheiligt.

Folgt man dieser Argumentationskette, so ist es klar, daß man Juden keine bürgerliche und politische Gleichberechtigung geben kann. Offenkundig ist jedoch, daß diese Charakteristik der Juden frei erfunden ist und zum Verständnis der Probleme gar nichts beiträgt. In den weiteren Ausführungen wird deutlich, daß die Agitatoren ausgerechnet den Juden alle Schwierigkeiten zuschreiben, welche durch die Entstehung der modernen Industriegesellschaft aufgetreten sind. Juden sollen es sein, die durch Wucher viele Bauern, Gewerbetreibende, Beamte und Offiziere ruinieren. Juden sollen es sein, die durch unehrliches Gebaren den soliden Handels- und Gewerbestand untergraben. Sie sollen das ehrliche Handwerk vernichtet haben. Sie hätten sich der Presse bemächtigt, um das Volk zu täuschen, alle Autorität zu untergraben und die soziale Revolution zu fördern. Die sittliche Verwilderung, gefördert auch durch die Gesetzgebung, gehe auf die Juden zurück. Die Mehrzahl der von Prostitution lebenden Frauen sei durch jüdische Verführung verdorben worden. Eine solche Ideologie war kaum massenwirksam; in begrenztem Umfange konnte sie aber auf kleinbürgerliche und teilweise bäuerliche Schichten setzen, die sich im wirtschaftlichen Konkurrenzkampf nicht behaupten konnten. Dennoch ist im Kaiserreich eine antisemitische Massenbewegung nicht entstanden. Das Niveau dieser Argumentation war zu niedrig, um durchgreifende Erfolge herbeizuführen. Immerhin haben antisemitische Äußerungen von Angehörigen des Bildungsbürgertums Leser und Zuhörer auch in solchen Kreisen gefunden, die vom Radauantisemitismus nicht erfaßt werden konnten. Richard Wagner, Paul de Lagarde und Heinrich von Treitschke wären hier vor allem zu nennen. Treitschke war es, der als Sprecher großer Teile des protestantischen Bildungsbürgertums in zwei Aufsätzen diese Schicht, wenn auch in vornehmerem Tone, im judenfeindlichen Sinne beeinflußte. Allerdings betonte er in diesem Zusammenhange, daß an eine Entziehung der Staatsbürgerrechte der Juden nicht gedacht werden könnte. Aber einer seiner Sätze, „Die Juden sind unser Unglück", hat der wüstesten nationalsozialistischen Hetze als Leitmotiv gedient.

Der Sozialdarwinismus und die Entchristlichung Europas

Obwohl der Nationalsozialismus in seinem Programm von 1920 ausdrücklich betonte, die Partei stehe auf dem Boden des positiven Christentums, ist seine antichristliche Wurzel von Anfang an nicht zu verkennen. Zwei große Strömungen des 19. Jahrhunderts haben ihm die Wege geebnet, ohne daß man deren Vertreter damit schon ohne weiteres zu seinen Vorläufern erklären könnte.

Dieses Jahrhundert hat auf fast allen Gebieten der Wissenschaft erstaunliche Leistungen vollbracht. Natur- und Geisteswissenschaften veränderten mit ihrem Aufblühen das Leben der Menschen und ihr Lebensgefühl. Der schon in der Aufklärung angelegte Fortschrittsglaube breitete sich zunächst neben der Religion, dann oft gegen die Religion aus. Seine vorzeigbare Leistung war eine immer schneller voranschreitende Technik als Grundlage der Industrialisierung.

Zu den auch politisch wirksamsten Leistungen gehörten die Forschungsergebnisse, die Charles Darwin aus der Auswertung seiner Arbeit bei einer Amerikareise gewann. Nach der Untersuchung eines umfassenden Materials stellte er fest, daß die Arten der Tierwelt nicht seit Urzeiten existierten, sondern daß sie sich aus mehr oder weniger primitiven Formen entwickelt haben und noch entwickeln. Keine von ihnen ist ewig. An eine ursprüngliche Schöpfung, wie sie den biblischen Berichten entsprochen hätte, wenn man sie wörtlich nahm, konnte man nicht mehr glauben. Der Entwicklungsprozeß war nach Darwin bestimmt von dem Zwang, der durch veränderte Lebensbedingungen oder durch Verknappung des Lebensraums ausging. Die Tiere mußten sich in einem ständigen Kampf ums Dasein behaupten, bei dem unter ungünstigen Umständen nur die geeignetsten überleben konnten. Schwache und anpassungsunfähige Arten wurden dadurch in ihrem Bestande verringert oder ausgerottet.

Darwin selbst war bei der Übertragung seiner Erkenntnisse auf das Leben des Menschen zurückhaltend. Es konnte aber nicht ausbleiben, daß solche Bemühungen fast sofort einsetzten. Darwins Hauptwerk ist 1859 erschienen. Schon 1862 hat dann der junge Zoologe Ernst Haeckel, auf seinem Fachgebiet ein bahnbrechender Forscher, die Erkenntnisse Darwins aufgenommen und ausgebaut. Er hat später den Darwinismus zu einem allgemeinen Prinzip ausgeweitet und eine „monistische" Weltanschauung entwickelt. Seine populären Schriften haben vor allem seit dem Ausgang des 19. Jahrhunderts breite Massen erfaßt. Haeckel war strikter Materialist. Gott und Natur waren ihm ein und dasselbe. Die Religionen beruhten auf Aberglauben oder Irrtum. Der Mensch überrage die Tiere nur durch seine Gehirnleistungen. Eine „Seele" habe er nicht. Die Moral des Menschen könne nur als Regel zweckmäßigen Verhaltens verstanden werden. Wie alle Wirbeltiere, die als Einzelwesen nur unter Artgenossen leben können, müsse er sowohl Egoist wie Altruist sein. Das Christentum sei schon deshalb abzulehnen, weil es den Gedanken der Nächstenliebe in den Vordergrund stelle, obwohl die Kirchen fortgesetzt gegen ihr eigenes Gebot verstoßen. Vor allem tue dies die papistische römische Kirche, die sich durch die Verdummung der Massen erhalte.

Obwohl in Haeckels Schrift Gedanken auftauchen, die im Nationalsozialismus wiederkehren, kann man ihn kaum als Vorreiter im engeren Sinne bezeichnen. Mittelbar aber hat er, der Millionen Leser erreichte, durch seine radikale Bekämpfung fester Normen und die Propagierung einer reinen Zweckmäßigkeitsideologie zur moralischen Verunsicherung großer Teile des Volkes beigetragen. Er leitete über vom Darwinismus als wissenschaftlicher Methode zum massenwirksamen Sozialdarwinismus. Neben ihm und nach ihm haben Vulgärdarwinisten die zugkräftigsten Schlagwörter der Theorie für den politischen Kampf benutzt. Vor allem der „Kampf ums Dasein", durchaus verstanden als ständiger rücksichtsloser Kampf, bei dem sich die Stärksten und Besten durchsetzen, hatte als Schlagwort verhängnisvolle Folgen. Adolf Hitler benutzte es als selbstverständliches Argument.

Wenn die natürliche Zuchtwahl, die Darwin in der Natur wirken sah, in der menschlichen Gesellschaft nicht mehr funktionierte, so mußte es Möglichkeiten geben, die Wirkungen dieser natürlichen Selektion durch politische Maßnahmen herbeizuführen. Gewiß gab es sozialdarwinistische Strömungen, die nicht menschenfeindlich waren. Aber bestimmend wurden sie nicht. Die Wirkung des Sozialdarwinismus insgesamt ist durchaus negativ gewesen. Schon im 19. Jahrhundert wurden in der Gruppe der „Eugeniker" in England Pläne der

Menschenzüchtung entwickelt, um die Paarung der Tüchtigsten herbeizuführen und die Untüchtigen - unheilbar Kranke, vor allem Geisteskranke - auszumerzen.

Nicht im raschen Fortschreiten der Naturwissenschaften, sondern in der unkritischen Übernahme ihrer Theorien für Mensch und Gesellschaft ist das spätere Verhängnis begründet. Dies gilt auch für einen ganz anderen Forschungsbereich, der sich mit den historischen Quellen des Christentums befaßte. Zu nennen wäre hier vor allem die Tübinger Schule, deren Begründer Ferdinand Christian Baur als Hegelianer Christ blieb, aber Schüler heranbildete, die, wie viele Junghegelianer, sich von Christentum und Religion überhaupt abwandten, als sie die Texte des Neuen Testaments und des frühen Christentums mit historisch-philologischen Methoden untersuchten. David Friedrich Strauß hat in seinem Buch „Das Leben Jesu" (1835) den christlichen Glauben als einen Mythus dargestellt, der von der Gemeinde Jesu geschaffen worden sei. Behandelte man die Bibel als Quelle wie andere Zeugnisse, verlor sie ihren sakralen Charakter. Wirkungen hatte dies vor allem auf den Protestantismus, in dessen Mittelpunkt die Bibel steht.

Ohne daß Strauß oder die in gleicher Richtung arbeitenden Gelehrten dies beabsichtigt hätten, führte ihre Tätigkeit zu einer Neueinschätzung der jüdischen Überlieferung im Christentum. Die Geschichte der Juden im christlichen Europa ist nicht immer durch Haß und Feindschaft der christlichen Umwelt bestimmt worden. Von Toleranz oder gar Zuneigung konnte aber schwerlich die Rede sein. Immerhin gab es zwischen Juden und Christen doch ein Bindeglied, das Alte Testament, das nach christlicher Lehre durch das Neue Testament nicht etwa aufgehoben, sondern erfüllt wurde. Theologisch hatte man den Juden eigentlich nur vorzuwerfen, daß sie nicht Christen werden wollten. Diese doch enge Verbindung zwischen Judentum und Christentum begann sich nun zu lockern. Schon im vorigen Jahrhundert konnten rassistische Autoren die Verwerfung des Alten Testaments fordern, da es typisch jüdisch sei. In Verbindung mit der Behauptung, daß Jesus nicht Jude, sondern „Arier" gewesen sei (Chamberlain, Rosenberg), konnte man so eine Begründung für die „Arisierung" des Christentums finden.

Dies ist freilich eine extreme Zuspitzung, die nur von wenigen Theologen übernommen wurde. Sie führte allerdings zu erbitterten Auseinandersetzungen und war eine der Ursachen des Kirchenkampfes im Dritten Reich. Wie beim Darwinismus wurden auch auf dem Gebiete der Religionsforschung wissenschaftliche Hypothesen und Forschungsergebnisse für radikale politische Zwekke ausgebeutet. Darüber hinaus aber wurden wachsende Teile der Bevölkerung verunsichert und dem Christentum entfremdet. Mit der Infragestellung des christlichen Glaubens aber verband sich eine Schwächung der christlichen Ethik und damit wichtiger Normen für ein friedliches Zusammenleben.

In die entstehenden Freiräume konnten radikale politische Ideologien hineinstoßen. Sie versprachen ja nicht nur materielle und politische Vorteile für ihre Anhänger, sondern Glaubensgewißheit für alle jene, die den Boden unter ihren Füßen verloren hatten und nach einem neuen Sinn des Lebens suchten. Daß Hitlers Nationalsozialismus und Stalins Bolschewismus als Ersatzkirchen auftraten und quasi-religiöse Riten entwickelten, war nicht Zufall, sondern lebensnotwendiger Bestandteil ihrer Herrschaft.

Imperialismus und Expansionsideologien

Der Nationalsozialismus war nicht nur in der Praxis, sondern auch in der Theorie imperialistisch. Er erstrebte ein Großdeutsches Reich, das sich auf den Willen der Bevölkerung stützen sollte. Dieses Reich war als Ausgangsbasis für weitere Ausdehnung gedacht.

Die imperialistische Politik war oft stillschweigend oder ausdrücklich rassistisch begründet. Sie beruhte fast immer auf der Behauptung der eigenen Überlegenheit gegenüber den Völkern, die man unterwerfen wollte. Hier können wir nicht imperialistische Ideologien überhaupt untersuchen. Hannah Arendt hat in „Elemente und Ursprünge totaler Herrschaft" die Grundlinien der Entwicklung herausgearbeitet. Aber zwei dieser Ideologien, eine deutsche und eine russische, sollen vorgestellt werden. Sie haben sich erst im 20. Jahrhundert mit einigen Veränderungen durchsetzen können. Beide waren nicht im strengen Sinne rassistisch.

Der Alldeutsche Verband, am Ende des 19. Jahrhunderts entstanden, erstrebte nicht nur die Sicherung Deutschlands, sondern auch seine Ausdehnung in Übersee und in Europa. Die Voraussetzungen dieses Anspruchs wollen wir anhand einer wichtigen Programmschrift kennenlernen, die der damalige Vorsitzende Ernst Hasse unter dem Titel „Deutsche Politik" 1907 vorlegte. Obwohl er sich ausdrücklich auf Chamberlain und Gobineau bezog, stand bei ihm der Begriff des Volkstums, das allerdings rassisch begründet wurde, im Vordergrund. Hasse war als Statistiker und Nationalökonom ein seriöser Wissenschaftler. Aber außerhalb seines Fachgebietes war er Dilettant im weniger günstigen Sinn des Wortes.

Er erkannte an, daß der Rassebegriff nur sehr unvollkommen erarbeitet sei. Auch daß das deutsche Volk ein aus Rassekreuzungen entstandenes Mischvolk ist, war ihm bekannt. Dennoch sah er im nordischen Rassenbestandteil den Hauptträger der geistigen Kraft der Deutschen. Ihn besonders galt es zu pflegen, um das deutsche Volkstum zu erhalten, zu erweitern und sein Blut zu verbessern. Obwohl Hasse die Vermehrung des deutschen Volkes voranzutreiben wünschte, trat er doch für ein Verbot der Einw nderung Fremdrassiger nach Deutschland ein. Vorbild war ihm die Ein- und Auswanderungspolitik der Vereinigten Staaten von Amerika, die seit 1882 den Zuzug nach Rasse und Herkunftsland reglementierten.

Andererseits sollte man möglichst verhindern, daß „hochrassige" Deutsche auswandern. Die Verluste, die das deutsche Volk durch Auswanderung erlitten hatte, schätzte Hasse auf sieben Millionen Menschen. Rückwanderer sollten ermutigt werden; eine Blutsbeimischung von anderen Germanen - Skandinaviern, Angelsachsen - war ihm erwünscht. Einen staatlichen Zusammenschluß dieser Länder lehnte er aber ab. Zu verhindern wäre der Zuzug von Juden, Madjaren, Judäo-Madjaren und der halbmongolischen Russen, auch dann, wenn Deutschland und Österreich-Ungarn in ein näheres Verhältnis zueinander treten sollten. Auch die geschlossen siedelnden Polen und Tschechen könnten nicht eingedeutscht werden.

Obwohl Hasse in den Juden diejenige Rasse sah, die den Ariern am fernsten steht, sah er außer dem Verbot weiteren Zuzugs keine besonderen Maßnahmen vor. Schuld an der heutigen Judenfrage seien nicht die Juden selbst, sondern „die Weltbürgerei und der Liberalismus" des 19. Jahrhunderts. Sie hätten die fortgesetzte Zuwanderung von Juden ermöglicht und damit das Aufgehen der Juden im deutschen Volke oder ihr Aussterben verhindert. Jetzt könne man nur die Zahl der Juden begrenzt halten. Eine Möglichkeit der Austreibung von Juden aus Deutschland sah er nicht - und für das Kaiserreich traf das auch zu.

Erstarken könne aber das deutsche Volk durch solche Maßnahmen allein nicht. Staatliche Gesundheitspflege, Verbesserung der Volksbildung, Erhöhung der Einkommen und Löhne, Schaffung ausreichenden Wohnraums müßten durch staatliche Maßnahmen gesichert werden, auch wenn das viel Geld koste. Bei der Gesundheitspolitik müßten nicht nur Volkskrankheiten bekämpft werden. Krankes Leben sollte nicht zustande kommen. Körperliche Erziehung, Verbesserung der Schulhygiene, ein ausreichendes Schulfrühstück sind Bestandteile dieses Reformkatalogs.

Um der Landflucht entgegenzusteuern, sei eine Bodenreform durchzuführen. Die bäuerlichen Betriebe müßten erhalten und erweitert werden. Um die schädlichen Wirkungen der Verstädterung zu mildern, sollten die Großstädte dezentralisiert werden, und Bauordnungen müßten für Grünanlagen und gesunde Wohnungen sorgen. Im Mittelpunkt aller Anstrengungen aber solle die Landbevölkerung stehen. Landarbeiter sollten Löhne erhalten, die mit denen in der Industrie verglichen werden können, um sich schließlich ein eigenes Heim auf eigenem Grund schaffen zu können. Außerdem gelte es, Vorteile des Wohnens in der Stadt auf das Land zu übertragen. Bildungspflege durch Einrichtung von Volks- und Wanderbüchereien, Vortragsabende und Aufführungen, Ausbildungsmöglichkeiten, Gesundheitspflege durch Verbesserung der Krankenpflege, aber auch Badeeinrichtungen wären geeignete Mittel dazu.

Alle diese Reformen sollten auch der Wehrhaftigkeit des Volkes dienen. Der Krieg war für Hasse nicht nur ein Mittel der Verteidigung, sondern auch gerechtfertigt zur Ausdehnung des deutschen Volksbodens. Er kam zu der folgenschweren Konsequenz, daß Deutschland, da man ihm Eroberungen in Übersee erschwere, sich in Europa betätigen müsse. Damit hat Hasse die Politik nicht nur Bismarcks, sondern die des Deutschen Reiches überhaupt verworfen. Offenkundig war eine nennenswerte Ausdehnung Deutschlands nur durch einen Krieg zu erreichen, in den alle Großmächte eingreifen würden.

Hasse hat die Stellung Deutschlands in Europa und in der Welt in fast unbegreiflicher Weise überschätzt. Zu dieser Fehleinschätzung führte ihn sein Begriff vom „Volkstum", der ihn die reale Macht existierender Großmächte unterschätzen ließ. Bei einer Berechnung der „Volkstümer" kam er zu folgenden Zahlen: Deutsche im Deutschen Reich, in der Schweiz und in Luxemburg, Österreich und Ungarn 86,2 Millionen; Russen in Europa und in Asien 60 Millionen. Dieses verblüffende Ergebnis ist dann möglich, wenn man nur die Großrussen zählt, zu den Deutschen aber auch solche Bevölkerungen rechnet, die verstreut unter fremden Völkern lebten, und dazu die Schweizer, die doch keine Neigungen für einen Anschluß an das Deutsche Reich zeigten. Es versteht sich von selbst, daß bei solchen Zahlen das „Volkstum" Frankreich keine Bedrohung darstellen konnte. Wohl erkannte Hasse, daß die angelsächsischen Mächte zahlenmäßig dem Deutschtum weit überlegen seien. Einen Konflikt mit ihnen sah er aber nur in der Weltpolitik, also außerhalb Europas, für möglich an.

Auch ohne Krieg war Hasses Programm drastisch genug. Er schlug einen Bevölkerungsaustausch auf der Grundlage der Freiwilligkeit vor, wobei die in Rußland lebenden Deutschen gegen die in Deutschland lebenden Polen ausgetauscht werden könnten. Auch die Deutschen im Osten und Südosten Europas kamen für eine Rückwanderung in Betracht. Beispiel war ihm hier die russische Nationalitätenpolitik, die mit dem Mittel der Umsiedlung arbeitete. Der fragwürdige Begriff der „Freiwilligkeit" wird darüber hinaus für den Kriegsfall aufgehoben. Zustimmend zitierte er einen zeitgenössischen Autor, Klaus Wagner, der Zwangsumsiedlungen großen Stiles durch die Überlegenheit der siegreichen Macht im Kriege empfohlen hatte. Wagner sah das Ziel eines Krieges in der Besiedlung der Erde durch die vollkommenste Rassegruppe.

Hier schlägt eine der radikalsten Formen des Sozialdarwinismus voll durch: Die Völker, die im Auslesekampf unterlegen sind, sollen nicht getötet werden; aber da die „kulturfrohen Siegervölker" ihr Land brauchen, sollen seine Bewohner in Reservate zurückgedrängt werden.

Expansionsideologien mit der Stoßrichtung Europa haben sich nicht nur in Deutschland herausgebildet. Als wichtiges Gegenbeispiel wäre der Panslawismus zu nennen, der sich schon vor 1848 bei den Westslawen entwickelte. Der Panslawismus selbst hat Expansionsziele nicht aufgestellt; er strebte die Autonomie der meist kleineren slawischen Völker in der Habsburger-Monarchie an. Österreich gewährte nach der Niederlage im Kriege gegen Preußen den Ungarn, nicht aber den slawischen Kleinvölkern ein weitgehendes Selbstbestimmungsrecht. So hat es nationale Konflikte in der Monarchie bis zu ihrem Ende gegeben.

Der Panslawismus hat an der Entstehung einer Ideologie in Rußland mitgewirkt, die als Slawophilentum die Vereinigung aller slawischen Völker unter russischer Führung erstrebte. Ähnlich wie die Alldeutschen haben auch die Slawophilen nicht immer einheitliche Ziele verfolgt. Ihr einflußreichster, in der ganzen Welt bekannter Wortführer wurde der große Erzähler Fjodor Michaijlowitsch Dostojewskij. Da viele der Slawophilen Rußland als der orthodoxen Führungsmacht auch die Befreiung der Balkanvölker griechisch-orthodoxer Konfession zur Aufgabe machten, erweiterte sich die Stoßrichtung nach Süden. Die Expansion sollte Konstantinopel einschließen.

Entwicklung und Bedeutung dieser Bewegung hat Hans Kohn in seinem Meisterwerk „Die Slawen und der Westen" (1956) dargestellt. Sie können wir hier nicht nachzeichnen. Aber einen prominenten Vertreter des Slawophilentums wollen wir doch heranziehen. Nikolaj Jakowlewitsch Danilewskij hat 1869 in „Rußland und Europa" die Stellung Rußlands zum übrigen Kontinent bestimmt und dabei zugleich die Mission der Russen formuliert. Wie oft, diente die dabei entwickelte Expansionsideologie zugleich innenpolitischen Zwecken. Rußland, so betonte Danilewskij, gehöre nicht zu Europa. Dieses westliche Europa, dessen Staaten nach außen Gewalt übten und im Innern durch Parteienhader gelähmt würden, könne kein Vorbild für Rußland sein. Rußland sei ein Land, das Gewalt ablehne und auch im Innern ohne Haß und Streit im Konsens aller Teile der Bevölkerung lebe. In Rußland brauche man daher keine Parteien und schon gar keine Opposition. Das russische Volk, das er übrigens als ein Volk einheitlicher Rasse verstand, stelle nicht wie die westliche Gesellschaft eine atomisierte Massenzivilisation dar, die durch einen seelenlosen Mechanismus und die anonyme Macht des Geldes bestimmt werde. In Rußland beruhe die Verfassung auf der Tatsache, daß das Volk eine enge organische Einheit darstelle und durch sein tiefverwurzeltes Vertrauen auf den Zaren zusammengehalten werde. Vom Westen könne man allenfalls Technik und Wissenschaft übernehmen. Wenn Rußland seiner eigenen Tradition folge, werde es keine Revolution geben. In starker Verkennung der Wirklichkeit glaubte Danilewskij, in Rußland ein Maß an Freiheit zu erkennen, das kein anderes Volk ertragen könne, ohne sie zu mißbrauchen.

Soweit hat Danilewskij nur ein Programm für die russische Innenpolitik aufgestellt. Er verband dieses Programm aber mit dem Anspruch der Schaffung einer slawischen Union unter russischer Führung. Großzügig rechnete er dazu nicht nur die von slawisch sprechenden Völkern bewohnten Teile von Österreich-Ungarn, sondern auch Serbien, Montenegro, Bosnien, Herzegowina und Nordalbanien, Dalmatien, Istrien und Triest, schließlich das Königreich Bulgarien mit dem größeren Teil von Mazedonien, das Königreich Rumänien und die Hälfte des ungarischen Transsylvaniens, Griechenland mit Kreta, Rhodos und Zypern und die anatolische Küste des Ägäischen Meeres. Schließlich sollten auch Ungarn und Konstantinopel aufgenommen werden. Wie die Alldeutschen ihre Ziele nur durch einen Weltkrieg erreichen konnten, so schlossen auch die Slawophilen den Krieg als unvermeidlich ein.

An diesem Programm ist bemerkenswert, daß der Begriff der slawischen Völker hier so weit gefaßt wurde, daß ihm sogar Nationen zugeordnet wurden, die man, die Fragwürdigkeit des Begriffs „slawische Völker" einmal beseite gelassen, beim besten Willen nicht als slawisch bezeichnen kann. Im Europa vor 1914 konnte ein solches Programm nicht Grundlage der russischen Außenpolitik sein, obwohl die slawophile Agitation Einfluß auf die Reaktivierung der russischen Balkanpolitik nahm. Erst die Zerstörung Europas in zwei Weltkriegen hat seine Realisierung weitgehend ermöglicht. Stalin hat die von Danilewskij vorgesehenen Grenzen nach dem Zweiten Weltkriege im wesentlichen erreicht, wenn er auch Griechenland und Konstantinopel nicht erobern konnte und 1948 Jugoslawien aufgeben mußte. Dafür dehnte er sein Imperium bis in die Mitte Deutschlands aus.

Antidemokratische Entwicklungen in Deutschland und Europa

Im Ersten Weltkriege ist das europäische Staatensystem zerstört worden. Das Türkische Reich wurde aufgeteilt, die Habsburger-Monarchie zerschlagen und Deutschland als Großmacht vernichtet. Auch Rußland schien auf lange Zeit aus dem Kreise der bestimmenden Mächte auszuscheiden. Polen, als Staat wiedererstanden, dehnte sich nicht nur gegenüber Deutschland, sondern auch gegenüber Rußland weit in fremdnationales Gebiet aus. Neue Staaten auf dem Gebiete der ehemaligen Habsburger-Monarchie entstanden, der Süden der Monarchie wurde Jugoslawien zugeschlagen. Das Problem dieser Neuregelung kann man nicht nur darin sehen, daß ehemalige Großmächte vernichtet oder extrem geschwächt wurden; mindestens ebenso wichtig war die Tatsache, daß die neugeschaffenen oder erweiterten Staaten in Ost-, Mittel- und Südosteuropa nach der Zusammensetzung ihrer Bevölkerung keine Nationalstaaten werden konnten, obwohl sie dies versuchten. Dieselben erbitterten Nationalitätenkämpfe, welche die Habsburger-Monarchie und die Türkei erschüttert hatten, brachen aus. Präsident Wilson hatte als eines seiner wichtigsten Kriegsziele ausgegeben, die Welt sicher für die Demokratie zu machen. Die Wirkungen dieser Politik aber leiteten gerade eine gegenteilige Entwicklung ein. Vor 1914 waren fast alle europäischen Staaten, wenn auch in unterschiedlicher Weise, auf dem Wege der Liberalisierung und Demokratisierung gewesen. Dies begann sich nun rasch zu ändern. In Rußland wurde Ende 1917 die kurzlebige Demokratie zerstört. Ihm folgte Italien 1922, und schließlich wurde 1926 in Polen die Diktatur endgültig errichtet.

Deutschland wurde 1919 ein demokratischer Staat, der aber innere strukturelle Schwächen aufwies. Gewiß hatte das Reich nun keine Probleme mit nationalen Minderheiten mehr; aber sehr viele Deutsche blieben gegen ihren Willen von Deutschland ausgeschlossen. Ein Friede, der das Selbstbestimmungsrecht der Völker wenigstens im Rahmen des Möglichen geachtet hätte, war nicht zustandegekommen.

Für die Entstehung des Nationalsozialismus als eines nationalen Sozialismus wurde wichtig, daß das sowjetische Herrschaftssystem nicht als Vorbild angesehen werden konnte und die Politik der Westmächte keine Anhaltspunkte dafür bot, Deutschland werde von ihnen als gleichberechtigte Macht anerkannt werden. Die Schwächen der Weimarer Demokratie wurden ganz wesentlich dadurch vermehrt, daß die demokratischen Westmächte auch ein demokratisches Deutschland nicht als Partner ansahen. Vor 1914 waren die deutschen Parteien der Linken und der linken Mitte prowestlich eingestellt gewesen; sie bemühten sich auch nach 1918, eine entsprechende Politik zu führen. Sie haben dabei erhebliche Leistungen vollbracht, aber schon früh Teile ihrer Anhängerschaft verloren. Die Kommunistische Partei, von Anfang an auf Sowjetrußland orientiert, war seit 1925 völlig von Moskau abhängig. Mit der Sowjetunion, die als Staat seit 1922 korrekte Beziehungen zu Deutschland unterhielt, war und blieb sie ein Störfaktor ersten Ranges bei der Entwicklung einer stabilen Demokratie. Die deutschnational-konservativen Parteien lehnten die demokratische Republik grundsätzlich ab, konnten aber in der Mitte der zwanziger Jahre zeitweilig für die Regierungsverantwortung gewonnen werden. Seit 1928 hat dann die Deutschnationale Volkspartei ganz offenkundig die Abschaffung der Demokratie angestrebt. Schon in den Anfängen der Weimarer Republik entwickelten sich völkisch-nationalistische Gruppen, die später fast vollständig vom Nationalsozialismus aufgesogen wurden; sie hatten allerdings zunächst keine große Bedeutung.

Auch die Trägerparteien der Weimarer Demokratie waren nicht ausnahmslos überzeugte Vorkämpfer der Weimarer Verfassung. Die Sozialdemokraten hatten einen zeitweilig ziemlich starken linken Flügel, der zwar die Republik im allgemeinen nicht offen bekämpfte, die Verfassungsorganisation jedoch eher als ein Durchgangsstadium auf dem Wege zum Sozialismus betrachtete und jedenfalls die Regierungstätigkeit der SPD behinderte. Die Deutsche Zentrumspartei, der politische Katholizismus also, war in allen Regierungen der Weimarer Republik vertreten und stellte oftmals den Reichskanzler. Gebunden an die katholische Soziallehre, trug und stützte sie den Staat; ihr gehörten aber nicht wenige konservative und monarchistische Politiker und Mitglieder an, die die demokratische Republik nicht als Herzenssache ansahen. Die rechtsliberale Deutsche Volkspartei, die Deutschland von 1923 bis 1929 einen so hervorragenden Außenpolitiker wie Stresemann stellte, war in ihrer übergroßen Mehrheit nicht militant antidemokratisch, hatte aber doch starke Vorbehalte. Allein die linksdemokratische Deutsche Demokratische Partei stand fest und uneingeschränkt auf dem Boden der Verfassung. Sie verlor aber schon relativ früh viele ihrer Anhänger und ist, wie die Deutsche Volkspartei, am Ende der Republik vom Wähler aus der Politik ausgeschaltet worden.

Eine für deutsche Vorkriegsverhältnisse völlig neue Problematik entstand durch die Wehrverbände und Parteiarmeen, die die Weimarer Republik nie unterdrücken konnte. Sie waren von unterschiedlicher Bedeutung; schließlich setzte sich die SA der NSDAP auf den Straßen durch, obwohl der Rote Frontkämpferbund der KPD bis 1933 vorwiegend in wichtigen Ballungszentren die Macht in „proletarischen" Stadtvierteln behielt. Die Schutzverbände der demokratischen Parteien, vor allem das Reichsbanner Schwarz-Rot-Gold, auch die erst spät gebildete Eiserne Front der Sozialdemokraten und der ihnen nahestehenden Organisationen, hatten zwar zahlreiche Mitglieder, waren in ihrem Einfluß mit den rechts- und linksradikalen Verbänden jedoch gar nicht zu vergleichen.

Das deutsche Bildungsbürgertum stand in seiner Mehrheit der demokratischen Republik skeptisch, auch offen ablehnend gegenüber. Ein kleinerer, aber einflußreicher Teil wandte sich früh dem Linksradikalismus zu und hat teils offen, teils verdeckt die KPD unterstützt. Die Mehrheit des Bildungsbürgertums, zu dem man auch einen großen Teil der hohen Beamten und der Wissenschaftler rechnen muß, blieb im Herzen der Monarchie zugetan. Selbst ein so konsequenter Verteidiger der Weimarer Republik wie der Historiker Friedrich Meinecke war „Vernunftrepublikaner", aber „Herzensmonarchist". Nimmt man dazu die Instabilität des Parteiensystems, so könnte man fast die Frage aufwerfen, ob es nicht eher bemerkenswert ist, daß die Republik so lange bestanden hat, als daß sie schließlich zusammengebrochen ist.

Tatsächlich haben die Regierungen der Weimarer Republik beachtliche Erfolge erzielen und die Wirkungen des Versailler Vertrages abmildern können. Auch die Stabilisierung der Wirtschaft ist zeitweilig beachtlich gewesen, bis die große Krise diese Erfolge hinfällig machte. Was aber der Republik nicht gelang, war der rasche, jedermann erkennbare Durchbruch in der Außenpolitik. Dazu kam die ungeheure Verschärfung der sozialen Gegensätze. Nationale und soziale Fragen blieben daher, wenn das Problem auch zeitweilig überdeckt wurde, Agitationsfeld der radikalen Parteien, die bei allen kolossalen Übertreibungen doch immer auf Tatsachen hinweisen konnten, die die Behauptung zu stützen schienen, in diesem „System" könne Deutschland nicht gesunden.

Die Bundesrepublik Deutschland stand vor und bei ihrer Entstehung vor noch schwereren Problemen als die Weimarer Republik. Sie hat die nationale Frage bisher nicht lösen können. Gleichwohl konnte sie eine relativ stabile Demokratie aufbauen und erhalten. Was der ersten Republik nie gelang, ist ihr vergönnt gewesen: eine relativ frühzeitige Verbindung mit dem größten Teil ihrer Kriegsgegner. Dieser Tatsache verdankte sie auch die langwährende Stabilität ihrer Wirtschaft.

Rassistische Doktrinen

Rasse ist als naturwissenschaftlicher Ordnungsbegriff Gegenstand wissenschaftlicher Forschung. Die Erkenntnisse, die die Fachwissenschaft bietet, sind schon früh für historische und politische Interpretationen und Ansprüche benutzt worden, und die unkritische Vermischung geistes- und gesellschaftswissenschaftlicher Aussagen mit Feststellungen der Naturwissenschaft ist es eigentlich gewesen, die dem Rassebegriff, vor allem in Verbindung mit dem Sozialdarwinismus, eine so verhängnisvolle Bedeutung verschafft hat.

Die Rassenfrage wurde zum Gegenstand der Forschung erst in der Neuzeit. Vornehmlich seit dem Anfange des 18. Jahrhunderts ist sie näher untersucht worden, blieb aber zunächst im wesentlichen politisch wertfrei. Erst seit dem 19. Jahrhundert trat der Begriff Rasse, im allgemeinen verstanden als Abstammungsgemeinschaft von Menschen mit vorwiegend gemeinsamen Erbmerkmalen, die bei anderen Menschengruppen fehlen, auch in der Diskussion über historische und politische Probleme auf.

Wir haben schon darauf hingewiesen, daß Deutschland, erst spät zum Nationalstaat geworden, einen klaren Staatsbürgerbegriff nicht entwickeln konnte. So haben lange Zeit Begriffe wie Volk und Volkstum, die sowohl Abstammungs- wie Kulturgemeinschaft bezeichnen, vorgeherrscht, wenn auch schon seit dem frühen 19. Jahrhundert der Rassebegriff auftauchte. Für die entscheidenden politischen Theorien des 19. Jahrhunderts war er jedoch nicht bestimmend, und lediglich die Anleihen, die der spätere doktrinäre Rassismus bei diesen Vorläufern aufnahm, sind der Anlaß, diese frühe Phase wenigstens zu erwähnen.

Offenkundig eignete sich der Rassismus als Begründung der Politik erst in dem Augenblicke, als mit der mehr oder minder zuverlässigen Einordnung bestimmter Völker in ein Rassesystem Ansprüche der Überlegenheit und damit verbundener Herrschaftsrechte angemeldet werden konnten. Mit solchen Vorstellungen ist im 19. Jahrhundert vornehmlich das Britische Weltreich ausgebaut worden. In der Phase des Imperialismus etwa seit 1890 finden wir rassistische Doktrinen als Grundlage der Kolonialpolitik außerhalb Europas fast allenthalben.

Wenn es gelang, die Vorrangstellung der Europäer oder der aus Europa stammenden Bevölkerung gleichsam naturwissenschaftlich zu begründen, so fielen wenn nicht alle, so doch die meisten Bedenken fort, fremde Länder zu erobern und ihre Bewohner der Herrschaft der Eroberer auch gegen ihren Willen und gegen ihren Widerstand mit Rücksichtslosigkeit zu unterwerfen. Deutschland konnte vor dem letzten Drittel des 19. Jahrhunderts noch gar keine Kolonialmacht sein und hat an dieser Diskussion kaum teilgenommen.

Schon früh trat in dieser Auseinandersetzung die Frage auf, inwieweit sich die europäischen Völker in ihrer Befähigung zur Herrschaft über Fremde voneinander unterscheiden. Es konnte nicht ausbleiben, daß mit den daraus gewonnenen Argumenten die Groß- und Weltmachtinteressen der europäischen Staaten begründet oder zurückgewiesen wurden. Hierbei ist, nicht von Deutschland ausgehend, vornehmlich die Rolle der Germanen und ihrer Abkömmlinge in den Mittelpunkt des Interesses getreten. Dieser Strang der Entwicklung verband sich mit einem älteren, der sich mit der germanischen Rechts- und Staatstradition verknüpfte. England hat von den großen Staaten Europas zweifellos am meisten Elemente der germanischen Rechtstradition bewahrt, und die Freiheiten der Engländer wurden nicht selten damit begründet. Aber auch auf dem Festland fand diese Vorstellung Anhänger. Bei Montesquieu ist der Kampf gegen den absolutistischen Zentralismus nicht beiläufig, sondern wesentlich mit der Aufrechterhaltung germanischer Rechtstraditionen begründet worden. Die im aggressiven Rassismus des späten 19. und des 20. Jahrhunderts so stark herausgestellte Vorzüglichkeit der Germanen konnte sich insoweit auf ehrwürdige Vorläufer stützen. So ist es kein Zufall, daß in vielen Rassedoktrinen die Germanen als die eigentlich zur Herrschaft berufene Menschengruppe erscheinen.

Zweifellos haben hellhäutige Völker in der Weltgeschichte, soweit wir sie übersehen können, eine bedeutende Rolle gespielt. Daß es sich bei ihnen um eine einheitliche Rasse oder doch wenigstens um eine Gruppe eng verwandter Rassen gehandelt habe, ist jedoch eine bloße Annahme. Diese Völker allein zu Trägern der menschlichen Kultur zu machen, ist nur möglich, wenn man die Leistungen etwa der Chinesen oder die der Amerikaner vor der Eroberung durch die Weißen nicht würdigt. Die Vorrangstellung der europäischen Völker in der Welt ist allerjüngsten Datums. Sie beginnt mit der Entdeckung Amerikas durch Kolumbus und ist in den folgenden Jahrhunderten von den seefahrenden Staaten auf- und ausgebaut worden. Eine Vorrangstellung dieser Länder gegenüber zahllosen Völkern außerhalb Europas kann man wohl mit ihrer größeren technisch-zivilisatorischen Effizienz begründen. Eine angeborene, rassische Überlegenheit, die ein für allemal durch das bessere Erbgut begründet werden könnte, läßt sich jedoch daraus nicht ableiten. Tatsächlich ist der Rassismus nichts anderes als eine Rechtfertigungsideologie für die Eroberung fremder Länder und die Beherrschung fremder Völker. Weder die Deutschen noch auch nur die Nationalsozialisten haben diese Doktrin erfunden; wurde sie jedoch als Kampfmittel um die Vorherrschaft in Europa eingesetzt, mußte sie das europäische Staatensystem zerstören und in ihrer Folge die Führungsstellung Europas in der Welt endgültig vernichten.

Der Rassismus eignete sich auch als Herrschaftsmittel im Innern. Wenn es richtig sein sollte, daß eine Anzahl von Familien und Sippen durch ihr besonderes Erbgut zur Führung berufen war, mußten Versuche der Demokratisierung, ja schon einer entschlosseneren Liberalisierung als Verstoß gegen die natürliche Ordnung gelten. Konnte man gar die alte adelige Führungsschicht auf die germanischen Eroberer und Staatengründer zurückführen, war es naheliegend, diesen Führungsstamm möglichst rasserein zu erhalten. Tatsächlich sind solche Argumente auch schon früh vorgetragen worden.

Von den Rassetheoretikern, deren Vorstellungen auf die nationalsozialistische Ideologie vornehmlich eingewirkt haben, sollen Gobineau und Chamberlain näher behandelt werden.

Gobineaus schon 1853 erschienener „Essay sur l'Inégalité des Races Humaines" wurde erst am Ende des 19. Jahrhunderts beachtet. Joseph Arthur Comte de Gobineau hat seinem Land eine Zeitlang als Diplomat gedient. Er war ein unbedingter Verfechter der Vorrangstellung der Germanen, zu denen er sich selbst rechnete. Sein Werk ist von tiefem Pessimismus erfüllt. Die

Entwicklungen der jüngeren Zeit, die Deprivilegierung des Adels und das Heraufkommen egalitärer Verfassungsformen leiteten nach seiner Auffassung den Untergang der europäischen Kultur ein. Gobineau war davon überzeugt, daß dieser Prozeß unaufhaltsam voranschreiten würde. Zwar schlug er als mögliche Aushilfe die Schaffung einer neuen Elite vor, welche, auf rassischer Grundlage aufgebaut, einen Damm gegen die Demokratie bilden könnte. An einen Erfolg glaubte er jedoch nicht.

Wie andere vor ihm, beschäftigte er sich mit den Ursachen des Entstehens und Vergehens von Kulturen. Nach seiner Auffassung entsteht Kultur durch die Unterjochung eines schwachen Stammes durch einen starken; aber jede so geschaffene Kultur trage die Keime des Unterganges in sich. Da sich die schwache Rasse stark, die starke Rasse schwach vermehre, da außerdem die Rassenmischung, die allmählich eintrete, die Kulturträger schwäche, sei der Untergang unvermeidlich, wobei dem geistigen Tod der körperliche folge. In Frankreich könne man das Ende schon absehen. Dieser Prozeß werde sich in der ganzen Welt vollziehen. Der Untergang der Menschheit sei voraussehbar, wenn er auch nicht unmittelbar bevorstehe. Gobineau rechnete mit einer Gesamtlebensdauer dieser Menschheit von etwa zwölf- bis vierzehntausend Jahren, von denen bereits mehr als die Hälfte verstrichen sei. Menschen würde es noch lange geben, aber sie würden unter immer unwürdigeren Umständen existieren. Ein Bewußtsein ihrer Lage müßten sie dabei nicht haben: „Die Völker, nein, die Menschenherden werden alsdann, von düsterer Schlafsucht übermannt, empfindungslos in ihrer Nichtigkeit dahinleben, wie die wiederkäuenden Büffel in den stagnierenden Pfützen der Pontinischen Sümpfe. Vielleicht werden sie sich für die weisesten, gelehrtesten und fähigsten Wesen halten, die je existierten."

Hannah Arendt hat deutlich gemacht, warum Gobineau nicht in seiner Zeit, sondern erst am Ende des Jahrhunderts wirken konnte: Die Mitte des 19. Jahrhunderts war vorwiegend von einem kaum in Zweifel gezogenen Fortschrittsglauben geprägt, so daß sich eine Untergangsphilosophie kaum verbreiten konnte. Das Ende des Jahrhunderts aber war schon stark von kulturpessimistischen Strömungen aller Art erfüllt, und in dieser Phase der „Dekadenz" griff man auch auf Autoren zurück, die bisher wenig beachtet wurden.

Es konnte nicht ausbleiben, daß diese pessimistischen Grundströmungen Gegenströmungen erzeugten, die den Untergang der Menschheit nicht als unausweichlich ansahen, sondern eine neue und große Zukunft propagierten. Wenn bestimmte Voraussetzungen ihrer Tendenz nach das Ende der menschlichen Kultur herbeiführen würden, so mußten eben diese Ursachen beseitigt werden. Bedeuteten Rassenvermischung und Zurückdrängung des rassisch wertvollen

Elements den Untergang, so mußte eben hier angesetzt werden, um eine weitere Zersetzung zu verhindern und einen neuen Anfang auf gesunden Grundlagen einzuleiten.

Diesen folgenreichen Schritt tat Houston Stewart Chamberlain, der mit seinem 1899 zuerst erschienenen Buche „Die Grundlagen des XIX. Jahrhunderts" sofort Beachtung fand. Es wurde noch vor dem Ersten Weltkrieg wiederholt aufgelegt und erreichte vornehmlich das Bildungsbürgertum, dem es neue Zuversicht vermittelte. Chamberlain, als Sohn eines britischen Seeoffiziers geboren, wurde in Frankreich, England und in der Schweiz erzogen. Er studierte anschließend Naturwissenschaften und siedelte nach Deutschland über. Er heiratete eine Tochter Richard Wagners und ist als politischer Publizist der Alldeutschen hervorgetreten. Chamberlain war vermutlich ein tüchtiger Naturwissenschaftler; jedenfalls arbeitete er zeitweilig bei dem Botaniker Julius Wiesner in Wien. Eine methodisch-wissenschaftliche Vorbildung in der Geschichte wie in den Geisteswissenschaften überhaupt besaß er nicht, obwohl er sehr belesen war. Wichtige historische, philosophische und literarische Werke waren ihm vertraut.

Das Buch sollte die Geschichte Europas auf der Grundlage rassisch-ethnischer Wertungen deuten. Programme für die Zukunft enthielt es nicht; doch konnte es nicht zweifelhaft sein, welche Aufgaben Chamberlain für die Zukunft stellte. Die Germanen, so der Verfasser, begründeten Europa, als sie zu ihrer welthistorischen Mission erwachten, eine durchaus neue Zivilisation, eine durchaus neue Kultur zu schaffen. In stetem Kampf gegen fremde Art, zunächst gegen das „Völkerchaos" des verfallenen Römischen Reiches, schließlich gegen alle Rassen der Welt, seien ihre Leistungen weniger in Kriegshandlungen als im Kampf um Ideen zu sehen.

Was an Dauerhaftem und Großem geleistet sei, gehe auf die Germanen zurück. Freilich seien viele dieser Völker durch Blutsbeimischungen nicht mehr rein germanisch; andere Rassenkomplexe könnten sich noch assimilieren und dadurch abweichende Einflüsse bewirken. Die Germanen als Schöpfer unserer gesamten heutigen Zivilisation seien aber keinesfalls am Ende. Die Germanen lebten jetzt in einer mittleren Zeit, ja, in einem echten Mittelalter. Allerdings könne auch das Germanentum noch zugrundegehen. Seine Kultur kranke an dem Mangel einer wahren Religion. Es habe sich abhängig gemacht von dem „spärlichen, brackigen Wasser, das die Wüstenbeduinen aus ihren Brunnen ziehen. Keine Menschen der Welt sind so bettelarm an echter Religion wie die Semiten und ihre Halbbrüder, die Juden." Die Germanen, so Chamberlain, hinken als verkrüppelte Judenknechte hinter Jahves Bundeslade her. Eine dem Wesen der Germanen entsprechende Religion müsse daher entstehen.

Chamberlain war kein Radauantisemit. Er betonte gelegentlich, daß er jüdische Freunde habe. Wenn er die Germanen so scharf von den Juden abgrenzte, so deshalb, weil sie als verschiedene Rassen verschiedene Wertvorstellungen hätten. Von einer Einheit der menschlichen Rasse könne man im Ernst nicht sprechen, und die aus diesem Denken entspringenden Weltverbrüderungsideen seien ohne Grundlage. Die Juden seien durch ihre Eigenart vom Wesen der Germanen geschieden. Man könne sie deshalb nicht schmähen. Sie hätten mit absoluter Sicherheit nach der Logik und Wahrheit ihrer Eigenart gehandelt und sich selbst rassisch unvermischt gehalten. In den Hauptstock der Familie komme kein Tropfen fremden Blutes, aber von diesem Hauptstock werden „Seitenzweiglein abgeschnitten und zur Infizierung der Indoeuropäer mit jüdischem Blute benutzt. Ginge das ein paar Jahrhunderte so fort, es gäbe dann in Europa nur noch ein einziges rassereines Volk, das der Juden, alles Übrige wäre eine Herde pseudohebräischer Mestizen, und zwar ein unzweifelhaft physisch, geistig und moralisch degeneriertes Volk."

Während die Welt des Mittelmeers, die Schöpfung der Hellenen und der Römer, durch Rassenmischung im „Völkerchaos" versunken sei, habe der Germane als ihr Erbe eine neue Welt aufgebaut. Ohne ihn wäre der Tag des Indoeuropäers beendet. Chamberlain war sich darüber im klaren, daß die vornehmlich im Norden wohnenden europäischen Völker nicht auf eine Völkergruppe der Völkerwanderungszeit zurückgeführt werden können. Als Germanen sah er auch die Kelten und die Slawen an. Die Nationalsozialisten haben das Prinzip der Gleichwertigkeit der Slawen mit den Germanen nicht übernommen. Für Chamberlain aber gab es hier keine klaren Trennungslinien, wie er sich denn der offenkundigen Tatsache bewußt war, daß alle größeren Völker Europas Mischvölker sind. Reinheit der Rasse bestehe heute nicht mehr. Die Slawen etwa, germanischer Abkunft, hätten durch Blutsvermischung physische und dadurch natürlich auch moralische Merkmale der Germanen verloren. Sie hätten dadurch auch die eigentliche Gestaltungskraft sowie die vollbringende Beharrlichkeit eingebüßt. Dennoch sind bei Chamberlain die Slawen mit ihrem immer noch großen germanischen Blutsanteil nach wie vor einer der großen zivilisatorischen Faktoren, innerhalb der germanischen Welt aber nicht mehr führend. Deutlich grenzt er die nördlichen Völker Europas von denen des Südens ab, bei denen die Blutsvermischung zu weit getrieben sei, als daß man noch große Leistungen von ihnen erwarten könnte.

Chamberlain hat keine Vertreibungs- oder Ausrottungskonzepte entwickelt. Trotzdem hat er wiederholt in der Bewertung früherer Geschichtsepochen solche Maßnahmen wenigstens in ihrer Wirkung gebilligt, weil dadurch große Kulturen geschaffen wurden. „Wir schaudern, wenn wir die Geschichte der Vernichtung der Indianer in Nordamerika lesen: überall auf Seite der Europäer Ungerechtigkeit, Verrat, wilde Grausamkeit; und doch, wie entscheidend war gerade dieses Zerstörungswerk für die spätere Entwicklung einer edlen, echt germanischen Nation auf diesem Boden! Der vergleichende Blick auf die südamerikanischen Mestizenkolonien zeigt es uns."

Der germanische Blutsanteil entscheidet also über die Höhe einer Kultur. Geistige Leistungen, Moral und Werte sind rassebedingt, wenn auch fremde Einflüsse verfälschend einwirken können. Die indoeuropäisch-germanische Zivilisation, so Chamberlain, ist gefährdet, aber nicht am Ende. Sie muß sich allerdings der Voraussetzungen bewußt werden, auf denen sie beruht.

Chamberlains „Weltanschauung" (sein eigener Ausdruck) war hervorragend geeignet, den Herrschaftsanspruch der nordeuropäischen Völker überall in der Welt zu rechtfertigen.

Ideologie und Macht: Adolf Hitler

Quelle der nationalsozialistischen Ideologie war der Parteiführer Adolf Hitler selbst. Zwischen 1930 und 1934 beseitigte er nicht nur alle denkbaren Rivalen in seiner Bewegung, sondern konnte auch anschließend bis 1938 die totale und uneingeschränkte Macht im Staate erobern. Seine Schriften und Reden gewannen im Verlauf dieser Entwicklung geradezu kanonische Bedeutung. Wer sich auf ein Zitat Hitlers stützen konnte, hatte daher im Regelfall maßgeblichen Einfluß auf die Anwendung der Ideologie der NSDAP im konkreten Einzelfall. Zu berücksichtigen ist, daß Hitler ohne wesentlich eigene Zusätze die ihm entscheidend erscheinenden Grundsätze des Antisemitismus, des Antiliberalismus und des Imperialismus aus den Doktrinen der Zeit vor dem Ersten Weltkrieg übernahm. Alle diese Doktrinen hat er, soweit das möglich war, noch vergröbert. Hinzu kommen allerdings noch die Erlebnisse des Frontsoldaten, der die Niederlage Deutschlands im Ersten Weltkrieg nicht verwinden konnte und diese durch eine extrem ausgelegte Dolchstoßlegende zu erklären versuchte.

Hitler, als Sohn eines österreichischen Zollbeamten des gehobenen Dienstes 1889 in Braunau am Inn geboren, ist in einem streng habsburgisch-katholischen Elternhaus herangewachsen. Den Schulbesuch konnte er nicht erfolgreich beenden, und auch seine Versuche, an der Wiener Akademie Malerei oder Architektur zu studieren, scheiterten. Seinen Lebensunterhalt bestritt er zeitweise als Bauhilfsarbeiter, aber auch als Postkartenzeichner. Schon vor dem Ersten Weltkriege siedelte er nach München über, wodurch er sich dem Dienst in der österreichischen Armee entzog. Bei Kriegsausbruch meldete er sich sofort als Kriegsfreiwilliger in einem bayerischen Infanterieregiment. Als zuverlässiger und tapferer Soldat erreichte er den Dienstgrad eines Gefreiten und erhielt schließlich die damals für Mannschaften ungewöhnliche Tapferkeitsauszeichnung des Eisernen Kreuzes Erster Klasse. Er war Nichtraucher, Antialkoholiker und Vegetarier.

An seinem großdeutschen Patriotismus ist nicht zu zweifeln. Schon in seinen Wiener Jahren war er nach eigenem Zeugnis stark von politischen Strömungen in der alten Monarchie beeinflußt worden, vor allem von der alldeutschen Richtung Georg Ritter von Schönerers und von der christlich-sozialen Bewegung des Wiener Bürgermeisters Karl Lueger, der einer der führenden Antisemiten des deutschen Sprachgebietes war. Dazu vervollständigte er sein Weltbild durch die Lektüre wenig seriöser völkischer Broschüren und war dadurch bei Kriegsende nach seiner Überzeugung in der Lage, die Ursachen für den Zusammenbruch Deutschlands genau zu bestimmen. Für ihn stand fest, daß die Juden den Ersten Weltkrieg mit dem Ziel der Vernichtung Deutschlands angezettelt und daß deutsche Juden die schmähliche Niederlage bewußt herbeigeführt hätten. Vermutlich hat er wirklich an solche aberwitzigen Theorien geglaubt. Die „Protokolle der Weisen von Zion", eine ursprünglich gegen Napoleon III. gerichtete Kampfschrift, die schon 1865 von der russischen Geheimpolizei zum Programm einer künftigen jüdischen Weltherrschaft erweitert und später verbreitet wurde, festigten ihn in seiner Auffassung. Wie umstritten auch heute noch die Schuldfrage für den Ersten Weltkrieg sein mag: daß er von Juden herbeigeführt wurde, ist ausgeschlossen. Es ist auch absurd, ihnen die Schuld am Zusammenbruch Deutschlands zuzuschreiben. Gewiß gab es bei den Linksparteien des Deutschen Reiches eine Anzahl von Politikern jüdischer Herkunft. Manche von ihnen haben zweifellos zu einer Festigung der inneren Verhältnisse Deutschlands nicht beigetragen, einige haben die Revolution vorbereitet. Die meisten von ihnen aber haben nach bestem Wissen und Gewissen das schwere Schicksal Deutschlands abzuwenden und zu mildern gesucht. Viele deutsche Juden haben im Ersten Weltkrieg ihr Leben vor dem Feind gelassen; nicht wenige waren tapfere und treue Soldaten, und auch unter ihnen waren Träger hoher Tapferkeitsauszeichnungen.

Wenn wir eingangs den Patriotismus Hitlers für offenkundig echt erklärt haben, so muß doch einschränkend hinzugesetzt werden, daß er dieselbe Anerkennung anderen Deutschen versagte, wenn diese zu ihm unerwünscht erscheinenden sozialen und politischen Gruppen gehörten. Er hat nie versucht, sich andere Standpunkte wenigstens als möglich vorzustellen. Mit einer Einseitigkeit, die in der jüngeren deutschen Geschichte kein Beispiel hat, bekämpfte er von nun an alles, was nach seinem rassistisch-nationalistischen Standpunkt undeutsch war. Dazu gehörten fast alle Entwicklungen seit der

Französischen Revolution. In ihnen sah er nur Erscheinungsformen desselben zersetzenden Prinzips, dessen Urheber für ihn immer Juden waren. Liberalismus, Demokratie, marxistische Sozialdemokratie und Bolschewismus hatten denselben Ursprung und waren dazu bestimmt, das deutsche Volk wie auch andere „arische" Völker zu zerstören. In seinem Buche „Mein Kampf", dessen erster Band 1925, dessen zweiter Band 1927 erschien, legte er allen Ernstes ein Konzept jüdischer Weltherrschaftspläne vor, dessen Bestandteile in der völkisch-antisemitischen Bewegung der früheren Zeit vorgeformt waren, von ihm aber auf die Spitze getrieben wurden. Alle negativen Erscheinungen im öffentlichen Leben, die Zersetzung des Volkskörpers, ja selbst viele individuelle Verbrechen beruhten nach seiner Meinung auf jüdischen Machenschaften. Ihrem Ziel, die Weltherrschaft zu erreichen, seien die Juden schon nahe, und nur die Erkenntnis ihres Wirkens, die kraftvolle Rückbesinnung auf die rassischen Tugenden könnten dem Unheil noch wehren.

Verbunden mit dieser Ideologie war bei Hitler ein imperialistisches Denken, welches wohl von der alldeutschen Bewegung angeregt war, jedoch in seiner extremsten und menschenfeindlichsten Form vorgetragen wurde. Deutschland, ein Land ohne ausreichenden Raum, mußte sich erweitern und dazu vornehmlich eine Ausdehnung auf Kosten Rußlands und seiner Randstaaten anstreben. Hatten schon die Alldeutschen nach der Niederlage Rußlands im Krieg gegen Japan Rußland als Ziel ihrer Expansionsbestrebungen auserkoren, so übertrumpfte sie Hitler noch mit der Begründung, die jüdisch-bolschewistische Revolution habe Rußland seine germanisch-arische Führungsschicht genommen und damit das Riesenreich reif zum Zusammenbruche gemacht. Und nicht nur Gebiete sollten erobert werden, sie sollten auch dem deutschen Bauern als Siedlungsland dienen. Damit war eine gnadenlose Volkstumspolitik verkündet worden. Während Hitler dem deutschen Kaiserreich vorwarf, das Land in einen Zweifrontenkrieg geführt zu haben, glaubte er, sein Konzept durch eine grundlegende Umorientierung der deutschen Politik erreichen zu können. Ihm schwebte ein Bündnis mit England und Italien vor, das seiner Ostpolitik freie Hand gewähren würde. Gewiß hatte Hitler recht, wenn er die deutsche Politik vor 1914 scharf tadelte. Auch ist es richtig, daß Deutschland die stärkste Macht auf dem europäischen Kontinent geworden wäre, wenn es ein festes Bündnis mit England und Italien hätte schließen können. Aber für ein Bündnis mit England bestanden überhaupt keine Aussichten.

Hitler wurde in dieser Hoffnung allerdings durch einzelne angesehene Engländer bestärkt. Für die politisch einflußreichen Kräfte in London aber war eine feste Bindung an den Kontinent überhaupt nicht erwünscht. Wohl haben die Briten unter dem Eindruck des Ruhreinbruchs der Franzosen Deutschland vorsichtig zu unterstützen begonnen und dadurch die Anwendung des Versailler Vertrags gemildert; in der Fortsetzung dieser Politik haben sie seit 1935 dem nationalsozialistischen Deutschland große außenpolitische Erfolge ermöglicht. Hitlers Expansionsziele über das deutsche Gebiet hinaus konnten sie nicht billigen. Ein Bündnis der „germanischen" Völker, wie es Hitler vorschwebte, beruhte auf reiner Phantasie. Von der Fragwürdigkeit des Begriffes ganz abgesehen, haben die hier in Frage kommenden Staaten und Völker wegen einer vermeintlichen gemeinsamen Abstammung niemals eine gemeinsame Politik betrieben.

Viele, fast alle schwerwiegenden Fehler wie auch die kriminellen Methoden der nationalsozialistischen Politik gehen auf die Rassenideologie zurück. Rasse war für Hitler in Geschichte und Politik schlechthin entscheidend. Aus dem vorgefundenen Sozialdarwinismus zog er die extremsten Konsequenzen. Das „Höherwertige" müsse zum „restlosen" Siege gelangen. Dies entspreche dem Willen der Natur. Der Stärkere habe zu herrschen und sich nicht mit dem Schwächeren zu verschmelzen, um so die eigene Größe zu opfern. Nur schwache und beschränkte Menschen könnten dies als grausam empfinden.

Die von Hitler angeführten Vergleiche aus der Natur sind sonderbar. Tiere paaren sich nur mit Artgenossen; ein Fuchs, so Hitler weiter, habe keine „humanen Anwandlungen" Gänsen gegenüber, und Katzen seien Mäusen nicht freundlich zugeneigt. Das ist sicherlich richtig, nur hat das für Beziehungen zwischen Menschen nichts zu bedeuten. In Hitlers Gedankengängen jedoch galten für das Leben von Menschen untereinander dieselben Naturgesetze wie für das Leben unterschiedlicher Tierarten im „Kampf ums Dasein". Alle Auseinandersetzungen, so meinte er, die aus „Hunger und Liebe" geführt werden, dienen der Gesundheit und Widerstandskraft der Art und führen zu ihrer Höherentwicklung. Das Schwache und Kränkliche, weniger Entschlossene unterliege im Kampf ums tägliche Brot. Nur die gesündesten Männchen gelangten zur Zeugung. So sorge die Natur dafür, daß sich das Kraftvolle und Gesunde durchsetze. Die Schwächeren aber blieben wegen der schweren Bedingungen, unter denen sie lebten, zahlenmäßig beschränkt.

In der menschlichen Gesellschaft müsse das, was in der Natur nach ewigen Gesetzen sich vollziehe, als politische Aufgabe begriffen werden. Die Unterwerfung einer niederen Rasse durch eine höhere entspreche den Naturgesetzen. Solange der Arier in seiner Geschichte seine Herrschaft rücksichtslos aufrechterhalten habe, habe er auch die Kultur bewahrt, und unter seiner Herrschaft lebten die Unterworfenen vielleicht besser als in ihrer früheren sogenannten Freiheit. Rassenvermischung, nicht etwa verlorene Kriege, sei Ursache des Zugrundegehens.

Herrschaft ist also abhängig von guter Rasse und damit durch das Naturgesetz gerechtfertigt. Das deutsche Volk sei nicht verloren, wenn es sich seiner Rasse besinne und die notwendigen Entscheidungen treffe. Freilich habe es, wie jede Rasse von Wert, einen unerbittlichen Feind, den Juden. Ihn aus dem öffentlichen Leben auszuschalten, sei daher erste Aufgabe. Aus eigener Kraft könne der Jude eine Kultur weder begründen noch erhalten. Die Grundlagen seiner Existenz seien ihm immer von anderen gegeben worden. Er sei ein Völkerparasit, der immer neue Beute suchen müsse, um schließlich, wenn er das letzte Kulturvolk zerstört habe, auch unterzugehen.

Damit hat Hitler die Juden nicht nur zu Menschen niederer Rasse, ja nicht einmal zu Tieren schlechthin, sondern zu Schädlingen erklärt. Einem solchen Feinde gegenüber konnten Grundsätze der Humanität nicht gelten. Diese Rassenideologie hat mit naturwissenschaftlichen oder historischen Erkenntnissen nichts zu tun. Selbst als Mittel unbeschränkter Machtausübung ist sie auf die Dauer untauglich.

Aber zahllose Menschen sind ihr zum Opfer gefallen.

Hitlers soziale Ordnungsvorstellungen waren von größerer Werbekraft als das sozialdarwinistische Grundkonzept, obwohl sie mit ihm untrennbar verbunden blieben. Auch im Innern sollten die Besten herrschen, die Persönlichkeit über die Masse gestellt werden. Das Führerprinzip verbinde „absolute Autorität" mit „absoluter Verantwortlichkeit". Der parlamentarischen Demokratie, von ihm als Instrument der Juden verstanden, sei „die wahrhaftige germanische Demokratie" entgegenzusetzen, die durch freie Wahl des Führers und volle Übernahme aller Verantwortung gekennzeichnet sei. Jeder Führer werde vom nächsthöheren Führer in eigener Verantwortung eingesetzt. Nur der Führer der Gesamtpartei werde „aus vereinsrechtlichen Gründen" von der Generalmitgliederversammlung gewählt. Dieses Prinzip müsse die Partei, schließlich auch den Staat bestimmen.

Hitlers Vorbild war die preußische Heeresorganisation. Der Einwand, er wolle das gesamte Leben militarisieren, hätte ihn nicht gekränkt, sondern in seinen Vorstellungen bestärkt. Das militärische Modell ließ sich freilich selbst bei Partei und SA nicht ohne weiteres durchsetzen, jedenfalls solange die NSDAP in der Opposition war. Die Führer, vor allem die der SA, waren oft ehemalige Soldaten, verfügten jedoch nur über Disziplinarmittel, deren Wirkung man sich durch Austritt entziehen konnte. Aber als politische Soldaten sollten sich die SA-Männer doch fühlen. So war es nicht nur ein Mittel wirksamer Massenpropaganda, wenn die SA nach militärischen Kommandos und unter dem Klang bekannter Märsche aufzog.

Der alten Armee war Hitler ganz emotional zugetan. Gewiß, er ehrte sich selbst, er konnte viele Anhänger gewinnen, wenn er sie pries. Aber das Fronterlebnis hatte ihn geprägt, und es war nicht nur Taktik, wenn er schrieb: „Mögen Jahrtausende vergehen, so wird man nie von Heldentum reden und sagen dürfen, ohne des deutschen Heeres des Weltkrieges zu gedenken."

Große Ausstrahlungskraft hatten offenkundig gesellschaftspolitische Zielsetzungen, die Hitler vornehmlich christlich-sozialen Einflüssen verdankte. Der Begriff „Volksgemeinschaft" stammt nicht von den Nationalsozialisten, aber sie vertraten ihn am eindrucksvollsten. Die Durchsetzung von Berufsinteressen, auch durch Gewerkschaften, war für Hitler legitim. Er bekämpfte die sozialistischen Gewerkschaften wegen ihrer Verbindung mit der verhaßten SPD, ließ aber die „Nationalsozialistische Betriebszellen-Organisation" errichten, die Streiks organisierte und im Jahre 1932 Arbeitskämpfe auch zusammen mit Kommunisten durchführte.

Sollte die Klassengesellschaft durch die Volksgemeinschaft überwunden werden, durften die Arbeiter nicht der Willkür der Unternehmer ausgesetzt werden. Hitler hat dies auch vor Wirtschaftsführern stets betont. Die Staatsgewalt sollte darüber hinaus mit durchgreifenden Reformen die Lage der Arbeiter bessern und vor allem die Unsicherheit ihrer Existenz beseitigen. Hitler hat in „Mein Kampf" und in vielen seiner Reden das Klassenkampfdenken der Arbeiter auf die rücksichtslose Unternehmerpolitik seit dem 19. Jahrhundert zurückgeführt. Die Beseitigung dieser kapitalistischen Methoden, nicht die Verstaatlichung der Produktionsmittel wurde gefordert. Dagegen blieb das „internationale Börsenkapital" der hauptsächliche Feind. Gottfried Feder hatte mit der Formel „Brechung der Zinsknechtschaft" ein einprägsames Schlagwort gefunden, das allerdings der verbindlichen Auslegung durchaus entbehrte.

Als „soziale Demagogie" kann man dieses Programm nicht einfach abtun. Aber die Leistungen, welche die nationalsozialistische Regierung später aufweisen konnte, wurden überschattet, ja fast gegenstandslos gemacht durch die Methoden ihrer Herrschaft. Die „Volksgemeinschaft" schloß ja nicht alle Deutschen ein. Starke Minderheiten sollten ihr nicht angehören und wurden oft brutal verfolgt. Das Klassendenken wurde weniger durch Überzeugungsarbeit als durch Machtentscheidungen, die oft mit terroristischen Mitteln durchgesetzt wurden, bekämpft. Wenn auch Unternehmer und Kapitaleigner im Dritten Reich gut, ja glänzend verdienten, bildeten sie doch keine „herrschende Klasse". Aber statt einer Klassenherrschaft war eine unbeschränkte Parteidiktatur entstanden.

Rasse und Rassenseele: Alfred Rosenberg

Alfred Rosenberg entstammte einer deutschen Familie des Baltikums und hat in Riga und Moskau Architektur studiert. Nach der Revolution der Bolschewiki ging er nach Deutschland und hat in München früh Adolf Hitler kennengelernt. Er wurde Hauptschriftleiter des „Völkischen Beobachters", Leiter des Außenpolitischen Amtes der NSDAP und Bevollmächtigter für die weltanschauliche Erziehung in Partei und Staat. Im Kriege wurde er Reichsminister für die besetzten Ostgebiete, konnte sich aber gegen die rigoroseren Praktiken der SS-Führer nicht durchsetzen. Er war überhaupt kein Mann, der politische Macht eigenständig erwerben und ausüben konnte. Im Kampf der Apparatfunktionäre war er von vornherein der Unterlegene. Einzig das unbedingte Vertrauen, das ihn mit Adolf Hitler verband, hat seinen Sturz verhindert. Sein Einfluß auf die Ausbreitung der nationalsozialistischen Ideologie war gleichwohl erheblich. Er vor allem war es, der massenwirksames weltanschauliches Schulungsmaterial der Partei herausgab und maßgeblich bestimmte. Ohne in den ideologischen Einschätzungen mit Hitler immer übereinzustimmen, war er doch ein wirksamer Propagandist seiner Ideen. Rosenberg knüpfte bewußt an Houston Stewart Chamberlain an, dessen Werk er fortsetzen und vollenden wollte. Diesem Zweck diente vor allem sein Buch „Der Mythus des 20. Jahrhunderts". Mit dem Untertitel „Eine Wertung der seelisch-geistigen Gestaltenkämpfe unserer Zeit" erschien es zuerst 1930.

Rosenberg führte alle kulturellen, politischen und sozialen Entwicklungen der Weltgeschichte auf die rassische Zugehörigkeit ihrer Schöpfer zurück. Wie andere völkisch-nationalsozialistische Ideologen sah er in der Übernahme des Christentums durch die germanischen Völker den entscheidenden Schritt vom Wege, weil für ihn das Christentum den germanischen Geist wie den der arischen Völker überhaupt verändert habe. So war es das Ziel seiner Darlegungen, Geschichte und Kulturgeschichte als Rassengeschichte zu erfassen und die von ihm als rassefremd empfundenen Einflüsse aufzuspüren. Auch für Rosenberg ist die nordische Rasse die eigentlich schöpferische gewesen. Blauäugig-blonde Menschen haben in mehreren großen Wellen das geistige Gesicht der Welt bestimmt. Diese Menschen schufen bei ihren Wanderungen die großen Kulturen der Menschheit.

Nicht Jesus selbst, wohl aber seine Apostel und die Kirchenlehrer hätten Europa seiner Bestimmung entfremdet. Jesus habe als Arier eine Lehre verbreitet, die am Ende seines Lebens von Rassefremden verbastardiert, verorientalisiert und verjudet worden sei. Die Kämpfe im Christentum selbst müßten daher als ein Kampf verschiedener Rasseseelen im vielköpfigen Rassenchaos verstanden werden. Syrisch-vorderasiatische Einstellungen hätten die Lehre Jesu mit Aberglauben, Zauberwahn und sensuellen „Mysterien" versetzt und damit dem Christentum einen zwiespältigen Charakter aufgedrückt. In diesem Kampfe hätten germanisch oder arisch gesinnte Männer jahrhundertelang gestanden und dabei ihr Blut verloren.

Allerdings sei im Christentum nordisch-germanisches Denken nie völlig untergegangen (Meister Eckehart). Die Kirche aber als Institution mit ihren Dogmen sei mit germanischem Wesen stets unvereinbar gewesen. Sie habe sich, allerdings nicht immer mit Erfolg, bemüht, nordisch-mystisches Denken zu beseitigen. Immer wieder hätten sich deutsche Menschen in Kultur und Politik mit rassefremden Vorstößen gegen Deutschland auseinanderzusetzen gehabt und dabei vor allem in jüngerer Zeit auch schwere Niederlagen erlitten. Rassefremde Gedanken, die den Internationalismus, den Marxismus, den Liberalismus predigten, hätten in Deutschland verhängnisvolle Wirkungen erzielt. Letztlich stehe hinter den meisten dieser Bewegungen der Jude. Deutschland müsse sich also von ihm wie von den Hauptvertretern des kirchlichen Geistes, den Jesuiten, trennen und auf seine rassischen Grundlagen zurückgreifen.

Obwohl Rosenberg auch praktische Vorschläge für Politik und Staatsaufbau machte, standen für ihn ideologische Fragen im Mittelpunkt. Der Nationalsozialismus war ihm eine typenschaffende Macht; es kam ihm darauf an, die „Werte der Seele und des Charakters der verschiedenen Rassen und Völker" einander gegenüberzustellen und eine „für das Deutschtum organische Rangordnung dieser Werte zu begründen". Rasse und Seele waren identisch: „Seele ... bedeutet Rasse von innen gesehen. Und umgekehrt ist Rasse die Außenseite einer Seele." Einer wertelosen Zeit wollte er die zeitlosen Werte entgegensetzen, die durch das Blut bestimmt wurden. Pflicht, Ehre, Freiheit als Leitbegriffe des arisch-nordischen Menschen waren zu begründen.

Keine der bestehenden geistigen Strömungen konnte für Rosenberg zu diesem Aufbauwerk benutzt werden: „Das alte syrisch-jüdische Kirchentum entthront sich selbst ... Der alte Nationalismus ist tot ... Der alte Sozialismus verfault am lebendigen Leibe." Der Weltkrieg zeigte ihren Verfall, sein Ergebnis bedeutete eine Weltrevolution.

Eine auf rassischen Werten beruhende Weltanschauung war daher zu schaffen.

Die Umzüchtung des deutschen Volkes: Richard Walther Darré

Darré, als Sohn eines deutschen Kaufmanns in Argentinien geboren, nahm als deutscher Soldat am Ersten Weltkriege teil. Er studierte später Land- und Kolonialwirtschaft und wurde als Parteifunktionär Reichsleiter für Agrarpolitik. 1933 zum Reichsbauernführer und Reichsernährungsminister bestellt, hatte er maßgeblichen Anteil an der Durchsetzung des Reichserbhofrechtes und der Schaffung der Marktordnung der deutschen Landwirtschaft. 1942 wurde er aus seinen Ämtern entlassen.

Darré hat im deutschen Bauerntum stets die Quelle der deutschen Kraft, in den Bauern den eigentlichen Herrenstand gesehen. Dadurch hatte er zweifellos Einfluß auf die Zustimmung von Teilen der deutschen Bauernschaft zum Nationalsozialismus, ohne daß das schon bedeuten müßte, daß die von ihm vertretene Ideologie in ihren Konsequenzen erkannt wurde. Für unseren Zusammenhang ist Darré wichtig als zeitweilig führender Ideologe, der für die SS Heinrich Himmlers das rassische Konzept einer künftigen Führungsschicht entwickelte und dabei zugleich Pläne für eine langfristige Umzüchtung des deutschen Volkes vorlegte. Als gelernter Landwirt benutzte er dazu die Erkenntnisse der Viehzucht, vor allem der Pferdezucht. Nach den hier geschaffenen Maßstäben, so meinte er, müsse der Rassekern des deutschen Volkes erhalten und verbessert werden.

Besondere Wahlerfolge lassen sich dadurch schwer erklären. Das Konzept aber, schon 1929 und 1930 in den Büchern „Das Bauerntum als Lebensquell der Nordischen Rasse" und „Neuadel aus Blut und Boden" vorgetragen, hat sofort mächtigen Eindruck auf den Reichsführer der SS, Heinrich Himmler, gemacht. Die SS war damals eine kleine Unterabteilung der SA. Erst später hat bei der Machtausweitung, die Himmler mit seiner SS durchsetzen konnte, der Züchtungsgedanke breite und verhängnisvolle Wirkung erlangt. Schon am 31. Dezember 1931 hatte Himmler nach den Grundgedanken Darrés die SS dazu bestimmt, einen nach besonderen Gesichtspunkten ausgewählten Verband deutscher nordisch-bestimmter Männer zu bilden.

Darré war trotz der von ihm vertretenen Blut- und Bodentheorie nicht konservativ in irgendeinem Sinne des Wortes. Er beklagte die Annahme des Christentums durch die germanischen Stämme im Mittelalter und sah im römischen Recht die Ursache der Zerstörung der germanischen Freiheiten. Daher konnte es sich nach seinen Vorstellungen nicht einfach um eine Veränderung der politischen Leitlinien, sondern nur um das strikte Anknüpfen an das heidnische Germanentum handeln. Nur unter solchen Umständen konnte man die Reste der Freiheit erhalten und die volle Freiheit zurückgewinnen. Weit über die Theoretiker des 18. und 19. Jahrhunderts, welche die Freiheit Europas durch die Bewahrung germanischer Rechtstraditionen zu sichern suchten, hinausgehend, kam es Darré darauf an, planmäßig eine neue germanische Führungsschicht zu züchten und allmählich das deutsche Volk rassisch umzugestalten. Darré war sich wohl niemals darüber im klaren, daß er eigentlich den Wert des deutschen Volkes überhaupt bestritt, wenn er dessen ganze Geschichte als Irrweg ansah.

Seine Hauptargumente sollen hier knapp zusammengefaßt werden:

Ein Volk bedürfe einer politisch-gesellschaftlichen Führungsschicht, also eines Adels. Der urtümliche germanische Adel aber wäre schon 496 durch den Übertritt Chlodwigs zum Christentum geschwächt und 782 durch die Tötung zahlreicher sächsischer Edelleute durch Karl den Sachsenschlächter im Kern getroffen worden. Wenn auch König Karl - bei anderen Autoren meist als Karl der Große bezeichnet - dabei aus politischer Berechnung gehandelt habe, so zeige seine Entscheidung eben doch, daß er kein reiner Germane mehr gewesen sein könne, jedenfalls ein mangelhaftes germanisches Blutserbe aufgewiesen haben müsse.

Diese Vorentscheidungen nun, so meinte Darré, hätten dazu geführt, daß der deutsche Adel seine germanischen Züge immer mehr verloren habe und von rassisch nicht einwandfreien Kräften durchsetzt worden sei. Dadurch wirkte dieser Adel nicht mehr als ein im Volk eingegliedertes Führertum, sondern als eine in sich abgeschlossene Schicht über dem deutschen Volke.

Zwar habe es im geschichtlichen Ablauf teilweise starke Wandlungen gegeben; am Grundverlauf habe sich jedoch nichts Entscheidendes verändert. Der Adel der jüngeren und jüngsten Zeit habe, so Darré, von Ausnahmen abgesehen, nichts geleistet. Für das kommende Dritte Reich könne er keine Bedeutung haben. Aber eben dieses Reich könne nicht nur durch besondere Leistungen einzelner Personen, so wichtig sie auch seien, erhalten werden. Dieses Reich werde seine Aufgaben nur erfüllen, wenn es sich einen Adel schaffe, und das bedeute, daß es eine durch besondere Maßnahmen gezüchtete Auslese begabter Geschlechter brauche.

Adel müsse auf bestimmt umgrenztem Landbesitz beruhen. Deshalb seien ihm Erbsitze auf dem Lande zu schaffen. Seine Angehörigen hätten sich durch Leistung auszuzeichnen. Ihnen gebühre eine besondere Bezeichnung, für die sich am besten der Ausdruck Edelmann eigne. Sie sollten einen Hof, einen „Hegehof" bewirtschaften, der von der Adelsgenossenschaft überwacht werde. Jeder Deutsche aus allen Schichten des Volkes solle ein solcher Edelmann werden können. Der Edelmann und sein Geschlecht müßten aber fest in ihrer Landschaft wurzeln und, unbekümmert um wirtschaftliche Gesichtspunkte, sorgenfrei zum Führertum heranreifen können. Geldwirtschaftliche Freizügigkeit könne für die Bewirtschaftung von Hegehöfen nicht in Frage kommen. Kapitalistische Methoden seien daher ausgeschlossen.

Darré war insofern Realist, als er bei diesem Konzept in erster Linie an Familien dachte, die tatsächlich als bäuerliche Bevölkerung auf dem Lande lebten. Enteignungen wollte er nur in sehr seltenen, genau bestimmten Fällen zulassen. Würdige und befähigte Männer, so meinte er, könnten gleichwohl durch geeignete Maßnahmen als Bauern ausgewählt werden.

Aber hier beginnt nach Darré die entscheidende Aufgabe einer künftigen politischen Führung. Zweck der Adelsbildung ist nicht die Förderung tüchtiger Einzelmenschen, sondern die Schaffung führender Sippen. Hochwertiges Erbgut müsse daher weitergepflanzt werden. Da es nichts Kostbareres auf dieser Erde gebe als die Keime edlen Blutes, müßten diese auch bei Menschen nach den Erfahrungen der Tierzüchter gepflegt werden. Züchten aber heißt, eine Nachkommenschaft zu erzeugen, deren Wert mindestens nicht unter dem der Erzeuger steht, möglichst aber diesen Wert im Laufe der Zeit steigert.

Darré sah ein, daß die von Gregor Mendel entdeckten Vererbungsgesetze, überprüft an Pflanzen oder einfachen Tieren, für Menschen nicht ausreichen. Menschen vermehren sich wie Großtiere zu langsam. Dennoch muß man schon heute Zuchtziele aufstellen, auch wenn man noch nicht auf wissenschaftlich gesichertem Grunde steht. Die Wissenschaft, so sah selbst Darré, werde wohl noch Jahrhunderte brauchen, um sicherere Unterlagen für die Menschenzucht zu schaffen. So lange aber könne das deutsche Volk nicht warten. In jedem Falle müsse das Beste mit dem Besten gepaart werden. Darré war sich sicher, daß es vor allem der germanische Mensch, der Mensch nordischer Rasse gewesen ist, auf den zurückgeht, was wir heute deutsch nennen. Nordisches Blut schaffe nordische Gesinnung. Gehe dieses Blut zurück, schwinde auch diese. Also müsse es darauf ankommen, dieses Blut zu erhalten und zu vermehren.

Schwierig könnte es sein, die Träger dieses Blutes zu bestimmen. Das äußere Erscheinungsbild muß mit dem inneren nicht immer übereinstimmen. Aber für wahrscheinlich hielt es Darré doch, daß beide einander nahekommen. Bei der Auswahl fortzupflanzender Männer sei die Schwierigkeit nicht so groß: Männer, die sich bewähren, bestätigen damit den Wert ihres Blutes. Weniger leicht ist die Entscheidung bei Frauen, die doch nicht nur für den Adel, sondern für das ganze Volk nach einem Zuchtideal gebildet werden müssen. Deshalb schlug Darré vor, die deutschen Frauen nach ihrem vermuteten Erbwert in Klassen einzuteilen. Dabei ergeben sich nach seiner Meinung zwei Hauptgruppen: die erste sollte solche Mädchen umfassen, die Nachkommen haben sollten; die zweite Gruppe sollte alle diejenigen umfassen, die aus gesundheitlichen oder erbwertlichen Gründen keine Nachkommen haben dürften.

In diesem sonderbaren Schema kommt es dann noch zu weiteren Unterteilungen. Von der ersten Gruppe soll ein kleiner Teil ausgesondert werden, der höchstens zehn vom Hundert der Mädchen eines Jahres angehören. Diese sollten sich unbedingt verehelichen. Die wirtschaftlichen Schwierigkeiten einer eventuellen Heirat dieser Mädchen müsse der Staat beseitigen. Bei dieser Gruppe solle aus dem Rest der Mädchen eine größere Klasse, die man mit II bezeichnen könnte, gebildet werden; ihr gehören alle an, deren Fortpflanzung nicht auf Bedenken stößt. In der zweiten Hauptgruppe kann man dann als Klasse III diejenigen Mädchen zusammenfassen, deren Erbwert Nachkommen nicht erwünscht sein läßt. Sie sollen - gegebenenfalls nach Sterilisation - heiraten können. Eine letzte Klasse, IV, enthält dann diejenigen Mädchen, die weder heiraten noch Nachkommen haben dürfen.

Dieses System kann, darüber war sich Darré klar, nicht kurzfristig durchgesetzt werden, und es kann auch erst nach längerer Zeit Wirkungen erzielen. Immerhin hat er doch schon die Konstruktion eines Apparates entwickelt, der diese Aufgaben im künftigen Reich wahrnehmen könnte. Er sollte getragen werden von einem vom Staat besoldeten Stand von Eugenikern, dessen Angehörige nach Darrés Vorschlag Zuchtwarte heißen sollten. Ihre Aufgabe wäre es dann, das Stammbuch der Betroffenen sorgfältig zu führen und die Besten zur Ehe zu führen. Darré hoffte, daß dann das Eindringen fremden Blutes in das deutsche Volk fast unmöglich gemacht werden könnte.

Darrés Vorschläge sind nur ansatzweise, vor allem in der SS, angewandt worden. Sein Grundgedanke, aus der SS einen Orden edlen Blutes zu schaffen, ist von Himmler grundsätzlich übernommen worden. Wählerwirksam ist diese Ideologie schwerlich gewesen. Sie zeigt jedoch, zu welchen Konsequenzen ein radikalrassistisches Denken führen kann, wenn es dem Menschen einen Eigenwert gar nicht mehr zuerkennt. Das Zuchtziel für Pferde, Rinder und Schweine wird diesen Tieren von außen, vom Menschen nämlich, auferlegt. Wenn dieses Prinzip auf Menschen übertragen wird, so heißt dies, ihre menschliche Würde auszulöschen.

Totaler Anspruch: Staat, Gesellschaft, Erziehung

Der Nationalsozialismus verstand sich nicht als Partei, sondern als Bewegung. Die Abschaffung aller anderen Parteien nach der Übernahme der Herrschaft entsprang dem Machtinteresse, war aber auch eine Konsequenz der Ideologie. Jede politische Partei strebt nach Einfluß, und zwar nicht nur, um gut bezahlte Posten an ihre Anhänger verteilen zu können, sondern auch, um ihren Grundsätzen im Staate möglichst große Erfolge zu verschaffen. Insoweit könnte man die NSDAP wie eine Partei unter anderen betrachten. Aber sie unterscheidet sich von den demokratischen wie von den autoritären Parteien durch zwei entscheidende Tatsachen: Sie will Staat und Gesellschaft nicht nur nach ihren Vorstellungen verändern, sie will beide vollständig im Sinne ihrer Ideologie umgestalten. Zweitens: zur Durchsetzung ihrer Zwecke ist jedes Mittel recht. Als Folge dieses Ansatzes erscheint dann der Bürger dieses Staates nicht mehr als selbständig, sondern als Gegenstand reiner Herrschaft. Von den ursprünglich der Ideologie wenigstens mitanhaftenden Vorstellungen von der Freiheit der Germanen ist nichts mehr übriggeblieben. Die Partei hat griffige Formulierungen verbreitet, um diesen Tatbestand der Bevölkerung einzuhämmern. Der Grundsatz „Gemeinnutz geht vor Eigennutz" ist nicht spezifisch nationalsozialistisch und kann durchaus Grundlage einer gesunden Staatsgesinnung sein. Der Grundsatz „Du bist nichts, dein Volk ist alles" dagegen ist absurd, denn nähme man in ernst, würde das Volk aus lauter Nichtsen bestehen, also gar nicht existieren.

Adolf Hitler hat in „Mein Kampf" die Grundlinien künftigen nationalsozialistischen Handelns in erstaunlicher Offenheit entwickelt. Die starke Betonung des Gemeinschaftsgedankens mußte in einer Zeit der politischen und sozialen Zerrissenheit anziehend sein. Aber Hitler meinte damit etwas ganz anderes; er meinte eine Formung des Volkes nach seinen Grundsätzen. Das bedeutete die Beschränkung, gegebenenfalls auch die Beseitigung der individuellen Rechte sowie die physische Umgestaltung des deutschen Volkes durch rassezüchterische Methoden.

Für die Nationalsozialisten wie für die meisten Rassisten ist der Staat, der doch Garant des Rechtsfriedens nach innen wie nach außen sein müßte, nur ein Instrument zur Durchsetzung der Ansprüche ihrer Partei. Der Staat ist kein Zweck, sondern ein Mittel zum Zweck. Die wirkliche Aufgabe der Politik sei es, den arischen Kulturträger zu erhalten und seine Herrschaft zu ermöglichen. Jeder andere Staatszweck wäre rein formal, auch wenn es Staaten gibt, die sich als Mechanismen lange Zeit erhalten können. Sie seien Fehlerscheinungen, ja Mißgeburten. Der völkische Staat aber wisse um die Grundlagen seiner Existenz und seiner Aufgaben. Sein höchster Zweck sei „die Sorge um die Erhaltung derjenigen rassischen Urelemente, die, als Kulturspender, die Schönheit und Würde eines höheren Menschentums schaffen. Wir, als Arier, vermögen uns unter einem Staat also nur den lebendigen Organismus eines Volkstums vorzustellen, der die Erhaltung dieses Volkstums nicht nur sichert, sondern es auch durch Weiterbildung seiner geistigen und ideellen Fähigkeiten zur höchsten Freiheit führt."

Da für Hitler Rassereinheit das Ziel der völkischen Politik ist, muß die Rassenkreuzung als Ursache des Niederganges in Zukunft verhindert werden. Werden die Rassenschranken immer mehr eingerissen, so geht schließlich der letzte Rest des besten Teils des Volkes verloren. Was dann entstehen würde, wäre eine große Herde; Kulturträger und Kulturschöpfer können aus einer solchen Mischung nicht mehr hervorgehen. Allgemeine Menschenrechte haben angesichts dieses Konzeptes keine Rechtfertigung und können nur von „notorischen Schwächlingen" vertreten werden. „... es gibt nur ein heiligstes Menschenrecht, und dieses Recht ist zugleich die heiligste Verpflichtung, nämlich: dafür zu sorgen, daß das Blut rein erhalten bleibt, um durch die Bewahrung des besten Menschentums die Möglichkeit einer edleren Entwicklung dieser Wesen zu geben." Der völkische Staat werde daher die Ehe aus dem Niveau einer fortgesetzten „Rassenschande" herausheben, damit „Ebenbilder des Herrn" und nicht „Mißgeburten zwischen Mensch und Affe" gezeugt werden. Dieser völkische Staat wird daher die Rassenhygiene in den Mittelpunkt seiner Maßnahmen stellen.

Seine Aufgabe wird es auch sein, Jugendbildung und Erziehungsziele zu bestimmen. Erstes Ziel sei die Heranbildung kerngesunder Körper. Erst in zweiter Linie sollten die geistigen Fähigkeiten und dabei besonders der Charakter entwickelt werden. Willens- und Entschlußkraft, dazu Verantwortungsfreudigkeit stünden dabei im Vordergrund. Zuletzt komme die wissenschaftliche Schulung.

Körperliche Ertüchtigung sei nicht Sache des einzelnen oder der Eltern, „sondern eine Forderung der Selbsterhaltung des durch den Staat vertretenen und geschützten Volkstums." Der Staat habe schon bisher Schulzwang ausgeübt. Der völkische Staat werde ihn auf die Körperertüchtigung ausdehnen. Sport und Turnen müßten einen ganz anderen Stellenwert erhalten, und vornehmlich der Unterricht im Boxen werde die jungen Menschen für das Leben stählen. Sie müßten im Glauben an die Unbesiegbarkeit des ganzen Volkes erzogen werden.

Die Schule schließe die Erziehung durch den Staat nicht ab. Der völkische Staat werde wieder ein Heer aufstellen, das die letzte und höchste Schule der vaterländischen Erziehung sein werde. Erst der Dienst im Heer berechtige den jungen Mann, die Staatsbürgerschaft zu erhalten, und bei der Entlassung solle man ihm zugleich ein Gesundheitsattest ausstellen, welches ihm die Eheschließung gestatte.

Die Ausbildung des Charakters solle vornehmlich in der Erziehung zur Verschwiegenheit, zur Treue und Opferwilligkeit bestehen. Willens- und Entschlußkraft wie Verantwortungsfreudigkeit seien von höchster Wichtigkeit. Dagegen solle das jugendliche Gehirn nicht mit Dingen belastet werden, die es zu 95% nicht brauche und daher auch wieder vergesse. Das Erlernen von zwei oder drei fremden Sprachen sei unsinnig. Schränke man diesen Unterricht ein, so gewinne man Zeit für die Förderung der vorrangigen Erziehungsziele. Auch im Geschichtsunterricht müsse der Stoff gekürzt werden, um die großen Entwicklungslinien auf rassischer Grundlage herauszuarbeiten. Auch die Naturwissenschaften und die Mathematik müßten im Lehrplan zurücktreten. Dadurch könne man Zeit gewinnen, um im Unterricht Nationalbegeisterung zu vermitteln. Die deutsche Geschichte müsse dargestellt werden als die Geschichte der Leistungen der großen Deutschen, um damit den Stolz auf das Volk zu wecken und ein unerschütterliches Nationalgefühl zu schaffen. Wer sich vor Chauvinismus fürchte, zeige damit seine Impotenz. Die Jugend müsse aber dazu erzogen werden, für die letzten und größten Entscheidungen auf diesem Erdball heranzureifen. Die bevorstehende große Umwälzung werde darüber entscheiden, ob der arische Mensch oder der ewige Jude siege.

Krönung des gesamten Bildungs- und Erziehungswesens aber sei die Entwicklung von Rassesinn und Rassegefühl. Kein Kind dürfe die Schule verlassen, ohne über Notwendigkeit und Wesen der Blutreinheit aufgeklärt zu sein. Nur dann werde die „Niedersenkung" des Blutes aufgehalten werden können. Der völkische Staat werde dafür sorgen, daß wirklich alle Begabungen gefördert werden und nicht nur die Kinder gut situierter Eltern eine höhere Ausbildung erhalten. Es gehe nicht an, daß man Hunderttausende und Hunderttausende begabtester Wesen im heutigen proletarischen Sumpf verkommen lasse, „... während man Hottentotten und Zulukaffern zu geistigen Berufen hinaufdressiert." Der völkische Staat habe nicht die Aufgabe, einer bestehenden Gesellschaftsklasse den maßgebenden Einfluß zu wahren. Er müsse vielmehr aus der Summe aller Volksgenossen die fähigsten Köpfe herausholen und zu Amt und Würden bringen. Die geistigen Schichten müßten durch stete Blutzufuhr von unten erneuert werden. Der dem Standesdünkel entspringende Gedanke, der Sohn eines höheren Staatsbeamten könne doch nicht Handwerker werden, müsse ersetzt werden durch das Bewußtsein, daß Arbeit auf allen Gebieten grundsätzlich gleichen Ranges sei. Die Mißachtung der körperlichen Arbeit müsse, wenn notwendig, selbst durch jahrhundertelange Erziehung beseitigt werden.

Ein radikales Umdenken sei auch erforderlich bei der Frage, wer denn Staatsbürger sein solle. Die heutige Unterscheidung zwischen Staatsbürger und Ausländer genüge nicht. Die heutige Regelung führe dazu, daß Neger aus einem früheren deutschen Schutzgebiet, daß Kinder von Juden, Polen, Afrikanern und Asiaten ohne weiteres zum deutschen Staatsbürger „deklariert" werden. Hier wie auch bei der Einbürgerung blieben sowohl rassische Überlegungen wie die Frage der körperlichen Gesundheit unberücksichtigt.

Die Bewohner des völkischen Staates werden in drei Klassen einzuteilen sein: in Staatsbürger, Staatsangehörige und Ausländer. Ein junger Deutscher habe die vorgeschriebene Schulbildung zu erwerben und den Heeresdienst abzuleisten, um anschließend das Staatsbürgerrecht zu erhalten. Der Staatsbürger sei der Herr des Reiches. Das Staatsbürgerrecht könne aber entzogen werden, wenn sein Inhaber durch Verbrechen und Charakterlosigkeit diese Ehre nicht verdiene. Er werde dann wieder Staatsangehöriger wie alle Deutschen, die nicht das Staatsbürgerrecht erworben haben. Das deutsche Mädchen sei Staatsangehörige und werde erst mit ihrer Verheiratung Staatsbürgerin, soweit nicht im Einzelfall das Bürgerrecht auch an im Erwerbsleben stehende Frauen verliehen werde.

Alle diese einzelnen Maßnahmen seien dem völkischen Staatsgedanken überhaupt untergeordnet. Dabei genüge es nicht, den marxistischen Standpunkt „Mensch ist gleich Mensch" abzulehnen; man müsse die letzten Konsequenzen ziehen. Wie man Völker nach ihrer rassischen Zugehörigkeit verschieden bewerte, so auch die einzelnen Menschen innerhalb einer Volksgemeinschaft. Die rassisch besonders Wertvollen seien „maßgeblichst" zu fördern, für ihre besondere Vermehrung sei zu sorgen. Sei es das Ziel, dem besten Volk, also den höchsten Menschen, diese Erde zu geben, so müßten auch innerhalb dieses Volkes Einfluß und Führung den besten Köpfen zukommen. Es könne sich nicht nur darum handeln, das Wirtschaftsleben zu verbessern, die Unterschiede zwischen Armut und Reichtum besser auszugleichen, breite Schichten durch Mitbestimmung am Wirtschaftsprozeß zu beteiligen, denn alle diese Maßnahmen, so wichtig wie sie seien, böten keine Gewähr für dauernden Bestand. Voraussetzung einer dauernden Entwicklung sei die Heranbildung von Persönlichkeiten, denen sich die Masse unterzuordnen habe. Daraus folge, daß die Grundsätze der preußischen Heeresorganisation auch die Grundsätze der Staatsauffassung sein müßten: „Autorität jedes Führers nach unten und Verantwortlichkeit nach oben." Auch dann noch könne es Parlamente geben, aber nur noch mit Beratungsfunktionen. Neben diesen politischen Vertretungskörpern würden berufliche ständische Kammern stehen.

Alle diese Leistungen könnten aber nur erbracht werden, wenn eine geschlossene Weltanschauung die Menschen zusammenschließe. Weltanschauungen könnten niemals Kompromisse schließen, sie proklamierten ihre Unfehlbarkeit. Die Partei habe eine breitere Menschenmasse nach weltanschaulichen Gesichtspunkten zu erfassen und zusammenzuschließen.

Der Anspruch der Nationalsozialisten auf totale Erfassung des Menschen, auf totale Umgestaltung des Staates, auf Veränderung der Gesellschaft, schließlich auch die willkürliche Einteilung des deutschen Volkes in Gruppen verschiedenen Rechts bilden zusammengenommen ein klares Programm. Der vollständige Ausschluß von Juden aus der Volksgemeinschaft hebt den klassischen Staatsbürgerbegriff endgültig auf. Nicht die deutsche Nation, wie sie ist, ist Gegenstand nationalsozialistischer Politik; sie soll durch eine Volksgemeinschaft auf rassischer Grundlage ersetzt werden. Und dieser neue Staat muß sich nicht notwendigerweise auf das deutsche Siedlungsgebiet beschränken. Ziel ist vielmehr die Schaffung eines germanischen Reiches deutscher Nation.

Totaler Anspruch: Kultur

Entsprechend den grundlegenden Äußerungen der nationalsozialistischen Ideologen ist das Leben in allen seinen Formen und Äußerungen von der Rasse bestimmt. Der kommende völkische Staat wird daher auch die Bereiche der Kultur nach rassischen Gesichtspunkten überprüfen und aufbauen. Während minderrassige und feindliche Kulturerzeugnisse auszuschalten sind, sollen die wünschenswerten Kulturgüter verbreitet und ihre Schöpfer gefördert werden.

Als Beispiel diene uns hier die Literaturwissenschaft. Hier wie in anderen Bereichen fanden die Nationalsozialisten völkisch-rassistisches Gedankengut vor, welches sie kaum noch weiter zu entwickeln brauchten. Für die Literaturwissenschaft stützten sie sich auf die Arbeiten eines norddeutschen Schriftstellers, Adolf Bartels, der schon vor dem Ersten Weltkriege eine „Geschichte der deutschen Literatur" vorlegte, die in immer erneuten Erweiterungen und Umarbeitungen auf diesem Gebiete fast dieselbe Bedeutung erlangte wie Hitlers Buch für die gesamte Ideologie.

Alle Literatur, zumal alle Dichtung, so seine Ausgangsidee, kommt aus dem Leben, sie wird von Persönlichkeiten getragen, hinter jeder Entwicklung steht das Volkstum. Die formalen Gesichtspunkte, etwa Sprache, Metrik und Stil sind nicht ausschlaggebend. Ausgehend von der Auffassung, daß die arische Rasse aus dem Norden stammt, daß insbesondere die Germanen nordischen Ursprung und damit nordischen Charakter haben, sind ihre künstlerischen Produkte zu werten. Germanen, so Bartels, bergen die schroffsten Gegensätze in ihrer Seele: „Neben einer gewaltigen, ja schrankenlosen Phantasie steht der schärfste, die Wirklichkeit der Dinge unbarmherzig durchdringende Verstand, neben ungemessener Willenskraft eine seltene Gemütsweichheit, neben wilder Leidenschaftlichkeit ein streng gerechter, ja, die höchsten sittlichen Forderungen erhebender Sinn, neben derbstem Realismus die Sehnsucht nach Schönheit und die edelste freiwillige Askese."

Von dieser Voraussetzung aus ist es dem Verfasser allerdings möglich, alle ihm zusagende Literatur, als nordisch bestimmt, der deutschen Nationalliteratur einzuordnen. Den Anstoß für seine Arbeit gaben ihm Erörterungen, die im Zusammenhang mit der alldeutschen Propaganda über das künftige Schicksal des deutschen Volkes geführt wurden. Dem deutschen Volk stünden schwere Auseinandersetzungen bevor. Seine Geburtenzahl nehme ständig ab, vor allem sei die Zahl der Bauern immer mehr abgesunken. Nur eine wirkliche Volks- und Rassenpolitik großen Stiles, verbunden mit einer gesunden Heimat- und einer kräftigen Weltpolitik könne helfen. Solchen Zielen müsse auch die Kunst entsprechen. „Aber bisher ist es noch nicht einmal gelungen, das böse Judentum in der Literatur in nennenswerter Weise zurückzudrängen."

Zersetzende Autoren beherrschten die deutsche Bühne, während dem deutschen Talent die Entwicklung erschwert werde. Die Kulturzeitschriften seien in den Händen von Juden oder würden doch in deren Geiste geführt. Das Judentum sei die Dekadenz. Alle Auswüchse des Kapitalismus, des Liberalismus seien zu finden; die öffentliche Autorität werde erschüttert, die Frauenbewegung sei „auch durch das Judentum" auf bedenkliche Abwege geraten, die Entchristlichung nehme zu, und das Bild der Zukunft sei düster. Aber die Erkenntnis über die Ursachen dieser Entwicklung wachse auch, der „Nationalstolz der Deutschen" und das „Deutschgefühl" bildeten sich immer weiter aus. Bei der Bedeutung der Literatur für das öffentliche Leben müsse der Kampf auch in der Wissenschaft geführt werden, um die Quellen des deutschen Geistes von anderen Einflüssen abzugrenzen. Dieser Kampf sei um so notwendiger, weil die Deutschen in sich kein gefestigtes Volkstum ausgebildet, die Verschlechterung ihrer Rasse kaum gemerkt und sich stattdessen an patriotischen Phrasen berauscht hätten. Da die Auswüchse und Zerfallserscheinungen hauptsächlich von Juden verursacht worden seien, müsse man dem deutschen Volk klarmachen, welche Werke von Juden stammen oder beeinflußt seien.

Das 19. Jahrhundert sei vor allem im letzten Drittel von der Dekadenz bestimmt worden, wobei Dekadenz auf einer Erkrankung des Volkstums beruhe. Bei Rasseverschlechterung sei das Volkstum nicht mehr imstande, Fäulnisstoffe ab- und auszustoßen. Aber seit der Mitte der achtziger Jahre habe ein Gesundungsprozeß begonnen.

Dabei hat Bartels nicht bestritten, daß auch Juden gestaltendes Talent haben können. Ihr Gesamteinfluß aber sei durchaus negativ gewesen. Daher seien jüdische Schriftsteller denn auch als solche zu kennzeichnen. Bartels ist wiederholt von Autoren, die er als Juden bezeichnet hatte, darauf hingewiesen worden, daß diese Angabe nicht zutreffe. In einem solchen Fall aber konnte er sie als Vertreter jüdischen Geistes bezeichnen, so daß er an der Einordnung nichts zu ändern brauchte. Und schließlich blieb immer noch die Möglichkeit offen, eine jüdische Abstammung zu vermuten. Als Beispiel mögen hier die Brüder Heinrich und Thomas Mann genannt werden: „Ihr Vater war Großkaufmann und Senator, ihre Mutter aber eine Portugiesin, also möglicherweise nicht ohne Juden- und Negerblut, und beide haben auch eine Jüdin geheiratet." Dies heißt nun nicht, daß etwa Thomas Mann von Bartels überhaupt abgelehnt wird. In den „Buddenbrocks" habe er einen freilich mit Vorbehalt gut zu nennenden „Heimatroman" geliefert.

Das Muster der Einordnung versagt auch in verzweifelten Fällen nicht: Gustav Meyrink sei zwar kein Jude, „aber doch zuerst Barkier in Prag und dann Mitarbeiter des ‚Simplizissimus' in München" gewesen. Solchen Autoren stünden nun freilich in steigendem Umfange deutsche Dichter entgegen. Bartels hat die von ihm wohlwollend genannten Autoren nicht ausschließlich nach ihrer nationalen oder politischen Richtung ausgewählt. Heimatromane und Volkskunst sind von ihm im allgemeinen positiv gewürdigt worden, wobei er bisweilen durchaus auch auf mindere literarische Qualität hinwies.

Während der Weimarer Republik hat Bartels insgesamt wohl wenig Schaden angerichtet, allerdings viele Schriftsteller, die im herrschenden Literaturbetrieb nicht gebührend berücksichtigt wurden, für den Nationalsozialismus gewonnen. Mit der Übernahme der Macht durch die Nationalsozialisten änderte sich das gründlich. Wenn auch nicht immer unverändert, wurden seine Hauptthesen zur Einsortierung der Autoren verwandt. Weniger die dramatische Bücherverbrennung von 1933 als die systematische Umgestaltung des Verlags- und Bibliothekswesens mit der Ausschaltung aller „unerwünschten" Autoren hat die geistige Entwicklung Deutschlands schwer beeinträchtigt und das deutsche Volk weitgehend isoliert. Umgekehrt ist dann derjenige Teil der Autoren, die im Sinne der nationalsozialistischen Ideologie schrieben, oft ohne die mindeste Beachtung ihrer Qualität unmäßig gefördert worden.

Kämpfe zwischen Literatengruppen hat es immer gegeben; die gewaltsame Ausschaltung der Konkurrenz durch eine politische Partei war bis dahin jedenfalls in Deutschland unbekannt geblieben. In der nationalsozialistischen Literaturpädagogik, etwa in Hand- und Lesebüchern, werden ihre Mitglieder gar nicht mehr genannt.

Warum?

Was war an dieser Ideologie so anziehend, daß die NSDAP in der Endphase der Weimarer Republik so viele Wähler gewinnen konnte? Oder wählte man diese Partei, weil die Ideologie kaum bekannt war oder als nebensächlich angesehen wurde?

Diese Frage kann nicht mit einiger Sicherheit beantwortet werden. Quellen, die uns über die Motive einzelner Personen unterrichten, sind vorhanden, Briefwechsel und Tagebuchaufzeichnungen von beobachtenden Zeitgenossen sind erhalten. Aber das Verhalten großer Wählerschichten können sie nicht erklären. Instrumente, wie sie die moderne Meinungsbefragung entwickelt hat, gab es damals nicht. Aber die Schwerpunkte der nationalsozialistischen Propaganda geben einigen Anhalt.

Bildung und Bindung der Parteikader sind ohne die Ideologie kaum denkbar. Sie waren wirklich eine „verschworene Gemeinschaft", so billig diese oft gebrauchte Formel klingt. Geltungs- und Machttrieb wie die Hoffnung auf Wohlstand und Karriere ließen sich damit wohl vereinen. Der Grundbestandteil der

Weltanschauung, der radikale Sozialdarwinismus, brauchte dabei nicht erkannt oder gebilligt zu werden. Das Bewußtsein, einem Volke anzugehören, das zwar im Augenblick niedergetreten war, aber zum Höchsten berufen schien, mag durch die Rassedoktrin gefördert worden sein. Die Überhöhung des Wertes der eigenen Gruppe ist bei revolutionären Bewegungen nicht selten wesentliche Voraussetzung der Ausstrahlung messianischer Hoffnungen. So hat etwa der Marxismus nach der Reichsgründung doch nicht etwa deshalb große Teile der deutschen Arbeiterschaft erfaßt, weil die wissenschaftlich-analytische Methode, die sein Begründer entwickelt hatte, die Massen mitriß, sondern weil er ihnen den Glauben vermittelte, der Kampf um ihre eigene Befreiung sei zugleich der Kampf um die Befreiung aller Menschen.

Dieses überhöhte Selbstwertgefühl läßt sich in der Massenpropaganda fast immer feststellen. Da die NSDAP ihre Wahlkämpfe sorgfältig plante, ist eine starke Wirkung auf den Wähler anzunehmen. Jedenfalls gelang es ihr, sich dem deutschen Volke als die stärkste und zuverlässigste nationale Kraft darzustellen. In einer Zeit, die von den leidenschaftlichsten Auseinandersetzungen über Annahme oder Ablehnung des Young-Planes zur Neuregelung des Reparationsproblems bestimmt wurde, haben die Nationalsozialisten die Agitation der Deutschnationalen wie auch der Kommunisten weit übertroffen. Allein die Vorstellung, daß das deutsche Volk bis zum Jahre 1988 zahlen sollte, mußte zu leidenschaftlichen Ausbrüchen führen. Tatsächlich hat schon die Regierung Brüning die grundsätzliche Bereitschaft der Sieger zum Verzicht auf weitere Zahlungen herbeigeführt, und die Regierung von Papen konnte sich dies auf der Konferenz von Lausanne bestätigen lassen. Die Regierung Hitler brauchte nur noch eine einzige Rate zu überweisen.

Auch in anderen bewegenden nationalen Fragen konnte die NSDAP große Propagandaerfolge erzielen. Der Zusammenschluß Deutsch-Österreichs und des Deutschen Reiches war von den Volksvertretungen beider Länder schon am Ende des Weltkrieges beschlossen worden. Die Westmächte hatten die Schaffung eines großdeutschen Staates verhindert. Aber alle deutschen Parteien und die ganz überwiegende Mehrheit der Bürger in Deutschland und Österreich standen hinter diesem Anspruch. Der aus Österreich stammende Adolf Hitler eignete sich daher vortrefflich als glaubwürdiger Vertreter dieser Forderung. Als unter dem Druck Frankreichs 1931 schon eine bloße Zollunion zwischen dem Deutschen Reich und Österreich aufgegeben werden mußte, konnte die NSDAP diese Demütigung vor allen anderen ausnutzen.

Die Möglichkeit eines neuen Krieges hätte die Wähler trotz aller nationalen Leidenschaft eher erschreckt als angezogen. In ihrer Agitation für die Massen haben ihn die Nationalsozialisten auch nicht propagiert. 1932 hat Hitler die Revision von Versailles durch Verhandlungen gefordert und diese Politik mit großer Wirkung auch im Auslande noch als Reichskanzler fortgesetzt. Nicht die Reichskanzler der Weimarer Republik, wohl aber der Reichskanzler Hitler war erfolgreich; er fand bei den Westmächten ein Entgegenkommen, an das keiner seiner demokratischen Vorgänger auch nur zu denken gewagt hätte.

Eine weitere Einbruchsstelle fand die Partei in der Frage der militärischen Gleichberechtigung. Auch hier vertraten die meisten Parteien dieselbe Forderung. Aber die bis dahin regierenden Parteien konnten nur auf geringe Erfolge verweisen. Während die Nachbarstaaten Deutschlands ihre Rüstung eher noch steigerten, blieb das Reich auf die Reichswehr beschränkt. Der Wehrgedanke, von der NSDAP mit äußerster Konsequenz vertreten, war als Agitationsstoff vorzüglich geeignet, jedenfalls so lange, wie die Abrüstung der Nachbarmächte nicht wenigstens eingeleitet wurde.

Für die damalige Generation waren Weltkrieg und Fronterlebnis nicht Erinnerungen, sondern Gegenstand heißester Emotionen. Der Reichskanzler Brüning stellte seine Regierung als „Kabinett der Frontsoldaten" vor. Die soldatisch geprägte Organisation der Kommunisten hieß nicht zufällig „Roter Frontkämpferbund". Die „nationale Rechte" stand hinter dem „Stahlhelm", der ein „Bund der Frontsoldaten" war. Aber auch hier nutzten die Nationalsozialisten die Stimmung am wirksamsten aus. Hitler selbst konnte als hochdekorierter einfacher Infanterist auftreten. Auch traf es zu, daß unter den Führern der NSDAP die Zahl der Frontsoldaten besonders hoch war.

Die NSDAP schien schließlich als große Volkspartei allein fähig, die Klassen- und Berufsschranken zu überwinden. Bis auf das Zentrum, das aber an die katholische Wählerschaft gebunden war, vertraten alle anderen Parteien offenkundig Gruppeninteressen. Die nationalsozialistische Agitation konnte sich des Arguments bedienen, daß in der verzweifelten Lage Deutschlands die Durchsetzung solcher Forderungen niemandem helfen würde. Auch der antiparlamentarische Charakter der NSDAP war in dieser Zeit für sie eher vorteilhaft. Und schließlich schienen die Nationalsozialisten, ähnlich wie die Faschisten in Italien, allein in der Lage, die beiden Hauptströmungen der Zeit zusammenzuführen, wie es schon der Parteiname ausdrückte. Sie konnten beträchtliche Teile der Arbeiterschaft gewinnen, ohne allerdings vernichtende Einbrüche in die fester geschlossenen Linksparteien zu erzielen.

Geringer noch waren ihre Erfolge bei der katholischen Wählerschaft, die fest zur Zentrumspartei und ihrer bayerischen Schwesterorganisation stand. Die NSDAP stand nach ihrem Programm auf dem Boden des positiven Christentums, ohne sich an eine Konfession zu binden. Diese offizielle Linie ist im Wahlkampf fast immer eingehalten worden. Wenn Hitler die Zentrumspartei auf das Schroffste angriff, so deshalb, weil sie als angeblich christliche Partei mit einer antichristlichen Partei wie der SPD zusammenarbeitete. Neben dieser offiziellen Politik lief jedoch eine antichristliche und vor allem antikatholische, die in Rosenbergs Buch deutlich wurde. Zwar wurde seine Auffassung von der Partei als Privatansicht bezeichnet; aber die amtliche Stellung des Verfassers als Schulungsleiter für die weltanschauliche Erziehung ließ eine solche Deutung nicht zu. Allerdings hat Rosenberg, der auf diesem Gebiet die Tradition des Liberalismus aufnahm, zweifellos bis dahin liberale Wähler angesprochen.

Geschlossenheit und Stabilität der NSDAP waren vor allem attraktiv. Diese Partei schien die beste Gewähr für eine dauerhafte Regierung zu bieten. Wir bezweifeln, daß die Deutschen obrigkeitsgläubiger sind als andere Völker. Der Schrei nach dem „starken Mann", nach dem „Führer" kann nur verstanden werden, wenn man berücksichtigt, daß Deutschland seit dem Sturz des Reichskanzlers von Bethmann Hollweg im Jahre 1917 leidlich stabile Regierungen gar nicht mehr kannte. Rechnet man zu den zwanzig Reichsregierungen der Weimarer Republik noch die beiden Regierungen der Volksbeauftragten und die drei letzten Reichskanzler des Kaiserreiches, so hatte Deutschland in gut fünfzehn Jahren 25 Regierungen, und das in Notzeiten, die nach einer stabilen Politik förmlich schrieen.

Merkwürdig bleibt dabei, daß die NSDAP gerade die Hoffnungen derjenigen auf sich ziehen konnte, die auf ein rasches Ende der bürgerkriegsähnlichen Lage in Deutschland hofften. Die SA war doch an diesen Kämpfen und Ausschreitungen beteiligt, wenn sie auch gewiß nicht allein dafür verantwortlich war. Die Kommunisten, durch ihre ewige Putsch- und Aufstandstaktik ohnehin diskreditiert, isolierten sich völlig, als sie in dieser kritischen Phase auf Weisung aus Moskau die SPD als Hauptfeind bekämpften. Ihre rasche Unterdrükkung kurz nach dem Amtsantritt Hitlers löste außer bei ihren eigenen Anhängern kein Bedauern aus. Die NSDAP hat aus dem Kampf gegen den Bolschewismus Kapital schlagen können, denn sie war offenkundig die einzige Partei, die den gewalttätigen Kommunisten auch gewalttätig entgegentrat.

Werbewirksam war auch der Antisemitismus, dessen fadenscheinige Begründung wir schon behandelt haben. Anders als im Kaiserreich konnte jetzt eine Massenpartei von ihm profitieren. Wichtiger aber dürften der ungeheure Fanatismus und die Einseitigkeit der nationalsozialistischen Agitation gewesen sein, die der Stimmung der verelendeten Mehrheit des Volkes entsprach. Wenn Hitler in seinen Reden sich oft überschrie, so wirkt das heute abstoßend, brachte aber damals breite Zustimmung ein. Auch die Kommunisten haben ihre relativen Erfolge der Ausnutzung dieser Massenstimmung zu verdanken. Die

Nationalsozialisten, welche die „Systemparteien", die „Novemberverbrecher" ebenso anprangerten wie die „Reaktion", fanden in der durch die Dolchstoßlegende angeheizten Stimmung breiten Anklang.

Diese Stoßrichtungen sind in der nationalsozialistischen Propaganda deutlich zu erkennen. Das eigentlich rassistisch-imperialistische Programm wurde nicht verschwiegen. Jedenfalls mußte die Forderung des Parteiprogramms bekannt sein, daß Juden ihre Staatsbürgerrechte verlieren und eventuell ausgewiesen werden sollten. Die Parteipresse berichtete darüber, und seit 1932 war dem „Völkischen Beobachter" gelegentlich ein „Rassenhygienisches Beiblatt" beigefügt. Und gerade im Jahre 1932 erschien eine billige kartonierte Ausgabe von „Mein Kampf". Dieses Programm trat aber in der Massenagitation zurück und ist sicherlich von den meisten Wählern nicht wahrgenommen worden.

Es ist durchaus glaubhaft, wenn am Ende des Dritten Reiches Anhänger des Nationalsozialismus erklärten: „Das haben wir nicht gewollt."

Zitierte und weiterführende Literatur

Arendt, Hannah, Elemente und Ursprünge totaler Herrschaft. 3 Bde. (engl. 1951) Frankfurt/Berlin/Wien 1975.

Breitling, Rupert, Die nationalsozialistische Rassenlehre. Entstehung, Ausbreitung, Nutzen und Schaden einer politischen Ideologie. Meisenheim a. Glan 1971.

Broszat, Martin, Der Nationalsozialismus. Weltanschauung, Programm und Wirklichkeit. Stuttgart 1960.

Jaeckel, Eberhard, Hitlers Weltanschauung. Erw. Neuausg. Stuttgart 1981.

Lévi-Strauss, Claude, Rasse und Geschichte. Stuttgart 1982.

Nolte, Ernst, Der Faschismus in seiner Epoche. München 1963.

Sontheimer, Kurt, Antidemokratisches Denken in der Weimarer Republik. Neuausg. München 1968.

Strauss, Herbert A., Deutsch-jüdische Geschichtswissenschaft und Antisemitismusforschung heute. Berlin 1981.

Voegelin, Erich, Rasse und Staat. Tübingen 1933.

Vornehmlich benutzte Quellen

(Die benutzte Auflage oder Ausgabe ist in Klammern angeführt.)

Bartels, Adolf, Geschichte der deutschen Literatur. 2 Bde. Leipzig 1901/02. (Kleine Ausg., 15. Aufl., Braunschweig/Berlin/Hamburg 1936).

Boehlich, Walter (Hg.), Der Berliner Antisemitismusstreit. Frankfurt/M. 1965.

Chamberlain, Houston Stewart, Die Grundlagen des Neunzehnten Jahrhunderts. München 1906. (Volksausg., 8. Aufl. München 1907).

Darré, R(ichard) Walther, Neuadel aus Blut und Boden. München 1930. (24.-28. Tsd. München 1935).

Fritsch, Theodor, Antisemiten-Katechismus. Eine Zusammenstellung des wichtigsten Materials zum Verständniß der Judenfrage. Leipzig 1887. (25. Aufl. 1893).

Gobineau, Joseph Arthur Comte de, Essai sur l'inégalité des races humaines. 4 vols. Paris 1853/54. (Versuch über die Ungleichheit der Menschenrassen. Stuttgart 1939/40).

Haeckel, Ernst, Die Welträtsel. Gemeinverständliche Studien über monistische Philosophie. Bonn 1899. (Kröners Taschenausg., 361.-370. Tsd., Stuttgart 1908).

Hasse, Ernst, Die Zukunft des deutschen Volkstums = Deutsche Politik, Bd. 1, H. 4. München 1907.

Hitler, Adolf, Mein Kampf. 2 Bde. München 1925/27. (2 Bde in einem Bd., Gesamtaufl. 7'350.000 Expl., 1941).

Rosenberg, Alfred, Der Mythus des 20. Jahrhunderts. Eine Wertung der seelisch-geistigen Gestaltenkämpfe unserer Zeit. München 1930. (12. Aufl. 1933).

Klaus Megerle

„VERSAILLES IST AN ALLEM SCHULD!"

Außenpolitische Agitation und Aufstieg des Nationalsozialismus

Es war schon recht eigenartig: Einer der größten Erfolge der demokratischen Parteien und ihrer Regierung in der Weimarer Republik war zugleich ihr letzter. Am 22. Dezember 1929 konnten die Gruppierungen der extremen Rechten, allen voran die Deutschnationale Volkspartei (DNVP), der paramilitärische Frontkämpferbund „Stahlhelm" und die Nationalsozialistische Deutsche Arbeiterpartei (NSDAP), beim Volksentscheid gegen den sogenannten Young-Plan trotz hemmungsloser Propaganda nur 13,8% der stimmberechtigten Deutschen mobilisieren. Am 12. März 1930 wurde das Gesetz über diesen Plan zur Regelung der deutschen Reparationszahlungen mit 270 gegen 192 Stimmen bei drei Enthaltungen vom Reichstag gebilligt. Doch bereits am 27. März trat die Reichsregierung der Großen Koalition, der unter dem sozialdemokratischen Reichskanzler Hermann Müller neben der SPD die DDP (Deutsche Demokratische Partei), das katholische Zentrum, die BVP (Bayerische Volkspartei) und die DVP (Deutsche Volkspartei) angehörten, zurück. Obwohl sich die Regierungsparteien bereits seit einiger Zeit über die Finanz- und Sozialpolitik stritten, markierte der Rücktritt den Anfang vom Ende der Weimarer Republik. Mit der Bildung des Kabinetts Brüning, das sich allein auf das Vertrauen und die Machtmittel des Reichspräsidenten stützte, begann die stufenweise Durchbrechung der Weimarer Verfassungsordnung.

Der Sieg der Regierung in dieser wichtigen außenpolitischen Entscheidung war also ein Scheinerfolg gewesen. Die Regierung war zwar nicht über die Außenpolitik gestolpert, doch die außenpolitischen Gemeinsamkeiten hatten die Koalitionsparteien nur mühsam und nur so lange zusammengehalten, bis die neue Reparationsregelung angenommen war. Demgegenüber hatte sich die extreme Rechte im Laufe der Auseinandersetzung zu gemeinsamem Vorgehen zusammengefunden, und es war nicht zuletzt die Außenpolitik, oder besser gesagt, der Kampf gegen alle halbwegs vernünftigen und verständigungsbereiten Verlautbarungen und Maßnahmen der Regierung in der Außenpolitik, der die extreme Rechte in der Folgezeit zusammenhielt. Es waren die angeblich nationalen Interessen und die behauptete nationale Gesinnung, die die NSDAP, die DNVP und den Stahlhelm immer wieder über soziale Unterschiede, über programmatische und politische Differenzen sowie über taktische Auseinandersetzungen hinwegblicken ließen. Selbst bösartige Verleumdungen und niederträchtige Verbrechen der Partner oder deren Mitglieder wurden hingenommen. Nicht umsonst bezeichnete sich die extreme Rechte als „nationale Opposition", und unter der Bezeichnung „Kabinett der nationalen Konzentration" trat sie unter der Kanzlerschaft Adolf Hitlers am 30. Januar 1933 ihr unheilvolles Regierungsamt an.

Der „nationale" Kampf galt in erster Linie dem Friedensvertrag oder - wie es in der Weimarer Zeit zumeist hieß - dem „Friedensdiktat" von Versailles, seinen Grundlagen, seinen Folgen und allen Bemühungen, auf seiner Basis eine Verständigung mit den Gegnern des Ersten Weltkrieges zu erreichen. Der Vertrag war für die extreme politische Rechte in der Weimarer Republik der Inbegriff allen Übels. Es ist deshalb nicht verwunderlich, wenn demokratische Politiker der Weimarer Zeit - etwa der Ministerpräsident von Preußen, Otto Braun (SPD) - in ihren Erinnerungen den Versailler Vertrag und die daran anschließende Politik der ehemaligen Kriegsgegner für die nationale Erregung der Deutschen in der Zwischenkriegszeit, für das Erstarken der Rechtsparteien und letztlich auch für die nationalsozialistische Machtergreifung mitverantwortlich machten. Auch einige Historiker und Publizisten vertraten nach 1945 diese Auffassung. Sie sahen im Untergang der Republik die Prophezeiung des Reichsministerpräsidenten (= Reichskanzler) Philipp Scheidemann (SPD) vom 12. Mai 1919 erfüllt, daß die Hand verdorren müsse, die den von den Siegern vorgelegten Friedensvertrag unterschreibt.

Andere Beobachter haben diese Auffassung verworfen. Ihrer Meinung nach besaß die Außenpolitik für das Scheitern der Weimarer Republik keine besondere Bedeutung. Sie verwiesen dabei auf die Phase von 1924 bis 1929, in der sich die Republik und ihre demokratische Ordnung stabilisierte, obwohl der Versailler Vertrag nach wie vor bestand. Ja, in dieser Zeit legte sich die Erregung über die „Schmach" des Friedensvertrags, wozu zweifelsohne vor allem die Verbesserung der wirtschaftlichen Situation beigetragen hatte. Es sah damals so aus, als hätte sich die Mehrheit der Deutschen inzwischen mit den Folgen des verlorenen Weltkrieges abgefunden, als bemühte sich die deutsche Politik unter Führung des Reichsaußenministers Gustav Stresemann (DVP) um Aussöhnung und Verständigung mit den ehemaligen Feinden. Die vorläufige Regelung der deutschen Reparationszahlungen im Dawes-Abkommen 1924, der Vertrag von Locarno 1925 und der Eintritt Deutschlands in den Völkerbund 1926 gelten als die wichtigsten Stationen auf diesem Weg. Außerdem ist die Weimarer Republik - so lautet das zweite Argument dieser Interpretation - gar nicht an außenpolitischen Auseinandersetzungen gescheitert, sondern an der Unfähigkeit der demokratischen Parteien, den sozialen Konflikt in der Weltwirtschaftskrise zu bewältigen.

Beide hier vorgetragenen Positionen können gewichtige Argumente geltend machen, beide scheinen plausibel zu sein. Genaugenommen beziehen sie sich ja auch auf unterschiedliche Aussagen. Je nachdem, welcher Aspekt in den Vordergrund gerückt wird, erhält die Außenpolitik einen anderen Stellenwert. Bei der zweiten Interpretation ist der Blick auf das Scheitern des parlamentarischen Regierungssystems der Weimarer Republik im Frühjahr 1930 fixiert. Zu diesem Zeitpunkt rief die außenpolitische Agitation noch keine nachhaltige Wirkung hervor. Bei dieser Sichtweise geht es dann darum, ob und in welchem Ausmaß „Versailles" die Stabilisierung des Weimarer Systems beeinträchtigt hat. Die erste Einschätzung steht hingegen unter dem Eindruck der seit der Jahreswende 1929/30 explosionsartig anschwellenden nationalsozialistischen Flut. In diesem Zusammenhang geht es um die Propagandawirkung, die sich mit nationalistischer Agitation erzielen ließ; dem Faktor Außenpolitik kommt hierbei besondere Bedeutung zu. Eines allerdings gilt für beide, muß für beide Zugänge beachtet werden: Die Belastung der Weimarer Republik durch die Niederlage im Ersten Weltkrieg, durch die Bestimmungen des Versailler Friedensvertrags und durch die daran anknüpfenden außenpolitischen Auseinandersetzungen. Diese Belastung glich einer Sprengladung. Sie wurde in der Krise der Republik gezündet, aber sie bestand von Anfang an und wurde auch in der Stabilisierungsphase des Weimarer Staates nicht entschärft. Erst diese Tatsache erklärt die explosionsartige Wirkung, die die außenpolitische Agitation nach 1929/30 erzielen und die Bedeutung, die sie für den Aufstieg des Nationalsozialismus erlangen konnte. Um dies aber erfassen zu können, ist es unumgänglich, zunächst Ursprünge und Ursachen der außenpolitischen Belastung genau zu betrachten.

Ansatzpunkte der außenpolitischen Agitation: Die Bestimmungen des Versailler Vertrages

Wenn wir heute von Belastungen der politischen Kultur der Weimarer Republik sprechen, so müssen wir eine wichtige Unterscheidung vornehmen. Zunächst gibt es Vertragsbestimmungen und außenpolitische Entscheidungen, die wir bei unvoreingenommener Betrachtung in zeitlichem Abstand tatsächlich als Belastungsfaktoren annehmen können. Davon zu trennen ist die Frage, welche Faktoren die Zeitgenossen als belastend empfanden, und welche angeblichen Belastungen diese Zeitgenossen in ihrem Verhalten beeinflußt haben. Gerade in einer emotional so stark aufgeladenen Atmosphäre, wie dies für die Auseinandersetzungen um die Friedensregelungen und die Außenpolitik in der Weimarer Republik gilt, dürfte zwischen Belastung nach heutigen Maßstäben und dem, was die Zeitgenossen als unerträglich oder unannehmbar erachteten, eine große Kluft bestehen. Aber nur wenn wir, die wir die wesentlich stärkeren

Einschränkungen und einschneidenderen Ergebnisse des Zweiten Weltkrieges vor Augen haben, diesen Unterschied von Realität und Wahrnehmung beachten, können wir die Verträge situationsgerecht einschätzen und Haltung und Verhalten der einzelnen Bevölkerungsgruppen in der Weimarer Republik begreifen.

Ausgangspunkt muß dabei der Friedensvertrag sein, der am 28. Juni 1919 in Versailles zwischen Deutschland und den sogenannten alliierten und assoziierten Mächten (USA, Britisches Reich, Frankreich, Italien und Japan als Hauptmächte sowie 22 weitere Staaten) unterzeichnet worden ist. In seinen 440 Artikeln und zahlreichen Anlagen wurden auch Regelungen getroffen, die in ihrer Zielsetzung und ihren Wirkungen weit über die deutschen Angelegenheiten hinausreichten. Dies galt ganz besonders für die Satzung des Völkerbundes, der gegründet wurde „zur Förderung der Zusammenarbeit der Nationen und zur Gewährleistung von Frieden und Sicherheit" (Präambel). Die in diesem Teil aufgestellten edlen Ziele und Ankündigungen wurden allerdings in den übrigen Artikeln des Vertrags nicht immer berücksichtigt. Deutschland mußte einschneidende Bestimmungen hinnehmen: Gebietsverluste, Souveränitätseinbußen, militärische Beschränkungen, wirtschaftliche und finanzielle Belastungen sowie Strafbestimmungen und moralische Bedrückungen. Das Deutsche Reich blieb zwar in seinem Kern erhalten, verlor aber doch 13,6 % seines Gebietes und 12,6 % seiner Bevölkerung. Gebiete mußten auf allen Seiten abgetreten werden. Im Westen fiel Elsaß-Lothringen, das 1871 vom Deutschen Reich annektiert worden war, wieder an Frankreich, Eupen-Malmedy kam nach einer Scheinabstimmung an Belgien, das Saarland wurde fünfzehn Jahre lang einem Völkerbundsregime unterstellt, und Luxemburg schied aus dem Zollverband mit Deutschland aus. Im Norden entschied eine Volksabstimmung über die Zugehörigkeit Schleswigs: Im größeren nördlichen Teil votierte die Mehrheit der Bevölkerung für Dänemark, der südliche Teil blieb dem Deutschen Reich erhalten. Die größten Gebietsverluste gab es im Osten. Das Memelgebiet wurde abgetrennt und einer alliierten Verwaltung unterstellt, bis es 1923 von Litauen annektiert wurde. Ohne Befragung der Bevölkerung mußten die Provinz Posen und fast ganz Westpreußen an Polen (polnischer Korridor zwischen dem Reich und Ostpreußen), das Hultschiner Ländchen am Südzipfel Schlesiens an die Tschechoslowakei abgetreten werden, Danzig wurde eine „Freie Stadt". Volksabstimmungen gab es im südlichen Ostpreußen und - dieses Zugeständnis hatte die deutsche Delegation auf der Friedenskonferenz erreicht - auch in Oberschlesien. In beiden Fällen entschied sich die Mehrheit der Bevölkerung für Deutschland. Während Ostpreußen dem fast 100%igen Ergebnis entsprechend dem Reich ganz erhalten blieb, wurde Oberschlesien 1921 durch Entscheid des Völkerbundrats geteilt. Gemäß dem 60:40-Votum erhielt Deutschland den größten Anteil an der Gesamtbevölkerung zugesprochen, doch der Gebietsteil mit den meisten Kohlengruben und Industrieanlagen fiel an Polen. Im Süden verlor das Deutsche Reich zwar keine Gebiete. Der Friedensvertrag verbot aber den „Anschluß" (Deutsch-)Österreichs, der nach der Auflösung des Habsburger Vielvölkerstaates möglich geworden war und auch dem Selbstbestimmungsrecht der Bevölkerung entsprochen hätte. Darüber hinaus wurde Südtirol von Österreich abgetrennt, und die von den Sudetendeutschen bewohnten Gebiete kamen zur Tschechoslowakei.

Die Gebietsabtretungen bedeuteten auch wirtschaftliche Einbußen. Elsaß-Lothringen, das Saargebiet und das südöstliche Oberschlesien waren bedeutende Industrieregionen, Westpreußen und Posen Gebiete mit umfangreicher landwirtschaftlicher Produktion, und schließlich gingen wichtige Bodenschätze verloren (z.B. 75% der Eisenerzvorkommen). Dazu kam, daß Deutschland fast die gesamte Handelsflotte ausliefern und alle Kolonien abtreten mußte. Schließlich wurde auch noch das deutsche (private) Eigentum im feindlichen und weitgehend auch im neutralen Ausland enteignet. Dies alles waren Bestimmungen, die ebenso wie die auferlegten Handelsbeschränkungen das stark exportorientierte und exportabhängige Deutsche Reich hart treffen mußten, zumal Deutschland ja auch zur Wiedergutmachung der Kriegsschäden verpflichtet wurde.

Die Entwaffnungsbestimmungen des Versailler Vertrages dienten dem Zweck, Deutschland als militärischen Faktor auszuschalten, ihm aber eine Ordnungsmacht für innenpolitische Auseinandersetzungen und für den Grenzschutz zu lassen. Dafür schien ein Heer mit 100.000 und eine Marine mit 15.000 langdienenden Berufssoldaten ohne schwere Waffen und ohne größere Befestigungsanlagen ausreichend. Panzer und U-Boote sowie eine Luftwaffe wurden vollständig verboten. Sollten diese Auflagen dem Wortlaut des Friedensvertrags nach auch nur „den Anfang einer allgemeinen Beschränkung der Rüstungen aller Nationen ... ermöglichen" (Einleitung des Teils V), so wirkten sie zunächst als eine einseitige Souveränitätseinbuße des Deutschen Reiches. Verstärkt wurde diese Wirkung dadurch, daß von den Siegermächten eine Kontrollkommission eingesetzt wurde, die die deutsche Abrüstung überwachen sollte. Einschränkung der deutschen Hoheitsrechte bedeuteten auch zahlreiche andere Vertragsbestimmungen. Am schwerwiegendsten waren der Verlust der Luft- und Verkehrshoheit, die Internationalisierung der großen deutschen Flüsse, die Besatzung des linksrheinischen Gebiets und rechtsrheinischer „Brückenköpfe" (drei Besatzungszonen, die nach fünf, zehn und fünfzehn Jahren geräumt werden sollten) sowie die Demilitarisierung eines 50-km-Streifens auf der östlichen Seite des Rheins.

Die Einschränkungen der Souveränität berührten einen Bereich, der in der deutschen Agitation gegen den Friedensvertrag einen hohen Stellenwert besaß und der wie kein anderer die Emotionen der deutschen Bevölkerung - insbesondere des Bürgertums - weckte. Es handelte sich um die vielbeschworene Verletzung der „Ehre" des deutschen Volkes. Ein Blick in die damaligen Zeitungen bestätigt dies; die Blätter sind hier trotz unterschiedlicher parteipolitischer Ausrichtung einer Meinung. Unter den Begriff „ehrenrührig" fiel einmal die sogenannte Koloniallüge, wonach Deutschland unwürdig und unfähig wäre, Kolonien zu verwalten. Obwohl im Vertrag nichts derartiges stand, machte die politische Rechte in Deutschland diese Interpretation für den Verlust aller Rechte und Ansprüche auf die überseeischen Besitzungen verantwortlich. Als moralisch belastend wurden die Strafbestimmungen des Versailler Vertrags (Teil VII) empfunden, auch wenn sie später nicht durchgeführt wurden. Dort war vorgesehen, den ehemaligen Kaiser Wilhelm II vor einem Gerichtshof der Siegermächte „wegen schwerster Verletzung der internationalen Moral und der Heiligkeit der Verträge" (Artikel 227) anzuklagen, und Deutschland wurde verpflichtet, alle die Personen an die Alliierten auszuliefern, die beschuldigt wurden, „eine Handlung gegen die Gesetze und Gebräuche des Krieges begangen zu haben" (Artikel 228). Eindeutig im Mittelpunkt dieses Bereichs und der moralischen Entrüstung in Deutschland stand allerdings die Kriegsschuldfrage. In Artikel 231, dem ersten Artikel des Teils VIII über die Wiedergutmachung, heißt es: „Die alliierten und assoziierten Regierungen erklären und Deutschland erkennt an, daß Deutschland und seine Verbündeten als Urheber aller Verluste und Schäden verantwortlich sind, welche die alliierten und assoziierten Regierungen und ihre Angehörigen infolge des ihnen durch den Angriff Deutschlands und seiner Verbündeten aufgezwungenen Krieges erlitten haben." Wohlgemerkt, dieser Satz steht nicht in der Präambel des Versailler Vertrags; er diente in erster Linie dazu, den Anspruch der Siegermächte auf deutsche Reparationen zu untermauern. In den Auseinandersetzungen um den Friedensvertrag erhielt der Artikel aber schnell eine prinzipielle Bedeutung, von der politischen Rechten wurde er zum Angelpunkt des ganzen Vertrags hochgespielt (vgl. die deutschnationale Zeitung „Der Tag" vom 10.1.1920). Die Vorstellung, durch Zurückweisung und Widerlegung der deutschen Kriegsschuld würde den Wiedergutmachungsansprüchen und darüber hinaus dem gesamten Friedensvertrag der Boden entzogen, begründete eine teilweise in Hysterie ausartende Geschäftigkeit, die die Außenpolitik der Republik beeinflussen, häufig auch beeinträchtigen sollte.

Höhe und Modalitäten der Reparationszahlungen waren im Friedensvertrag nicht endgültig festgelegt. Die Alliierten hatten sich zunächst nur über die Zahlungen in den ersten beiden Jahren, über die Auslieferung der Handelsflotte, über deutsche Kohle- und einige andere Sachlieferungen (besonders Farbstoffe und chemisch-pharmazeutische Erzeugnisse) sowie über die Abtretung deutscher Überseekabel einigen können. Alles weitere sollte durch eine „interalliierte Wiedergutmachungskommission" geregelt werden. Die Entscheidung war beim Friedensschluß also vertagt worden, was sich auf die weitere Entwicklung der Beziehungen zwischen den Siegermächten und dem Deutschen Reich, aber auch auf die innenpolitische Bewältigung der Friedensbedingungen in Deutschland verhängnisvoll auswirken sollte. „Durch das nie abreißende Reparationsproblem ist die Geschichte der Weimarer Republik überschattet worden. Hier wurde immer wieder die Situation des verlorenen Kriegs, die Scheidung der Völker in Sieger und Besiegte erneuert mit all den Ressentiments, die sich daran entzünden mußten" (Erdmann, Zeit der Weltkriege, S. 203).

Versuchen wir abschließend eine Bewertung des Friedensvertrags vorzunehmen, so müssen wir wieder unterscheiden zwischen der Frage, ob die Bestimmungen hart waren, und der Frage, ob die Regelungen von den Zeitgenossen als hart empfunden wurden. Für eine nüchterne Einschätzung wird uns von der Geschichtsforschung vielfach eine zwiespältige, aber durchaus einleuchtende Antwort gegeben. Danach war der Versailler Vertrag zu hart, um als Grundlage für eine Verständigung zwischen den ehemaligen Kriegsgegnern dienen zu können. Weder die Sieger noch der Besiegte sahen die Voraussetzungen hierfür als gegeben. Deutschland würde und mußte versuchen, die ihm auferlegten Lasten abzuschütteln und die Bestimmungen zu seinen Gunsten zu ändern. Sein Großmachtanspruch, sein nationales Bewußtsein und das Vertrauen in seine wirtschaftliche und militärische Stärke waren durch die Niederlage und den Friedensschluß zu wenig beeinträchtigt, um von einem derartigen Verhalten abzulassen. In diesem Sinne war der Versailler Vertrag aber wiederum zu milde, beließ er dem Deutschen Reich doch die Möglichkeit, in absehbarer Zeit zu neuer Stärke zu gelangen. Die Versuchung war groß, das Ergebnis des Krieges alsbald umzukehren; sie diente der deutschen Politik als Anreiz. Sie förderte aber auch die Furcht der Alliierten, insbesondere Frankreichs, um den Sieg betrogen und erneut bedroht zu werden. Aus dieser Furcht entsprang das Bemühen, die Bestimmungen des Friedensvertrags ständig zu bestärken und durch zusätzliche Regelungen abzusichern. Eine Politik zwischenstaatlicher Verständigung war damit zunächst blockiert.

Bei unserer Einschätzung des Vertragswerkes, insbesondere aber bevor wir unseren Blick darauf richten, wie die Friedensbestimmungen in Deutschland empfunden wurden, sollten wir uns vergegenwärtigen, welche Regelungen den Gegnern im Falle eines deutschen Sieges auferlegt werden sollten. Hierfür bieten uns die Kriegszieldiskussionen, die in Deutschland auch 1918 noch geführt wurden, sowie die deutschen Friedensschlüsse mit der sowjetrussischen Regierung in Brest-Litowsk (3. März 1918) und mit Rumänien in Bukarest (7. Mai 1918) aufschlußreiche Hinweise. Ohne dabei auf Einzelheiten eingehen zu können, müssen wir doch feststellen, daß die deutschen Ziele weit über das hinausgingen, was dem Deutschen Reich dann in Versailles auferlegt wurde: Das Deutsche Reich und seine Verbündeten wollten sich den europäischen Kontinent politisch, militärisch und wirtschaftlich unterwerfen und in Übersee dem englischen Kolonialreich entgegentreten.

Anfang, Ausmaß und Auswirkungen der deutschen Revisionsbewegung

In Deutschland wurde der Friedensvertrag von fast allen politischen Kräften und der überwiegenden Mehrheit der Bevölkerung abgelehnt; eine „innerliche Anerkennung" (Berliner Tageblatt, 28.6.1919) sollte nie erfolgen. Eine Ausnahme bildeten lediglich einige pazifistische Gruppen, die den Vertrag als Maßnahme gegen den preußisch-deutschen Nationalismus und Militarismus begrüßten. Mochten ihre Argumente im Zeichen eines demokratischen Neubeginns konsequent und im Rückblick teilweise durchaus vernünftig erscheinen, von den Zeitgenossen und in der deutschen Öffentlichkeit wurden sie kaum beachtet. Demgegenüber erklärte die Regierung Scheidemann die von den Siegermächten vorgelegten Friedensbedingungen für unannehmbar. Mit feierlichen Kundgebungen, Aufrufen und Demonstrationen mobilisierte sie die Bevölkerung gegen den Vertrag. Dabei entsprach dieses Vorgehen zunächst noch keineswegs einer weitverbreiteten Stimmung in Deutschland. Die Empörung über die Bestimmungen des Vertrags hielt sich zu dieser Zeit noch in Grenzen, die Sorge der Bevölkerung, besonders in West- und Süddeutschland, galt dem Erhalt der Reichseinheit. Es mag dahingestellt bleiben, welche Gründe die Regierung zu ihrer Reaktion veranlaßt haben. War es die Enttäuschung darüber, daß die Hoffnungen auf einen echten Frieden der Verständigung und Versöhnung nicht erfüllt wurden? War es die Furcht der Sozialdemokraten, wieder als „vaterlandslose Gesellen" verleumdet zu werden, oder wirkte sich hier die von ihnen längst angenommene nationale Gesinnung aus? War es schließlich die Einsicht, daß in erster Linie die Arbeiter die Lasten des Friedensvertrags tragen müßten? Welcher Faktor auch immer ausschlaggebend gewesen sein mag, fest steht, daß dadurch nationalistische Emotionen geweckt oder zumindest verstärkt wurden, die sich schnell gegen die Regierung und darüber hinaus gegen Demokratie und Republik richteten.

Dies begann damit, daß Scheidemann mit seiner Regierung zwar zurücktrat, aber das folgende Kabinett unter Gustav Bauer (ebenfalls SPD) die unvermeidliche Unterschrift unter das Friedensdokument am 28. Juni 1919 doch leisten mußte. Dabei nutzte es nichts, daß die DDP die Unterzeichnung weiterhin ablehnte und deshalb der neuen Regierung zunächst fernblieb, und es nutzte auch nichts, daß die Parteien, die in der Weimarer Nationalversammlung gegen die Unterzeichnung gestimmt hatten, Erklärungen abgaben, in denen den Befürwortern der Unterschrift ehrenhafte Motive bescheinigt wurden. Die Regierung, die Parteien, die die Regierung und die junge Republik getragen hatten (SPD, DDP, Zentrum), und die Weimarer Demokratie selbst, waren mit dem Friedensvertrag und allen seinen Folgen belastet. Und auch jetzt versuchte die Regierung keine Kehrtwendung. Sie konnte sich nicht zu einer Politik der Verständigung mit den bisherigen Feinden durchringen, sie wollte den Vertrag nicht akzeptieren. Regierungschef Bauer formulierte noch vor der Unterzeichnung den Vorbehalt seines Kabinetts, indem er erklärte: „Wir lassen keinen Zweifel darüber, daß es uns mit dem Willen zu dieser Erfüllung bis zur Grenze unserer Fähigkeit ernst ist. Wir werden aber auch keinen Zweifel daran lassen, daß wir mit allen loyalen Mitteln die Revision dieses Vertrages erstreben werden." Damit waren die beiden Pole der deutschen Außenpolitik genannt, zwischen denen die Regierung und ihre Anhänger eingeklemmt werden sollten: Revision und Erfüllung. Revision bedeutete zunächst die Absicht und das Bemühen, die dem Deutschen Reich abträglichen Bestimmungen des Versailler Vertrages abzuändern. Die Ziele einer solchen Revision waren unterschiedlich weit gesteckt. Dachten die demokratischen Kräfte des Landes an Erleichterungen und vielleicht auch an die Beseitigung der verletzenden Bestimmungen, um dann zu einer aufrichtigen Verständigung mit den Westmächten gelangen zu können, so verstanden die nationalistischen Politiker und ihre Klientel darunter bald die vollständige Beseitigung der Friedensregelung; sie wollten zumindest zum Ausgangspunkt des Jahres 1914 zurück, ihre imperialistischen Vorstellungen waren ungebrochen. Der außenpolitische Revisionismus in Deutschland war also von Anfang an unbestimmt. Darin lag jedoch seine Bedeutung. Die Revisionsbewegung konnte einerseits eine nationalistische Restaurationspolitik unter dem Mäntelchen von Recht und Billigkeit verbergen, insofern war sie ein geeignetes Instrument der nationalistischen Agitation: Der Kampf gegen Versailles - wofür er auch immer geführt werden mochte - fand in Deutschland immer noch überall Beifall. Und damit war zugleich der zweite wichtige Faktor der Revisionsbewegung benannt, sie war in Deutschland allumfassend und allgegenwärtig. In diesem Sinne konnte Hans Draeger, der Vizepräsident des Arbeitsausschusses Deutscher Verbände, 1927 zu den unterschiedlichen Strömungen der Revisionsbewegung feststellen: „In einem aber sind sich diese in ihrem inneren Wesen so völlig verschiedenen Auffassungen einig, in dem nämlich, daß der in Versailles unter der Androhung von Waffengewalt und der

Fortsetzung der Hungerblockade geschaffene Rechtszustand ein befriedigendes Recht für Europa nicht geschaffen hat. In dem Sinne, daß der zwangsweise geschaffene Versailler Rechtszustand nicht dauernd bestehen könne, sind von Anfang an alle Deutschen ohne Unterschied ihrer Schicht und ihrer Partei Revisionisten gewesen. So haben wir die Revisionsbewegung in ihrem weitesten Ausmaße vor uns" (Draeger, Revisionsbewegung, S. 3).

Hingegen schieden sich die Geister am Begriff „Erfüllungspolitik" und was darunter verstanden wurde. Reichskanzler Bauer, das als „Erfüllungsregierung" beschimpfte Kabinett Joseph Wirth (Zentrum) mit Walther Rathenau als Außenminister und zum Teil auch der spätere Außenminister Gustav Stresemann (1923 - 1929) unternahmen es, mit dem Versuch der Erfüllung des Friedensvertrags und aller Folgeverträge den Nachweis der Unerfüllbarkeit zu liefern. Sie hofften, auf diese Weise die Einsicht der Siegermächte, ihre Zustimmung zur Revision der Verträge erreichen zu können. Dieses indirekte „Verfahren" war jedoch den Deutschen ebenso wie den Nachbarvölkern kaum verständlich zu machen. Hieß es im Ausland, besonders in Frankreich, man erkennt die Absicht, so prangerte die politische Rechte in Deutschland die „Erfüllungspolitik" als Nachgiebigkeit, als Schwäche und als Ausverkauf deutscher Interessen an. In der deutsch-nationalen „Kreuz-Zeitung" hieß es z.B.: „Erfüllungspolitik ist Desperadopolitik" (25.6.1923). Es war nicht schwer, der Erfüllungspolitik die logisch erscheinende Feststellung entgegenzuhalten: Wer den Vertrag bekämpfen will, darf nicht versuchen, ihn getreu zu erfüllen, er muß ihn stets und solange torpedieren, bis er zusammenbricht. In diesem Blickwinkel war die Erfüllungspolitik ein Verrat an der Revisionsbewegung. Die Schwierigkeiten der Regierungen, der sie stützenden demokratischen Parteien und ihrer Anhänger schienen offenkundig, die Außenpolitik der Republik geriet in Deutschland zeitweilig in die Defensive.

In die Defensive, unter Beschuß der nationalistischen Agitation geriet aber nicht nur die Außenpolitik der Republik. Die Außenpolitik war zugleich das Instrument im Kampf der Reaktion gegen die Republik, gegen die Weimarer Demokratie. Darin liegt die Bedeutung der Propaganda gegen den Versailler Vertrag und die ihm folgenden außenpolitischen Bewältigungsversuche. Gleich mehrere Momente wirkten dabei zugunsten der nationalistischen Agitation. Da war zuerst die Kriegsschuldfrage. Sie hatte schon während des Krieges zu gegenseitigen Vorwürfen der beteiligten Mächte geführt, sie rückte nach ihrer Verankerung im Friedensvertrag in den Mittelpunkt der Auseinandersetzungen. Dabei ging es allerdings nicht um eine differenzierte Untersuchung der Interessen, Motive und strategischen Überlegungen der kriegführenden Mächte im Sommer 1914, dies hat die Geschichtsforschung inzwischen teilweise nachgeholt (für das Deutsche Reich vor allem Fritz Fischer in mehreren Büchern und Beiträgen). Nach 1919 standen Erfahrung und Wahrnehmung der Beteiligten im Vordergrund. Die Mehrzahl der Deutschen war 1914 in dem Bewußtsein ins Feld gezogen, das Vaterland gegen die Übermacht der neidischen Feinde verteidigen zu müssen. Dies erklärt die nationale Begeisterung und die Ausdauer, die trotz Hunger und Not gezeigt wurde. Dies erklärt die Burgfriedenspolitik und die Zustimmung der Sozialdemokraten zu den Kriegskrediten. Sollten sich alle getäuscht haben? Sollten alle getäuscht worden sein? Sollte es umsonst gewesen sein, ja sollte man sich mitschuldig gemacht haben? Begierig wurden alle Anzeichen und Hinweise aufgegriffen, die das Gegenteil zu beweisen schienen. Man wollte es einfach nicht glauben. Da wurden auch die Nebeneffekte in Kauf genommen, die sich aus der Zurückweisung der deutschen Kriegsschuld ergaben. Bewußt oder unbewußt führte dies zur Verteidigung der kaiserlichen Politik, zur Rechtfertigung der Kriegsführung und zur Entschuldigung der deutschen Kriegszieldiskussion. Damit war jedoch ein Grund für Rebellion und Revolution im November 1918 bereits erheblich ins Wanken geraten.

Gegen den „Umsturz" zielte dann ganz direkt die Dolchstoßlegende. Auch diese Propagandathese konnte sich auf Wahrnehmungen der Beteiligten stützen und zudem an den Stolz der deutschen Soldaten appellieren. Sicherlich: die Versorgung der deutschen Bevölkerung in den letzten Kriegsjahren war äußerst schlecht, die Situation an der Front erbärmlich, doch hier versprachen der „Brotfriede" mit der von Rußland abgetrennten Ukraine und generell die Niederringung der Feinde im Osten eine Erleichterung. Die deutsche Frühjahrsoffensive im Westen brachte zwar keinen Durchbruch und die alliierte Gegenoffensive erzwang die Rückverlegung der deutschen Front, aber bei Kriegsende standen die deutschen Truppen weit im Feindesland. War das eine Niederlage? Nur wenige wußten um die wahre Kriegslage, nur ganz wenige wußten von der Aufforderung der deutschen Heeresleitung an die politische Führung, sofort und unter allen Umständen einen Waffenstillstand herbeizuführen. Für viele Deutsche klang deshalb die Behauptung der extremen Rechten plausibel, daß Deutschland gesiegt oder zumindest einen „ehrenwerten" Frieden erzwungen hätte, wenn die Heimat dem Heer nicht in den Rücken gefallen wäre, die revolutionären Umtriebe das siegreiche Militär nicht erdolcht hätten. Eine ungeschickte Ansprache des Reichspräsidenten Friedrich Ebert (SPD) vor heimkehrenden Truppen und Äußerungen des Generalfeldmarschalls Paul von Hindenburg stützten das Dogma nationalistischer Eitelkeit: „Im Felde unbesiegt!". Ursache und Folge spielten bei diesen Argumentationen keine entscheidende Rolle; mißverstandene Äußerungen eines englischen Generals wurden als bare Münze genommen, und die prahlerische Behauptung eines sozialdemokratischen

Provinzfunktionärs, die Revolution sei konsequent und von langer Hand vorbereitet worden, galt als Beleg. Bei dieser Sichtweise war die Novemberrevolution 1918 in Deutschland, aber auch schon die parlamentarischen Reformen vom Oktober ein Verbrechen am deutschen Volk. Sie schwächten bzw. verhinderten den Behauptungskampf, sie machten das Deutsche Reich wehrlos. Die Revolutionäre, die sozialistischen Parteien und ihre Politiker galten als „Novemberverbrecher", die bürgerlichen demokratischen Parteien, die zusammen mit den Sozialdemokraten schon seit 1917 für einen „miesmacherischen" Verständigungsfrieden eingetreten waren (Kreuz-Zeitung 1.7.1919: „Der Anfang des moralischen Zusammenbruchs"), wurden als Handlanger abgestempelt. Die Schuld am harten Friedensvertrag war danach eindeutig den politischen Kräften anzulasten, die die Republik begründet hatten und sie nun trugen. Die Weimarer Demokratie war bei dieser Argumentation in ihrem Ruf schwer geschädigt.

In dieselbe Richtung zielte der Vorwurf, die Sozialdemokratie und die Parteien der bürgerlichen Mitte hätten dem Volk vorgegaukelt, daß Deutschland bei einer Ablösung seiner autokratischen Führung in einem demokratischen System erträglichere Friedensbedingungen erhalten werde. Nur im Hinblick darauf hätte sich ein großer Teil der Bevölkerung vom bisherigen Regime losgesagt, hätte die Revolutionäre gewähren lassen und für eine parlamentarische Republik votiert. Allerdings ging es den Demagogen hier nicht nur um eine veränderte Neuauflage der Dolchstoßlegende. Es ging ihnen vielmehr darum, die Demokratie und deren Anhänger mit dem Odium von Täuschung, Wort- und Rechtsbruch sowie mangelndem Realitätssinn und sträflicher Leichtgläubigkeit zu belasten. Bezugspunkt dieser Vorwürfe war die Politik und die Mission des amerikanischen Präsidenten Woodrow Wilson. Wilson hatte sich in die kriegerischen Auseinandersetzungen zwischen den europäischen Staaten eingemischt, um die Welt für die Demokratie zu gewinnen. Seine Bemühungen, mit denen er nicht zuletzt auf die Aufrufe der russischen Revolution zur Beendigung von Krieg und Unterdrückung reagierte, schlugen sich in dem berühmten 14-Punkte-Programm vom 8. Januar 1918 nieder. Die demokratischen Prinzipien und die Forderung nach einem Frieden der Verständigung und Gerechtigkeit stellten danach eine Einheit dar; demokratische Prinzipien sollten auch auf die Außenpolitik übertragen werden. Präsident Wilson trat hierbei als Wortführer der Kriegsallianz der demokratischen Westmächte auf. An seine Vorstellungen knüpften die deutschen Sozialdemokraten, die Demokraten und die Politiker des Zentrums bei ihren Friedensinitiativen an, auf der Grundlage dieser Vorstellungen bat die deutsche Regierung dann um Waffenstillstand, und auf die Prinzipien eines Friedens der Verständigung und Selbstbestimmung berief sich

1919 schließlich die politische Rechte. Obwohl gerade sie sich durch ihre Kriegspläne in Verruf gebracht hatte, wertete sie das Waffenstillstandsabkommen, dann aber vor allem den Versailler Vertrag als offenkundigen Bruch der Prinzipien, als Bruch der „Geschäftsgrundlage", wie sie bei den Friedensbemühungen zwischen Deutschland und den Alliierten gegeben war, und als Verrat des amerikanischen Präsidenten. Aber selbst die Demokraten gingen davon aus, daß der Versailler Vertrag einen Bruch der 14 Punkte darstellte. Der Vorwurf der Unaufrichtigkeit und Ungerechtigkeit traf jedoch nicht nur die Feindmächte und ihre führenden Politiker, sondern belastete auch und in erster Linie die dabei angeblich verfochtenen demokratischen Prinzipien. Versailler Vertrag und demokratisches System wurden auf diese Weise als zwei Seiten einer Medaille angesehen. Dies belastete die junge Demokratie der Weimarer Republik, auch wenn das sozialdemokratische „Hamburger Echo" glaubte, daß Versailles die Demokratie nicht zu „erwürgen" vermag (28.6.1919). Belastet wurden auch die politischen Träger des Weimarer Staates - und zwar um so mehr, als diese hier in einer Position verharrten, die sich aus ihrer eigenen Betroffenheit ergab. Auch sie empfanden die Vertragsbestimmungen als ungerecht und verletzend. Vor allem aber waren sie enttäuscht, daß das demokratische Deutschland, das sie vertraten und für das sie in Übereinstimmung mit den politischen Prinzipien der Westmächte eingetreten waren, keine erträglicheren Bedingungen erhalten hatte. Ihre außenpolitische Beweglichkeit wurde dadurch beeinträchtigt; die Unsicherheit übertrug sich auf ihre Anhänger, die - auf diese Weise ungeschützt - der Propaganda der nationalistischen Rechtsparteien und Gruppen ausgesetzt waren.

Erste Auswirkungen der außenpolitischen Agitation

An außenpolitische Beweglichkeit war allerdings zunächst ohnehin nicht zu denken. Die deutschen Revisionsbemühungen wurden vor allem von der französischen Politik durchkreuzt. In Frankreich vertraten die Regierungen und der überwiegende Teil der Bevölkerung die Auffassung, daß das Land gegen einen erneuten deutschen Angriff nicht ausreichend gesichert war: Bei der Friedensregelung erhielt Frankreich weder die deutschen linksrheinischen Gebiete noch das Saarland, sein Wunsch nach weitgehender Kontrolle des Ruhrgebiets, also der deutschen „Waffenschmiede", wurde nicht erfüllt, und der als Ersatz dafür von Großbritannien und den USA in Aussicht gestellte Sicherheitsvertrag trat nicht in Kraft. Die französischen Regierungen bemühten sich deshalb, das Verlangen nach umfassender Sicherheit nachträglich zu befriedigen. Sie versuchten dies auf zweifache Weise. Durch einseitige Auslegung des Versailler Vertrages sollte die erreichte Position gefestigt und sogar verbessert und durch Politisierung der Reparationsfrage zusätzliche Garantien geschaffen werden. Mit der sogenannten Politik der produktiven Pfänder wollte Frankreich gewaltsam in Besitz nehmen, was Deutschland nicht freiwillig herausgab. Den Höhepunkt dieser Politik bildete der Ruhrkampf. Verhältnismäßig geringe deutsche Rückstände bei den Reparationsverpflichtungen veranlaßten Frankreich und Belgien, das Ruhrgebiet zu besetzen, um die Lieferungen sicherzustellen. Die deutsche Regierung, die aus Politikern der bürgerlichen Mitte und der gemäßigten Rechten bestand, stellte daraufhin alle Reparationsleistungen ein und verkündete den passiven Widerstand. Die außenpolitische Situation spitzte sich zu, eine Welle nationaler Erregung erfaßte das Land. Und die „Kreuz-Zeitung" erblickte im passiven Widerstand einen „ersten Lichtstrahl" der deutschen Außenpolitik (21.1.1923). Es kam teilweise sogar zu aktiven Sabotagemaßnahmen gegen die Besatzungsmächte: Die Verkehrswege wurden blockiert, Schienen gesprengt und Schiffe versenkt. Die harten, oft gewalttätigen Gegenmaßnahmen der Besatzer führten bei der Bevölkerung zu Haß und Verbitterung.

In dieser Situation zeigte die nationalistische Agitation zum ersten Mal nachdrückliche Wirkung. Und bezeichnenderweise geschah dies während einer wirtschaftlichen Krisensituation, der großen Inflation von 1923 in Deutschland. Die Geldentwertung, die durch die Kriegsfinanzierung eingeleitet und durch die Erhöhung der staatlichen Ausgaben seit 1919 verstärkt worden war, steigerte sich durch die Finanzierung des passiven Widerstandes ins Unermeßliche. Am Ende betrug der Wert des amerikanischen Dollars 4,2 Billionen Mark. Die nationalistische Propaganda machte dafür die Belastungen aus dem Friedensvertrag, insbesondere die Reparationsverpflichtungen verantwortlich („Ausplünderung Deutschlands"). Auch wenn wir heute wissen, daß dieser Faktor für die galoppierende Inflation eher von untergeordneter Bedeutung war, dürfen wir den Anklang, den diese weitverbreitete Schuldzuweisung fand, nicht gering erachten. Immerhin betrugen die deutschen Leistungen im Jahre 1922 fast 1,5 Milliarden Goldmark (Wert der Goldmark Ende 1923 etwa 1 Billion Mark!). Wirkung zeigte die nationalistische Agitation in allen Bevölkerungsteilen, selbst die Kommunisten fanden für kurze Zeit zu einer engen Berührung mit dem militanten Rechtsextremismus. Besonders anfällig war jedoch das Kleinbürgertum, obwohl diese Schicht aus Rentnern, Kleingewerbetreibender, Kleinbauern und Selbständigen von der Inflation keineswegs härter getroffen wurde als etwa die Arbeiter. Aber im Gegensatz zu diesen glaubte sich das Kleinbürgertum in seiner Existenz gefährdet, schließlich war es das erste Mal, daß ihm die Massenverelendung drohte. Aus Furcht vor dem Absturz ins Proletariat betonte das Kleinbürgertum die kulturellen und idealistischen Werte, die es seiner Meinung nach den Arbeitern voraus hatte. Dazu gehörte auch und in besonderem

Maße seine nationale Gesinnung und Zuverlässigkeit. Die Voraussetzungen für eine Welle nationalistischer Aufwallung waren günstig. Die Saat der ständigen Demagogie der politischen Rechten ging in der wirtschaftlichen Krisensituation um so „prächtiger" auf, als es gelang, einen Zusammenhang zwischen außenpolitischer Bedrückung und sozialer Not herzustellen.

Wie in der Revisionsagitation angelegt, beschränkte sich die Reaktion nicht auf den Kampf um Erleichterung der Friedensbedingungen. Rasch geriet das mit dem Versailler Vertrag in Verbindung gebrachte Weimarer „System", seine Institutionen und seine Träger in die Schußlinie. Vielerorts entstanden militante rechtsgerichtete Verbände, Zirkel und Gruppen, ihr Mitgliederzulauf war beträchtlich. In Widerspruch zur Reichsregierung, der nun unter Gustav Stresemann (DVP) auch die Sozialdemokraten wieder angehörten, verkündete die bayerische Staatsregierung den Ausnahmezustand und legte die ausführende Gewalt in die Hände eines Generalstaatskommissars (Gustav Ritter von Kahr), der sich auf die nationalistischen Kampfverbände stützte. Unter diesen tat sich vor allem die von Adolf Hitler geführte NSDAP mit ihren militärisch organisierten „Sturmabteilungen" (SA) hervor. Auch wenn sie vorerst nur lokale Bedeutung besaß, war sie der aktionistischste Teil der nationalistischen Gruppen; ihr Zulauf war deshalb in dieser Phase besonders groß. Hitler und seine Bewegung drängten zur Tat gegen das „verruchte" Weimarer System, das in der nationalen Frage „gänzlich versagt" hätte. Mit einer handstreichartigen Aktion, dem sogenannten Hitlerputsch vom 9. November 1923, versuchte Hitler, die noch zögernde bayerische Staatsführung voranzustoßen. Das Unternehmen scheiterte zwar an der Uneinigkeit der extremen politischen Rechten, zeigte aber doch die Gefahr, die der demokratischen Republik durch den nationalistischen Aufmarsch drohte.

Und ein Weiteres sollte sich zeigen. Die extreme Rechte hatte zwar in Bayern besonders starken Zuspruch aus der Bevölkerung erhalten, sie war dort auch zur Tat geschritten, sie war jedoch nicht auf Bayern beschränkt. Selbst als es der Reichsregierung gelungen war, nach einer Währungsreform den Geldwert wieder zu festigen und verschiedene weitere Gefahren für den Bestand von Reich und Demokratie zu überwinden (z.B. Separatistenbewegungen im Rheinland und in der Pfalz, kommunistischer Aufstandsversuch), waren die Auswirkungen der Rechtsentwicklung in Deutschland noch spürbar. Ein Blick auf die Reichstagswahlen vom 4. Mai 1924 kann dies verdeutlichen. Die Linke verlor gegenüber den Wahlen von 1920 9%. Wird berücksichtigt, daß die Kommunisten „nur" etwa zwei Drittel der ehemaligen Anhänger der Unabhängigen Sozialdemokratischen Partei (USPD) gewinnen konnten, während das letzte Drittel zur SPD stieß, dann wird klar: Der Verlust der Arbeiterparteien ging voll zu Lasten der Sozialdemokratie. Auch die bisher in der Regierungsverantwortung stehenden Parteien der bürgerlichen Mitte und der gemäßigten Rechten (DDP, Zentrum, BVP und DVP) büßten insgesamt über 8% der Stimmen ein. Die Wähler waren nach rechts abgewandert. Nutznießer waren kleine Interessenparteien der rechten Mitte, vor allem aber die Parteien der politischen Rechten. Die Deutschnationale Volkspartei (DNVP) stieg von 14,4 auf 19,5%, die zum ersten Mal beteiligten Nationalsozialisten (Deutsch-völkische Freiheitspartei) erhielt 6,5% der Stimmen. Ihre Hochburgen waren die Wahlkreise Mecklenburg, Franken, Oberbayern-Schwaben, Niederbayern und Thüringen.

Mit der Besserung der wirtschaftlichen Situation seit 1924 stabilisierten sich die politischen Verhältnisse wieder. Die außenpolitischen Belastungen wurden nun auch im Kleinbürgertum nicht mehr als existenzbedrohend empfunden, die Revisionsbewegung verlor an Stoßkraft. Dazu kam, daß die deutsche Außenpolitik unter Gustav Stresemann ihren Handlungsspielraum erweitern konnte. Mit der vorläufigen Regelung der Reparationsfrage im sogenannten Dawes-Abkommen endete die französische Politik der produktiven Pfänder, die Außenpolitik wurde dadurch kalkulierbar. Im Gefolge des Locarno-Vertrages zwischen Deutschland, Frankreich, Belgien, Großbritannien und Italien erzielten die deutschen Unterhändler Erleichterungen bei der Durchführung des Versailler Vertrages. Die außenpolitische Atmosphäre entspannte sich, der auch die innere Situation belastende Druck nationalistischer Erregung lockerte sich, und die „Kölnische Volkszeitung" stellte befriedigt fest: „Der Haß ist zurückgegangen" (27.6.1929). Bei den Wahlen zu den Länderparlamenten und zum Reichstag schlug sich diese Entwicklung nieder. So fiel die DNVP bei den Reichstagswahlen vom 20. Mai 1928 auf 14,2% der Stimmen zurück, und die Nationalsozialisten wurden mit 2,6% zur unbedeutenden Splitterpartei.

Bei diesen Feststellungen dürfen wir allerdings nicht vergessen, daß die Wirkung der nationalistischen Agitation nicht gebrochen war, sondern lediglich vorübergehend an durchschlagender Resonanz verloren hatte. Die Wahl des Feldmarschalls Paul von Hindenburg, Symbolfigur für Sieg und deutschen Siegeswillen im Ersten Weltkrieg, zum Präsidenten der Republik im Jahre 1925 verdeutlichte die nach wie vor bestehende Zugkraft nationalistischer Momente. Schon damals, in einer Phase der relativen Stabilisierung, kamen die demokratischen Kräfte dagegen nicht an. Obwohl diese sich auf einen gemeinsamen Kandidaten einigen konnten, trug die nationalistische Rechte den Sieg davon. Und es gab weitere Anhaltspunkte für eine verdeckt vorhandene Revisionsbewegung. Die scharfen Auseinandersetzungen um Dawes-Abkommen, Locarno-Verträge und Völkerbundsbeitritt, die Gehässigkeit der Vertragsgegner in Deutschland und der Widerstand des harten Kerns der nationalistischen Verbände dienen hierfür als aussagekräftige Belege. In der Reichsregierung bremste die zeitweilig mitregierende DNVP alle weitergehenden Verständigungsbemühungen in der Außenpolitik. Und selbst bei den demokratischen Parteien und ihren Anhängern konnte sich der Wille und die Bereitschaft zur Verständigung nicht endgültig durchsetzen; die in diese Richtung weisenden Ansätze waren noch immer überwiegend von Nützlichkeitserwägungen bestimmt.

Warum profitierte gerade die NSDAP von den außenpolitischen Auseinandersetzungen in der Endphase der Republik?

Wie wir bereits eingangs festgestellt haben, änderte sich die Situation um die Jahreswende 1929/30 erneut, die außen- und revisionspolitische Agitation bekam wieder Auftrieb. Wir haben auch erwähnt, daß der Young-Plan zur Regelung der Reparationsfrage hierbei eine entscheidende Rolle spielte. Vier Momente gaben den Anlaß, dieses Problem aufzugreifen. Einmal war im Reparationsabkommen nach dem Dawes-Plan von 1924 keine Endsumme für die deutschen Leistungen festgelegt worden. Zum zweiten schien es unmöglich, daß Deutschland die in den nächsten Jahren fälligen Raten bezahlen könnte. Zudem waren die Finanzen des Reiches im Dawes-Abkommen einer internationalen Kontrolle unterstellt worden. Vor allem auf diese Punkte konzentrierte sich die Kritik der revisionistischen Propaganda, eine Neuregelung war also dringend geboten. Dies galt auch für den vierten Punkt, die Räumung des besetzten Rheinlandes. Nach Dawes-Abkommen, Locarno-Verträgen und dem Beitritt Deutschlands zum Völkerbund war die Fortdauer der Besetzung der Bevölkerung kaum mehr verständlich zu machen. Da aber Frankreich dieses letzte Pfand nicht aus der Hand geben wollte, bevor die anstehende endgültige Regelung der Reparationen erfolgt war, wurde es für die deutsche Außenpolitik noch dringender, eine neue Reparationsvereinbarung anzustreben.

Gaben revisionistische Motive der Reichsregierung den Anlaß, Verhandlungen mit den Gläubigerstaaten aufzunehmen, so erreichte sie damit in der innenpolitischen Auseinandersetzung eine völlig andere Wirkung. Von der nationalistischen Propaganda wurden die schließlich erreichten Abkommen als Inbegriff der Versklavung Deutschlands, als verschärfter Versailler Vertrag angesehen und mit einer bisher nicht gekannten Demagogie bekämpft. So sprach etwa das rechtsgerichtete „Bamberger Tageblatt" am 11. Januar 1930 von einer „neuen Form des Ausbeuter-Systems von Versailles". Dabei hatten die deutschen Unterhändler, allen voran der Reichsaußenminister Stresemann, durchaus einige Erfolge erzielt. Mit der Räumung des Rheinlandes sollte sofort begonnen werden, sie war bis zum 30. Juni 1930 abzuschließen. Die Jahresraten wurden herabgesetzt, so daß in den nächsten Jahren eine wesentliche

Zerreißt
die Fesseln
YOUNG-PLAN
MARXISMUS
mit Liste 2
Deutschnationale Volkspartei

Erleichterung erwartet werden konnte. Und auch die internationale Finanzkontrolle fiel weg. Problematisch war vor allem die Regelung des vierten Punktes. Zwar sah der Young-Plan statt der unbegrenzten Zahlungsdauer des Dawes-Abkommens eine Endsumme vor, doch nach dem Zahlungsplan sollte Deutschland 59 Jahre lang, also bis 1988, Reparationen zahlen. An diesem Punkt setzte die Kritik ein, an diesem Punkt entzündete sich in Deutschland ein Sturm der Entrüstung. Die festgelegten Jahresraten betrugen zwar nur zwischen 2 und 3 % des deutschen Bruttosozialprodukts im Krisenjahr 1930. Gleichwohl galt den nationalistischen Agitatoren die Zukunft Deutschlands als gefährdet. Es wurde vom „Verrat an Kindern und Kindeskindern bis ins dritte und vierte Glied" gesprochen (so die deutschnationale Zeitung „Der Tag" am 28.8.1929), und im „Völkischen Beobachter", dem Organ der NSDAP, lautete die Schlagzeile einer Sonderausgabe vom Oktober 1929: „60 Millionen Deutsche 60 Jahre lang in der Young-Sklaverei".

Trotz dieser beispiellosen Hetze schien die Kampagne keinen Erfolg zu haben. Wie wir zu Beginn feststellen konnten, gelang es den Deutschnationalen, dem Stahlhelm und den Nationalsozialisten nicht, die Mehrheit der stimmberechtigten Deutschen gegen die neue Reparationsregelung zu mobilisieren. Es waren vielmehr nur 13,8 %. Aber es war ihnen gelungen, die revisionistischen Auseinandersetzungen auf eine neue Ebene zu verlagern: Es ging nicht mehr in erster Linie um den Young-Plan, um den Versailler Vertrag oder etwa um die Außenpolitik. Die Kritik an der „nachgiebigen" Außenpolitik wurde auf deren innenpolitische Stützen übertragen. Mehr denn je stand nun die Weimarer Republik, ihre Grundsätze und ihre Institutionen auf dem Spiel. Das jahrelange Trommelfeuer, daß die gleichmacherische Demokratie, der geschwätzige Parlamentarismus, die korrupte Parteienwirtschaft an der deutschen Situation schuld und daß unter diesen Bedingungen und bei diesem System keine Außenpolitik der Befreiung möglich wäre, dieses Trommelfeuer zeigte Wirkung. Ein Anzeichen dafür war der sprunghafte Anstieg der NSDAP seit der zweiten Hälfte des Jahres 1929, wie dies unter anderem an den verschiedenen Wahlergebnissen abgelesen werden kann. Bei den Reichstagswahlen 1928 war die Hitlerbewegung, wie sich die Partei auch nannte, noch eine Splitterpartei, und auch bei den bis zum Sommer 1929 durchgeführten Landtagswahlen blieb die NSDAP verhältnismäßig unbedeutend: Lippe am 6. Januar 1929: 3,3 %, Sachsen am 12. Mai 1929: 5,0 % und Mecklenburg-Schwerin am 23. Juni 1929: 4,0 %. Aber im Herbst, etwa mit Beginn der Kampagne gegen den Young-Plan, stieg der Stimmenanteil schnell an: Baden am 27. Oktober 1929: 7,0 %, Lübeck am 10. November 1929: 8,1 % und Thüringen am 8. Dezember 1929 bereits 11,3 %. Was sich darüber hinaus bei einigen Kommunalwahlen zeigte, wurde schließlich bei der erneuten Wahl in Sachsen am 22. Juni 1930 offenkundig: die NSDAP war zur Massenbewegung geworden. Innerhalb eines Jahres hatte sich dort die Zahl ihrer Wähler um über 240.000 erhöht, ihr Stimmenanteil war auf 14,4% emporgeschnellt. Sie hatte die Kommunisten überholt und war zur zweitstärksten Partei des Landes geworden.

Auch wenn wir die Ursachen für diesen starken Zustrom im einzelnen nur schwer bestimmen können, so dürfte die Kampagne gegen das neue Reparationsabkommen für die nationalsozialistischen Erfolge zweifelsohne von großer Bedeutung gewesen sein. Doch warum - so müssen wir uns fragen - wirkte diese außenpolitische Auseinandersetzung gerade jetzt, zehn Jahre nach der Unterzeichnung des Versailler Friedensvertrages? Und außerdem, warum profitierten dann gerade die Nationalsozialisten? Schließlich waren es doch vor allem die Deutschnationalen, die ein Jahrzehnt lang gegen Kriegsschuldvorwurf, Friedensbestimmungen und Reparationszahlungen Sturm gelaufen waren, die die deutsche Nachgiebigkeit, die „Erfüllungspolitik" der Reichsregierung und die geduldigen Revisionsbemühungen Stresemanns bekämpft hatten. Auch wenn alle bedeutenden politischen Kräfte des Reiches den Versailler Vertrag ablehnten und auf Abänderungen drangen, so waren es doch wiederum in erster Linie die Deutschnationalen gewesen, die damit den Rufmord an der Weimarer Republik verbanden. Und nun, als der außenpolitische Kampf die Massen mobilisierte, ging diese Bewegung an der DNVP vorbei. Nach ihrem schlechten Abschneiden bei der Reichstagswahl 1928 stagnierte die Partei auch bei den folgenden Landtagswahlen, obwohl sie unter dem neuen Parteivorsitzenden Alfred Hugenberg in die totale Opposition zur Republik einschwenkte und den grundsätzlichen Kampf gegen das System verschärfte. Und obwohl die DNVP zusammen mit dem ihr nahestehenden Frontkämpferbund „Stahlhelm" die Kampagne gegen den Young-Plan ins Leben gerufen und damit erst die außenpolitische Auseinandersetzung wieder zur zentralen Frage der deutschen Politik gemacht hatte, wurde sie nun von ihrem bisherigen „Juniorpartner", der NSDAP, an Schlagkraft und Wirkung übertroffen. Ja nicht nur dies, die DNVP verlor sogar in der Wählergunst. So sank die Partei beispielsweise bei den beiden Landtagswahlen in Sachsen binnen eines Jahres von 8,1% auf 4,8%! Warum - diese Frage müssen wir hier wiederholen - kam die außenpolitische Agitation in dieser Phase und in den folgenden beiden Jahren den Nationalsozialisten zugute?

Zunächst müssen wir uns vergegenwärtigen, daß die Auseinandersetzungen um eine Neuregelung der deutschen Reparationen sich zu einem Zeitpunkt zuspitzten, als die ersten deutlichen Anzeichen der schweren Wirtschaftskrise sichtbar wurden. Und wie 1923 machte die nationalistische Rechte die Zahlungen des Deutschen Reiches an die Siegermächte dafür in besonderem Maße verantwortlich. In diesem Sinne stellte z.B. der „Völkische Beobachter" die Entscheidung über den Young-Plan unter die Parole „Freiheit und Brot oder Sklaverei und Massenelend" (12.7.1929). Zumeist ohne genauere Untersuchung wurde den verschiedenen sozialen Gruppen vorgegaukelt, daß ihre wirtschaftlichen Schwierigkeiten und ihre Notsituation nur eine wirkliche Ursache hätten: die Wiedergutmachungen und die dadurch ständig steigende Verschuldung Deutschlands an das Ausland. Dies galt für die „Zahl der Konkurse", den „Tiefstand der Kurse", die „Katastrophe der Landwirtschaft", die „Überfremdung der Industrie" und den „Steuerdruck" ebenso wie für die „Überfremdung der Wirtschaft", das „Schicksal der Arbeiter", die „Vertilgung des Mittelstandes", die „Nöte der Hausfrau" und schließlich auch für den „Verfall der Kultur" (Zwischenüberschriften in einer Artikelserie der deutschnationalen Zeitung „Der Tag" im August 1929). Dabei wurden die Arbeitslosen als „erste Opfer der Young-Sklaverei" beklagt. Obwohl diese Schuldzuweisung keinesfalls zutreffend und auch nicht neu war - statt „Young-Sklaverei" hatte es bisher lediglich „Dawes-Ausbeutung" geheißen -, erzielte sie doch mit zunehmender Verschärfung der Wirtschaftskrise immer stärkere Wirkung. Dies war durchaus verständlich: Die Zahl der Arbeitslosen stieg schließlich in den Wintermonaten 1931/32 und 1932/33 auf über sechs Millionen, die Arbeitslosenunterstützung wurde erheblich eingeschränkt, die übrigen Sozialleistungen abgebaut und die Löhne gekürzt. Allerdings wäre es falsch, daraus zu folgern, daß die extremen Rechtsparteien ihre Agitation besonders auf die Arbeiter ausgerichtet hätten. Diese Fakten, vor allem die Arbeitslosenzahlen, sollten in erster Linie das volle Ausmaß der Krisensituation belegen, und die Ausfälle und Beschimpfungen gegen die „Systemparteien", die vornehmlich die Nationalsozialisten daran knüpften, sollten die Atmosphäre der Auseinandersetzung weiter anheizen. Die eigentlichen Adressaten der nationalistischen Agitation waren auch in dieser Wirtschaftskrise die Mittelschichten. Wie bereits in der Inflationszeit war dort die Resonanz auch am größten. Dies zeigte sich schon beim Volksbegehren und beim Volksentscheid über den Young-Plan. Diese nationalistische Kampagne fand die größte Zustimmung in Stimmkreisen mit überwiegend ländlicher oder kleinstädtischer Struktur. Allerdings traf dies nicht überall in gleichem Maße zu; in „geschlossenen" katholischen Gemeinden unterstützte die Bevölkerung - trotz zunehmender Orientierung nach rechts - nach wie vor zumeist die Politik des Zentrums. Ein Blick auf einzelne Wahlkreise verdeutlicht die Unterschiede: Während beim Volksentscheid etwa in Ostpreußen, Osthannover und Mecklenburg jeweils über 25 % Ja-Stimmen abgegeben wurden, blieb dieser Anteil z.B. in den rheinischen und westfälischen Kreisen, in Hamburg und Berlin deutlich unter 10 %. Ohne andere Faktoren - etwa die vieldiskutierte Traditionsorientierung - mißachten zu wollen (vgl. dazu den Beitrag von Jürgen Bergmann und mir), dürfte die Aufnahmebereitschaft für nationalistische Propaganda nicht zuletzt durch Sondersituationen der Mittelschichten begründet sein. Die agrarischen Gruppen kamen durch die früher einsetzende Agrarkrise als erste in eine Notsituation, der gewerbliche Mittelstand, die kleinen und mittleren Angestellten sowie die Beamten fühlten sich durch die dann folgende Weltwirtschaftskrise am stärksten betroffen. Ob nun eine tatsächliche oder eine eingebildete „Sondersituation" vorlag, ob sich die Betroffenheit eher aus dem langfristig geprägten Selbstverständnis oder aus der aktuellen Krisensituation ergab, das Ergebnis war dasselbe: Die betroffenen Gruppen schrieben sich aufgrund ihrer Sonderrolle eine besondere Verantwortung für „Volk und Nation" zu. Dieses „nationale Wächteramt" machte sie aber nicht nur für die extreme nationalistische Agitation empfänglich, diese Sonderrolle war auch ein Grund dafür, daß sie zu den Nationalsozialisten fanden. Auch die NSDAP spielte eine derartige Sonderrolle. Unbelastet durch Fehler oder Versäumnisse in der Vergangenheit, ohne Verantwortung für die katastrophale Situation in der Gegenwart, konnten die Nationalsozialisten ihre nationalistische Propaganda auf die Zukunft lenken. Die nationale Sendung der Mittelschichten schien dabei in Erfüllung zu gehen. Die aus anderen Gründen ebenfalls gegebene Hinwendung zum Nationalsozialismus wurde dadurch gestärkt, die Bindung gefestigt, wie umgekehrt ideologische und sozialstrukturelle Gemeinsamkeiten sich wiederum auf die Empfänglichkeit gegenüber der nationalistischen Agitation auswirkten. Bereits bei den Reichstagswahlen am 14. September 1930 wurde diese Orientierung der mittelständischen Gruppen deutlich; nicht umsonst erhielt die NSDAP in den Wahlkreisen Schleswig-Holstein, Pommern, Süchannover-Braunschweig und Breslau (jeweils zwischen 24,2 und 27 %) ihre größten Stimmenanteile.

Als zweites Moment für die Wirkung der nationalistischen Agitation und den Erfolg der Nationalsozialisten in dieser Phase muß die Veränderung der Agitationsform genannt werden, die von den Parteien und Gruppen der extremen Rechten seit der Kampagne gegen den Young-Plan praktiziert wurde. Es ging ihnen in den Auseinandersetzungen nun weniger um Argumentation, um so mehr aber um Mobilisierung der Massen. Peitschende Aufrufe, flammende Reden, die Begeisterung weckten, waren wichtiger als sachliche Argumente. Feierliche Gedichte und griffige Parolen ersetzten genaue Informationen. Aufmärsche in voller Montur, begleitet von Fahnen, schmissigen Liedern und Trommelwirbeln, sollten Stärke demonstrieren und Beteiligung „erzwingen". Kurzum, die Auseinandersetzung wurde „auf die Straße" verlagert. Dies schuf gerade bei Bevölkerungsteilen wie den Mittelschichten, die kaum organisiert und wenn schon, dann von ihren Organisationen nur selten mobilisiert wurden, ein Gefühl des Beteiligtseins. Wenn diese „Beteiligung" nun sogar bei außenpolitischen Fragen erfolgte, die sonst am Stammtisch zwar viel diskutiert, aber stets unter Ausschluß der Öffentlichkeit beraten und entschieden wurden, so schien der Wert der eigenen Mitwirkung besonders bedeutsam. Um dieser Einschätzung Nachdruck zu verleihen, versuchte die extreme Rechte ihre Gefolgsleute durch ständige Appelle und Aufrufe in den Parteiblättern in Bewegung zu halten, nach dem Motto: Wo sich was bewegt, da werden andere mitgerissen. Die Verlagerung der Auseinandersetzungen auf die Straße hatte aber noch eine wesentlich weniger angenehme Seite: Der geweckte Fanatismus konnte häufig in blutigen Terror umgesetzt werden. Und dabei waren die Nationalsozialisten ihren Gegnern, aber auch ihren Partnern weit überlegen. Gestützt auf die militärähnlich organisierte SA, schreckte die Parteiführung vor keinem Einsatz zurück, ihr waren alle Mittel recht. Sie teilte nicht die rechtsstaatlichen Skrupel der demokratischen Kräfte - ein Moment, das allenfalls noch für die Kommunisten mit ihrem Rotfrontkämpferbund galt. Hier konnten auch die Deutschnationalen nicht „mithalten"; Honoratioren und finanziell gut gestellte Personen prügelten sich nun mal selbst bei noch so großem Haß auf das „System" und seinen außenpolitischen Kurs nicht auf der Straße. Und selbst der ihnen nahestehende Frontkämpferbund „Stahlhelm" war bei aller Rüpelei und Gemeinheit im Vergleich zu den nationalsozialistischen Schläger- und Mordtrupps eher ein konservativer Paradeverein. Diese „Überlegenheit" der Nationalsozialisten sollte sich schnell auswirken. Bei der Kampagne gegen den Young-Plan als eine Art „Juniorpartner" angetreten, überflügelte die NSDAP ihre Partner innerhalb kürzester Zeit. In der Endphase der Republik übernahmen die Nationalsozialisten die Führung der nationalen Bewegung, sie bildeten in allen außenpolitischen Fragen den Widerpart der Reichsregierung und ihrer politischen Stützen. Dies war so, auch wenn es einige konservative Politiker, die Deutschnationalen insgesamt oder deren Vorsitzender Hugenberg in Selbstüberschätzung nicht - und auch am 30. Januar 1933 noch nicht - wahrhaben wollten.

Als dritter Faktor kamen dann programmatische Aussagen und die Ausrichtung in der Außenpolitik der verschiedenen politischen Kräfte zum Tragen. Obwohl - wie wir bereits festgestellt haben - alle Parteien die Friedensregelungen ablehnten und eine Revision der Bestimmungen anstrebten, war dieser Revisionismus nicht nur ganz unterschiedlich ausgeprägt, sondern er rief auch unterschiedliche Folgebereitschaft hervor. Sozialdemokraten und Zentrum waren mit der Unterschrift unter den Versailler Vertrag, der Erfüllungspolitik und der Zustimmung zu den Reparationsvereinbarungen „belastet". In ihren ideologischen Vorstellungen, ihrer demokratischen Ausrichtung und ihrem parlamentarischen Bekenntnis waren sie dem Westen - den „Feindmächten" - eng verbunden. Für „wahre" Deutsche waren sie national nicht zuverlässig genug. Dies konnte auch durch eine Rechtsentwicklung wie beim Zentrum, die sich in der Wahl des Prälaten Ludwig Kaas zum Parteivorsitzenden im Jahre 1928 ausdrückte, nicht „bereinigt" werden. Und es half auch nichts, wenn Kaas „das gemeinsame hohe Ziel der stufenweisen und friedlichen Erlösung unseres Landes und Volkes von äußerer Unfreiheit und erniedrigendem Zwang" beschwor (Neujahrsbotschaft vom 30.12.1928). Derartige Erklärungen weckten nur die nationalen Emotionen der bisher bei den demokratischen Parteien verbliebenen und vom nationalen Rummel unberührten Bürger und dienten überdies den extremen Rechtsparteien als Eingeständnis von Schwäche und als Maßstab für die kommenden Taten (vgl. dazu den Kommentar im „Völkischen Beobachter" vom 1./2.1.1929).

Dasselbe galt auch für die Deutsche Demokratische Partei. Diese war zwar vor der Unterzeichnung des Friedensvertrags aus der Regierung ausgetreten, hatte auch die Zustimmung in der Nationalversammlung verweigert und einen heftigen Revisionismus gepflegt (z.B. Wahlflugblatt 1928 des Reichsbundes der Deutschen Demokratischen Jugend: „Für die Befreiung des deutschen Volkes nach außen, für die Freiheit des Bürgers im Innern"), doch war bei der DDP die „wesentliche Voraussetzung für eine ‚wahrhaft nationale' Haltung ... die möglichst enge Verbindung des nationalen mit dem demokratischen Gedanken, im besten Fall ihre Gleichsetzung" (Heß, Das ganze Deutschland, S. 323). Aber nicht nur diese Koppelung, sondern auch die Tatsachen, daß die Demokraten eine Stütze der Weimarer Republik darstellten, die Außenpolitik der Reichsregierungen mittrugen und sich stets um den Kontakt zur SPD bemühten, ließen die Partei bei den Nationalisten unglaubwürdig erscheinen. Auch das 1930 geschlossene Bündnis der DDP mit dem Jungdeutschen Orden in der „Deutschen Staatspartei" änderte daran nichts; die Betonung des nationalistischen ging zu Lasten des demokratischen Elements und war daher für die Demokraten nicht lange tragbar. Hier galt in besonderem Maße, was auch für die Sozialdemokraten und das Zentrum zutraf: Der demokratische Nationalismus mußte Schiffbruch erleiden, „da die Gegner der Republik vornehmlich ihre außenpolitischen Schwierigkeiten als ein leicht auszubeutendes Kampfmittel aufgriffen und in dem angeblichen Kampf gegen Versailles zugleich, ja in erster Linie die Weimarer Republik selbst angriffen" (Heß, Das ganze Deutschland, S. 335).

Einschätzungen dieser Art treffen teilweise auch die Situation der Deutschen Volkspartei. Sie wurde einerseits mit dem Kurs ihres Vorsitzenden

Stresemann in Verbindung gebracht, der dahin ging, durch Verständigung eine schrittweise Revision zu erreichen. Von der extremen Rechten wurde diese Außenpolitik strikt abgelehnt, die Stationen dieser Bemühungen Dawes-Plan - Locarno-Vertrag - Völkerbundsbeitritt - Young-Plan waren für sie Stationen des „Ausverkaufs deutscher Interessen". Andererseits wurde dies in der DVP genauso gesehen. Ursprünglich Teil der nationalen Opposition, wurde die Partei von Stresemann, einem ehemaligen Verfechter weitreichender Kriegsziele im Ersten Weltkrieg, auf „seinen" Kurs gezwungen. Allerdings hatten die Parteimitglieder und die Funktionäre diese Wandlung innerlich nie nachvollzogen, und bald nach dem Tode Stresemanns (3.10.1929) schwenkte die Partei wieder nach rechts ab. Sie verlor dadurch das Vertrauen nationaler Demokraten, ohne die abgewanderten Nationalisten wiedergewinnen zu können; nicht zuletzt aus diesem Grunde wurde sie in der Endphase der Republik bedeutungslos.

Als Teil, zunächst sogar als Speerspitze, zogen die Deutschnationalen in den Kampf um die Außenpolitik des Reiches. Die DNVP war es auch, die unter ihrem neuen Vorsitzenden Hugenberg in die radikale Opposition ging und die Kampagne gegen die „Ausbeutung" Deutschlands ins Leben rief. Doch bei aller Entschlossenheit und Radikalität, die die Partei nun an den Tag legte, gab es bei diesem „Aufbruch" doch zwei gewichtige Hemmnisse. Einmal blieben die Deutschnationalen stets der Vergangenheit zugewandt. Die Verbindung der DNVP mit dem Kaiserreich, mit der monarchischen Führungsidee, mit den Repräsentanten dieser Zeit und ihres Geistes, die sich vor allem in der „Treue" zum ehemaligen Kaiser Wilhelm II ausdrückte, die Verbindung mit der Adelsgesellschaft, mit dem alten Heer und seinem Korpsgeist zeigte sich bereits bei einem flüchtigen Blick in die Parteipresse. Als nationale Gedenktage galten hier nicht der „Verfassungstag" zur Erinnerung an die Unterzeichnung der Weimarer Konstitution durch den Reichspräsidenten am 11. August und schon gar nicht der 9. November, der Symboltag für Revolution und Republik. Für die Deutschnationalen waren dies vielmehr Tage „nationaler Scham", Tiefpunkte deutscher Größe. Stattdessen klammerten sie sich an den Tag der Reichsgründung zum Gedenken an die Proklamation Wilhelms I zum deutschen Kaiser im Spiegelsaal von Versailles; dies war ihr „Versailles". Sie feierten nach wie vor den Sedanstag; die Kapitulation der Armee des französischen Kaiserreiches vor den preußisch-deutschen Truppen am 1. September 1870 sollte sie an die Unbesiegbarkeit und Stärke des Reiches erinnern. Kaisers Geburtstag (Wilhelm II geb. am 27.1.1859) blieb ihr „Nationalfeiertag", und mit Bismarcks Geburtstag (1.4.1815) schließlich beschworen sie preußisch-deutsches Führertum. Auch wenn die Symbolkraft dieser Erinnerungen nach den Abspaltungen der agrarischen und altkonservativen Gruppen von der DNVP in der Endphase der Republik stark nachließ, lastete der Partei das Odium der Rückwärtsgewandtheit schwer an. Die Aussicht auf eine Rückkehr zur „Adelsgesellschaft" konnte die sozial verängstigten, moralisch angeschlagenen, national aufgeputschten mittelständischen Gruppen nicht mehr begeistern. Das Gestern bot diesen Schichten keine Perspektive, sie drängten zu „neuen Ufern", ihr Ziel war ein „Drittes Reich", wie dies Arthur Moeller van den Bruck in seiner programmatischen Schrift zum Ausdruck brachte. Zurück blieben lediglich die alten Eliten; die schwindende Anhängerschaft der DNVP war Ausdruck dieser veränderten Blickrichtung.

Verstärkt wurde diese Entwicklung durch ein zweites gewichtiges Moment: die Glaubwürdigkeit der Deutschnationalen. Gedrängt von wirtschaftlichen Interessen, insbesondere ihrer Anhänger aus dem Lager der Großagrarier, hatte sich die Partei zur Regierungsbeteiligung bereitgefunden. 1925 unter dem parteilosen Reichskanzler Hans Luther und 1927/28 unter Wilhelm Marx (Zentrum) war die Partei eine Koalition mit den übrigen bürgerlichen Parteien eingegangen. Dies bedeutete eine Zusammenarbeit mit den bisher heftig bekämpften Kräften: Das Zentrum war der gewichtigste Partner, die Linksliberalen waren indirekt durch die Position des Reichwehrministers Otto Geßler verbunden, und selbst die Sozialdemokraten waren nicht völlig ausgeschaltet (z.B. war der Sozialdemokrat Walter Zechlin Pressechef der rechtsbürgerlichen Regierung Marx). Noch schlimmer wirkte sich aber die Tatsache aus, daß die Deutschnationalen bei ihrer Regierungsbeteiligung jeweils den außenpolitischen Kurs Stresemanns akzeptiert hatten. Beim Eintritt in das Kabinett Luther hatten sie sich mit der Regelung der Reparationsfrage durch das Dawes-Abkommen abgefunden, und in der Regierung Marx hatten sie den 1925 abgeschlossenen Vertrag von Locarno sowie den 1926 erfolgten Beitritt Deutschlands zum Völkerbund hingenommen. Auf die extremen Nationalisten unter ihren Anhängern, die von den bisherigen Parolen der Partei aufgestachelt worden waren, mußte dies schockierend wirken. Hatte sich die DNVP mit der demokratischen Republik versöhnt, den Verrat der Novemberverbrecher verziehen und die Erfüllungspolitik gegenüber den Feinden des Reiches übernommen? Niemals konnten sich die Verfechter der totalen Opposition damit abfinden. Die Parteiführung wurde die Geister, die sie jahrelang beschworen hatte, nicht mehr los. Dies galt auch für die Partei selbst. Alfred Hugenberg, ein Vertreter des absoluten „Nein" übernahm die Führung, er warf das Ruder herum und sagte dem System und der nachgiebigen Außenpolitik wieder den bedingungslosen Kampf an. Doch damit konnten die Enttäuschten - wenn überhaupt - nur zu einem kleinen Teil wieder zurückgewonnen werden. Diese waren gegenüber der Partei weiterhin skeptisch, und zudem hatten sie inzwischen bei einer noch extremeren Bewegung der radikalen Ablehnung Zuflucht und neue „Hoffnung" gefunden - bei der NSDAP.

Unbelastet von Vergangenheit und Gegenwart waren in der Zeit der Aufrechnung während der Endphase der Republik lediglich die Kommunisten und die Nationalsozialisten. Beide distanzierten sich vom Kaiserreich, beide bekämpften die demokratische Republik, und beide prangerten die Ausplünderung Deutschlands durch die Siegermächte und das internationale Finanzkapital an. Allerdings predigten die Kommunisten den Klassenkampf, sie wünschten die Herrschaft des Proletariats auf nationaler und internationaler Ebene. Dieser Strategie verweigerte sich aber nicht nur das nationale Besitzbürgertum, sondern gerade auch die nationalistisch aufgeputschten mittelständischen Massen; ihre Furcht vor sozialer Deklassierung förderte das Verlangen nach einer Volksgemeinschaft. Hierbei kamen die Kommunisten aber als Partner nicht in Frage. Selbst aus dem nationalen Konsens ausgeschlossen, sahen sie ersatzweise in der Sowjetunion ihr sozialistisches Vaterland. Bei aller Sympathie für diesen Staat, der wie das Deutsche Reich gegen die Nachkriegsordnung anrannte und in dieser Zielsetzung teilweise mit der deutschen Außenpolitik zusammenwirkte, bot diese Ausrichtung für den extremen Nationalismus aber keine Perspektive. Er versprach sich von „Rußland" zwar Hilfe, dem Sieg des proletarischen Internationalismus setzte er aber nationale Befreiung und den Aufstieg des Reiches zu neuer Größe entgegen. Vorbild und Anknüpfungspunkt war dabei der Freiheitskampf gegen Napoleon I. Die inzwischen erfolgten gesellschaftlichen Umwälzungen wurden mißachtet, die Verbindungslinie beschränkte sich auf die zwischenstaatliche Ebene. Ein Anknüpfungspunkt für die KPD ergab sich dadurch nicht.

Übrig blieben einzig die Nationalsozialisten. In nahezu idealer Weise vermochten sie die nationalistischen Emotionen und Sehnsüchte mit ihrem Kampf gegen das System und seinen außenpolitischen Kurs verbinden, ohne sich dabei an erreichbaren Zielen orientieren zu müssen. Dies ergab sich bereits aus der zentralen Stellung, die die Außenpolitik für die NSDAP besaß. Sie war die Domäne des Parteiführers Hitler. Nach seinen Vorstellungen mußten alle Bereiche in den Dienst einer nationalen Befreiungspolitik gestellt werden. Bei der Formulierung seines außenpolitischen Programms in „Mein Kampf" knüpfte Hitler zwar durchaus an alldeutsche Zielsetzungen an, doch er gab „den großdeutschen und mitteleuropäischen Ordnungsvorstellungen in der Außenpolitik durch die Weiterentwicklung seiner Bündnisüberlegungen, durch Beobachtung von Realisierungschancen eine bewußt ostimperialistische Wendung ..., die in dieser Konsequenz auch von den völkischen und alldeutschen Kreisen nicht verfochten wurde" (Kuhn, Hitlers außenpolitisches Programm, S. 121). Auf der rechtskonservativen Seite wurde der Blick für diese später entscheidende rasseimperialistische Abweichung aber nicht nur durch die nationalsozialistische Stellung zum Marxismus und zum Judentum getrübt, ausschlaggebend war in diesem Zusammenhang vielmehr die entschiedene Front der NSDAP gegen Versailles. Mochte dies für Hitler und die nationalsozialistische Führung auch nur ein erster Schritt auf dem Weg zur Weltherrschaft gewesen sein, so war sie doch bei den Rechtskreisen der deutschen Öffentlichkeit und bei den Anhängern der bürgerlichen Parteien akzeptabel. Hinzu kam ein weiterer Gesichtspunkt. Je schärfer die außenpolitischen Auseinandersetzungen wurden und je stärker die nationalsozialistische Bewegung anschwoll, desto zurückhaltender wurde die NSDAP bei der Formulierung und Propagierung genauer außenpolitischer Zielvorstellungen. Warum sollte sie sich auch festlegen? Nicht nur, daß eine Offenlegung ihrer letzten Ziele und der ins Auge gefaßten Methode, den Krieg, doch viele Anhänger und Sympathisanten abgeschreckt hätte, eine genaue Bestimmung der Vorstellungen und Pläne mußte auch trennend wirken - die Nationalsozialisten hingegen wollten die national ausgerichteten Massen unter ihren Fahnen sammeln. Nichts konnte dieser Absicht förderlicher sein als eine vage Zielsetzung bei um so kompromißloserer Gegnerschaft zur und um so schärferer Auseinandersetzung mit der jeweiligen Außenpolitik der Reichsregierung. Die nationalsozialistische Führung hatte dies erkannt. Sie zog sich auf bloße Schlagworte zurück, die zwar weitgehend inhaltsleer waren, dafür aber um so größere Entschlossenheit demonstrierten: „58 Jahre Fronarbeit für die Weltbank", „Gegen die Tributversklavung", „Galgen für die Young-Politiker", „Die organisierte Young-Ausbeutung beginnt!", „Der Sieg des Nationalsozialismus bedeutet das Ende der feindlichen Erpresserpolitik", „Wir wollen keine Revision, sondern Freiheit", „Deutschlands Versklavung soll verewigt werden", „Der deutsche Fronsklave soll fortan für die Basler Judenbank schuften", „Die Erfüllungspolitik am Ende", „Reichskanzler v. Papen unterschreibt in Lausanne einen neuen deutschen Schuldschein" und „Die volksfremde Herrschaft gefährdet Deutschlands Kampf gegen die Versailler Versklavung" lauteten einige der Balkenüberschriften auf der Titelseite des „Völkischen Beobachters" in den Jahren 1929 bis 1932. Der Erfolg bestärkte die Nationalsozialisten in ihrer Taktik. Im Frühjahr konnte sich Hitler mit achtbarem Erfolg gegen den „nationalen Helden" von Hindenburg im Kampf um das Amt des Reichspräsidenten aus der Affäre ziehen. 36,8 % der gültigen Stimmen erzielte er im zweiten Wahlgang - und was schwerer wog, selbst gegen den greisen Feldmarschall des Ersten Weltkrieges hatte die NSDAP die überwältigende Mehrheit der nationalen Rechten auf ihre Seite gebracht. Es ging ihr dabei nicht mehr um einen unbestimmten nationalen Konsens, die Partei setzte auf die

„nationale Entscheidung". National bedeutete in diesem Zusammenhang aber nicht nur deutschgesinnt wie bei den übrigen Parteien und Gruppen der politischen Rechten. Die NSDAP zielte mit ihrer nationalistischen Agitation über reaktionären Hochmut hinaus auf die Idee der Volksgemeinschaft (vgl. den Beitrag von Detlef Lehnert). In diesem Sinne konnte sie nun den Kampf um „Deutschlands Aufstieg" uneingeschränkt führen. Deutlich wurde dies bei den Reichstagswahlen am 31. Juli 1932. Die Nationalsozialisten stiegen von 18,3 auf 37,4 % der Stimmen, während die DNVP weiter, nämlich von 7,0 auf 5,9 %, zurückging.

Bei ihrer außenpolitischen Agitation war den Nationalsozialisten allerdings seit Mitte 1930 noch ein vierter Faktor entgegengekommen: die neue Politik des Reichskanzlers Heinrich Brüning (Zentrum). Obwohl Brüning scheinbar den Stresemann-Kurs in der Außenpolitik fortführte und die Wirtschaft als Mittel der Politik nützen wollte, handelte es sich doch um eine Umkehrung des Stresemannschen Revisionskonzepts. Der frühere deutsche Außenminister wollte die Mächte dadurch für eine Revisionspolitik gewinnen, daß er ihre weltwirtschaftlichen Interessen (z.B. Absatz von Waren und Geldanlage in Deutschland) mit dem deutschen Wiederaufstieg zu verbinden versuchte. Brüning hingegen nutzte die Weltwirtschaftskrise, um die deutsche Außenpolitik von dieser Bindung zu befreien (vgl. Megerle, Weltwirtschaftskrise, S. 127ff.). Dazu mußte der Kanzler den Nachweis erbringen, daß Deutschland unfähig sei, den Young-Plan zu erfüllen. Dieses Bemühen kam den Nationalsozialisten in doppelter Weise zugute. Zunächst erforderte der Nachweis der Zahlungsunfähigkeit eine Anspannung aller wirtschaftlichen Kräfte des Reiches. Brüning war sich dessen bewußt, und trotz der katastrophalen wirtschaftlichen Situation in Deutschland war er fest entschlossen, „bis zum Äußersten zu gehen" (Brüning, Memoiren, S. 193), und bereit, hierfür die Verelendung des deutschen Volkes in Kauf zu nehmen. Aber nicht nur von dieser Verschärfung der Krisensituation in Deutschland erhielten die Nationalsozialisten Auftrieb. Brünings Bemühungen, die Außenpolitik und die außenpolitische Befreiung ins Zentrum seiner Maßnahmen zu rücken und diesem Ziel alles andere unterzuordnen, führte ihn auf ein Kampffeld, das bereits von den Nationalsozialisten besetzt war. Alle Revisionsbekundungen des Kanzlers konnten nur ein schwacher und somit in der Wirkung schwächlicher Abklatsch der nationalsozialistischen Forderungen sein. Dadurch konnte die Revisionsagitation der NSDAP nicht bekämpft werden; im Gegenteil, die Position der extremen Rechten wurde auf diese Weise offiziell bestätigt, ihre außenpolitische Demagogie geradezu gefördert. Die Politik Brünings war eine Gefangene ihrer eigenen Strategie. Durchschlagende Erfolge blieben aus, und das Erreichte kam zu spät und stand ständig unter Beschuß der unersättlichen nationalsozialistisch geführten Propaganda. Wirkung blieb dieser Politik aber auch schon deshalb versagt, weil sie zwar von den politischen Kräften der rechten Mitte durchgeführt wurde, aber dennoch der Absicherung durch die Sozialdemokraten bedurfte. Diese Verbindung mit dem System mußte die Revisionspolitik Brünings in den Augen der nationalistischen Rechten von vornherein unglaubwürdig erscheinen lassen. In völliger Verkennung dieser Situation kam Brüning die nationalistische Agitation nicht einmal ungelegen. Er glaubte, den Sturm der Erregung im Innern für seine Revisionsforderungen gegenüber dem Ausland fruchtbar machen zu können. Allerdings war er diesem Spiel mit dem Feuer nicht gewachsen. Ohne entscheidende Hilfe der ebenfalls innenpolitisch bedrängten Siegermächte wurde der Brand in Deutschland für Brüning unkontrollierbar. Angesichts des immer stärker werdenden Ansturms der nationalistischen Rechten verlor er seine innenpolitischen Stützen und mußte zurücktreten. Doch obwohl die nachfolgende Regierung unter Franz von Papen noch weiter rechts angesiedelt war und die Revisionsanstrengungen verstärkte, vermochte auch sie der nationalsozialistischen Herausforderung auf außenpolitischem Gebiet nicht zu begegnen. Die Agitationsmaschinerie steigerte sich von Tag zu Tag. Daran änderte sich auch nichts durch die Tatsache, daß die NSDAP bei den Reichstagswahlen am 6. November 1932 erstmals einen Rückschlag erhielt und von 37,4 auf 33,1 % der Stimmen zurückging. Die nationalistische Erregung ging dadurch nicht zurück. Und auch die Position von Papens wurde nicht gestärkt, die ihn unterstützende DNVP stieg nur von 5,9 auf 8,8 % der Stimmen. Beiden - von Papen und den Deutschnationalen - blieb daher nichts anderen übrig, als sich nach dem kurzen Zwischenspiel der Regierung des Generals Kurt von Schleicher in die nationale Front einzugliedern - nun allerdings eindeutig unter der Führung Hitlers und der NSDAP: Das Kabinett der „nationalen Konzentration" konnte seine „Arbeit" am 30. Januar 1933 aufnehmen.

Es wäre nun allerdings verfehlt, die nationalsozialistische Machtergreifung allein oder in erster Linie auf die außenpolitische Agitation zurückführen und als Höhepunkt des emotionsgeladenen Kampfes gegen den Versailler Vertrag werten zu wollen - nicht zuletzt die materiellen Interessen der einzelnen Bevölkerungsgruppen gilt es hierbei zu berücksichtigen. Gleichwohl muß dem Aspekt der nationalistischen Demagogie Beachtung geschenkt werden, wenn es die Frage zu beantworten gilt, warum gerade die Nationalsozialisten als „Sieger" aus der Krisensituation hervorgingen und warum gerade sie die Zerstörung der Republik vollenden konnten: Die außenpolitische Agitation war schließlich wie kein anderes Mittel geeignet, um große Teile der Bevölkerung, insbesondere das Kleinbürgertum aus der nationalen Demütigung aufzurütteln, um Folgebereitschaft der Massen hervorzurufen, um die Brücke zwischen dem sozialrevolutionären Kleinbürgertum und der reaktionären bürgerlichen Elite zu schlagen und um schließlich das ganze Weimarer System in den Abgrund zu reißen. Der nationalsozialistische „Schlachtruf" für diesen Vorgang hieß: „Deutschland erwache!"

Zitierte und weiterführende Literatur

Draeger, Hans, Die deutsche Revisionsbewegung, ihre künftige Entwicklung und künftigen Ziele. Vortrag, gehalten auf der Reichstagung des Arbeitsausschusses Deutscher Verbände in Goslar, 5.-7. Juli 1927, o.O., o.J.

Die Entstehung des Youngplans. Dargestellt vom Reichsarchiv 1931 - 1933. Durchgesehen und eingeleitet von Martin Vogt. Boppard 1970.

Erdmann, Karl Dietrich, Die Zeit der Weltkriege. 9. Aufl. Stuttgart 1976 (= Gebhardt, Bruno, Handbuch der deutschen Geschichte 4).

Graml, Hermann, Europa zwischen den Kriegen. 3. Aufl. München 1976.

Helbich, Wolfgang J., Die Reparationen in der Ära Brüning. Zur Bedeutung des Young-Plans für die deutsche Politik 1930 bis 1932. Berlin 1962.

Heß, Jürgen C., „Das ganze Deutschland soll es sein". Demokratischer Nationalismus in der Weimarer Republik am Beispiel der Deutschen Demokratischen Partei. Stuttgart 1978.

Hillgruber, Andreas, Kontinuität und Diskontinuität in der deutschen Außenpolitik von Bismarck bis Hitler. 3. Aufl. Düsseldorf 1971.

Hillgruber, Andreas, Unter dem Schatten von Versailles - Die außenpolitische Belastung der Weimarer Republik: Realitäten und Perzeption bei den Deutschen. In: Weimar. Selbstpreisgabe einer Demokratie. Eine Bilanz heute. Hg. Karl Dietrich Erdmann / Hagen Schulze. Düsseldorf 1980. S. 51-67.

Kuhn, Axel, Hitlers außenpolitisches Programm. Entstehung und Entwicklung 1919 - 1939. Stuttgart 1970.

Link, Werner, Die amerikanische Stabilisierungspolitik in Deutschland 1921-32. Düsseldorf 1970.

Megerle, Klaus, Weltwirtschaftskrise und Außenpolitik. Zum Problem der Kontinuität der deutschen Politik in der Endphase der Weimarer Republik. In: Geschichte als politische Wissenschaft. Hg. J. Bergmann u.a. Stuttgart 1979. S. 116-140.

Ronde, Hans, Von Versailles bis Lausanne. Der Verlauf der Reparationsverhandlungen nach dem ersten Weltkrieg. Stuttgart 1950.

Salewski, Michael, Das Weimarer Revisionssyndrom. In: Aus Politik und Zeitgeschichte B 2/1980. S. 14-25.

Der Vertrag von Versailles. Mit Beiträgen von Sebastian Haffner, Gregory Bateson, J.M. Keynes, Harold Nicolson, Arnold Brecht, W.I. Lenin u.a. München 1978.

Zimmermann, Ludwig, Deutsche Außenpolitik in der Ära der Weimarer Republik. Göttingen/Berlin/Frankfurt 1958.

Jürgen Bergmann / Klaus Megerle

WER UNTERSTÜTZTE DIE NATIONALSOZIALISTEN?

Das Verhältnis der gesellschaftlichen Gruppen zur nationalsozialistischen Bewegung

Für die Erklärung der nationalsozialistischen Machtergreifung und für die Folgewirkungen dieses Ereignisses in der weiteren deutschen Geschichte ist es zweifellos von entscheidender Bedeutung, was für eine Partei oder Bewegung dabei die Herrschaft übernahm und auf welche sozialen Gruppen und Schichten der deutschen Bevölkerung sie sich stützen konnte. Der Charakter und das Auftreten der Nationalsozialistischen Deutschen Arbeiterpartei in der Weimarer Zeit ist heute nur noch schwer zu begreifen, und schon damals erweckte sie häufig den Eindruck eines neuartigen und vielfach befremdlichen Phänomens. Von vielen wurde sie eben deshalb begeistert und voller Hoffnung begrüßt und von anderen als ein Spuk betrachtet, der hoffentlich bald wieder verschwinden würde. Das Neuartige dieser Partei, das viele ihrer Anhänger faszinierte und wesentlich zu ihrem „Erfolg" in der Endphase der Weimarer Republik beitrug, bestand in ihrem Charakter und Selbstverständnis als „Bewegung", mit dem sie sich von den überkommenen Parteien abheben wollte und tatsächlich auch in vielfacher Hinsicht unterschied. Von Anfang an zielte Hitler als der zentrale Motor und Entscheidungsträger der NSDAP darauf ab, nicht eine Partei traditionellen Typs, sondern eine dynamische und aktive Kampfbewegung neuen Stils zu gründen, die ein ständiges geballtes Agitationspotential darstellte und ihr Ziel nicht so sehr in politischer Argumentation und Überzeugung als in der Freisetzung der emotionalen und Willenstendenzen in der Bevölkerung sah. Dieser Zielsetzung und diesem Selbstverständnis entsprach das neuartige Erscheinungsbild der Partei, die sich mit ihren Aufmärschen und Großversammlungen, mit ihrem militärischen Zeremoniell und Gepränge sowie mit ihrem gewalttätigen Auftreten auf der Straße und in der politischen Arena deutlich von den traditionellen Parteien abhob. Besonders die Verbindung von militanter Agitationspartei und paramilitärischen Kampforganisationen (der SA und später der SS) gab diesem neuartigen Erscheinungsbild ihr Gepräge: sie machte die Androhung und konkrete Anwendung von Gewalt zum dauerhaften Mittel der nationalsozialistischen Politik und bot die Grundlage für die Einschüchterung politischer Gegner sowie für die Demonstration von Macht und Stärke in der Öffentlichkeit und insbesondere vor den Augen der begeisterten Anhängerschaft. Die 1920 gegründete SA war dabei einmal ein Wehrverband, in dem besonders die jüngeren NSDAP-Mitglieder ihr Bedürfnis nach Aktivität und Militanz entfalten konnten. Sie war aber zum anderen auch Parteitruppe, die bei Versammlungen und Demonstrationen der Partei ständig für Saalschutz- und Propagandazwecke zur Verfügung stehen mußte und ihr Selbstverständnis als wichtiger Bestandteil der Partei weitgehend aus dieser Schutz- und Agitationsfunktion zog. Dadurch unterschied sich die SA auch von den zahlreichen Wehrverbänden der politischen Rechten in der Weimarer Republik, die nach 1923 zunehmend an Bedeutung verloren, während die SA gerade in der Endphase der Weimarer Republik und auf dem Wege der NSDAP zur Macht noch ständig an Bedeutung gewann. Sie wurde dadurch allerdings auch ein Machtfaktor mit starkem Selbstbewußtsein und einer gewissen Eigenständigkeit und stellte immer wieder ein Problem im Rahmen der Macht- und Entscheidungsstruktur der nationalsozialistischen Bewegung dar, bis es im Jahre 1934 dann auf gewaltsame und blutige Weise von Hitler gelöst wurde.

Als Voraussetzung für die Machtergreifung war diese Doppelstruktur der nationalsozialistischen Bewegung als militante Agitationspartei und als paramilitärische Kampfbewegung aber von unüberschätzbarer Bedeutung. Die Partei erweckte dadurch nicht nur den Eindruck von Durchsetzungskraft und Stärke, der auf breite Kreise der Bevölkerung einen gewaltigen Eindruck machte, sondern sie stellte in der Endphase der Republik auch faktisch einen Machtfaktor dar, den man sich mit militärischen Mitteln nicht mehr zu bekämpfen traute: General von Schleicher stellte Ende 1923 fest, daß die Reichswehr einer gleichzeitigen Auseinandersetzung mit den Wehrverbänden des Nationalsozialismus und der radikalen Linken nicht mehr gewachsen sei.

Die Schlagkraft und Durchsetzungsfähigkeit dieser Bewegung, die ihr die konsequente Ausnutzung der Krisensituation am Ende der Weimarer Republik und im Endeffekt die Machtergreifung ermöglichte, ist damit aber noch nicht völlig erklärt. Ein wesentliches „Erfolgsmerkmal" war zweifellos das Führer-Gefolgschafts-Verhältnis als zentrales Aufbau- und Organisationsprinzip der NSDAP, das ebenfalls in den traditionellen Parteien kein Gegenstück hatte und grundlegend für die Stabilität und Flexibilität sowie für die Massenanziehungskraft der nationalsozialistischen Bewegung war. Es resultierte aus der entscheidenden Integrations- und Antriebsfunktion Hitlers für den Aufbau und Aufstieg der NSDAP, die in wachsendem Maße die gesamten Hoffnungen und Erwartungen der Parteimitglieder auf die Person des „Führers" konzentrierte. Dadurch konnte das von Hitler beanspruchte persönliche Treue- und Gefolgschaftsverhältnis zwischen Anhängerschaft und Führer bzw. die unbedingte Geltung des „Führerprinzips", der absoluten Befehlsgewalt und Entscheidungsbefugnis des „Führers", in der Partei durchgesetzt und fest verankert werden. Das bedeutete nicht, daß es in der NSDAP keinerlei Eigenständigkeit gab. Gerade in der Anfangsphase hing das Schicksal der Bewegung wesentlich von der Fähigkeit und dem Einfallsreichtum lokaler nationalsozialistischer Führer und Gruppen ab und begründete die starke Position sowie die relative Eigenständigkeit des Stammes „alter Kämpfer" auch in späterer Zeit. Das „Führerprinzip" bedeutete dementsprechend auch keine von oben bis unten strikt durchorganisierte und durchgehaltene Befehls- und Gehorsamsstruktur oder das völlige Fehlen abweichender Meinungen und Zielsetzungen. Die nationalsozialistische Bewegung war vielmehr zunehmend durch einen Wirrwarr konkurrierender Instanzen und Organisationen gekennzeichnet. Zumindest in der Frühzeit waren deshalb innerhalb der Partei auch durchaus noch abweichende Tendenzen und Zielsetzungen zu verzeichnen, von denen besonders die sogenannte nationalsozialistische „Linke" das im Parteinamen und im frühen Parteiprogramm betonte soziale Moment der Bewegung viel ernster nehmen wollten, als es die Parteimehrheit und insbesondere Hitler vorsahen. Aber das „Führerprinzip" war nichtsdestoweniger für die Partei von entscheidender Wichtigkeit und bedeutete, daß in letzter Instanz die absolute Befehlsgewalt bzw. der Wille des „Führers" als verbindliche Norm innerhalb der Partei galten und auch akzeptiert wurden (Horn, Führerideologie, S. 97). Es bedeutete ferner, daß der innere Zusammenhalt der Partei nicht auf organisatorischen Bindungen und auch nicht in erster Linie auf programmatischen Grundlagen, sondern auf dem gläubigen Treue- und Gefolgschaftsverhältnis zwischen „Führer" und Parteianhängerschaft beruhte. Hitler hat deshalb auch immer dann eingegriffen, wenn diese letzte Befehlsgewalt und Führerstellung in Frage gestellt wurde, und hat immer wieder Wert darauf gelegt, die direkte Verpflichtung aller Parteiangehörigen und Parteiorganisationen auf seine Person aufrechtzuerhalten oder zu erneuern.

Diese spezifische Integrations- und Entscheidungsstruktur der Partei war für den Aufstieg der NSDAP und die Machtergreifung kaum zu überschätzen: Sie bedeutete Flexibilität in der politischen Taktik, da Entscheidungen und Schwankungen schnell und ohne große Reibungsverluste getroffen werden konnten. Ferner ermöglichte sie einen hohen Grad an skrupellosem Opportunismus in der propagandistischen Einstellung auf die Bevölkerungsgruppen und -schichten, die man jeweils gewinnen wollte, da nicht lange um einen innerparteilichen Konsens gerungen werden mußte, sondern der „Führerwille" entschied. Darüber hinaus kam sie dem nach dem Kriege weit verbreiteten Bedürfnis nach klarer Führung und autoritärer Entscheidung entgegen und ermöglichte außerdem die Einordnung in eine totale, den ganzen Menschen erfassende und beanspruchende Gemeinschaft, die vielen durch Krieg und Nachkriegszeit aus der Bahn geworfenen Menschen einen Ausweg aus ihrer Entwurzelung und Desorientierung zu bieten schien.

Eine wesentliche Voraussetzung für diese Durchschlagskraft und den Erfolg der nationalsozialistischen Bewegung war allerdings auch ihre Ideologie, die ja einen besonderen Anziehungspunkt für große Teile der Bevölkerung darstellte. Der Stellenwert dieser Ideologie oder Programmatik des Nationalsozialismus wurde allerdings durch eine eigenartige Ambivalenz gekennzeichnet. Einerseits waren die zentralen Vorstellungen und Zielsetzungen der Bewegung und vor allem Hitlers in einigen grundlegenden gesellschaftlichen sowie ideologischen Vorstellungen und Denkmustern verankert, die damit eine hohe Bedeutung für die prinzipielle Orientierung und Vorgehensweise der nationalsozialistischen Bewegung besaßen. Andererseits stand dem eine immer wieder zu beobachtende überraschende Prinzipienlosigkeit in einzelnen ideologischen und programmatischen Fragen gegenüber, die selbst wichtige Programmpunkte und inhaltliche Zielsetzungen variierbar werden ließ. Erklärbar wird dieser scheinbare Widerspruch aus dem Nebeneinanderbestehen grundlegend bedeutsamer nationalsozialistischer Ideologiebestandteile neben Programmpunkten und inhaltlichen Zielsetzungen sekundärer Art, die weitgehend unter taktischen Gesichtspunkten betrachtet und behandelt werden konnten. Generell war die nationalsozialistische Ideologie durch einige völkische, nationalistische, rassistische, antiliberale und besonders antimarxistische Vorstellungen gekennzeichnet, innerhalb derer aber besonders die Grundgedanken und Ziele jenen wesentlichen Charakter und Vorrang besaßen, die für Hitler persönlich von Bedeutung waren. Es waren dies vor allem die Boden- und Lebensraumphilosophie, die frühzeitig die Expansion nach Osten ins Auge faßte, um dort zusätzlichen Lebensraum zu gewinnen, und weiterhin ein fanatischer Antisemitismus, der für Hitler zunehmend den Stellenwert einer missionarisch-universalistischen Menschheitsaufgabe erhielt.

Ein zentraler Stellenwert kam im Rahmen dieser ideologischen Grundpositionen der Fähigkeit zur Selbstbehauptung der Völker nach außen zu: Auch der Antisemitismus wurde von Hitler weitgehend unter dem Gesichtspunkt der angeblichen Schwächung der Volkskraft und Behauptungsfähigkeit im Kampf der Rassen und Nationen gesehen. Aufgrund dessen wurden die Probleme der inneren Organisation und Struktur von Staat und Gesellschaft weitgehend unter dem Aspekt der größtmöglichen Aktivierung der Volkskräfte zur Stärkung der äußeren Schlagkraft betrachtet und behandelt. Sie waren deshalb wenig prinzipienbelastet und in ihrer inhaltlichen Ausgestaltung weitgehend variierbar. Daraus resultierte eine wesentliche Stärke der nationalsozialistischen Bewegung auf dem Wege zur Machtergreifung: der größte Teil aller umstrittenen Probleme der Innenpolitik und der gruppenspezifischen Interessen konnte rein taktisch unter dem Gesichtspunkt der Vergrößerung des Massenanhangs und des letztendlichen Machterwerbs behandelt werden. Die nationalsozialistische Propaganda konnte dadurch eine für andere Parteien unerreichbare Flexibilität und Anpassungsfähigkeit entwickeln. Besonders in der Endphase der Weimarer Republik vermochte sie sich deshalb mit großer Virtuosität auf die jeweiligen Interessen der einzelnen Gruppen ebenso einzustellen wie auf regionsspezifische Besonderheiten: Die Partei versprach jedem das Seine und allen alles. Interessengegensätze, die dabei nicht ausbleiben konnten, wurden geschickt überspielt und mit allgemeinen Floskeln oder emotionalen Appellen überdeckt, die vor allem die Vorstellung suggerierten, daß unter der neuen Ordnung alles anders und besser werden würde.

Die nationalsozialistische Bewegung besaß also aufgrund ihres Selbstverständnisses, ihrer Organisations- und Entscheidungsstruktur und ihrer Ideologie bzw. ideologischen Flexibilität eine Fülle von Voraussetzungen, die desorientierten Massen der Nachkriegszeit anzusprechen. Sie konnte deshalb besonders die Krisenphase nach 1930 erfolgreich ausnützen, um das Gegenbild einer neuen Ordnung zu demonstrieren und die Wünsche und Hoffnungen breiter Teile der Bevölkerung auf sich zu ziehen. Dieses Erscheinungsbild als dynamische, sieggewohnte Agitationspartei und die Strategie skrupelloser propagandistischer Aufnahme und Ausnützung aller gesellschaftlichen Probleme und Unzufriedenheiten war aber nicht ohne Problematik. Das gläubige Vertrauen und Siegesbewußtsein der Mitglieder und Anhänger der NSDAP führte dazu, daß Rückschläge nur schwer verkraftet werden konnten, und ließ bereits den verhältnismäßig geringfügigen Rückgang der Wählerstimmen im November 1932 zu einer Krise der Bewegung werden. Ebenso war der versuchte propagandistische Ausgleich so zahlreicher unterschiedlicher und zum Teil sogar gegensätzlicher Interessen der nationalsozialistischen Anhängerschaft nur schwer durchzuhalten und mußte auf die Dauer zu Enttäuschungen und einer Abkehr vom Nationalsozialismus führen. Derartige Tendenzen deuteten sich Ende 1932 aber erst teilweise an, während die Gesamtentwicklung bis zu diesem Zeitpunkt noch durch den Zustrom breiter Bevölkerungsmassen zum Nationalsozialismus gekennzeichnet war. Deren Unterstützung ermöglichte in wesentlichem Ausmaß die legale Machtübernahme durch die nationalsozialistische Bewegung, und die Ansprechbarkeit und Aktivierbarkeit dieser Bevölkerungsschichten durch den Nationalsozialismus bildet deshalb eines der großen Probleme der Machtergreifung.

Die Frage, welche Gruppen und Schichten den Nationalsozialismus hauptsächlich unterstützten und damit zu seinem „Erfolg" im Jahre 1933 beitrugen, ist ein bis in die Gegenwart vielfach umstrittenes Problem. Ungeklärt war lange Zeit, ob die NSDAP vorwiegend eine Mittelstandspartei darstellte oder eher den Charakter einer Volkspartei besaß, d.h. ihrem Anspruch entsprechend tatsächlich die wichtigsten Gruppen und Schichten der damaligen deutschen Bevölkerung umfaßte. Eingehende Analysen der Mitgliederstruktur und vor allem der Wählerschaft der NSDAP haben inzwischen den Mittelschichtencharakter der nationalsozialistischen Bewegung weitgehend bestätigt. Die NSDAP war mitgliedermäßig überwiegend eine Partei des ländlichen und städtischen Mittelstandes, obgleich sie nach 1930 große Teile des gehobenen Bürgertums und auch einen gewissen Teil der Arbeiterschaft gewinnen konnte. Ausschlaggebender aber war die Massenanhängerschaft, die die NSDAP vor allem in den Wahlen nach oben trug. Bei ihrer Analyse wurde die Kontroverse „Mittelstands- oder Volkspartei" oft noch dadurch kompliziert, daß an die Stelle dieser Trägergruppierungen der NSDAP eine dritte gesetzt wurde, und zwar die der ehemaligen Nichtwähler bzw. der politisch apathischen, zuvor politisch wenig integrierten Bevölkerungsteile, die ab 1930 durch den Nationalsozialismus mobilisiert und für ihn gewonnen worden seien. Wie sich zeigen ließ, profitierte der Nationalsozialismus tatsächlich von der Politisierung dieser überwiegend jüngeren, politisch apathischen Sozialgruppen, deren neues Engagement sich besonders am Anstieg der allgemeinen Wahlbeteiligung zeigte. Ebenso deutlich wurde aber, daß auch die anderen Parteien Zuzug aus diesem Lager der ehemaligen Nichtwähler erhielten, so daß dieser Faktor nicht vorrangig für den relativen Anstieg der nationalsozialistischen Wählerstimmen verantwortlich gemacht werden kann. Neuere Untersuchungen bestätigten statt dessen, daß es seit 1928 tatsächlich neben einem nicht unbeträchtlichen Bürger- und Arbeiteranteil vorwiegend die städtischen und ländlichen Mittelschichten waren, die in wachsendem Maße die nationalsozialistische Bewegung unterstützten und deren Massenanhang vergrößerten (vgl. Falter, Wer verhalf der NSDAP, S. 11 ff.).

Besonders erfolgreich war die nationalsozialistische Bewegung von diesem Zeitpunkt an auf dem Lande, und zwar fast ausschließlich in den protestantischen Landkreisen, da der katholische Bereich gegenüber dem Nationalsozialismus weitgehend resistent blieb. Neben ländlichen Gruppen waren es besonders der „alte Mittelstand" der Handwerker und Kleinhändler und ab 1930 vor allem auch der „neue Mittelstand" der Angestellten und Beamten, die zur Wählerschaft des Nationalsozialismus hinzustießen. Seine größten Erfolge erlangte der Nationalsozialismus deshalb seit 1930 auf dem Lande und in den Kleinstädten des protestantischen Nord-, Mittel- und Ostdeutschlands, wo er in den bäuerlichen Familienbetrieben und in den Kreisen der ländlichen und kleinstädtischen Handwerker und Kleinhändler sowie dann auch der Angestellten und Beamten einen festen Anhänger- und Wählerstamm errungen hatte.

Schon damals stellte sich die Frage, was diese von dem zeitgenössischen

Soziologen Theodor Geiger beobachtete „Panik im Mittelstand" bewirkte und ihn dem Nationalsozialismus in die Arme trieb, und jede Erörterung der Voraussetzungen und Bedingungen der nationalsozialistischen Machtergreifung wird sich auch heute noch dieser Frage stellen müssen.

Radikalisierung der Mittelschichten und nationalsozialistische Massenbewegung

Ein Blick auf die Geschichte der Weimarer Republik zeigt, daß die Hinwendung vieler Bauern, Handwerker und Angestellter zum Nationalsozialismus nur das Ende eines Radikalisierungsprozesses darstellte, der schon viel früher begonnen hatte. Die Klagen der Handwerker und auch vieler Bauern über das neue parlamentarische System begannen schon bald nach dem Ende der Revolution von 1918/19, und es wuchs schnell die Kritik an zahlreichen Mängeln und Benachteiligungen, denen sie sich ausgesetzt fühlten. Dabei vollzogen sie eine zunehmende Rechtsschwenkung, die sich im Überwechseln zu den konservativen und später auch zu eigenen berufsständischen Interessenparteien äußerte. Wesentlich war aber, daß sich daneben in der zweiten Hälfte der 1920er Jahre zumindest im bäuerlichen und kleingewerblichen Bereich spontane Basisbewegungen entfalteten, die einen hohen Grad von Emotionalität und sozialer Schubkraft entwickelten und an Radikalität schon bald die offizielle Politik ihrer Interessengruppen übertrafen. Vor allem die bäuerliche Landvolkbewegung mit ihrem Zentrum in Schleswig-Holstein trat hervor; sie wurde von Hans Fallada in seinem Roman „Bauern, Bonzen und Bomben" bereits damals eindrucksvoll beschrieben. Die Bauern wehrten sich mit passivem Widerstand, schreckten aber auch vor Gewaltanwendung, ja sogar vor Bombenattentaten gegen Steuereintreibungen oder Zwangsversteigerungen bei stark verschuldeten Betrieben nicht zurück und versuchten ihre Gegenwehr in Form einer spontanen Widerstandsbewegung auf überregionaler Ebene zu organisieren. Nicht ganz so gewaltsam, aber ähnlich spontan und protestbereit verhielten sich im Bereich des gewerblichen Mittelstandes die Handwerkerbünde, die sich ebenfalls schon zu Beginn der 1920er Jahre bildeten und selbst von den offiziellen Handwerksorganisationen die Aufgabe zugewiesen erhielten, „Masse [zu] zeigen, [zu] demonstrieren, [zu] schreien, wor andere nur sprechen dürfen" (zitiert nach Winkler, Mittelstand, S. 133). Die offiziellen Organisationen glaubten dabei immer noch, die Handwerkerbünde und die ihnen zugrundeliegenden elementaren Basisbewegungen kontrollieren zu können, und eine Zeitlang gelang ihnen das auch halbwegs. Mit dem Ausbruch der Agrar- und Weltwirtschaftskrise gegen Ende der zwanziger Jahre radikalisierten sich aber die gesamte spontane Handwerkerbewegung und ihre Bünde in zunehmendem Maße und bildeten damit zusammen mit der radikalen Landvolkbewegung im Agrarsektor ein militantes Potential elementarer Unzufriedenheit und gewaltsamen Protestes im mittelständischen Bereich. Wie zuvor schon die Landvolkbewegung, neigten jetzt auch die Handwerkerbünde zu gewaltsamen Protestmaßnahmen. Sie erreichten zwar nicht die Ausmaße des bäuerlichen Widerstandes, nahmen aber doch die Form erregter Massenkundgebungen an und führten zeitweilig zur Schließung der Werkstätten und Läden, „um der herrschenden Verzweifelung sichtbaren Ausdruck zu geben" (Reichsverband des deutschen Handwerks an Reichskanzler von Schleicher am 12.12.1932). Ein wesentliches Ergebnis dieser Radikalisierung der mittelständischen Basis und ihrer spontanen Aktionen bestand in der zunehmenden Zerstörung des offiziellen Organisations- und Verbandsgefüges des Agrar- und Gewerbesektors. Da die elementaren Bewegungen fast durchwegs ohne Bezug zu ihnen waren, verloren die institutionalisierten Verbände und Repräsentativorgane dieser Sektoren in wachsendem Maße ihre Vertretungsfunktion für ihren Sozialbereich, so daß die organisatorische Einheit und die durch die Verbände repräsentierte einheitliche Interessenvertretung des Agrar- und Gewerbesektors zunehmend verloren gingen. Dieser Vorgang, von den spontan aufbegehrenden Bauern und Handwerkern selbst hervorgerufen, bewirkte gleichzeitig deren wachsende Isolierung und Verwirrung, da das Engagement in spontanen Aktionen zwar die Artikulation von Verzweiflung und Protest ermöglichte, aber nicht die verlorengegangene Orientierung und gesellschaftliche Verortung ersetzen konnte, die das traditionelle Verbands- und Organisationsgefüge bis dahin weitgehend gewährleistet hatte. Der Prozeß der Abwendung von den eigenen Organisationen und Verbänden war dabei um so erstaunlicher, als diese ja die Interessen ihres jeweiligen Sektors oder ihrer Sozialgruppen mit äußerstem Nachdruck vertraten und von daher gesehen keinen Anlaß für eine derartige Entwicklung boten. Die dadurch bewirkte Situation mit radikalisierten, aber in wachsendem Maße orientierungslosen Bauern und Kleingewerbetreibenden einerseits, zunehmend schwächer und einflußloser werdenden Verbandsorganisationen andererseits bildete aber die ideale Ansatzmöglichkeit für den Nationalsozialismus, in die Reihen der Bauern und Handwerker einzubrechen und seinen Einfluß Zug um Zug auszudehnen. Auf der Basis einer seit 1928 geschickt auf den gewerblichen Mittelstand und die Bauern ausgerichteten Propaganda, die allen Forderungen und Wünschen dieser Gruppen entgegenzukommen schien, gelang es der nationalsozialistischen Bewegung in wachsendem Maße, sich den desorientierten und isolierten Bauern und Kleingewerbetreibenden als neues Orientierungs- und Integrationszentrum anzubieten. Sie erlangte besonders auf lokaler und regionaler Ebene immer stärkeren Einfluß auf mittelständische Kreise und konnte dann auf dieser Basis auch die berufsständischen Organisationen im Agrar- und Gewerbebereich von unten her unter Druck setzen. Soweit diese Spitzenorganisationen dagegen überhaupt Widerstand leisten wollten - wie noch zu zeigen ist, wurde zumindest von den wichtigsten Agrarverbänden die Hinwendung zum Nationalsozialismus bereitwillig unterstützt -, blieb deshalb letztlich „nur die Wahl zwischen Anpassung und Auseinanderbrechen" (Winkler, Mittelstand, S. 169), so daß die Eroberung des bäuerlichen und gewerblichen Mittelstandes durch den Nationalsozialismus und die Gleichschaltung der mittelständischen Organisationen und Verbände nicht aufzuhalten war.

Ähnlich wie die eben geschilderten Prozesse bei den Bauern und Kleingewerbetreibenden verlief die Entwicklung später auch beim neuen Mittelstand, besonders der Angestelltenschaft. Hier nahmen die letztlich ebenfalls in den Nationalsozialismus einmündenden Basisprozesse zwar weniger den Charakter elementarer Protestbewegungen an, aber neben der zunehmenden Unterstützung der NSDAP in den Wahlen war es auch hier die breite Hinwendung der organisierten Angestelltenschaft zum Nationalsozialismus, die die Verbandspolitik unterwanderte und sie für die Übernahme durch die Nationalsozialisten bereit machte: Schon lange vor der Gleichschaltung des Deutschnationalen Handlungsgehilfen-Verbandes traten etwa ganze Ortsgruppen dieses Verbandes geschlossen zur Hitler-Jugend über (Prinz, Ende der Standespolitik, S. 353).

Es war also insgesamt gesehen nicht nur die Förderung in den Wahlen, sondern daneben auch eine breite elementare Massenbewegung, mit der die ländlichen und städtischen Mittelschichten den Nationalsozialismus unterstützten und ihm die Eroberung bedeutsamer Sozialbereiche und Organisationsstrukturen schon vor der Machtergreifung ermöglichten. Dadurch konnte der Nationalsozialismus bereits in der Endphase der Weimarer Republik wichtige gesellschaftliche Machtpositionen gewinnen, mit deren Hilfe die nationalsozialistische Massenbeeinflussung und Massenverankerung noch gesteigert werden konnte. Diese unmittelbare Verankerung des Nationalsozialismus in bestimmten Bevölkerungskreisen und ihren gesellschaftlichen Organisationen war zwar auch bei anderen Gruppen gegeben, so etwa bei einigen Teilen des akademischen Bürgertums (Ärzte, Juristen, Studentenschaft), aber unter dem Aspekt der eigentlichen Massenbasis und ihrer ausschlaggebenden Bedeutung für die Machtergreifung waren es eben vor allem die ländlichen und städtischen Mittelschichten, die der NSDAP Einlaß in ihre Reihen und Organisationen verschafften und dieser Partei daneben mit ihren Wählerstimmen den Weg zum Erfolg ebneten. Wie kam es deshalb zu dieser Radikalisierung der Mittelschichten, und warum waren es gerade die Nationalsozialisten, die diese Entwicklung für sich ausnützen konnten?

Der Protest der Mittelschichten: Bedingungen und Ursachen

Ein einleuchtendes Deutungsmuster für die besondere Ansprechbarkeit der Mittelschichten durch den Nationalsozialismus besagt, die Bauern, Handwerker und auch Angestellte seien bereits durch den Ersten Weltkrieg verarmt und dann durch die unterschiedlichen Entwicklungsbedingungen in der Weimarer Zeit und besonders in der Weltwirtschaftskrise so überdurchschnittlich verelendet, daß sie sich zwangsläufig radikalisierten und zum Nationalsozialismus übergingen. An der Not und Verelendung eines Großteils dieser Schichten in dieser Zeit und besonders in der Endphase der Republik kann nun kein Zweifel sein. Die weitverbreitete Verzweiflung und Verbitterung war daher bis zu einem gewissen Grade verständlich. Die zentrale Frage ist aber, ob es sich dabei wirklich um eine überdurchschnittliche Lageverschlechterung und Verelendung im Vergleich zur Gesamtbevölkerung handelte, die erklärlich macht, daß gerade diese Gruppen stärker als die anderen zum Nationalsozialismus übergingen.

Bei einer genaueren Untersuchung trifft diese Annahme noch am ehesten für die Bauern zu, deren Soziallageentwicklung deshalb zunächst betrachtet werden soll. Die Bauern wurden in ihrer wirtschaftlichen und sozialen Lage bereits durch den Ersten Weltkrieg stark belastet, profitierten danach allerdings von der Inflation, die ihre hohe Verschuldung fast vollständig beseitigte, und gerieten dann aber nach der Währungsstabilisierung erneut in große Schwierigkeiten. Die Lage auf dem Weltmarkt hatte sich durch den Weltkrieg verändert und die Konkurrenzbedingungen der deutschen Landwirtschaft stark verschlechtert. Diese Entwicklung drückte auf die Agrarpreise und verschlechterte zunehmend die ländliche Einkommenssituation, zumal die landwirtschaftlichen Betriebskosten noch durch stark gestiegene Lohnkosten sowie Steuern und Kreditbelastungen erhöht wurden. Nach allgemeinen Schätzungen lag das durchschnittliche Einkommen der Bauern schon vor dem Ersten Weltkrieg um 22 % unter dem Durchschnittseinkommen der Gesamtbevölkerung, und diese Einkommensdifferenz steigerte sich aufgrund der negativen Entwicklungsbedingungen in der Weimarer Republik bis zum Ende der Stabilisierungsphase im Jahre 1928 auf 44 %. In dieser Situation wirkte sich die 1927/28 einsetzende Agrarkrise, die sich parallel und in engem Zusammenhang mit der Weltwirtschaftskrise entwickelte, katastrophal aus. Die bäuerlichen Einkommen sanken um weitere 16,6 %. Die schon bald nach der Inflation wieder begonnene Neuverschuldung der deutschen Landwirtschaft stieg von 1928 bis 1932 schließlich von 9,9 auf 11,8 Mrd. RM. Aufgrund dieser Entwicklung konnten viele Betriebe ihre Schuldzinsen und Steuerbelastungen nicht mehr aufbringen und wurden deshalb von jenen Zwangseintreibungen und Zwangsversteigerungen bedroht, die eine wesentliche Ursache der Landvolkbewegung und ihrer spontanen Widerstandsmaßnahmen darstellten.

Die Bauern befanden sich also tatsächlich in einer größeren Notlage und stärkeren Verelendung als der Durchschnitt der Gesamtbevölkerung. Gerade in einer solchen relativen Lageverschlechterung im Verhältnis zu den anderen gesellschaftlichen Gruppen ist aber eine der Hauptursachen für Unzufriedenheit und Protestbereitschaft zu sehen, so daß darin sicher eine wichtige Erklärung für die Radikalisierung der Bauern in der Endphase der Republik und ihr Übergehen zum Nationalsozialismus zu suchen ist.

Beim gewerblichen Mittelstand, insbesondere dem Handwerk, lagen die Dinge dagegen schon anders. Gerade diese Gruppen wurden immer als Hauptbeispiel für die Verelendungswirkungen der Inflation und der daraus resultierenden anhaltenden Krisenlage in der Folgezeit angesehen, aber in neueren Untersuchungen wurde diese langgehegte Annahme erheblich revidiert. Leidtragende der Inflation waren vor allem jene Teile der Mittelschichten, die ein festes Gehalt bezogen und ihr Einkommen gutenteils aus den Zinsen und Dividenden von festangelegten Kapitalien, Wertpapieren oder Rentenversicherungen bezogen, da diese Vermögen durch die Inflation fast völlig vernichtet wurden. Derartige Kapitalien besaß das Handwerk bzw. der gesamte gewerbliche Mittelstand aber nur in geringem Ausmaß, so daß diese Gruppen von Einbußen dieser Art nur begrenzt geschädigt wurden. In seinem für die ökonomische Existenz entscheidenden betrieblichen oder sonstigen Realbesitz wurde der kleingewerbliche Mittelstand dagegen durch die Inflation überwiegend nicht betroffen, sondern vielfach noch entschuldet, so daß resümierend gesagt werden kann: „Soweit seine Existenz auf Sachbesitz beruhte, ist er im Verhältnis zu den vom bloßen Geldkapital lebenden Schichten sogar gestärkt aus der Inflation hervorgegangen." (Winkler, Mittelstand, S. 28). In der Stabilisierungsphase konnte der gewerbliche Mittelstand seine soziale Lage sogar relativ noch verbessern. Im Gegensatz zu den Bauern, deren Einkommen weit unterdurchschnittlich war, lag sein Verdienst 1928 um 24 % über dem Volksdurchschnitt (Castellan, Zur sozialen Bilanz, S. 110). Dabei ist allerdings zu bedenken, daß dieses Durchschnittseinkommen innerhalb des Kleingewerbes ungleich verteilt war: Einer kleinen Gruppe großer Betriebe mit hohem Einkommen stand die Masse der Handwerker und Händler mit kleinen Betrieben und geringerem Einkommen gegenüber, und noch in der Weimarer Zeit bestand der größte Teil der handwerklichen Betriebe aus Klein- oder Alleinbetrieben. Dennoch dürften auch sie zumindest proportional von dem Anstieg des handwerklichen Durchschnittseinkommens im Verhältnis zu dem der Gesamtbevölkerung profitiert haben, so daß sich ihre Gesamtlage bis 1928 eher verbesserte. Durch die 1928/29 einsetzende Weltwirtschaftskrise wurde dann allerdings auch der gewerbliche Mittelstand stark betroffen. Die handwerklichen Gewinne sanken bis 1932 um zwei Drittel, und einige Zweige und Branchen wurden existentiell gefährdet. Insgesamt ging aber die handwerkliche Arbeitnehmerschaft bis 1932 weniger stark zurück als bei den Mittel- und Großbetrieben, und der Anteil von Handwerk, Einzelhandel und Gastwirtschaftsgewerbe an den volkswirtschaftlichen Gesamtumsätzen stieg bis 1931 sogar relativ an. Im Rahmen der Gesamtauswirkungen der Krise war das Kleingewerbe also zwar schwer, aber keineswegs überdurchschnittlich betroffen, - die Not der Arbeiter dürfte angesichts einer durchschnittlichen Arbeitslosenquote von 30,8 % (1932) die der Kleingewerbetreibenden noch bei weitem übertroffen haben. Insgesamt ergibt sich, daß der gewerbliche Mittelstand zumal in der Endphase der Weimarer Republik durchaus mit einer krisenhaften Wirtschaftslage konfrontiert war und zum Teil auch existentielle Gefährdungen erlitt, aber keineswegs so überdurchschnittliche Verelendungsprozesse durchlebte, daß daraus der starke Übergang zum Nationalsozialismus bereits abzuleiten wäre.

Auch für die Angestellten läßt sich ein ähnlicher Zusammenhang herstellen: Sie erlitten Einbußen durch Krieg und Inflation, konnten ihre Lage in der Stabilisierungsphase verbessern, ohne jedoch ihren Vorkriegsstandard wieder zu erreichen, und wurden in der Weltwirtschaftskrise von erheblichen Kaufkraftverlusten betroffen, die aber trotzdem weniger erheblich waren als bei den Arbeitern (Kocka, Die Angestellten, S. 168). Auch sie durchliefen also durchaus krisenhafte Entwicklungsphasen und Perioden erheblicher Lageverschlechterung, verelendeten aber keineswegs in so überdurchschnittlicher Weise, daß ihre besondere Hinwendung zum Nationalsozialismus direkt daraus ableitbar wäre. Für den neuen Mittelstand wird man also ebenso wie für den gewerblichen nach anderen Erklärungen dafür suchen müssen, warum gerade sie in einem so hohen Ausmaß zur Unzufriedenheit neigten und deshalb für den Nationalsozialismus so empfänglich waren. Aber auch bei den Bauern sprechen einige Überlegungen dafür, die materielle Verelendung nicht als einzige Erklärung für ihre Radikalisierung und Hinwendung zum Nationalsozialismus anzusehen. Schon die Bedeutung des konfessionellen Faktors - die katholische Bauernschaft blieb ja gegenüber dem Nationalsozialismus weitgehend widerstandsfähig - spricht dafür, daß das überall ähnliche Ausmaß krisenhafter Betroffenheit und wirtschaftlicher Not nicht allein als Erklärung für die Hinwendung zur nationalsozialistischen Bewegung ausreicht. Offenbar spielten für diese Reaktion auf die durchlittenen Verelendungsprozesse auch außerökonomische Voraussetzungen und Bedingungen eine bedeutende Rolle, die es näher zu bestimmen und betrachten gilt. Dies wird auch dadurch unterstützt, daß die Bauernschaft in anderen Ländern durch die Weltagrarkrise ähnlich gravierend betroffen wurde und ganz trotzdem ganz andere Reaktionen aufwies (vgl. Fischer, Weimarer Republik, S. 37-39). Wenn unter ähnlichen Bedingungen und Belastungen die amerikanischen Agrargruppen zur Errichtung eines liberaldemokratischen Systems und die deutschen zur Machtergreifung des Faschismus beitrugen, so ist zu fragen, wie diese unterschiedlichen Verhaltensweisen und Reaktionen gedeutet werden können.

Bei der Klärung dieser Frage ist zunächst der traditionellen, langfristig verfolgten Interessenpolitik der sozialen Gruppen hohe Bedeutung beizumessen, da die Verhaltensmuster, Situationseinschätzungen und damit die Reaktionen der Gruppen auf wirtschaftliche und politische Entwicklungen wesentlich dadurch beeinflußt werden. Nicht Verelendung und Zusammenbruch der gesellschaftlichen Orientierung, sondern die langfristigen Traditionen solidarischen Gruppenhandelns sind in dieser Sichtweise für die Bereitschaft zu sozialem Protest ausschlaggebend, der vielfach nur ein Nebenprodukt oder eine Verfolgung dieser Politik mit anderen Mitteln darstellte (Tilly, Rebellious Century). Demnach war es in der Weimarer Zeit nicht in erster Linie die Verzweiflung der Bauern, Handwerker und Angestellten über Verelendung und Proletarisierung gewesen, die ihre gesellschaftliche Orientierung zusammenbrechen ließ und sie zu Unzufriedenheit und Protest trieb. Es war vielmehr der Konflikt ihrer langfristig betriebenen Gruppenziele mit der wirtschaftlichen und gesellschaftlichen Realität dieser Zeit. Die langfristig angelegte Politik dieser Gruppen und die Strategien zu ihrer Durchsetzung waren nun während der Weimarer Republik tatsächlich von kaum zu überschätzender Bedeutung. Sie wurden vor allem von den Organisationen und Verbänden dieser gesellschaftlichen Schichten getragen, die damit eine Schlüsselfunktion für die Kontinuität und Prägekraft dieser Gruppenziele und des gesamten solidarischen Gruppenhandelns einnahmen.

Im ländlich-bäuerlichen Bereich war es die „politische Agrarbewegung", die seit dem deutschen Kaiserreich das solidarische Handeln der agrarischen Gruppen straff organisierte, klar umrissene Zielsetzungen formulierte und äußerst wirksame Strategien zur propagandistischen und interessenpolitischen Durchsetzung dieser Ziele entwickelte. Die dabei herausgebildeten Traditionen waren vor allem dadurch geprägt, daß das gesamte gesellschaftlich-politische System des Kaiserreichs und auch die sich in diesem Rahmen entfaltende Agrarbewegung noch außerordentlich stark durch vorkapitalistische, vorbürgerliche und vorindustrielle Traditionen bestimmt wurden und kaum Formen der demokratischen Konfliktaustragung und Konsensfindung innerhalb der Gesellschaft ausgebildet waren. Die straff geleitete politische Agrarbewegung unter Führung der ostelbischen Großagrarier war deshalb durch einen ausgesprochenen Drang zu einer mittelständischen, antiparlamentarischen Ideologie und zur Organisation als Berufs**stand** gekennzeichnet. Ferner versuchten sie, einen „Agrarprotektionismus mit allen Mitteln der Zoll-, Handels- und Preispolitik" zu verwirklichen, was „nur aufgrund der starken Stellung des grundbesitzenden ostelbischen Junkertums im Herrschaftskartell des preußischen Staates" durchsetzbar war (Puhle, Politische Agrarbewegungen, S. 25). Diese Grundorientierungen und Zielsetzungen der politischen Agrarbewegung setzten sich in der Weimarer Republik fast unverändert fort. Hier aber trafen die vom Reichslandbund, der konservativen agrarischen Spitzenorganisation, nach wie vor vertretenen Ansprüche auf umfassende Staatshilfe und Privilegierung und die tiefverwurzelte antiparlamentarische, berufsständische und mittelstandsideologische Orientierung auf die seit 1918 vollständig veränderten gesellschaftlichen und politischen Bedingungen. Die Machtverhältnisse zwischen den gesellschaftlichen Gruppen und Klassen hatten sich verschoben und die Agrarier dabei ihren überproportionalen Einfluß eingebüßt, der monarchische Obrigkeitsstaat war als Stütze und Garant des Status quo geschwunden, und die als bedrohlich empfundene Sozialdemokratie war führend an der Regierung beteiligt. In dieser Situation mußte es angesichts des weitgehend unveränderten Selbstverständnisses bzw. der traditionellen Zielsetzungen der politischen Agrarbewegung nahezu zwangsläufig zu Konflikten kommen. Die Ablehnung der bestehenden Verhältnisse und bald auch des gesamten Weimarer Systems durch die agrarischen Organisationen, insbesondere den Reichslandbund, wurde immer schärfer und führte in der Endphase der Weimarer Republik fast bruchlos zum Rechtsradikalismus bzw. im Anschluß daran zum Nationalsozialismus: der Reichslandbund beugte sich der Gleichschaltung etwa „eifrig und mit Freuden" (Puhle, Politische Agrarbewegungen, S. 93). Bevor sich nun das agrarische Organisations- und Verbandsgefüge in der Endphase der Weimarer Republik weitgehend auflöste und seine Vertretungsfunktion für einen Großteil der Bauernschaft verlor, war der Einfluß dieser solidarischen Gruppenpolitik und ihrer langfristigen Zielsetzungen und Traditionen auf das Selbstverständnis und die gesellschaftlich-politische Orientierung der einzelnen Gruppenangehörigen kaum zu überschätzen. Die Unzufriedenheit vieler Bauern mit dem Weimarer System, ihre politische Radikalisierung und schließlich ihre Hinwendung zum Nationalsozialismus ist deshalb tatsächlich bereits großenteils aus den grundsätzlichen Zielen und Verhaltensweisen der politischen Agrarbewegung in ihrer organisierten Form zu erklären: Die Bauern wurden in ihrer Einschätzung der Situation bzw. der neuen Ordnung und in ihren darin begründeten Einstellungen und Verhaltensweisen erheblich durch die Sichtweisen und die Politik der großen Agrarverbände geprägt.

Dennoch verweist gerade die Auflösung dieses Verbandsgefüges und ihrer Repräsentationsfunktion seit Ausbruch der Agrarkrise darauf, daß diese besonders von den Organisationen getragene Tradition des solidarischen Handelns und die langfristige „Politik" dieser Gruppen nicht die gesamte Verhaltensentwicklung und besonders die Radikalisierung der Bauern in der Endphase der Weimarer Republik erklären können. Vieles davon wurde zwar durch die interessenegoistische, traditionsorientierte und weitgehend demokratiefeindliche Haltung und Politik der Agrarverbände vorgeprägt. Entscheidend war daneben jedoch, daß sich die radikalen bäuerlichen Basisbewegungen gerade von ihren Organisationen lösten und sich autonom entfalteten, so daß deren Einfluß und Traditionen für die Radikalisierung der Bauern nicht mehr verbindlich gewesen sein können. Die Basisbewegungen führten aber in besonderem Maße zur Hinwendung der Bauernschaft zum Nationalsozialismus: Offenbar fanden seit dem Ausbruch der Agrarkrise doch spontane, nicht durch die Organisationen und rationale Gruppenziele vermittelte Bewußtseinsprozesse innerhalb der Bauernschaft statt, die deren Situationseinschätzung und Stimmungslage rapide veränderten. Dadurch wurden die Beziehungen der Bauern zu ihrer Umwelt bzw. zum politischen Gesamtsystem umfassender und grundlegender zerstört als bei anderen Gruppen oder bei der Bauernschaft anderer Länder in vergleichbaren Situationen.

Versucht man sich diese „Überreaktion" der Bauern zu erklären, so ist sie offenbar aus der Diskrepanz zwischen ihren Ansprüchen und ihren konkreten Lageerwartungen ab 1928 zu erklären. Diese Diskrepanz zwischen den Ansprüchen der Menschen und ihren konkreten situationsbedingten Erwartungen wird als „relative Deprivation" bezeichnet und kann als wesentliche Ursache für die Entstehung von Unzufriedenheit und sozialem Protest angesehen werden. Sie entstand in der Weimarer Zeit durch die gekennzeichnete grundlegende Schlechterstellung der Bauern im Vergleich zur Gesamtgesellschaft, die sich nach 1928 noch verschärfte und den zumindest an der Lage der übrigen Gesellschaft orientierten bäuerlichen Ansprüchen zunehmend negativer werdende Erwartungen gegenüberstellte. Diese Diskrepanz verschärfte sich noch dadurch, daß die bäuerlichen Ansprüche aufgrund der traditionellen Forderungen nach staatlicher Protektion und Privilegierung eher überdurchschnittlich waren und der relative „Abfall" gegenüber den anderen Gruppen deshalb als noch ungerechter empfunden wurde. Nicht allein die wirtschaftliche Notlage und Verelendung an sich erklärt also die überdurchschnittliche Verbitterung der Bauern, sondern der damit verbundene relative Lage- und Statusabfall gegenüber den anderen gesellschaftlichen Gruppen. Seine Wahrnehmung ließ den Gegensatz zwischen den Ansprüchen und den faktischen Erwartungen riesenhaft ansteigen und Enttäuschung und Zorn aufkommen, die zu Protest und Radikalisierung führten.

Die Radikalität dieser Proteste ist damit aber noch nicht geklärt und auch nicht, warum er sich in den militanten bäuerlichen Basisbewegungen gegen das politische System insgesamt wendete. Denn bei der katholischen Bauernschaft nahm der Protest überwiegend nicht diese Dimensionen an, so daß hier offenbar noch Integrationsmechanismen wirksam waren, die im protestantischen Nord- und Ostdeutschland fehlten. Dort wurde die Wirtschaftskrise gegen Ende der Weimarer Republik von einem Großteil der Bauernschaft offenbar als eine Existenzkrise des bäuerlichen Sektors in der industriellen Gesellschaft überhaupt empfunden (dazu und zu den folgenden Ausführungen: Lepsius, Extremer Nationalismus, S. 21f.). Die bäuerliche Subkultur sah sich seit langem durch das Vordringen der Industrialisierung bedrängt und in ihrem Anspruch auf regionale Autonomie und traditionelle Geltung bedroht. Die Klassen- und Herrschaftsveränderungen nach 1918 und dann endlich der Ausbruch der großen Krise Ende der zwanziger Jahre steigerte dieses Gefühl zur Empfindung der prinzipiellen Gefährdung der bäuerlichen Subkultur durch das industriell geprägte wirtschaftliche und politische System und führte damit zur Desintegration vieler Bauern aus diesem System. Wo nicht durch feste, gewachsene Bindungen, wie sie der politische Katholizismus bei allen Abschmelzungserscheinungen weitgehend noch vermittelte, eine gewisse Integration gewahrt blieb, stellten sich die Bauern deshalb gegen das gesamte gesellschaftliche und politische System. Sie wendeten sich aus diesem Grunde auch von ihren eigenen Organisationen ab, die noch immer ein Minimum an Integration in das gesellschaftliche Gesamtsystem vermittelten. Von daher wird auch die Radikalität des Protestes verständlich, die schon bald das gesamte System in Frage stellte und frühzeitig in die Forderung nach einer ganz anderen Wirtschafts- und Gesellschaftsordnung mündete.

Die dadurch bedingte Bereitschaft der Bauern, den Zorn über den wirtschaftlichen und sozialen Niedergang in prinzipielle Anklagen gegen die Regierungspolitik und das gesamte politische System umzumünzen, wurde natürlich durch die traditionelle Politik bzw. die interessenegoistische und antidemokratische Haltung der Agrarverbände in der Weimarer Zeit verstärkt, solange die politische Agrarbewegung noch Einfluß auf die Bauern hatte. Hier wird der enge Zusammenhang der verschiedenen Bedingungen und Wirkungsfaktoren deutlich. Auch das verbreitete antidemokratische Denken in der Weimarer Zeit und die sich ausbreitende Agrarromantik mit ihren zivilisationsfeindlichen, rückwärtsgewandten Vorstellungen und Zielsetzungen bestärkte die Bauern, an ihren berufsständischen, vorindustriellen Einstellungen und Werthaltungen festzuhalten und die Weimarer Ordnung prinzipiell abzulehnen. Sie erhielten durch dieses antidemokratische, großstadtfeindliche Gedankengut auch die symbolischen Appelle vermittelt, die einleuchtende Erklärungen und Schuldzuweisungen für die verbittert empfundene relative Verelendung vermittelten und den Zusammenhang innerhalb der Bauerschaft stärkten.

Betrachten wir jetzt unter dieser Fragestellung den gewerblichen Mittelstand, so ist die auch hier einsetzende Radikalisierung und Protesthaltung gegen Ende der Weimarer Republik noch weniger gradlinig aus ökonomischen und sozialen Bedingungen ableitbar als bei den Bauern. Denn eine überdurchschnittliche Verschlechterung der Wirtschaftslage lag beim gewerblichen Mittelstand in der Weimarer Zeit gar nicht vor, so daß der besondere Grad der Unzufriedenheit und der darauf basierenden Hinwendung zum Nationalsozialismus nicht damit erklärt werden kann. Unbestritten sahen aber die Kleingewerbetreibenden in ihrer Lageverschlechterung und vor allem in der dadurch bewirkten Proletarisierung einen Hauptgrund für ihre Verzweiflung und ihren Zorn, so daß zu klären ist, wie es zu diesem Gegensatz von objektivem Tatbestand und subjektiver Situationseinschätzung kam.

Bei der Untersuchung der Faktoren, die diese Einstellungen und Reaktionen der Kleingewerbetreibenden, vor allem der Handwerker, in der Weimarer Zeit bestimmten, tritt auch wieder die Prägekraft ihrer langfristigen „Politik", d.h. ihrer traditionellen Gruppenziele und ihres organisierten Handelns hervor. Die Träger dieser Politik und Vermittler der Traditionen, die Handwerkerorganisationen, entwickelten schon im Kaiserreich eine ausgeprägte mittelständische, auf Privilegierung und staatlichen Protektionismus ausgerichtete Grundhaltung mit stark antiproletarischen und generell auch antidemokratischen Zügen, die sie ebenso wie die Agrarverbände verhältnismäßig unverändert in die Weimarer Zeit übertrugen. Die den Handwerkern von ihren maßgeblichen Institutionen vermittelten Situationseinschätzungen und Einstellungen waren also in der Weimarer Zeit von Anfang an äußerst kritisch gegenüber der gesamten neuen Ordnung. Sie richteten sich insbesondere gegen das parlamentarisch-demokratische System, das Mehrheitsbeschlüsse zuließ und die einseitige staatliche Protektionierung eines Wirtschaftsbereiches nicht mehr ohne weiteres möglich machte. Mit der zunehmenden Lageverschlechterung nach dem Beginn der Weltwirtschaftskrise verschärfte sich auch der Ton der offiziellen handwerklichen Verbandspolitik, und ihre Angriffe auf die Grundzüge des Weimarer Systems nahmen immer prinzipielleren Charakter an. Die Unzufriedenheit der Handwerker mit dem „System" und die Bereitschaft zu Ablehnung und Protest wurden also schon weitgehend durch diese Traditionen solidarischen Handelns und solidarischer Gruppenpolitik vermittelt, wie sie von den Handwerkerverbänden getragen und in der aktuellen Situation artikuliert wurden.

Dennoch verloren die Verbände auch hier im Verlauf der Weltwirtschaftskrise zunehmend ihren Einfluß auf die Handwerkerschaft und ihre Vertretungsfunktion für den Bereich des Gesamthandwerks, nachdem sie bis zum Ende der 1930er Jahre die Basisorganisationen in Gestalt der Handwerkerbünde halbwegs kontrollieren und einbinden konnten. Die sich zunehmend radikalisierende Handwerkerschaft drückte ihren Protest außerhalb des Organisationsgefüges in spontanen Aktionen oder mittels der basisnahen Handwerkerbünde aus. Auch hier mußten also rapide Bewußtseinsveränderungen und Radikalisierungsprozesse vorliegen, die nicht mehr durch die von den Organisationen verkörperte „rationale" Politik dieser Gruppen vermittelt waren. Eine eingehende Untersuchung der dazu vorliegenden Äußerungen und Hinweise aus dem Bereich des Handwerks ergibt, daß auch hier die bei den Bauern festgestellte „relative Deprivation" in der Endphase der Republik eine große Rolle spielte, die auf dem Bewußtsein einer erheblichen Lage- und Statusverschlechterung im Verhältnis zu anderen Gruppen beruhte. Im Verlauf der Weltwirtschaftskrise verschlechterte sich die materielle Lage der Handwerker tatsächlich in erheblichem Maße, so daß durchaus eine Basis für Verzweiflungsreaktionen dieser Art gegen Ende der Weimarer Zeit bestand. Nur fiel eben die krisenhafte Not und Betroffenheit des Handwerks nicht so aus dem allgemeinen Rahmen, daß sich die weit überdurchschnittliche Reaktion in Gestalt der kollektiven Hysterie oder der „Panik im Mittelstand", wie sie Theodor Geiger schon damals bezeichnete, rechtfertigen ließe.

Wenn das Gefühl „relativer Deprivation" beim Handwerk dennoch ausgeprägter vorhanden war als bei anderen Gruppen, so lag das offenbar daran, daß die Handwerker in ihrer subjektiven Lageeinschätzung **glaubten**, durch die Krise besonders betroffen zu sein und eine überdurchschnittliche Lage- und Statusverschlechterung zu erleiden. Diese fest verankerte Empfindung war aber in ihren Auswirkungen ebenso wirksam, als wenn tatsächlich eine übermäßige Verelendung des Handwerks im Vergleich zur Gesamtgesellschaft vorgelegen hätte, und die Frage ist, wie es zu dieser panikartigen Überreaktion auf die Krisenerscheinungen gegen Ende der Weimarer Zeit kommen konnte. Eine Antwort darauf kann darin gesehen werden, daß auch das Handwerk von überhöhten Ansprüchen ausging und deshalb die Lageverschlechterung als überdurchschnittlich und katastrophal empfinden mußte. Damit kommt die vielbetonte grundlegende Traditionsorientierung dieser altmittelständischen Gruppen ins Spiel. Denn ein zentrales Kennzeichen des alten Mittelstandes lag seit dem 19. Jahrhundert in seinem unverrückbaren Festhalten an traditionellen

Wertvorstellungen: an seiner Selbsteinschätzung als gesellschaftlich wertvoller und unentbehrlicher „Stand" der Mitte, an seiner Orientierung an den privilegierten und weitgehend konkurrenzfreien Zuständen des vorindustriellen Zunftsystems und an seinem Anspruch, aufgrund seines besonderen gesellschaftlichen und moralischen Wertes in seiner wirtschaftlichen und sozialen Existenz staatlich geschützt und privilegiert zu werden. Dieser Anspruch wurde im Kaiserreich auch so wirksam sanktioniert und ideologisch überhöht, daß die damit verbundene Mentalität die Revolution überdauerte und auch in der Weimarer Zeit unverändert wirksam war (vgl. Winkler, Mittelstand, S. 113). Die an diesen traditionellen Verhältnissen und Vorrechten orientierten Ansprüche mußten natürlich mit den Krisenwirkungen und Lageverschlechterungen der Weimarer Zeit und vor allem mit den Auswirkungen der Weltwirtschaftskrise in besonderen Gegensatz geraten und bei den Handwerkern den Eindruck erwecken, die Hauptopfer der Krise zu sein. Auch hier war es also nicht die reine Notlage und Verelendung, die zu der überdurchschnittlichen Verbitterung und Radikalisierung des Handwerks führte, sondern die Diskrepanz zwischen den traditionsorientierten Ansprüchen und den realen Verhältnissen. Dabei kam der Orientierung an den vergangenen Privilegien und an der ehemaligen „Ehrbarkeit" des Handwerks offenbar ein solcher Stellenwert zu, daß Theodor Geiger aus seiner zeitgenössischen Beobachtung der Vorgänge heraus sogar zu dem Urteil kam, gar nicht der Zorn über den wirtschaftlichen Niedergang sei die Hauptursache der Empörung und Unzufriedenheit der Handwerker, sondern in erster Linie „der seit langem hoffnungslos getragene Schmerz über den Verlust der gesellschaftlichen Position" (Geiger, Soziale Schichtung, S. 87f.). Mag dabei auch der gesellschaftliche Geltungsanspruch des Handwerks im Verhältnis zu seinen ökonomischen Ansprüchen und Sorgen etwas überbewertet sein, so wird doch daraus die zentrale Rolle derartiger außerökonomischer Voraussetzungen und Determinanten nochmals besonders deutlich, die die Einstellungen der Handwerker prägten und ihre Reaktionen auf die wirtschaftlichen Prozesse in der Weimarer Zeit bestimmten.

Die Diskrepanz zwischen diesen am alten Ansehen und Wohlstand des Handwerks orientierten Ansprüchen und den gravierenden Verelendungsprozessen in und besonders gegen Ende der Weimarer Zeit reichte offenbar aus, um den Handwerkern das Gefühl überdurchschnittlicher Betroffenheit zu geben und sie in hohem Maße zu verbittern. Dennoch enthielt die „Panik im Mittelstand" in der Weimarer Endphase noch Züge bzw. Untertöne, die auf ein elementares Gefühl existentieller Gefährdung verwiesen und mit der Verzweiflung und Empörung über eine schwere wirtschaftliche Krisenlage nicht mehr völlig zu erklären waren. Eine genauere Analyse dieser Dimension der kleinbürgerlichen „Panik" verweist dabei - ebenso wie bei den Bauern - auf die grundlegende Veränderung der gesamtwirtschaftlichen und -gesellschaftlichen Rahmenbedingungen nach 1918, die für das Handwerk offenbar Züge tödlicher Bedrohung annahmen. Zum einen fühlten sich die Handwerker, wie zahlreiche Klagen immer wieder bestätigten, durch die in der Weimarer Zeit rapide verstärkten großindustriellen Konzentrations- und Zentralisationsprozesse in ihren alten Verdrängungs- und Vernichtungsängsten zunehmend bestärkt und in der Weltwirtschaftskrise offenbar endgültig den Bewegungen des kapitalistischen Wirtschaftsgeschehens hilflos ausgeliefert. Zum anderen hatten die Veränderungen der Klassen- und Herrschaftsverhältnisse nach 1918 den monarchischen Obrigkeitsstaat als zuverlässige Stütze der handwerklichen Privilegierungsansprüche beseitigt. Alle Entscheidungen waren von Mehrheitsbeschlüssen abhängig geworden, die die Interessen des Handwerks übergehen konnten, und vor allem war die gefürchtete Sozialdemokratie zur Beteiligung an Regierung und Herrschaft gekommen, in der der alte Mittelstand seinen gesellschaftlichen Hauptgegner sah. Diese Entwicklungen führten offenbar zu jenen existentiellen Vernichtungsängsten des gewerblichen Kleinbürgertums, die den tiefsten Grund der „Panik im Mittelstand" ausmachten.

Deshalb glaubte der gewerbliche Mittelstand auch zunächst am Ziel zu sein, als mit dem Beginn der Präsidialkabinette und der Außerkraftsetzung des parlamentarischen Regierungssystems eine autoritäre Herrschaft und vor allem eine autoritäre Wirtschaftspolitik möglich zu sein schien. Aber der Blickwinkel der Handwerker und Kleinhändler war mittlerweile so verengt und das Bedrohungsgefühl so ausgeprägt, daß auch die Politik der Präsidialkabinette ihren Ansprüchen nicht genügen konnte: Aller noch so verstärkte Protektionismus zugunsten des Kleingewerbes verhinderte nicht, daß jede auch noch so geringe Krisenhilfe für die Arbeiterschaft als Fortsetzung der sozialdemokratischen Wirtschaftspolitik angesehen wurde, die man die ganze Weimarer Zeit hindurch zum Nachteil des Kleingewerbes wirksam gesehen hatte. Dem besonders durch die Notverordnungen erfolgenden „Wechselbad von protektionistischen und belastenden Maßnahmen" war der gewerbliche Mittelstand deshalb nicht gewachsen. Sein Gefühl, benachteiligt, isoliert und durch die Krise übermäßig betroffen zu sein, nahm weiterhin zu.

Zweifellos spielte auch hierbei, ebenso wie bei den agrarischen Gruppen, der Einfluß des weitverbreiteten antidemokratischen Denkens mit seiner Verklärung ständischer Wirtschaftsformen und autoritärer Ordnungsmodelle eine erhebliche Rolle. Die antidemokratischen Ressentiments des Kleingewerbes und vor allem die Schuldzuweisung an den demokratischen Staat und die Regierungspolitik der Weimarer Zeit wurden auf diese Weise gefördert und die ohnehin schon schwache Legitimität des Weimarer Herrschaftssystems in den Augen des gewerblichen Mittelstandes immer wieder entscheidend verringert. Dieser Effekt verstärkte sich auch dadurch, daß konservative Gruppen und Parteien die Anschauungen und Forderungen des kleingewerblichen Mittelstandes direkt aufnahmen und propagandistisch ausnützten, so daß das rückwärtsgewandte Selbstverständnis der Mittelschichten und ihre Enttäuschung über die wirtschaftliche und gesellschaftliche Realität der Weimarer Zeit immer wieder Förderung und Unterstützung fand.

Zu diesen Faktoren, die die Reaktionen des gewerblichen Mittelstandes auf die Entwicklungen in der Weimarer Zeit beeinflußten und vor allem die panikartige Überreaktion auf die Auswirkungen der Weltwirtschaftskrise bestimmten, kam noch die Enttäuschung und Verbitterung, mit der gerade der gewerbliche Mittelstand auf die Kriegsniederlage, die Bedingungen des Versailler Vertrages und die schwache außenpolitische Stellung Deutschlands in der Weimarer Republik reagierte. Der alte gewerbliche Mittelstand hatte seit der Industrialisierung seine niedergehende wirtschaftliche Bedeutung vor allem mit dem Anspruch kompensiert, das moralische Rückgrat der Nation zu sein. Er neigte deshalb besonders zur Identifikation mit dem nationalen Ansehen bzw. zu nationalistischen Grundeinstellungen. Der Verlust an nationaler Größe und Ansehen nach dem Ersten Weltkrieg traf deshalb dieses nationale Geltungsbedürfnis des alten Mittelstandes in hohem Ausmaß und ließ hier die Diskrepanz zwischen Anspruch und Realität ebenfalls besonders groß werden. Auch dieser Faktor trug deshalb dazu bei, die generelle Unzufriedenheit und Protestbereitschaft des alten Mittelstandes gegen das Weimarer System zu lenken, dem die Schuld an fast allen Übelständen angelastet wurde, und den Wunsch nach einer ganz anderen wirtschaftlichen und gesellschaftlichen Ordnung zu befördern.

Auch der neue Mittelstand, d.h. neben den Angestellten auch zahlreiche Beamte und Freiberufler, wurde nach 1930 schnell zu einem wichtigen Teil der nationalsozialistischen Massenbasis. Als Begründung dafür kann ebenfalls nicht vorrangig die materielle Verelendung angesehen werden. Denn auch die Angestellten erlitten zwar durch Krieg, Inflation und vor allem durch die Weltwirtschaftskrise gravierende Kaufkrafteinbußen und allgemeine Lageverschlechterungen, wurden davon aber keineswegs härter betroffen als die übrigen gesellschaftlichen Gruppen und vor allem nicht stärker als die Arbeiter. Auch bei ihnen sind deshalb außerökonomische Bedingungensfaktoren und Einflüsse anzunehmen, die ihre heftige Reaktion auf diese Entwicklungen und schließlich ihre Hinwendung zum Nationalsozialismus als der militantesten Protestbewegung jener Zeit erklären.

Dieses Verhalten eines Großteils der Angestellten wirft aber insofern besondere Fragen auf, als die Angestellten abhängig Beschäftigte ohne Eigenbesitz an Produktionsmitteln waren und statusmäßig eher auf der Ebene der Arbeiterschaft standen, so daß bei ihnen Orientierungen bzw. Verhaltensweisen zu erwarten gewesen wären, die dieser Soziallage entsprachen. Während des Ersten Weltkrieges näherten sich viele Angestellte auch an derartige Positionen an und entwickelten ein entsprechendes Selbstverständnis. In der Weimarer Zeit setzten sich aber die langfristig zu beobachtenden antiproletarischen Tendenzen innerhalb der Angestelltenschaft schon bald wieder voll durch. Das dabei wirksame Selbstverständnis der Angestellten war offenbar grundlegend für ihre gesellschaftliche Orientierung in der Weimarer Zeit und ist deshalb als eine wesentliche Ursache für die überdurchschnittliche Hinwendung zum Nationalsozialismus anzusehen.

Die Grundlage dieser Selbsteinschätzung der Angestellten in Deutschland bildete seit dem 19. Jahrhundert das Gefühl, nicht Arbeiter oder gar Proletarier zu sein, sondern je nach Arbeits- und Berufsbereich Kaufmann, Techniker oder „Privatbeamter" (Kocka, Die Angestellten, S. 143). Die Angestellten unterschieden sich in ihrer Entstehungsphase auch tatsächlich deutlich von den Arbeitern durch höhere Einkommen (als Gehalt, nicht als Lohn), größere Nähe zum Unternehmer oder zur Geschäftsleitung, wenig oder gar keine Handarbeit, größere Arbeitsplatzsicherheit und vor allem auch durch einen anderen Lebensstil, andere Konsumgewohnheiten und bessere Karriereerwartungen. Sie rechneten sich deshalb zumeist auch zum Bürgertum und legten größten Wert auf ihren Abstand zur Arbeiterklasse. Entscheidend war nun, daß diese objektiven Unterscheidungsmerkmale mit der gewaltigen Aufblähung der Angestelltenschaft seit Ende des 19. Jahrhunderts weitgehend schwanden und sich die Situation der meisten Angestellten oft nicht mehr von der Lage der gehobenen Arbeiterschaft unterschied, daß die Angestellten sich aufgrund dieser Entwicklung aber nicht der Arbeiterschaft annäherten, sondern sich dadurch zunehmend bedroht fühlten. Je arbeiterähnlicher ihre Lage wurde, desto zäher verteidigten sie „ihre überkommenen Privilegien, ihren zunehmend bedrohten Statusvorsprung, ihr in Frage gestelltes Bewußtsein, anders zu sein als die Arbeiter" (Kocka, Die Angestellten, S. 144f.).

Nach der kurzen Linksschwenkung während des Ersten Weltkrieges setzten sich diese Tendenzen innerhalb der Angestelltenschaft deshalb in der Weimarer Republik wieder voll durch. Das Bestreben, sich von den Arbeitern abzusetzen, basierte dabei einmal auf einem berufsständischen Selbstverständnis, mit dem sich besonders die kaufmännischen Angestellten als ein gesonderter Berufsstand von der übrigen Arbeitnehmerschaft abzuheben suchten. Ein zweites

„ideologisches Grundmuster" war der Versuch, sich von der Arbeiterschaft auf der Basis eines allgemein mittelständischen Selbstverständnisses abzugrenzen, das alle Angestellten zusammenfaßte und ihre Unterscheidung von den Arbeitern auf die „geistige Arbeit" der Angestelltenschaft, „ihre allgemeine Bildung sowie ihre besondere Stellung und Funktion" zu basieren suchte. Angestellter zu sein bedeutete in diesem Selbstverständnis „nicht primär die Erbringung einer spezifischen, funktional beschreibbaren ökonomischen Leistung ..., sondern eine umfassende Existenzform, in der sich soziale, kulturelle, ökonomische und politische Dimensionen in spezifischer Weise verknüpften" (Kocka, Die Angestellten, S. 160-162).

Erst dieses weitgehend vorindustriell-ständische Sonderbewußtsein der Angestellten und ihre daraus resultierenden Ansprüche auf Privilegierung und Wahrung eines gehobenen Lebensstandards erklären, warum die Bedingungen und Entwicklungstendenzen in der Weimarer Republik als existentiell bedrohlich empfunden wurden und ein übermäßiges Protestbewußtsein der Angestelltenschaft bewirkten, das schließlich zur Hinwendung zum Nationalsozialismus führte. Schon die Auswirkungen von Weltkrieg, Inflation und der darauf folgenden Rationalisierung sowie Routinierung der Angestelltentätigkeiten wurde von den Angestellten als rapide Verstärkung der allgemeinen Bedrohungstendenzen empfunden, die seit dem Ende des 19. Jahrhunderts den Sonderstatus und die gehobene Existenzform der Angestellten gefährdeten. Diese Bedrohung und besonders die immer noch fortschreitende Angleichung der Angestellten an die Verdienst-, Arbeits- und Lebensbedingungen der Arbeiterschaft wurden aber durch die Weltwirtschaftskrise noch entscheidend verschärft und zugespitzt. Der Deutschnationale Handlungsgehilfen-Verband, eine wichtige Organisation der Angestellten, bezeichnete in seinem Rechenschaftsbericht von 1930 „das wirtschaftliche Unheil, das über Deutschland hereingebrochen ist, als Proletarisierungskrise", die die in der „ganzen neueren Wirtschaftsentwicklung" wirksame Bedrohung verstärke, „daß nämlich der Beruf und der Stand und damit unsere sich von der Lohnarbeiterschaft unterscheidende Lebensform zerstört wird" (Kocka, Die Angestellten, S. 163).

Auch bei den Angestellten war es also - wie bei den anderen Mittelschichtengruppen - nicht die reine Not und partielle Verelendung im Gefolge der Weltwirtschaftskrise, die ihre Radikalisierung und dadurch bedingte Hinwendung zum Nationalsozialismus verursachte, sondern erst der Gegensatz zwischen diesen Krisenauswirkungen und den überhöhten Status- und Privilegierungsansprüchen. Erst dadurch wurden die Auswirkungen der Weltwirtschaftskrise von vielen Angestellten als eine existentielle Gefährdung empfunden und jenes Übermaß an Verbitterung und Radikalisierung bewirkt, das alle Mittelschichtengruppen kennzeichnete. Waren es demzufolge auch bei den Angestellten elementare Bewußtseins- und Stimmungswandlungsprozesse, die diese Radikalisierung und politische Umorientierung bewirkten, so spielte doch auch hier die Kontinuität des organisierten Handelns bzw. die langfristig verfolgte „rationale" Politik dieser Gruppen eine große Rolle. Die Bedeutung der Angestelltenverbände für die Vermittlung und Aufrechterhaltung jenes ständischen Sonderbewußtseins und der Privilegierungsansprüche war auch in der Weimarer Zeit kaum zu überschätzen.

Dabei ist allerdings zu differenzieren, denn ebenso, wie nur ein Großteil der Angestellten sich unter rechtem Vorzeichen radikalisierte und zum Nationalsozialismus überging, so verhielten sich auch nicht alle Angestelltenverbände in gleicher Weise. Der freigewerkliche „Allgemeine freie Angestelltenbund" (Afa-Bund) war etwa in seiner Grundausrichtung eher sozialdemokratisch orientiert, blieb bis zum Ende anti-nationalsozialistisch und hatte kaum Anteil an dem ständisch-elitären, antiproletarischen Selbstverständnis des traditionellen Angestelltentums. Er verlor allerdings zwischen 1920 und 1930 einen großen Teil seiner Mitglieder an die konservativen Angestelltenverbände, an den Deutschnationalen Handlungsgehilfen-Verband (DHV) bzw. an den von ihnen dominierten Gesamtverband Deutscher Angestelltengewerkschaften (Gedag) und auch an den „Gewerkschaftsbund der Angestellten" (GDA). Diese Verbände bildeten schon bald nach dem Kriege die Kristallisationspunkte der wieder einsetzenden antiproletarischen Abgrenzungsbemühungen der Angestelltenschaft und setzten die traditionellen Bemühungen der Angestelltenorganisationen um die arbeits- und versicherungsrechtliche Sonderstellung der Angestellten in vollem Umfang fort.

Auch hier war also die grundlegende Orientierung zahlreicher Angestellter in der Weimarer Zeit in hohem Maße Ausfluß des solidarischen Gruppenselbstverständnisses und Gruppenhandelns, und die Vorgehensweise der gesamten Angestelltenschaft war insgesamt weitgehend im Rahmen dieser langfristigen Gruppenziele und Gruppenpolitik zu verstehen. Dennoch gingen eben auch hier die Radikalisierungserscheinungen gegen Ende der Weimarer Republik weit über diesen Rahmen hinaus und bildeten Formen elementarer Basisbewegungen, die nicht mehr von den organisierten Formen der Angestelltenpolitik getragen wurden. Wenn die Angestelltenverbände auch nicht in dem Ausmaß an Einfluß und Vertretungsfunktion verloren wie die Organisationen der Bauernschaft und des alten Mittelstandes, so wurden doch auch sie von den Konsequenzen der Verhaltensprägung und politischen Weichenstellung überrollt, die sie mit ihrer Grundorientierung und langfristigen Gruppenpolitik bei ihren Mitgliedern bewirkt oder zumindest immer wieder verfestigt hatten. Denn auch hier drängten die Mitglieder nach 1930 über die abwartende Haltung der Verbandsführung hinaus und strebten nach engster Zusammenarbeit mit der NSDAP, in deren Sog sie zunehmend gerieten. Diese Radikalisierung der Angestelltenbasis wurde natürlich durch dieselben Zusatzfaktoren und anderweitigen Einflüsse befördert, die auch die Unzufriedenheit und Protestbereitschaft der Bauern und Handwerker weiterhin verstärkt hatten und bereits mehrfach geschildert wurden.

Sind damit eine Reihe von Voraussetzungen und Bedingungen geklärt, die die anwachsende Verbitterung und Radikalisierung eines Großteils der Mittelschichten gegen Ende der Weimarer Republik bewirkten, so ist doch noch interpretationsbedürftig, warum es gerade die Nationalsozialisten waren, die die Verbitterung und Verzweiflung im Mittelstand für sich ausnützen konnten. Diese Frage stellt sich um so dringender, als doch auch die übrigen konservativen Parteien und Verbände die mittelständischen Forderungen aufgegriffen und kaum weniger umfassend und radikal vertreten haben als die NSDAP.

Die Anziehungskraft des Nationalsozialismus auf die Mittelschichten

Die Mittelschichten wurden zunächst einmal durch die allgemeinen Aspekte der Massenwirksamkeit des Nationalsozialismus beeinflußt und angezogen. Diese generelle Massenanziehungskraft bestand - um nur noch einmal stichwortartig einige Hauptaspekte zu erwähnen - besonders in der Selbstdarstellung der NSDAP als dynamischer, alles mit sich reißender Bewegung, die den Aufbruch in eine völlig neue Ordnung versprach, in der alles anders und besser werden sollte. Der Führermythos, d.h. der besonders in der Endphase gesteigerte „Personenkult um die Heldengestalt des ‚Führers'" bildete eine wesentliche Grundlage dieser Erfolgsgewißheit, indem das Vertrauen und die Hoffnungen der Anhänger zunehmend auf die Person des unfehlbaren und durchschlagkräftigen Führers gelenkt wurden. Die verkündete neue Ordnung, die sich schon in der Zusammensetzung der nationalsozialistischen Bewegung verkörpern sollte, versprach eine Überwindung der gesellschaftlichen Zerrissenheit und Gegensätze und statt dessen das Ideal der Volksgemeinschaft bzw. der einigen und mächtigen Nation. Die Massenwirksamkeit dieses Selbstverständnisses und Erscheinungsbildes der nationalsozialistischen Bewegung gründete dabei besonders auf ihre ganz auf Schlagworte und Massenbeeinflussung ausgerichtete Propaganda, die als hypermodern bezeichnet werden kann und außerordentlich wirkungsvoll war.

Diese Grundelemente der Massenanziehungskraft des Nationalsozialismus wurzelten in einigen grundlegenden Lagebedingungen und Massenphänomenen der Weimarer Zeit, die ihre Wirksamkeit zu einem guten Teil erklären. Fundamental waren einmal die ungeheuren Umwälzungen der Sozialstruktur und des gesellschaftlichen Bewußtseins durch den Ersten Weltkrieg. Der im Krieg hochgeputschte und danach enttäuschte Nationalismus bildete eine dauernde Belastung der Weimarer Republik und führte zur Existenz jener Fülle nationalistischer, völkischer, radikaler Gruppen, die eine folgenschwere Rolle im Vorfeld des Nationalsozialismus spielten. Darüber hinaus bahnte der Weltkrieg ganz allgemein einer grundlegenden „Verwilderung der Sitten, einer Umwertung der Gewalt, einer merklichen Brutalisierung des öffentlichen Lebens und einer gewissen Desintegration aller Traditionen den Weg ... und führte zu einer bis dahin unerhörten Mobilisierung und Aktivierung der Massen" (Kocka, Ursachen des Nationalsozialismus, S. 7f.). Diese Umwälzungen gingen ferner mit der Entwurzelung und Deklassierung großer Teile der Bevölkerung einher, deren Umfang noch durch die Auswirkungen der Inflation vergrößert wurde und im weiteren Verlauf der Weimarer Republik ein breites Potential an Erbitterung und Enttäuschung bewirkte. Die Massenwirksamkeit zentraler Elemente des Nationalsozialismus lag damit angesichts dieser Verwerfungen der gesellschaftlichen Struktur und des gesellschaftlichen Bewußtseins durch den Krieg und die unmittelbare Nachkriegszeit auf der Hand: Der aggressive und paramilitärische Charakter der nationalsozialistischen Bewegung fand seine Entsprechung in der allgemeinen Militarisierung und Brutalisierung der Gesellschaft, und der extreme Nationalismus der nationalsozialistischen Ideologie mußte breiten Anklang in der verbreiteten nationalistischen Stimmung innerhalb der Bevölkerung finden. Ebenso war es selbstverständlich, daß das Versprechen einer neuen harmonischen Ordnung und der nationalsozialistische Führermythos dem Bedürfnis der entwurzelten und deklassierten Bevölkerungsteile nach gesellschaftlicher Lageverbesserung und klarer Führung entgegenkam. Unzweifelhaft wurden nun diese gesellschaftlichen Verwerfungen und insbesondere das Lager der Deklassierten und Enttäuschten durch den Ausbruch der Weltwirtschaftskrise erneut ungeheuer vergrößert, nachdem zwischen 1924 und 1928 eine kurze Phase allgemeiner Lageberuhigung eingetreten war. Die Enttäuschung und Verbitterung über die wirtschaftliche Entwicklung erweckte angesichts des Versagens des Parlamentarismus in der Krise auch weit zurückliegende Vorbehalte gegen Demokratie und Parteienstaat zu neuem Leben und machte die wirtschaftlichen und gesellschaftlichen Verheißungen der Nationalsozialisten wie auch ihr Modell einer dynamischen Sammlungsbewegung unter der Leitung eines autoritären „Führers" in weiten Teilen der Bevölkerung attraktiv.

Auch die nationalistischen Vorbehalte gegen die Weimarer Republik, die die Demütigung Deutschlands und seine anhaltende außenpolitische Schwäche in der Weimarer Zeit pauschal der nach 1918 errichteten neuen Ordnung anlasteten, wurden durch die Krise und Führungsschwäche des gesamten Weimarer Systems nach Ausbruch der Weltwirtschaftskrise neu belebt. Sie schufen neue Einbruchstellen für die Propaganda der Nationalsozialisten, die diesen allgemeinen Vertrauensschwund der bestehenden Ordnung durch eine immer hemmungslosere Agitation gegen alle staatstragenden Kräfte und Gruppierungen nach Kräften zu vergrößern suchten. Die daraus resultierende totale Diskreditierung der Weimarer Ordnung sowie die zunehmende Verzweiflung und stimmungsmäßige Radikalisierung im Verlauf der Weltwirtschaftskrise verstärkten und verbreiterten die in Bevölkerung und Gesellschaft gegebenen Ansatzpunkte für die Massenwirksamkeit des Nationalsozialismus weiterhin wesentlich. Diese allgemeine Verstärkung der Massenanziehungskraft des Nationalsozialismus in der Endphase der Weimarer Republik wirkte sich auch auf die Mittelschichten aus und bildet eine wichtige Begründung für ihre Hinwendung zur NSDAP. Zu klären ist abschließend aber noch, warum diese Schichten darüber hinaus in besonderem Maße ansprechbar für den Nationalsozialismus waren und dadurch zur eigentlichen Massenbasis der NSDAP wurden.

Bei den Bauern wurde bisher eine überdurchschnittliche Verbitterung und Radikalisierung gegen Ende der Weimarer Republik festgestellt. Offengeblieben ist dabei noch, warum gerade die Nationalsozialisten diese Situation für sich auszunützen vermochten, da die bäuerlichen Forderungen von den anderen konservativen Kräften und Parteien nicht viel weniger radikal aufgenommen und vertreten wurden. Zu den geschilderten allgemeinen Aspekten der Massenanziehungskraft der Nationalsozialisten, die in vielfacher Hinsicht auch bei den Bauern wirksam waren, kamen hier einige Sonderfaktoren, die kurz zu erläutern sind. Zum einen entfaltete die NSDAP, nachdem ihre Chancen auf dem Lande zunehmend deutlicher wurden, etwa ab 1930 eine ausgedehnte Propagandakampagne zur Gewinnung der Bauernschaft. Sie entwarf bereits 1928 ein bauernfreundliches agrarpolitisches Programm und baute vor allem unter der Leitung von Walther Darré den „agrarpolitischen Apparat" auf, der der NSDAP innerhalb eines Jahres zu einer über das ganze Land verbreiteten Bauernorganisation verhalf und Bauernschaft wie Bauernverbände wirksam beeinflußte. Die dadurch intensivierte nationalsozialistische Propaganda operierte auf unzähligen Bauernversammlungen, Diskussionsabenden und in der Presse skrupellos mit „Schlagwortpolemik, allgemeinen Phrasen und demagogischen Simplifizierungen", vermied so weit wie möglich konkrete Aussagen, um nicht einseitig interessenpolitisch festgelegt zu werden, und verschleierte diesen Mangel an Konkretheit mit ihrer allgemeinen Phraseologie von der „idealen Volksgemeinschaft", der pauschalen „Blut- und Bodenideologie" und vor allem der hemmungslosen Aufstachelung jeder Form von Unzufriedenheit auf dem Lande

(Gies, NSDAP, S. 352).

Diese gezielte Agitation und die damit verbundenen intensiven Bemühungen zur Unterwanderung der bäuerlichen Organisationen und Verbände stellten zweifellos einen Sonderfaktor dar, der die Ausbreitung des Nationalsozialismus auf dem Lande begünstigte. Aber auch auf Seiten der für die nationalsozialistische Agitation ansprechbaren Bauern bestanden bestimmte Voraussetzungen, die ihre Hinwendung zur NSDAP begünstigten. Sie beruhten auf der Herauslösung eines Großteils der nicht katholischen Bauernschaft aus dem gesamten politischen und gesellschaftlichen System der Nachkriegszeit, da die Krise in der Endphase der Weimarer Republik für diese Bauern zu einer Krise der Integration des agrarischen Subsystems in das System der industriellen Gesellschaft überhaupt wurde. Die dadurch bewirkte Entwurzelung und allgemeine Orientierungslosigkeit dieser Bauern führte nun dazu, daß die Anziehungskraft des Nationalsozialismus in dieser Situation gar nicht so sehr auf einzelnen Punkten seines Programms oder der Aufnahme bäuerlicher Forderungen beruhte, sondern auf dem Versprechen klarer Führung und der generellen Änderung der bestehenden Verhältnisse. Darüber hinaus beruhte sie vor allem auf dem Angebot einer umfassenden „Schicksalsgemeinschaft" bzw. des totalen Gemeinschaftserlebnisses, das für die Bauern einen faszinierenden Ausweg aus ihrer Orientierungslosigkeit und gesellschaftlichen Entwurzelung bot: Das Angebot einer totalen Bewegung, in der sich der ganze Mensch engagieren konnte und sollte, vermittelte einen neuen gesellschaftlichen Sinnzusammenhang und eine erneute Integration in übergreifende Bezüge (Heberle, Landbevölkerung, S. 169f.).

Neben den allgemein massenwirksamen Aspekten des Nationalsozialismus waren es also zumindest diese beiden eng aufeinander bezogenen Faktoren der intensiven ländlichen Agitation der NSDAP und des Bedürfnisses vieler Bauern nach erneuter Integration in eine sinnvolle übergreifende Ordnung oder ein entsprechendes allgemeines Bezugssystem, die einen Großteil der Bauern für die Nationalsozialisten besonders ansprechbar machten und zu erklären helfen, warum gerade die NSDAP die ländliche Krisensituation für sich auszunützen vermochte.

Auch die überdurchschnittliche Verbitterung und Radikalisierung des gewerblichen Mittelstandes in der Endphase der Weimarer Republik war bisher aus den verschiedensten Voraussetzungen und Bedingungsfaktoren heraus zu erklären. Die Frage, warum sich in dieser Situation gerade die NSDAP als Ausweg anbot, verweist auch hier auf einige Sonderaspekte, die in dieser Konstellation nur beim gewerblichen Mittelstand vorlagen. Zunächst wurde auch der alte Mittelstand von der generellen Massenwirksamkeit des Nationalsozialismus aus den geschilderten allgemeinen Lagebedingungen in der Endphase der Weimarer Republik stark angesprochen, wobei einige Elemente dieser generellen Anziehungskraft der NSDAP im alten Mittelstand bereits besondere Resonanz fanden. So mußte der extreme Nationalismus der nationalsozialistischen Bewegung aufgrund des Bewußtseins der Mittelständler, das moralische Rückgrat der Nation zu sein, dem mittelständischen Nationalgefühl sehr entgegenkommen, da hier eine besondere Identifikation mit dem nationalen Ansehen bzw. nationaler Größe bestand.

Darüber hinaus war der gewerbliche Mittelstand aber aus seinem spezifischen Lagebewußtsein und den Ursachen für seine überdurchschnittliche Verbitterung heraus besonders ansprechbar für die Beteuerung des Nationalsozialismus, eine neue konfliktfreie Ordnung zu schaffen, zumal diese generelle Verheißung mit umfassenden Zusagen an die Kleingewerbetreibenden verbunden war, denen pauschal die Verwirklichung aller Wünsche und Forderungen bestätigt wurde. Wenn die überdurchschnittliche Radikalisierung der Mittelständler in der Endphase der Weimarer Zeit besonders auf den Gegensatz zwischen traditionellen Ansprüchen und trostloser Realität zurückging und ferner auf die Angst vor der endgültigen Vernichtung in den Konkurrenzkämpfen des industriellen und zudem noch parlamentarischen Systems, so konnte nur das Versprechen einer ganz neuen und anderen Ordnung diese Befürchtungen und Ängste beruhigen. Es mußte eine Ordnung sein, die im Ideal der Volksgemeinschaft alle Klassenkämpfe und Interessengegensätze abzuschaffen versprach, dem alten Mittelstand seinen traditionellen, geachteten Platz im wirtschaftlichen und gesellschaftlichen Gesamtsystem zusicherte und auf der Basis autoritärer Führung die stabilen Zustände wiederherstellen wollte, zu denen man in der Erinnerung an das obrigkeitsstaatliche Kaiserreich unbedingt zurückstrebte. Alle übrigen Parteien, denen sich der Mittelstand im Laufe der Weimarer Republik zugewendet hatte, konnten diese Hoffnung nicht erfüllen. So war es zum Schluß nur der Nationalsozialismus, der einerseits skrupellos die Forderungen aller mittelständischen Gruppen aufnahm und ihre Erfüllung zusagte und andererseits ganz konkret eine Globallösung verkündete. Er versprach, die entscheidenden Hindernisse gegen die angestrebte neue Ordnung tatsächlich aus dem Wege zu räumen, „die ‚marxistischen' Arbeiterorganisationen zu zerschlagen, die parlamentarische Mehrheitsherrschaft zu beseitigen und damit auch die Gefahr der Majorisierung der Besitzinteressen zu bannen." (Winkler, Mittelstandsbewegung, S. 104). Nur auf der Basis einer solchen gewaltsamen und grundlegenden Änderung der Sozial- und Herrschaftsverhältnisse konnten die Hoffnungen erweckt werden, daß die an traditioneller Größe und Sicherheit orientierten Ansprüche des alten Mittelstandes tatsächlich realisiert würden, und nur der Nationalsozialismus bot sich deshalb in der als Existenzkrise empfundenen Situation gegen Ende der Weimarer Republik als Retter und als Erfüller der mittelständischen Wünsche an.

Bei den Angestellten als Kerngruppe des neuen Mittelstandes hatten sich ähnliche Ursachen und Bedingungen für ihre überdurchschnittliche Verbitterung und Radikalisierung herausgestellt wie beim gewerblichen Mittelstand. Auch hier war es vor allem die Kluft zwischen den traditionellen Sonderansprüchen der Angestellten auf Privilegierung und den Verelendungs- und Proletarisierungserscheinungen in der Weimarer Zeit, vor allem in der Weltwirtschaftskrise, die die besondere Verzweiflung und Protestbereitschaft eines Großteils der Angestellten bewirkte. Deshalb konnte auch bei ihnen nur die Verheißung einer grundlegenden Änderung der Verhältnisse und einer völlig neuen Ordnung die Zuversicht hervorrufen, daß ihre in der modernen Gesellschaft nicht mehr durchsetzbaren ständischen Geltungsansprüche künftig garantiert und im Rahmen der konfliktfreien berufsständischen Gesellschaftsordnung der Zukunft auch aufrechtzuerhalten sein würden.

War schon diese Erwartung eines Großteils der Angestelltenschaft nur von den Nationalsozialisten zu erfüllen, so bestand hier noch ein weiterer wesentlicher Umstand, der gerade die Hinwendung zur NSDAP erklärte. Wie gezeigt wurde, waren die meisten Angestellten trotz ihres arbeiterähnlichen Sozialstatus in ihrem Selbstverständnis gerade durch ihre antiproletarischen Abgrenzungsbemühungen charakterisiert. Dem entsprach aber aufgrund der Entwicklungstendenzen seit dem Ende des 19. Jahrhunderts auch eine zunehmende Frontstellung „gegenüber ‚oben', gegen die Mächtigen, gegen Unternehmer und Kapital" (Kocka, Die Angestellten, S. 164). Diese Haltung war besonders durch Auseinandersetzungen und Konflikte zwischen diesem ‚oberen" Lager und der Angestelltenschaft während des Weltkriegs befördert worden und setzte sich in der Weimarer Republik fast unverändert fort. Die dadurch entstehende Abgrenzungs- und Protesthaltung gegenüber „unten" wie „oben" fand zunächst im Spektrum der politischen Gruppierungen und Kräfte der Weimarer Zeit keine Entsprechung: der Anschluß an eine der bestehenden politischen Richtungen oder Parteien hätte immer die Entscheidung für eine der beiden Seiten bedeutet. Hier brachte die nationalsozialistische Bewegung die entscheidende Alternative, indem sie sich sowohl antisozialistisch wie antikapitalistisch gebärdete und damit den antiproletarischen Abgrenzungsbemühungen wie den antihierarchischen und antikapitalistischen Bestrebungen der Angestelltenschaft entgegenkam. Zwar wurden aufgrund der ausgeprägten Vielschichtigkeit der Gesamtgruppe nicht alle Angestellten davon angezogen, aber für den großen Teil der Angestelltenschaft bildete diese - zumindest scheinbare - Doppelpoligkeit der nationalsozialistischen Bewegung sicher einen Hauptgrund, warum sich gerade die NSDAP in der Krisenphase gegen Ende der Weimarer Republik als einziger Bezugspunkt anbot und einen optimalen Ausweg aus der allgemeinen Krise und vor allem der spezifischen Zwangslage der Angestellten zwischen „unten" und „oben" zu bieten schien.

Bei allen drei Gruppen der Mittelschichten waren es also ganz spezifische Formen und Voraussetzungen ihrer gesellschaftlichen Lage und ihres Selbstverständnisses, die ihre Reaktionen auf die krisenhaften Entwicklungstendenzen in der Weimarer Republik und vor allem in der Weltwirtschaftskrise bestimmten und ihre überdurchschnittliche Verbitterung und Radikalisierung bewirkten. In allen drei Fällen lagen ferner die Ursachen für die besondere Empfänglichkeit dieser Gruppen für den Nationalsozialismus in diesen spezifischen Lagebedingungen und Statusansprüchen begründet. Sie machten erklärbar, warum gerade die NSDAP die Krisensituation in der Weimarer Endphase für sich ausnützen und breite Gruppen des Mittelstandes in Stadt und Land als Massenbasis gewinnen konnte.

Die NSDAP: Arbeiterpartei ohne Arbeiter?

Wie wir festgestellt haben, wurden vor 1933 insbesondere die Mittelschichten vom Nationalsozialismus angesprochen. Dies galt für die Landwirte ebenso wie für die kleineren und mittleren Gewerbetreibenden, für die Angestellten und Beamten ebenso wie für die Selbständigen. Wie aber stand es mit den Arbeitern? War die NSDAP etwa eine „Arbeiterpartei" ohne Arbeiter? Dies traf sicherlich nicht zu. Unter den nationalsozialistischen Mitgliedern, die bis September 1930 in die Partei eingetreten waren, betrug der Anteil der Arbeiter immerhin 28 %. Und dieser Anteil nahm bis 1933 weiter zu. Unter den zwischen September 1930 und dem 30. Januar 1933 neu eingetretenen Mitgliedern waren 233.000 Arbeiter. Damit bestand die NSDAP vor der Regierungsübernahme durch Adolf Hitler etwa zu einem Drittel aus Arbeitern. Aber auch bei den Wahlen konnten die Nationalsozialisten zahlreiche Arbeiter für sich gewinnen. Genaue Zahlen oder verläßliche Schätzungen für den Arbeiteranteil an der NSDAP-Wählerschaft liegen zwar (noch) nicht vor, doch gibt es erste Berechnungen, nach denen 1930 rund 15 - 20 % der nationalsozialistischen Stimmen von Arbeitern abgegeben worden seien (vgl. Falter, Wer verhalf der NSDAP, S. 18). Sollte dieser Anteil auch bei den Reichstagswahlen vom 31. Juli 1932 zutreffen, dann wären dies immerhin zwischen 2 und 2,8 Millionen Arbeiterstimmen gewesen! Die Mitglieder und Wähler, die die NSDAP unter den Arbeitern gewinnen konnte, kamen vor allem aus kleineren, zumeist noch handwerklich organisierten Gewerbebetrieben, aus dem Handelssektor, aus den Versorgungsunternehmungen von Städten und Gemeinden und schließlich aus den Reihen der Heimarbeiter.

War die NSDAP also doch auch eine Arbeiterpartei? Eine derartige Aussage wäre ebenfalls nicht zutreffend. Wir müssen nämlich berücksichtigen, daß die Arbeiter die weitaus größte soziale Gruppe der Bevölkerung bildeten; bei der Berufszählung im Jahre 1925 betrug ihr Anteil immerhin 45% der Erwerbstätigen. Gemessen an diesem Prozentsatz und gemessen an der Gesamtzahl der Arbeiter - 1925 waren es über 14,4 Millionen - verlieren die Angaben über den Arbeiteranteil unter den Mitgliedern und Wählern der NSDAP erheblich an Gewicht. Unter diesem Blickwinkel war die Resonanz des Nationalsozialismus bei den Arbeitern eher gering; die Arbeiter waren in der NSDAP und unter deren Wählern unterdurchschnittlich vertreten. Dies zeigt bereits ein oberflächlicher Blick in die Wahlstatistik. In den großen Industriestädten schnitt die Partei auch 1932 verhältnismäßig schlecht ab. Belegt wurde dies bei den Gemeindewahlen, aber auch bei den Wahlen zum Reichstag. Im Juli 1932 blieb der Stimmenanteil für die NSDAP in den Wahlkreisen Berlin, Oppeln, Württemberg und Hamburg sowie in den rheinisch-westfälischen, nieder- und oberbayerischen Kreisen weit unter dem Reichstagsdurchschnitt. Wie der bekennende katholische Teil der Bevölkerung hatten also auch die Arbeiter der nationalsozialistischen Flut eher widerstanden als andere Volksgruppen. Ganz besonders traf diese Feststellung zu auf die Arbeiter in industriellen Großbetrieben; der Kern des Industrieproletariats war der Arbeiterbewegung treu geblieben.

Damit ist unsere Frage „Warum gerade die Nationalsozialisten?" aber noch nicht überholt. Unsere Hinweise auf die politische Orientierung der Arbeiter erfordert jedoch eine Umkehrung der Fragestellung. Für die Arbeiter muß geklärt werden, warum die Nationalsozialisten gerade nicht - oder zumindest nicht in demselben Ausmaß - zum Zuge kamen. Diese Frage ist besonders deswegen von Interesse und die Antwort aufschlußreich, weil die Arbeiter in ihrer sozialen Lage von der Wirtschaftskrise besonders hart getroffen worden sind. Die Tariflöhne waren zwar noch bis 1930 gestiegen, während die Lebenshaltungskosten bereits 1929 ihren Höhepunkt überschritten hatten. Und auch danach blieb die Kaufkraft der Löhne in etwa erhalten. Dies galt jedoch nur für die Arbeiter, die noch Arbeit hatten. Nach den Angaben des Statistischen Reichsamtes waren 1932 aber 44,4% der Erwerbstätigen arbeitslos, und weitere 22,6% mußten mit Kurzarbeit vorlieb nehmen. Der Lohnausfall war dadurch sehr hoch, er wurde durch Unterstützungen nicht annähernd ausgeglichen. Gemessen an der Kaufkraft, büßten die Arbeiter bis 1932/33 durchschnittlich ein Drittel ihres Einkommens ein. Gleichwohl suchten die Arbeiter und auch die arbeitslosen Arbeiter ihr Heil ganz überwiegend nicht bei den Nationalsozialisten.

Zur Erklärung dieses Tatbestandes können mehrere Faktoren angegeben werden. So führte die schwere materielle Beeinträchtigung der Arbeiter weder in der Inflation von 1923 noch in der Wirtschaftskrise seit 1929/30 zu einer größeren Unstimmigkeit zwischen den Werterwartungen und den Wertansprüchen der Arbeiter. Hier dürften die Werterwartungen vor allem der sozialistisch orientierten Arbeiter im Rahmen eines kapitalistischen Systems einmal von vornherein gedämpft gewesen sein. Zum anderen wurde ihr Selbstverständnis auch bei Verlust des Arbeitsplatzes nicht völlig zerstört. Den Angehörigen der Mittelschichten wurde bei einem Konkurs jeweils die gesamte wirtschaftliche Existenz vernichtet. Demgegenüber blieb den Arbeitern - auch wenn sie materiell zumeist härter getroffen wurden - zumindest die Hoffnung, bei ansteigender Konjunktur ihre bisherige Arbeitsmöglichkeit wiedererlangen zu können. So wichtig derartige Aspekte aber auch waren, entscheidend für die verhältnismäßig geringe Resonanz der NSDAP bei den Arbeitern dürfte gewesen sein, daß diese fest im Milieu der Arbeiterbewegung verankert waren. Obwohl es in der Revolutionsphase zu Beginn der Weimarer Republik zu selbstorganisierten Massenmobilisierungen gekommen war und trotz teilweise starker Radikalisierung der Arbeiter während dieser Zeit, wurden die traditionellen Solidarbindungen nicht gelöst; die Organisationen der Arbeiterbewegung blieben relativ stabil. Hierzu trugen nicht zuletzt die Arbeitervereine bei. Die Traditions-, Sport-, Geselligkeits- und Bildungsorganisationen sowie die Konsumgenossenschaften wurden neben Partei und Gewerkschaft zum „Ort politisch-sozialer Identitätsfindung" (Wunderer, Arbeitervereine, S. 221). Für die weitere Entwicklung der Arbeiterbewegung in der Weimarer Republik waren diese subkulturellen Integrationsmechanismen von zentraler Bedeutung. Einmal wurde dadurch die seit 1917 bestehende Spaltung der Arbeiterbewegung vertieft. Indem die einzelnen Organisationen und Vereine die jeweiligen Solidarbindungen der Arbeiter bewahrten und festigten, stabilisierten sie auch die unterschiedlichen Richtungsorientierungen. Die Anhänger und Wähler von SPD und KPD lebten schließlich in völlig getrennten Lebenszusammenhängen. Verschieden waren nicht nur die Ideale und Ziele oder die Strategie und Taktik der beiden Richtungen der Arbeiterbewegung; vielmehr galt dies für ihre Gewerkschaftsorganisationen ebenso wie für ihre Turn- und Sportvereine. Die dadurch bewirkte gegenseitige Abgrenzung beschränkte sich jedoch nicht auf die beiden rivalisierenden Richtungen der Arbeiterbewegung, sie führte zugleich zur Abschirmung nach außen. Die Folge war, daß die Arbeiterbewegung insgesamt und ihre beiden Flügel untereinander in einer Art „Ghetto" verharrten. So mißlich dies für die Arbeiter, die Arbeiterbewegung insgesamt und die Durchsetzung ihrer Interessen war, in der Krisensituation am Ende der Weimarer Republik hatte diese Tatsache auch eine positive Wirkung. Infolge der Abkapselung des Arbeitermilieus gelang der NSDAP kein größerer Einbruch in die Arbeiterbewegung; deren Reihen blieben verhältnismäßig fest geschlossen. Für die meisten Arbeiter waren daher die Verlockungen der nationalsozialistischen Agitation erheblich geringer als etwa für die mittelständischen Gruppen. Abgesehen davon, daß auch die konkreten Versprechungen, die die Nationalsozialisten den Arbeitern gaben, wesentlich geringer waren, konnte die Verheißung einer „Volksgemeinschaft" angesichts eines relativ gefestigten subkulturellen Milieus bei den Arbeitern keine Sogwirkung zugunsten der NSDAP erzielen. Der Stimmenanteil der Arbeiterparteien blieb daher verhältnismäßig konstant: SPD, USPD und KPD hatten bei den Reichstagswahlen 1920 42 %, SPD und KPD 1928 40,7 % der Stimmen erhalten. 1932, im Zeichen der Massenarbeitslosigkeit, waren es in beiden Wahlen zwar nur noch etwa 37,7 %, dies waren aber immer noch ebenso viel wie im Dezember 1924 und sogar noch knapp 4 % mehr als unmittelbar nach der Inflation im Mai 1924. Erst als die Solidarbindungen Ende 1932 allmählich schwächer wurden oder abrissen, kam es zu stärkeren Verlusten. Dies war etwa bei den Sozialdemokraten der Fall, als bei Arbeitern, die lange arbeitslos waren, die Not wuchs und die Kontakte zu den Kollegen und Genossen verlorengingen. Aber auch dann wanderten sie zumeist nicht zur NSDAP ab, sondern wechselten zur KPD. Die Verschiebung der Wählerstimmen zwischen den beiden Arbeiterparteien zwischen 1928 und Ende 1932 belegt dies: Bei den Reichstagswahlen 1928 hatte die SPD 9,15 Millionen (= 29,8 %), die KPD 3,26 Millionen Stimmen (= 10,6 %) erhalten. Bis November 1932 verlor die SPD 1,9 Millionen Stimmen und kam noch auf 20,4 %, während die KPD 2,72 Millionen Stimmen hinzugewann und 16,9 % erreichte.

Die erwähnten subkulturellen Integrationsmechanismen wirkten sich noch in anderer Weise aus. Sie bestärkten das Zusammengehörigkeitsgefühl der Arbeiter selbst in Krisensituationen sowie in Phasen der Enttäuschung oder bei Unzufriedenheit mit der Politik der eigenen Organisationen und ihrer Führer. Solidarität überbrückte manche sachlichen Gegensätze: „Organisation wird zum Wert an sich, der durch mangelnde politische Erfolge nicht gefährdet ... und durch die Vorstellung bestärkt [wird], daß der geschichtsimmanente Prozeß der Emanzipation der Arbeiter beständig fortschreitet, auch wenn die Partei in der Gegenwart keine Erfolge zu erreichen vermag" (Lepsius, Extremer Nationalismus, S. 29). Gerade dies kennzeichnete die Situation für die sozialdemokratisch orientierten Arbeiter in der Endphase der Weimarer Demokratie. Obwohl der Einfluß von Partei und Gewerkschaften nach dem Sturz der Großen Koalition und der Bildung der Präsidialregierung unter Heinrich Brüning stark reduziert wurde, war ihre Funktion als Interessenvertretung der reformistischen Arbeiter nicht gefährdet. Dies galt zumindest so lange, als sie noch in das politische Herrschaftssystem der Republik einbezogen waren. Bis zum Frühjahr 1932 traf dies durchaus zu. Im Reichstag war die Regierung auf die Tolerierung der SPD angewiesen, in Preußen regierte ein Kabinett der Weimarer Koalition unter dem sozialdemokratischen Ministerpräsidenten Otto Braun, und bei der Wahl des Reichspräsidenten konnte der Sieg Paul von Hindenburgs gegen Hitler nur mit Hilfe der Sozialdemokratie erzielt werden. Auch wenn die Gewerkschaften durch die Massenarbeitslosigkeit bereits sehr geschwächt waren, blieb die Organisation der Partei stabil, genoß die Parteiführung weitgehend das Vertrauen ihrer Mitglieder, hielten sich die Einbußen bei den Wahlen durchaus in Grenzen. Dies änderte sich erst, als Franz von Papen die SPD völlig ausschaltete und damit die sozialdemokratischen Arbeiter in ihrem politischen Emanzipationsprozeß weit zurückwarf. Nun war die Vertretungsfunktion der Partei ernsthaft gefährdet. Dies führte rasch zur Orientierungslosigkeit der Arbeiter und ihrer Organisationen und dürfte mit dazu beigetragen haben, daß sich die Gewerkschaften seit der Jahreswende 1932/33 eilfertig und unabhängig von der SPD um eine neue Form der Verankerung im gesamtgesellschaftlich-politischen Herrschaftssystem bemühten. Erst jetzt wurden die Solidarbindungen gesprengt, der Auflösungsprozeß der sozialdemokratischen Organisationen beschleunigte sich.

Bis zu diesem Zeitpunkt hatte noch ein weiterer Faktor stabilisierend gewirkt und verhindert, daß die NSDAP bei den Arbeitern größeren Anklang fand. Dies betraf die Rolle der Arbeiterorganisationen im politischen Willensbildungsprozeß - eine Rolle, die sie von den Verbänden und Interessenvertretungen der Landwirte, der Mittelschichten und der gesellschaftlichen Eliten grundlegend unterschied. Zumindest die sozialdemokratischen Organisationen haben im Verlaufe der Republik wohl niemals antidemokratische Neigungen und Gefühle gefördert. Sie traten weder das Weimarer System, seine Institutionen und Symbole in den Schmutz, noch grenzten sie einzelne Gruppen der Bevölkerung - etwa die Juden - als Volksfeinde aus der Gesellschaft aus, und auch ihr außenpolitischer Revisionismus zielte nicht auf die Zerstörung des innenpolitischen Verfassungskompromisses. Im Gegenteil, es war der SPD und den Gewerkschaften gelungen, die in der Revolutionsphase eingetretene Entfremdung und die während der Inflation erfolgte Abwanderung der Arbeitermassen vom Weimarer Staat größtenteils wieder aufzufangen. Für sie stand die Gesetzesmäßigkeit der demokratischen Republik außer Frage. Wie sollten da die Nationalsozialisten mit ihrer antidemokratischen Agitation ansetzen? Die nationalsozialistische Propaganda stieß bei den Arbeitern auf keine große

Resonanz, dafür fehlte die Empfänglichkeit, wie sie etwa bei den Mittelschichten durch fortwährende antidemokratische Beeinflussung geschaffen worden war.

Wie wir feststellen konnten, hatte die NSDAP bei den Arbeitern vergleichsweise wenig Erfolg. Die überwiegende Mehrheit dieser zahlenmäßig größten Bevölkerungsgruppe und deren Organisationen hatten den Nationalsozialismus vielmehr strikt abgelehnt und bekämpft. Wenn dies aber so war, warum gelang es der Arbeiterbewegung dann nicht, die nationalsozialistische Bedrohung einzudämmen? Hatte sich nicht der Vorsitzende der bayerischen SPD, Erhard Auer, 1923 aus demokratischen Beweggründen gegen die geplante Ausweisung Adolf Hitlers verwahrt und dabei geäußert, es sei für die Arbeiterbewegung ein leichtes, die komische Figur Hitler in die Bedeutungslosigkeit zurückzudrängen? Offensichtlich hatte die Arbeiterbewegung hier versagt. Bei der Suche nach den Gründen muß zunächst berücksichtigt werden, daß die Mehrzahl der katholischen Arbeiter sich in eigenen Vereinen und Gewerkschaften organisiert hatte und ihre politische Vertretung durch das Zentrum gewährleistet sah. Aber auch die sozialistische Arbeiterbewegung war gespalten: KPD und SPD standen sich als unversöhnliche Gegner im Kampf um die Gunst der Arbeiter gegenüber. Von unbedeutenden, örtlich begrenzten Ausnahmen abgesehen, kam es zwischen Sozialdemokraten und Kommunisten seit der Mitte der zwanziger Jahre bis zum Ende der Weimarer Republik zu keiner gemeinsamen Aktion mehr. Die Gegnerschaft wirkte sich auf alle Lebensbereiche der Arbeiter aus. Kennzeichnend dafür waren die getrennten Arbeitervereine ebenso wie die Abspaltung der Kommunisten vom sozialdemokratisch ausgerichteten Allgemeinen Deutschen Gewerkschaftsbund (ADGB). Dabei waren die Auseinandersetzungen, Vorwürfe und Kämpfe zwischen den beiden „Lagern" nicht nur eine Angelegenheit der Parteiführungen. Sicherlich, diese hatte die Spaltung vor allem aufgrund ideologischer Positionen und taktischer Überlegungen vorangetrieben. Doch zumindest teilweise beruhte die Trennung auf unterschiedlichen Sozialstrukturen, abweichenden Erfahrungen und ungleicher Betroffenheit der Anhängerschaft von Rationalisierung und Arbeitslosigkeit. Durch derartige Faktoren wurde dann einerseits die Politik der Führungen bestätigt und bestärkt, andererseits wirkte dies auf die Einstellungen und das Verhalten der Arbeiter zurück. Die wechselseitigen Vorwürfe und Beschimpfungen der beiden Lager waren daher keine leeren Worte, sie wurden ernstgenommen und befolgt. Die Kommunisten hielten die Sozialdemokratie für die sozialfaschistische Variante des Nationalsozialismus, der Hauptstoß ihrer Politik richtete sich gegen die SPD. Auf der anderen Seite sprachen die Sozialdemokraten davon, daß die „Kozis" und „Nazis" Brüder wären. Bei dieser Frontstellung - diese Folgerung liegt auf der Hand - konnte es zu keinen gemeinsamen Aktionen gegen die NSDAP kommen. Die Abwehrbereitschaft der sozialistischen Arbeiterbewegung war dadurch zweifelsohne beeinträchtigt.

War demnach die Spaltung der Arbeiterbewegung für den unzureichenden Widerstand gegen den Nationalsozialismus verantwortlich? Dies war sicherlich ein wichtiger Grund. Noch bedeutsamer aber war, daß die beiden Arbeiterparteien kein gemeinsames Kampfziel hatten. Es ging ja nicht nur darum, den nationalsozialistischen Ansturm abzuwehren, sondern auch darum, was bei diesem Abwehrkampf verteidigt werden sollte. Ging es um die Erhaltung der Weimarer Demokratie? Für die Kommunisten war die Republik ein bürgerlicher Klassenstaat und deshalb nicht verteidigungswürdig. Sie agierten zwar im Rahmen des demokratischen Rechtsstaates, betrieben aber eine prinzipielle Opposition. Mit dieser Haltung gerieten die kommunistischen Arbeiter, die sozial bereits an den Rand gedrängt waren, auch politisch völlig ins Abseits. Das Gefühl, aus Staat und Gesellschaft des Heimatlandes ausgestoßen zu sein, ließ sie die Zielvorstellung von einem sozialistischen Vaterland entwickeln - eine Idee, die sie mit der bestehenden Sowjetunion in Verbindung brachten. Mit der Weimarer Republik hatten die Kommunisten daher nichts mehr im Sinn, sie mußte mit allen Mitteln bekämpft werden. Alles, was diesen Kampf förderte, wurde unternommen - wenn es sein mußte, auch in Aktionsgemeinschaft mit den Nationalsozialisten. Der Kampf von KPD und NSDAP gegen die sozialdemokratisch geführte preußische Regierung, die in der Endphase der Republik das letzte Bollwerk der Demokratie darstellte, war dabei nur das herausragendste Ereignis.

Bereits dieses Beispiel zeigt, daß die Sozialdemokraten eine völlig andere Position eingenommen haben. Die SPD war nicht nur bis Juli 1932 die stärkste politische Kraft in der parlamentarischen Demokratie der Weimarer Republik, sondern sie bekannte sich auch grundsätzlich zu diesem System. Sie hatte am Aufbau des Weimarer Staates mitgewirkt und dabei das Ziel verfolgt, die soziale Situation der Arbeiter zu verbessern und die Position der Arbeiterbewegung politisch abzusichern. Insofern war die SPD - nachdem die DDP zur Bedeutungslosigkeit herabgesunken war - schließlich „die einzige Partei, die sich konsequent und ... bis zuletzt für die Republik, für die politische Demokratie einsetzte. Sie war die demokratische Partei par excellence" (Wette, Stimmzettel, S. 360). Gleichwohl war diese Haltung der Sozialdemokratie nicht ungebrochen. Auch in ihren Reihen hatte sich über die nur unzureichend verwirklichte Demokratisierung Enttäuschung breitgemacht. Je mehr sich die Machtpositionen im Weimarer Staat zu ihren Ungunsten verschoben, die erreichten Positionen verloren gingen und die sozialen Errungenschaften rückgängig gemacht wurden, desto weniger attraktiv wurde die Republik auch für die sozialdemokratischen Arbeiter. Die SPD hielt zwar in defensiver Weise an der Verfassung fest, doch diese Haltung bezog sich eigentlich nur auf eine längst vergangene Phase der Weimarer Demokratie. Dies sollte sich beim Widerstand gegen die Auflösung der Republik und gegen den aufkommenden Nationalsozialismus zeigen. Den Bruch der Großen Koalition nahm die Partei - teilweise sogar erleichtert - hin, wenig später stützte sie das Notverordnungsregime Heinrich Brünings. Selbst der Staatsstreich der Regierung Franz von Papen gegen „ihre" preußische Regierung im Juli 1932 konnte sie nicht „aus der Reserve locken". Parteiführung und Anhängerschaft empörten sich zwar über die nationalsozialistischen Propagandamethoden und klagten erbittert über den Terror der SA. Zur Abwehr der rechtsradikalen Bedrohung hatten sie zwar zusammen mit demokratischen Kräften der bürgerlichen Parteien das Reichsbanner „Schwarz-Rot-Gold" gegründet und in der Endphase auch einen eigenen Kampfbund, die „Eiserne Front", aufgestellt, aber dennoch gelangten sie über hinhaltende Verteidigungsmaßnahmen nicht hinaus. Noch nach der Bildung der Regierung Hitler am 30. Januar 1933 hieß es im Aufruf des Vorstandes und der Reichstagsfraktion der SPD: „Wir führen unseren Kampf auf dem Boden der Verfassung. Die politischen und sozialen Rechte des Volkes, die in Verfassung und Gesetz verankert sind, werden wir gegen jeden Angriff mit allen Mitteln verteidigen. Jeder Versuch der Regierung, ihre Macht gegen die Verfassung anzuwenden oder zu behaupten, wird auf den äußersten Widerstand der Arbeiterklasse und aller freiheitlich gesinnten Volkskreise stoßen; zu diesem entscheidenden Kampf sind alle Kräfte bereitzuhalten!"

War dies noch eine Demonstration des Abwehrwillens oder ein Zeichen der Resignation? Wie immer wir dies bewerten mögen, feststeht, daß die Dynamik der nationalsozialistischen Bewegung dadurch nicht gebremst werden konnte. Weder die defensive Politik der Sozialdemokratie noch der grundsätzliche Kampf der Kommunisten gegen die Weimarer Ordnung konnte als Basis für einen Widerstand der Arbeiterbewegung dienen. Die Arbeiterbewegung war zur Abwehr der von den kleinbürgerlichen Massen getragenen NSDAP nicht fähig.

Das „Wohl der Wirtschaft". Zum Stellenwert des Nationalsozialismus für die Großindustrie

Neben den Arbeitern und den Mittelschichten in den verschiedenen Wirtschaftszweigen und Branchen spielten die übrigen gesellschaftlichen Gruppen in der Weimarer Zeit mengenmäßig keine Rolle. Die Großagrarier, die Großindustriellen, die hohen Beamten und die Direktoren in den größeren Betrieben sowie die Angehörigen der „freien Berufe" umfaßten insgesamt nicht einmal 5% der

Bevölkerung. Dennoch dürfen wir bei unserer Betrachtung nicht vergessen, welchen Einfluß die gesellschaftlichen Führungsschichten auf die Entwicklung und die Politik der Weimarer Republik ausgeübt haben. Stellvertretend können wir dabei die Vertreter der Großindustrie herausgreifen. Sie entsprachen in ihren politischen Einstellungen und in ihrem Verhalten durchaus den übrigen Gruppen der gesellschaftlichen Eliten. Darüber hinaus hat die Rolle der Industrie bei der Zerstörung der Demokratie und für die nationalsozialistische Machtergreifung in der Diskussion stets ein besonders lebhaftes Interesse gefunden. Im Hintergrund steht dabei auch die Frage nach dem grundsätzlichen Zusammenhang von wirtschaftlicher Macht und politischer Einflußnahme im bürgerlichen Staat. Beispielhaft ist hierfür der bekannte Ausspruch des Philosophen und Soziologen Max Horkheimer von 1937: „Wer vom Kapitalismus nicht reden will, sollte auch vom Faschismus schweigen." Waren demnach Hitler und die Nationalsozialisten die Agenten des Großkapitals?

Um diese Aussage zu bekräftigen, wurde häufig auf die Finanzierung der NSDAP durch einflußreiche Unternehmer und Industrieverbände verwiesen. Entsprechende Behauptungen und Gerüchte waren schon in der Endphase der Weimarer Republik im Umlauf; die abgebildete Fotomontage von John Heartfield (eigentlich Helmut Herzfeld) verdeutlicht dies. Finanzielle Unterstützungen für die Nationalsozialisten seitens der Industrie hat es zweifelsfrei gegeben. In der Korrespondenz der Großunternehmer ist mehrfach von Geldspenden und Wahlkampffinanzierungen die Rede. Insgesamt gesehen, sind diese Hinweise allerdings eher dürftig. Einmal lassen sich gerade die angeblich wichtigsten Zahlungen vielfach nicht belegen. Zum anderen hatten die finanziellen Zuwendungen der Industrie häufig den Charakter von politischen Rückversicherungen für alle Fälle. Und zudem kam der weitaus größte Teil der Unterstützungsgelder für politische Zwecke den Parteien der bürgerlichen Mitte und Rechten zu. Dies galt für die gesamte Weimarer Republik, dies traf auch für das Jahr 1932 zu und änderte sich erst nach dem 30. Januar 1933, als Hitler Reichskanzler war. Was jedoch für die Machtfestigung verbürgt ist, muß für die Phase des Aufstiegs der NSDAP noch lange nicht gelten. Für ihn spielte die finanzielle Unterstützung der Großindustrie nicht die entscheidende Rolle.

Es wäre allerdings voreilig, diese Feststellung dahingehend zu deuten, daß die gesellschaftlichen Führungsschichten und unter diesen wiederum die Industriellen an der Zerstörung der Weimarer Demokratie und an der nationalsozialistischen Machtergreifung keinen oder allenfalls so viel Anteil gehabt hätten wie alle anderen Bevölkerungsgruppen. Gewiß, der Massenanhang der nationalsozialistischen Bewegung stammte vornehmlich aus dem Kleinbürgertum und aus dem Kreis der Landwirte. Doch selbst auf dem Höhepunkt des Zulaufs, bei

ohn Heartfield, Der Sinn des Hitlergrußes, AIZ Nr. 42, 1932

den Reichstagswahlen vom Juli 1932, ergab dies „nur" 37,4 % der abgegebenen gültigen Stimmen. Auch wenn dieser Anteil und die dahinter stehenden fast 13,8 Millionen Wähler eine erschreckend hohe Zahl darstellten und die NSDAP in Schleswig-Holstein über, in den Wahlkreisen Ostpreußen, Frankfurt/Oder, Pommern, Liegnitz, Osthannover und Chemnitz-Zwickau dicht an die absolute Mehrheit (über 50 %) kam, reichte dies für eine Machtübernahme bei weitem nicht aus. Dafür bedurfte es eines oder mehrerer Bündnispartner. Auf parlamentarischer Ebene kamen aber nur die Parteien der nationalistischen Rechten in Frage. Und auch deren Unterstützung hätte noch nicht zur Machtergreifung ausgereicht. Eine derartige rechnerische Mehrheit im Reichstag war allerdings spätestens seit 1930 gar nicht mehr entscheidend. Seit der Bildung der Präsidialkabinette waren die Regierungen weitgehend von ihrer parlamentarischen Verantwortung entbunden. Ausschlaggebend war nur noch das Vertrauen des Reichspräsidenten. Damit aber wuchs der Einfluß der gesellschaftlichen Führungsgruppen. Aus ihren Reihen kamen die Berater des Präsidenten, sie besaßen angesehene Verbände und Gremien, die in der autoritären Endphase des Weimarer Staates an Bedeutung gewannen, und nicht zuletzt hatte ihr Wort dann Gewicht, wenn es durch wirtschaftliche Macht untermauert wurde. Dies galt - auch wenn der Einfluß der großagrarischen und adeligen Freunde von Hindenburgs größer gewesen sein mag - nicht zuletzt für die führenden Industriellen. Hitler hatte dies erkannt. Er bemühte sich um Kontakte zur Großindustrie ebenso wie zu den anderen Gruppen der gesellschaftlichen Elite und versuchte, nationalsozialistische Programmpunkte und Aussagen, die in diesen Kreisen auf Kritik stießen, abzuschwächen. Hier ließen sich zahlreiche Beispiele aufzählen und Einzelheiten berichten. Dadurch konnten zweifelsohne Vorbehalte gegen die Nationalsozialisten abgebaut und Bedenken ausgeräumt werden. Ausschlaggebend war nämlich noch immer die andere Seite des wechselseitigen Verhältnisses von NSDAP und Großindustrie, und die Frage lautete: Welchen Stellenwert besaßen die Nationalsozialisten für die Politik und die Ziele der gesellschaftlichen Führungsschichten und dabei auch für die großen Unternehmer? Und warum gerade die Nationalsozialisten?

Um diese Frage klären zu können, müssen wir uns den strukturellen und interessenpolitischen Aspekten der von den Industriellen verfolgten Politik zuwenden; wir müssen dabei teilweise auf die Errichtung und Entwicklung der Weimarer Demokratie zurückgreifen. Ohne uns einer zu groben Vereinfachung schuldig zu machen, können wir in diesem Zusammenhang feststellen, daß die Republik auf einem sozialpolitischen Interessenausgleich beruhte. Sichtbarster Ausdruck dafür war zunächst die Zentralarbeitsgemeinschaft zwischen den Spitzenverbänden der Industrie und den Gewerkschaften. Der Ausgleich beinhaltete auf sozio-ökonomischem Gebiet den Verzicht auf die Sozialisierung der Großindustrie. Als Ersatz hierfür diente der Ausbau der Sozialpolitik im Rahmen der privatkapitalistisch organisierten Wirtschaft; die sozialpolitischen Errungenschaften der Revolutionsphase standen für diesen Teil des Kompromisses. Auf der politischen Ebene beruhte der Ausgleich auf der Teilhabe des sozialdemokratischen Flügels der Arbeiterbewegung an der Macht in der liberaldemokratischen Republik. Verwirklicht wurde dies in den Regierungskoalitionen der „Weimarer Parteien" SPD, DDP und Zentrum im Reich und in den Ländern, später durch Hinzuziehung der DVP in der Großen Koalition. Die hier zum Ausdruck gekommene „sozioökonomische Ausgleichsidee der mächtigsten organisierten Gruppen" (Albertin, Faktoren, S. 661) blieb jedoch ohne materiellen Gehalt: Sie stellte weder einen Auftakt noch den Versuch zu einer demokratischen „Industriekultur" dar, sondern diente lediglich zur Abschirmung der industriellen Elite gegen gesellschaftliche Umwälzungsbestrebungen. Sie bedeutete keine Bejahung der Demokratie und des parlamentarischen Systems. „Leitstern" bildete für die Industriellen vielmehr das schlicht als gegeben hingestellte „Wohl der Wirtschaft", die „Sachgesetzlichkeiten" der kapitalistischen Wirtschaft besaßen unbedingten Vorrang. Da aber die Unternehmer in der Weimarer Republik „ihre Eigentumsformen für kompatibel [= vereinbar] mit verschiedenen politischen Systemen, sozialistische und kommunistische ausgenommen" hielten (Albertin, Faktoren, S. 674), erlangten sie eine für die Republik folgenschwere Beweglichkeit. Ihre Grundüberzeugung ermöglichte sowohl harte Auseinandersetzungen mit den Gewerkschaften als auch Bemühungen, durch die Zentralarbeitsgemeinschaft politische Entscheidungen von Parlament und Regierung zu umgehen. Sie bot Raum für auseinandergehende industrielle Teilinteressen. Sie erlaubte die teilweise Beteiligung am politischen System aus Nützlichkeitserwägungen ebenso wie verfassungs- und gesellschaftspolitische Revisionsbestrebungen oder den grundsätzlichen Kampf gegen das Weimarer System. Die Industriellen konnten und wollten - ebenso wie andere Teile der gesellschaftlichen Elite - keine Leitfunktion im Rahmen der liberaldemokratisch geprägten Republik übernehmen; sie standen zumindest teilweise außerhalb des Weimarer Systems.

Zweifelsohne gab es auch unter den Industriellen durchaus unterschiedliche Meinungen und Einstellungen, und im weiteren Verlauf schwankten die vorherrschenden Richtungen. Die Vorbehalte gegenüber der Weimarer Verfassungs- und Gesellschaftsordnung blieben jedoch im wesentlichen erhalten. Sie verstärkten sich sogar, als nach der Inflation die Verteilungskämpfe mit den Gewerkschaften wieder härter wurden. Nach ersten Kampagnen für Kostensenkung und Lohnabbau wurden dann 1927 die Weichen für eine sozialpolitische

Offensive gestellt und schließlich im sogenannten Ruhreisenstreit der soziale Verfassungsausgleich der Weimarer Republik von der Industrie aufgekündigt (vgl. dazu Weisbrod, Schwerindustrie, S. 415ff.). Dabei setzte sich bei den Unternehmern schließlich die Erkenntnis durch, daß „es nicht möglich sei, im Rahmen des heutigen Systems und bei Vorherrschaft der bis heute ausschlaggebend gewesenen Kräfte die wirtschaftlichen Grundlagen gesund zu machen", wie es im Geschäftsbericht des von den Ruhrindustriellen beherrschten Arbeitgeberverbandes „Nordwest" hieß. Die Richtung, in die die Industrie zielte, wurde deutlich in der Denkschrift des Reichsverbandes der Deutschen Industrie vom Dezember 1929 unter dem bezeichnenden Titel „Aufstieg oder Niedergang". Neu waren dabei nicht die einzelnen wirtschafts- und sozialpolitischen Forderungen, sondern die umfassende Form, in der sich die Denkschrift gegen den in der Weimarer Verfassung verankerten Mehrheitswillen wandte. Sie richtete sich gegen das Parlament und die in ihm vertretenen Interessen von Arbeitern und Verbrauchern. Sie war eine Kampfansage an das demokratische System der Weimarer Republik.

Doch welche Rolle spielten dabei die Nationalsozialisten? Zunächst noch gar keine, oder allenfalls die, daß sie zusammen mit den übrigen Parteien und Gruppen der politischen Rechten in der Kampagne gegen den Young-Plan die Massen gegen die Regierung und die Republik mobilisierten. Von einigen wenigen bedeutenderen Unternehmern, die sich wie Fritz Thyssen früh zur NSDAP schlugen, abgesehen, waren die Industriellen vorerst mit dem Sturz der sozialdemokratisch geführten Großen Koalition und mit der Bildung des Präsidialkabinetts Brüning durchaus zufrieden. In der Wirtschaftspolitik bestand zunächst weitgehende Übereinstimmung zwischen Regierung und Industrie: Die Sozialausgaben wurden verringert, Löhne und Preise gesenkt, die Unternehmen steuerlich entlastet und der Export gefördert. Auch verfassungspolitisch entsprach die Präsidiallösung den Vorstellungen der Industrie. Die SPD war aus der Regierung im Reich ausgeschaltet, Gesetzgebung und Politik wurden soweit wie möglich unabhängig vom Reichstag gestaltet. Damit war - nicht zuletzt aus wirtschaftlichen Interessen - die verhängnisvolle Entwicklung einer stufenweisen Durchbrechung der Weimarer Ordnung eingeleitet, eine Entwicklung, bei der schließlich die Nationalsozialisten an Bedeutung gewannen.

Die „Befreiung" der Politik von parlamentarischen Rücksichten erweiterte den Spielraum der Regierung keineswegs. Mehr denn je unterlagen die Absichten und Maßnahmen des Kabinetts den Einflüssen gewichtiger Interessenverbände, den „Ratschlägen" hochgestellter Persönlichkeiten und den Vorstellungen im Umkreis des Reichspräsidenten. Alle diese Gruppen erwarteten, daß ihre Forderungen nun, da die parlamentarischen Rücksichten entbehrlich waren, ungeschmälert durchgesetzt werden sollten. Und diese Situation ergab sich ausgerechnet während der schwersten Wirtschaftskrise des industrialisierten Deutschland, bei einer Politik, die auf unbedingtes „Durchhalten" angelegt war, und unter dem Druck einer unnachgiebigen rechtsradikalen Opposition. Unter diesen Umständen mußte es zwangsläufig auch zu Konflikten mit der Industrie kommen. Erstens brachte die Wirtschaftspolitik nicht die erhoffte Entlastung der Betriebe. Die Krisensituation verschärfte sich: Die Industrieproduktion sank 1931 auf 70%, 1932 auf 58% des Standes von 1928/29, und 1931 wurde diese Lähmung der Wirtschaft in Deutschland noch durch eine Krise der in finanzielle Bedrängnis geratenen Banken verstärkt. In einer derartigen Situation führten die Maßnahmen der Regierung trotz wirtschaftsliberaler Zielsetzung nicht zu einer funktionierenden Marktwirtschaft zurück; im Gegenteil, die staatlichen Eingriffe in die Wirtschaft wurden immer stärker. Die Kürzung der Löhne und Sozialleistungen wurde als unzureichend empfunden, und die Herabsetzung der gebundenen Kartellpreise galt als Schlag gegen die Großindustrie. Hier setzte dann der zweite Kritikpunkt an. Die Unternehmer führten die „halbherzige" Wirtschaftspolitik darauf zurück, daß die Regierung Brüning noch immer zu viel Rücksicht auf die SPD und die Gewerkschaften nehme. Der Verdacht lag nahe, daß sich der Kanzler eben doch nicht von den „überholten" parlamentarischen Vorstellungen befreien wolle oder könne. Dieser Vorwurf zählte um so mehr, als drittens die politische Entwicklung in Deutschland mit rasantem Tempo nach rechts ging. Die Agitation der nationalistischen Rechten, die Wahlerfolge der Nationalsozialisten, die Demonstration entschlossener Kampfbereitschaft der „Harzburger Front" gegen das „Weimarer System" waren deutliche Zeichen einer veränderten politischen Situation. Die Kritikpunkte schufen eine Stimmung der Unzufriedenheit und belasteten das politische Klima. Dies wirkte sich schließlich auch auf das Verhalten des Reichspräsidenten aus. Wie wir aus den Memoiren Brünings wissen, begegnete von Hindenburg seinem Kanzler von Tag zu Tag mit größerem Mißtrauen. Es wurde für Brüning immer schwerer, den von anderer Seite beeinflußten Reichspräsidenten davon zu überzeugen, daß sein Kurs notwendig und richtig sei. Dazu hatten auch die Industriellen beigetragen. Obwohl sie bei der dann Ende Mai 1932 erfolgten Entlassung Brünings nicht direkt beteiligt waren, hatten sie sich doch auch längst vom Kanzler und seiner Politik getrennt. Ihre Ziele reichten bereits weit darüber hinaus.

Dabei spielten die Nationalsozialisten noch immer keine bedeutende Rolle. Der Mann der Industrie war (und blieb) Franz von Papen, der als Nachfolger Brünings zum Kanzler ernannt wurde. Nach einer kurzen Phase des Abwartens wurde er und sein politisches Programm von der konservativen Rechten, dem

Großbürgertum und auch von den Großindustriellen freudig begrüßt. Für sie bildete die Regierung einen neuen Orientierungs- und Integrationspunkt. Gründe hierfür gab es genügend. Die Regierung war betont antiparlamentarisch-autoritär ausgerichtet. Ihre Stoßrichtung ging einseitig gegen die Linke, wobei hierunter ganz eindeutig und in erster Linie die Sozialdemokraten, aber auch die Linksliberalen fielen. Demgegenüber gab der Kurs von Papens denen Auftrieb, die sich um eine Sammlung der politischen Rechten außerhalb der NSDAP bemühten. Dazu gehörten auch einige der einflußreichsten Schwerindustriellen wie Paul Reusch von der Gutehoffnungshütte, Gustav Krupp von Bohlen und Halbach, dessen Schwager Tilo Freiherr von Wilmowsky, Albert Vögler (Vereinigte Stahlwerke) oder Fritz Springorum (Hoesch). Wichtiger aber noch war die Wirtschaftspolitik der Regierung. Im „Kurs von Münster", so genannt nach der programmatischen Rede von Papens, wurden alle Eingriffe in die Sphäre der privaten Wirtschaft abgelehnt, der Abbau der Sozialpolitik und die Kürzung der Löhne zum Prinzip erhoben und staatliche Investitionsförderungen eingeleitet. Den Forderungen und Wünschen der Industriellen war damit in vollem Umfang Rechnung getragen.

Gleichwohl hatte sich inzwischen die Haltung der Großindustriellen zum Nationalsozialismus deutlich verändert. Zunächst gilt es zu beachten, daß die NSDAP bei den Unternehmern nie auf grundsätzliche Ablehnung gestoßen war. Es gab zwar Bedenken und Vorbehalte gegen die sogenannte sozialistische Komponente des Wirtschaftsprogramms, doch stets wurde die Partei dem Spektrum der national zuverlässigen politischen Kräfte zugerechnet. Auch wenn die rüpelhaften Methoden der Nationalsozialisten bei den großbürgerlichen Honoratioren vielfach Naserümpfen hervorriefen, die „edlen Ziele" wurden den Nationalsozialisten deswegen nicht abgesprochen. Und auch über Hitler wurden - wie der Briefwechsel von Großindustriellen zeigt - keine herabwürdigenden Äußerungen fallengelassen. Kurzum, die NSDAP „gehörte dazu", sie wurde in das politische Kalkül einbezogen. Dies kam auch in den Bemühungen von Papens zum Ausdruck. Er stützte sich auf die kleine, aber durchaus einflußreiche Gruppe der Deutschnationalen, den „Partner" der NSDAP in der nationalen Front. Von dieser Position aus versuchte er nun, die Nationalsozialisten in seine Politik einzubeziehen, oder wie es häufig ausgedrückt worden ist, zu zähmen. Anfang schien diese Taktik durchaus erfolgversprechend, zumal die Regierung zu Vorleistungen bereit war: Sie hob das noch von Brüning erlassene Verbot der SA auf und ließ vom Reichspräsidenten den Reichstag auflösen. Als die Zähmungspolitik dennoch scheiterte, war von Papen dann weitgehend am Ende seiner Kunst. Diese Schwierigkeiten führten dann auch im Kreise der Großindustriellen zu Überlegungen, ob vielleicht nicht doch eine Regierungsbeteiligung der NSDAP sinnvoll wäre. An der Frage einer Kanzlerschaft Hitlers müßte dies auch nicht scheitern, wenn der Einfluß der Partei auf die Regierung sonst gering bleiben würde.

Begünstigt wurden derartige Gedanken durch Annäherungsversuche seitens der Nationalsozialisten. Durch Ergänzungen und Erläuterungen zum Parteiprogramm wurde die Furcht des Besitzbürgertums vor sozialistischen oder sozialrevolutionären Bestrebungen in der Partei abgeschwächt. Nachdem die sogenannten Sozialisten um Otto Strasser teilweise bereits früher aus der NSDAP hinausgedrängt worden waren, wurden die verbliebenen Vertreter dieser Richtung in der Parteiführung entmachtet oder durch Aufgabenumverteilung ausgeschaltet. Zudem bemühte sich Hitler um Kontakte zur Großindustrie. Sicherlich dürfen die einzelnen Begebenheiten nicht überbewertet werden. Dies gilt für den Vortrag Hitlers vor dem Industrie-Club Ende Januar 1932 ebenso wie für die Bildung eines Arbeitskreises aus interessierten Männern der Wirtschaft durch den Nationalsozialisten Wilhelm Keppler oder die Aktivitäten des in der Industrie geschätzten ehemaligen Reichsbankpräsidenten Hjalmar Schacht für die NSDAP. Darunter fällt auch die vieldiskutierte Eingabe an den Reichspräsidenten vom November 1932, in der einflußreiche Persönlichkeiten die Ernennung Hitlers zum Reichskanzler forderten. Abgesehen davon, daß die Großindustriellen sich bei diesen Bemühungen eher zurückhielten, hatten diese zunächst auch keinen sichtbaren Erfolg. Doch die wechselseitigen Kontakte und die Einflußnahme auf von Hindenburg waren dadurch weiter verstärkt worden.

Für die veränderte Haltung der Großindustriellen zum Nationalsozialismus war allerdings viel wichtiger, daß die NSDAP inzwischen zu einer Massenbewegung geworden war. Nach starken Gewinnen bei einzelnen Gemeinde- und Landtagswahlen seit 1930 konnte Hitler 1932 bei seiner Kandidatur um das Amt des Reichspräsidenten im zweiten Wahlgang schließlich 13,4 Millionen Wähler (36,8 %) für sich gewinnen. Bestätigt wurde dieser Zulauf bei einer Reihe von Landtags-, dann bei den Reichstagswahlen vom Juli 1932. Mit 37,4 % der Stimmen war die NSDAP auch im Reich die weitaus stärkste Partei geworden, die SPD folgte mit nur 21,6 % in deutlichem Abstand. Angesichts der Tatsache, daß die Regierung von Papen sich im Reichstag lediglich auf eine kleine Gruppe von Abgeordneten stützen konnte, bekam dieser Faktor Gewicht. Der Kanzler wurde zwar vom Reichspräsidenten, der Reichswehr und der gesellschaftlichen Elite insgesamt gestützt, aber es gab dort bereits Überlegungen, wie die „national wertvollen Elemente" der nationalsozialistischen Bewegung genützt werden könnten. Und zudem, die Unterstützung durch von Hindenburg war zwar letztlich entscheidend, doch sie ersetzte keine Massenbewegung und schon gar keine, der die Straße gehörte und die in der Lage war, die Massen der Arbeiterparteien SPD und KPD in Schach zu halten. Derartige Überlegungen wurden auch in Kreisen der Industriellen angestellt, beispielsweise vom Braunkohleindustriellen Paul Silverberg, der bisher als Vertreter des eher gemäßigten Industriellenflügels gegolten hatte (neue Erkenntnisse nun durch Neebe, Großindustrie, besonders S. 159ff.). In Silverbergs „Sprachrohr", den „Deutschen Führerbriefen" erschien im September 1932 ein Aufsatz, in dem es hieß: „Das Problem der Konsolidierung des bürgerlichen Regimes im Nachkriegsdeutschland ist allgemein durch die Tatsache bestimmt, daß das führende, nämlich über die Wirtschaft verfügende Bürgertum zu schmal geworden ist, um seine Herrschaft allein zu tragen. Es bedarf für diese Herrschaft ... der Bindung von Schichten an sich, die sozial nicht zu ihm gehören, die ihm aber den unentbehrlichen Dienst leisten, seine Herrschaft im Volk zu verankern und dadurch deren eigentlicher oder letzter Träger zu sein ... Wenn es dem Nationalsozialismus gelänge, diese Führung zu übernehmen und die Gewerkschaften in eine gebundene Sozialverfassung einzubringen, so wie die Sozialdemokratie sie früher in die liberale eingebracht hat, so würde der Nationalsozialismus damit zum Träger einer für die künftige bürgerliche Herrschaft unentbehrlichen Funktion und müßte in dem Sozial- und Staatssystem dieser Herrschaft notwendig seinen organischen Platz finden." Der Verfasser des Beitrags war der marxistische Autor Alfred Sohn-Rethel, von dessen politischer Einstellung die Redaktion nichts ahnte. Ob Sohn-Rethel mit seinem Artikel nur den Kommunisten Wahlkampfmunition liefern wollte, ist hier nicht wichtig. Entscheidend ist, daß der Inhalt des Beitrags die von Silverberg verfolgte Politik wiedergab.

Auch wenn Silverberg nicht **die** Industrie vertrat, so war mit diesen Überlegungen doch ein wichtiger Faktor für die Frage nach dem Stellenwert des Nationalsozialismus für die Großindustrie angesprochen. Seine Bedeutung wurde sogar noch erhöht, als Franz von Papen im November dem bisherigen Reichswehrminister General Kurt von Schleicher weichen mußte. Der neue Kanzler plante nämlich nicht nur staatliche Arbeitsbeschaffungsmaßnahmen, die bei der Industrie als verkappt sozialistisch galten, sondern er bemühte sich ebenfalls um eine Massenbasis für seine Politik. Er dachte dabei an eine Gewerkschaftsachse quer durch alle Gruppierungen vom ADGB über die christlichen Gewerkschaften, die liberalen und konservativen Gewerkverbände bis zur nationalsozialistischen Betriebszellenorganisation. Von Schleicher wollte dabei den Konflikt in der NSDAP zwischen Hitler und dem Parteiorganisationsleiter Gregor Strasser nutzen. Es mag dahingestellt bleiben, ob der „soziale General" diese Konzeption hätte verwirklichen können. Klar war, daß eine gewerkschaftlich abgesicherte Politik eine Krisenbewältigung zu Lasten der Arbeiter nicht zuließ. Ganz deutlich wurde dies durch die Absicht der Regierung, die Sozialpolitik wieder auszuweiten. In dieser Situation bot sich an, die von Papen vertretene Politik durch die nationalsozialistische Massenbewegung abzusichern. Die Ziele der Großindustrie schienen dadurch nicht gefährdet, sondern im Gegenteil noch dadurch bestärkt, daß die Verbindung mit dem Nationalsozialismus eine strikte Ausrichtung gegen die sozialistische Arbeiterbewegung versprach. Das Ergebnis war das Kabinett der sogenannten nationalen Konzentration. Es handelte sich um ein Präsidialkabinett, das in dieser Phase und in dieser Kombination nur unter der Kanzlerschaft Hitlers zu erreichen war. Ob und inwieweit Großindustrielle bei der Bildung dieser Regierung beteiligt waren, ist umstritten. Dies ist jedoch auch nicht entscheidend. Entscheidend ist, daß diese Verbindung auch von Großindustriellen vorgedacht worden war und daß sie von ihnen - ebenso wie von den übrigen Teilen der gesellschaftlichen Elite - hingenommen und befürwortet wurde in der Annahme, die eigene wirtschafts- und verfassungspolitischen Vorstellungen durch „Einrahmung" bzw. durch Überstimmung der nationalsozialistischen Minister durchsetzen zu können. Die Annahme war naiv. Doch dies ändert ebensowenig an der historischen Verantwortung wie die Tatsache, daß die Großindustriellen dabei und bei den entsprechenden Aktivitäten und Einflußnahmen von den Vertretern der Großlandwirtschaft noch übertroffen worden waren.

Zitierte und weiterführende Literatur

Albertin, Lothar, Faktoren eines Arrangements zwischen industriellem und politischem System in der Weimarer Republik 1918 - 1928. In: Mommsen, Hans u.a. (Hg.), Institutionelles System und politische Entwicklung in der Weimarer Republik. Düsseldorf 1974. S. 658-674.

Castellan, Georg, Zur sozialen Bilanz der Prosperität 1924 - 1929. In: Mommsen, Hans u.a. (Hg.), Industrielles System und politische Entwicklung in der Weimarer Republik. Düsseldorf 1974. S. 104-110.

Falter, Jürgen, Wer verhalf der NSDAP zum Sieg? Neuere Forschungsergebnisse zum parteipolitischen und sozialen Hintergrund der NSDAP-Wähler 1924 - 1933. In: Aus Politik und Zeitgeschichte B 28/29, 1979. S. 3-21.

Fischer, Wolfram, Die Weimarer Republik unter den weltwirtschaftlichen Bedingungen der Zwischenkriegszeit. In: Mommsen, Hans u.a. (Hg.), Industrielles System und politische Entwicklung in der Weimarer Republik. Düsseldorf 1974. S. 26-50.

Geiger, Theodor, Die soziale Schichtung des deutschen Volkes. Soziographischer Versuch auf statistischer Grundlage (1932). Nachdruck: Darmstadt 1967.

Gessner, Dieter, Agrarverbände in der Weimarer Republik. Wirtschaftliche und soziale Voraussetzungen agrarkonservativer Politik vor 1933. Düsseldorf 1976.

Gies, Horst, NSDAP und landwirtschaftliche Organisationen in der Endphase der Weimarer Republik. In: Vierteljahrshefte für Zeitgeschichte 15, 1967. S. 341-376.

Heberle, Rudolf, Landbevölkerung und Nationalsozialismus. Eine soziologische Untersuchung der politischen Willensbildung in Schleswig-Holstein 1918-1932. Stuttgart 1963.

Horn, Wolfgang, Führerideologie und Parteiorganisation in der NSDAP 1919-1933. Düsseldorf 1972.

Kadritzke, Niels, Arbeiterbewegung und Faschismus. Warum die antifaschistische Einheitsfront nicht zustande kam. Zuletzt in: Megerle, Klaus (Hg.), Die nationalsozialistische Machtergreifung. Berlin 1982.

Kocka, Jürgen, Die Angestellten in der deutschen Geschichte 1850-1980. Vom Privatbeamten zum angestellten Arbeitnehmer. Göttingen 1981.

Kocka, Jürgen, Ursachen des Nationalsozialismus. In: Aus Politik und Zeitgeschichte B 25, 1980. S. 3-15.

Lepsius, Rainer M., Extremer Nationalismus. Strukturbedingungen vor der nationalsozialistischen Machtergreifung. Stuttgart u.a. 1966.

Matthias, Erich, Der Untergang der alten Sozialdemokratie 1933. In: Vierteljahrshefte für Zeitgeschichte 4, 1967. S. 250-286.

Neebe, Reinhard, Großindustrie, Staat und NSDAP 1930-1933. Paul Silverberg und der Reichsverband der Deutschen Industrie in der Krise der Weimarer Republik. Göttingen 1981.

Prinz, Michael, Das Ende der Standespolitik. Voraussetzungen, Formen und Konsequenzen mittelständischer Interessenpolitik in der Weimarer Republik am Beispiel des Deutschnationalen Handlungsgehilfenverbandes. In: Kocka, Jürgen (Hg.), Angestellte im europäischen Vergleich. Göttingen 1981. S. 331-353.

Puhle, Hans-Joachim, Politische Agrarbewegungen in kapitalistischen Industriegesellschaften. Deutschland, USA und Frankreich im 20. Jahrhundert. Göttingen 1975.

Saage, Richard, Faschismustheorien. München 1976.

Stegmann, Dirk, Kapitalismus und Faschismus in Deutschland 1929-1934. Thesen und Materialien zur Restituierung des Primats der Großindustrie zwischen Weltwirtschaftskrise und beginnender Rüstungskonjunktur. In: Gesellschaft 6, 1976. S. 19-91.

Tilly, Charles, Louise, and Richard, The Rebellious Century 1830-1930. London 1975.

Turner, Henry A., Faschismus und Kapitalismus in Deutschland. Studien zum Verhältnis zwischen Nationalsozialismus und Wirtschaft. Göttingen 1972.

Weisbrod, Bernd, Schwerindustrie in der Weimarer Republik. Interessenpolitik zwischen Stabilisierung und Krise. Wuppertal 1978.

Wette, Wolfgang, Mit dem Stimmzettel gegen den Faschismus? Das Dilemma des sozialdemokratischen Antifaschismus in der Endphase der Weimarer Republik. In: Huber, W. u.a. (Hg.), Frieden, Gewalt, Sozialismus. Stuttgart 1976. S. 358-403.

Winkler, Heinrich A., Mittelstand, Demokratie und Nationalsozialismus. Die politische Entwicklung von Handwerk und Kleinhandel in der Weimarer Republik. Köln 1972.

Winkler, Heinrich A., Mittelstandsbewegung oder Volkspartei. Zur sozialen Basis der NSDAP. In: Schieder, Wolfgang (Hg.), Faschismus als soziale Bewegung. Deutschland und Italien im Vergleich. Hamburg 1976. S. 97-118.

Wunderer, Hartmut, Arbeitervereine und Arbeiterparteien. Kultur- und Massenorganisationen in der Arbeiterbewegung (1890-1933). Frankfurt/M. u.a. 1980.

Der Angriff, 24. August 1930

Peter Steinbach

POLITISCHE HERRSCHAFT DURCH „GLEICHSCHALTUNG"

Terror, Angst und Anpassung in den Jahren 1933/34

Der „Alltag unter dem Nationalsozialismus" hat sich in den vergangenen Jahren zu einem zeitgeschichtlichen Thema entwickelt, dem reges Interesse zuteil wurde. Leser und vor allem Jugendliche wollten wissen, wie es sich „unter dem Hakenkreuz" lebte, wie sich Nachbarschaftsbeziehungen, Kontakte zwischen Schülern, Verhältnisse zwischen Betriebszugehörigen und sogar Ehepartnern nach der nationalsozialistischen Machtergreifung veränderten und gestalteten. Die durch die alltagsgeschichtliche Fragestellung bedingte Ausweitung des Interesses, die Sensibilisierung für alltägliche Folgen nationalsozialistischer Herrschaft und die Spielräume alltäglichen Widerstehens hat eine Fülle neuer Themen hervorgebracht, allerdings teilweise das Bewußtsein verringert, daß es sich 1933 um die Errichtung eines totalitären, antidemokratischen Einheitsstaates handelte, der gezielt die Verfassungsordnung durch „Gleichschaltung" veränderte. Im folgenden soll dieser Aspekt nationalsozialistischen Erfolgs diskutiert werden: die auf Gleichschaltung von Staat und Gesellschaft zielende unbedingte und durch keinerlei Hemmung und Reflexion gebremste Gewaltanwendung durch die Nationalsozialisten. Diese Gewaltsamkeit war Anlaß und faktischer Hintergrund von Terror, Angst und Anpassung, damit aber auch für Schweigen und Hinnehmen, für „Nicht-sehen-wollen" und „Nicht-sehen-können". Denn Angst macht vielfach blind, begünstigt Selbstentschuldigung und blanken Überlebenswillen, ist Voraussetzung für Mitgehen und Befehlsausführung, für „Selbstgleichschaltung" gesellschaftlicher Gruppen und einzelner Individuen. Angst entsteht aus Zukunftsängsten, aus Existenznot, aus konkreter Furcht - sie entsteht im Inneren von Menschen, die durch die Angst, die sie empfinden, vielfach gelähmt werden und aus dieser Lähmung heraus „erliegen". Aber Angst wird auch erzeugt, geschürt, sie wird aus politischen Gründen gewollt, denn sie macht aus vielen verschiedenen Menschen eine Herde, sie ebnet Vielfalt und Individualität ein. Nationalsozialisten lehnten Vielfalt ab und proklamierten den absoluten Wert der Einheit und der Einheitlichkeit: **Ein Volk - ein Reich - ein Führer**, hieß es, **eine Rasse, eine Geschichte, ein Schicksal.** Ausdruck des Strebens nach Einheitlichkeit war der Wille zur Gleichschaltung: zur Gleichschaltung des Bewußtseins, der Gesellschaft, des Staates - durch Propaganda, durch Verfassungswandel, durch Gewalt.

„Warum gerade die Nationalsozialisten?" fragen wir und gelangen zur Antwort: Nur sie kamen der vielfach aus „Angst" resultierenden Einheitserwartung, dem konfliktfeindlichen Harmoniestreben, dem ersehnten Zukunftsoptimismus, dem Streben nach einer Alternative zum bekämpften, unverstandenen und ungeliebten System entgegen, indem sie bereit waren, mit gewaltsamsten Mitteln diese ersehnten Ziele zu erfüllen. Nur sie verfügten über den Willen und den Rückhalt, den proklamierten Einheitsstaat zu schaffen, der Ausdruck eines „monopolisierten Nationalbewußtseins" war: Alle, die sich diesem Monopolanspruch nicht unterwarfen - Kommunisten, Sozialdemokraten, bibel- und verkündigungstreue Christen, Pazifisten, Föderalisten, Demokraten, Liberale oder nonkonformistische Intellektuelle - oder nicht einmal unterwerfen sollten - Juden, entartete Künstler, „Ballastexistenzen" wie Geisteskranke - wurden dieser Gewalt unterstellt und zugleich der brutalsten Herrschaft ausgesetzt. Sie litten unter einer unkontrollierten Machtausübung, die Ausdruck entfesselter und unkontrollierter Willkür war. Gewaltausübung und Gleichschaltung gehören sachlich zusammen, denn durch gewaltsamen Bruch von Normen und Grundüberzeugungen wurden Staat und Gesellschaft gleichgeschaltet; diese Gleichschaltung war zugleich aber die Voraussetzung für weitere, eskalierende und durch keine Institution, keine Gewaltenteilung, keine Verfassung gebremste oder verhinderte Gewaltanwendung. „Gleichschaltung" als Folge und Voraussetzung von Gewaltanwendung wurde in der Weimarer Republik nur von den Nationalsozialisten als Problemzusammenhang bedacht und 1933 im Rahmen der bestehenden Verfassungsordnung so irreführend realisiert. Deshalb spricht man heute noch von einer „legalen" Machtergreifung und erliegt in der Verwendung dieses Begriffs weiterhin fast dem nationalsozialistischen Kalkül: Es setzte innergesellschaftliche und politisierte Gewaltanwendung ein, um durch gewaltsamen Druck auf die Öffentlichkeit eine quasidemokratische Legitimation zur Beseitigung einer demokratischen Ordnung zu schaffen. Dies unterschied die Nationalsozialisten von nicht minder gewaltsamen Konkurrenten, insbesondere von der KPD, die nach revolutionärer Diktatur, nicht aber nach quasilegaler Machtübernahme strebte. Auch die Diktatur des Proletariats wäre ein Bruch der Verfassungsordnung mit dem Ziel einer totalitären Herrschaft gewesen - allerdings ausdrücklich ohne jeglichen Anschein der Verfassungsmäßigkeit, der Legalität, der Mehrheitszustimmung wenn nicht der Wählerschaft, so doch wenigstens der Repräsentanten. Die Nationalsozialisten hingegen mieden zunächst krampfhaft den Schein des Verfassungsbruchs und erreichten dadurch, daß ihre manifeste Gewaltanwendung, die noch in der Nacht vom 30. zum 31. Januar begann, zunächst von den nicht der NSDAP zugehörigen Mitgliedern der Präsidialregierung hingenommen, ja durch Notverordnungen gedeckt und ermöglicht wurde.

Der Wille, die eroberte Herrschaftsposition durch ungebremste Gewalt zu gebrauchen und den Weimarer Staat in ein „Drittes Reich" zu verwandeln, stand für die Nationalsozialisten niemals in Zweifel. Dies ist eine ihrer Besonderheiten. Bereits auf dem Brandenburger Gautag der NSDAP hatte der damalige Gauleiter Joseph Goebbels, Jahre vor der nationalsozialistischen Machtübernahme, am 10. Juli 1927 seine Vorstellung nationalsozialistischer Politik verdeutlicht: „Eine Bewegung, die einen alten Staat zertrümmern will, kann nicht auf Filzpantoffeln gehen." (Völkischer Beobachter 14.7.1927). Wenige Monate später hatte er erneut bekräftigt, „mit aller Macht" heranzugehen, um den „Zukunftsstaat zu gestalten", und keinen Zweifel daran gelassen, daß dabei auch nicht vor der Verwendung von Waffen zurückzuschrecken sei.

Goebbels war 1927 der Sprecher einer kleinen gewaltsamen und militanten antiparlamentarischen und antirechtsstaatlichen Minderheit. In der Schulungsschrift „Der Nazi-Sozi" zog er klare Trennungsstriche zwischen den Nationalsozialisten und ihren Gegnern: „Die anderen treten ein, reden, debattieren, stimmen ab, lassen sich Diäten auszahlen. Wir aber handeln. Wir aber schaffen uns die Machtgruppe, mit der wir einmal diesen Staat erobern können, und wir werden dann rücksichtslos und brutal mit dem Machtwillen des Staates unseren Willen und unser Programm durchsetzen."

Seit 1930 hatte die Weimarer Republik in ihrer 1919 kodifizierten Form weitgehend aufgehört zu bestehen. Die Nationalsozialisten waren damit noch nicht an die Macht gelangt, hatten aber in einer beeindruckenden und beängstigenden Weise 1932 an Stimmen gewonnen. An ihrer grundsätzlichen Bereitschaft, das Weimarer System völlig zu beseitigen, hatten sie auch in der Folgezeit nicht den leisesten Zweifel gelassen, auch wenn sie sich zur Mitarbeit in den parlamentarischen Gremien legalistisch bereiterklärt hatten. „Haben wir einmal den Staat erobert, dann ist dieser Staat unser Staat", hatte Goebbels geschrieben und den Alleinanspruch der NSDAP bekräftigt: „Dann werden wir, und wir alleine, die verantwortlichen Träger dieses Staates sein. Wenn wir heute im Kampf gegen ein verderbtes System Partei sind und Partei sein müssen, natürlich nicht in dem Sinne einer parlamentarischen Partei, in dem Augenblick, wo wir dieses System stürzen, werden wir selbst Staat sein. Dann gestalten wir den Staat auf dem Wege der diktatorischen Gewalt nach unseren Grundsätzen um." Die Nationalsozialisten wußten stets, was sie wollten - sie hatten ihr Ziel im Auge, und nur durch den Zeitpunkt der ersehnten „Machtergreifung" konnten sie überrascht und für Augenblicke aus der Bahn geworfen werden. Hatten sie erst einmal die Macht, war auch die Frage einer rechtlichen Bindung und einer parlamentarischen Legitimation unerheblich. „Ist das deutsche Volk nicht damit einverstanden, daß es freigemacht wird, dann pfeifen wir auf dieses Einverständnis." Man traue sich schon zu, es „gegen seinen

Willen und mit Gewalt glücklich zu machen."

Nach einigen Verzögerungen, Ränken und nationalsozialistischen Befürchtungen war es am 30. Januar 1933 so weit: Vor allem nach der Regierungsübernahme in Oldenburg, wo die Nationalsozialisten Monate vor ihrer Machtergreifung im Reich ein von der Öffentlichkeit nur wenig beachtetes Bild ihrer Schreckensherrschaft geboten hatten, berief Hindenburg Hitler zum Reichskanzler eines Kabinetts der „nationalen Konzentration". In dieser Regierung besaßen die Nationalsozialisten nicht einmal die Mehrheit, aber sie hatten augenscheinlich, wie Goebbels mehr als fünf Jahre zuvor geschrieben hatte, den „Willen zur Gewalt." „Was dann? Was nun?", fragten sich viele Zeitgenossen und starrten auf die bevorstehenden Wahlen, die das monatelange „Wahlinferno" zum endgültigen Abschluß bringen sollten. „Was dann?! Dann beißen wir die Zähne aufeinander und machen uns bereit", hatte Goebbels geschrieben. Dann marschieren wir gegen diesen Staat, ... aus Revolutionären des Wortes werden dann Revolutionäre der Tat. Dann machen wir Revolution!"

Ist heute auch mehr denn je umstritten, ob die Nationalsozialisten eine deutsche Revolution verwirklichten, so ist kaum zu bezweifeln, daß innerhalb weniger Monate das politische System grundlegend verändert wurde - mit einer Konsequenz und Brutalität, mit Folgen und Nachwirkungen, die einzigartig in der menschlichen Geschichte sind. „Der Wille zur Macht schafft sich schon die Mittel zur Macht", hatte Goebbels geschrieben. Seit dem 30. Januar 1933 verfügten die Nationalsozialisten über diese Mittel. Ihr Etappenziel war die Gleichschaltung von Staat und Gesellschaft. Erst danach konnten die visionären Ziele verwirklicht werden, die schließlich in Weltkrieg, Menschenvernichtung und Verlust der nationalen Einheit mündeten.

Die Nationalsozialisten überrannten den Staat, sie usurpierten die Macht, aber sie kamen nicht gegen den Willen der Bevölkerungsmehrheit in Positionen, von denen aus sie ihren nationalsozialistischen Zukunftsstaat verwirklichen konnten. Sie konnten nur gleichschalten, weil die Bereitschaft zur gesellschaftlichen und politischen Selbstgleichschaltung weit verbreitet war. Gleichschaltung und Selbstgleichschaltung sind Aspekte der sogenannten „nationalsozialistischen Revolution", die wir heute als einen sich stufenweise verwirklichenden Vorgang der Machtergreifung interpretieren, der eine qualitativ neue Verfassungswirklichkeit erzeugte.

Die nationalsozialistische „Machtergreifung" war nicht auf die Reichshauptstadt Berlin beschränkt, und sie erschöpfte sich nicht, wie die Nationalsozialisten propagierten, in den Ereignissen eines Tages, des 30. Januar 1933. Als „Tag der Machtergreifung" wurde dieser Tag erst rückblickend gedeutet. Erst von der zeitgeschichtlichen Forschung wurde die Langfristigkeit der Eroberung und Konsolidierung nationalsozialistischer Herrschaft erkannt. So verwenden wir heute den ursprünglich nationalsozialistischen Propagandabegriff, um die gleichgerichtete Tendenz zu beschreiben und in ihrer Bedeutung für die Durchdringung von Staat und Gesellschaft mit Nationalsozialisten, für die Ausrichtung gesamtstaatlichen Wollens auf die Realisierung der nationalsozialistischen Programmatik und für die „Gleichschaltung", d.h. die politische und rassische „Homogenisierung" der staatlichen und gesellschaftlichen Ordnung zu sehen.

Auch der Begriff der „Gleichschaltung" ist von den Nationalsozialisten geprägt und von der zeitgeschichtlichen Forschung übernommen worden, um das genuin Nationalsozialistische dieses Vorgangs begrifflich fassen zu können. Dieser Begriff meint die stufenweise verwirklichte totale Durch- und Verstaatlichung der Gesellschaft ebenso wie die von den Nationalsozialisten auf den Endpunkt getriebene „Vergesellschaftung des Staates" durch eine gesellschaftliche Bewegung, eine Partei. Vergesellschaftung des Staates und Verstaatlichung der Gesellschaft werden heute als Voraussetzung einer umfassenden Gleichschaltung im Sinne der Beseitigung individueller und kollektiver Grund-, Menschen- und Bürgerrechte interpretiert. Im Zuge der Gleichschaltung entstand ein totalitärer Staat, wurden mit der Beendigung der Gewaltenteilung Schutzschranken zwischen Staat, Gesellschaft und Individuum aufgehoben, wurde „Freiheit" im umfassenden Sinn beseitigt.

In der Gleichschaltung läßt sich das „deutsche Trauma" (Kalow) greifen, vor allem aber in der fatalen gesellschaftlichen Selbstgleichschaltung: Hatten die Nationalsozialisten nicht in weiten Teilen den Volkswillen artikuliert und Vorstellungen realisiert, die in der Gesellschaft weite Zustimmung fanden? Waren die Wahlen vom November 1932 und sogar die letzten halbwegs „freien" Reichstagswahlen vom 5. März nicht ohne den später einengenden brutalen Druck durchgeführt worden? Hatten sich nicht viele Zeitungsredaktionen willig nivellieren, Verbände sich nicht „gleichschalten", Parteien sich nicht „selbstauflösen" lassen? Wo blieben die Proteste gegen die „Säuberung" des Berufsbeamtentums, gegen den Boykott jüdischer Geschäfte und die Auskreisung von Juden aus dem nationalen Konsens und später aus der Reichsbürgerschaft? Wo waren die Millionen von Wählern der SPD, der KPD und der Zentrumspartei? Hatten sie vor dem propagandistisch erzeugten Meinungsdruck kapituliert, oder hatten sie sich in eine Abwarteposition begeben, die allmählich in eine unbestreitbare Nachfolgebereitschaft mündete? Nachfolgebereitschaft ist eine Haltung, die sich nicht allein erzwingen läßt, sondern eine gewisse Freiwilligkeit voraussetzt, mentalen Neigungen der Selbstgleichschaltung entgegenkommt und somit die Kehrseite der Gleichschaltung ausmacht. Sie entspringt nicht nur der Furcht, sondern auch der Selbstidentifikation, der leichtfertigen Akzeptierung nationalsozialistischer Ziele und Praktiken. Erst Selbstidentifikation und Selbstgleichschaltung schufen den Resonanzboden für Gewaltideologie und Gewaltpolitik der Nationalsozialisten. Die Frage „Wie war das möglich?" stellt sich somit immer wieder und ist wahrscheinlich kaum zufriedenstellend und überzeugend zu beantworten, nicht zuletzt, weil sich erklärende Theorie und auf den einzelnen Fall bezogene Konkretisierung nicht in Übereinstimmung bringen lassen. Und dennoch müssen wir uns ihr stellen, müssen unsere Antworten suchen, die jeweils auch unsere eigenen Erfahrungen in unserer Gegenwart spiegeln. Die Machtergreifung ist nicht zu begreifen, wenn wir nicht das Ineinandergreifen staatlicher Verfügungsgewalt und innergesellschaftlicher Konflikte verstehen: Sie laufen in Gleichschaltung und Selbstgleichschaltung, in Machtübernahme und Machtüberlassung parallel, aber mit einer Folge ab: der Festigung nationalsozialistischer Herrschaft.

Schematisiert betrachtet, hat sich diese Herrschaft in Stufen etabliert und gesichert: Nach der Beteiligung an einer Präsidialregierung noch vergleichsweise herkömmlichen Musters gelingt es den Nationalsozialisten,

1) Grundrechte aufzuheben;
2) die öffentliche Meinung durch einen Wahlkampf zu formieren;
3) die bundesstaatliche Ordnung zu beseitigen;
4) die Beamten in Justiz, Verwaltung und Bildungssystem auf ihre Ziele, vor allem aber auf unbedingten Gehorsam hin auszurichten;
5) die aus Großverbänden und Parteien bestehende pluralistische Ordnung zu beseitigen und damit Staat und Gesellschaft vollends auf nationalsozialistische Politik einzuschwören.

Damit ist der eigentliche Vorgang der „Gleichschaltung" weitgehend abgeschlossen. Es schließt sich der kulturelle und konfessionelle Formierungsvorgang an. Er hat die Transformation des Staates, insbesondere der Verwaltung, der Rechtsprechung, in ein Instrument nationalsozialistischer Politik zur Voraussetzung. Ausdruck dieses instrumentellen Charakters ist die Entstehung des nationalsozialistischen Einheits- und Führerstaats. Er beansprucht eine einheitliche Willensbildungs- und Zielsetzungskompetenz, nicht zuletzt aber die Berechtigung zur „Durchstaatlichung der Gesellschaft".

Die geistige, die sogenannte „mentale Gleichschaltung" der Gesellschaft erfolgt in zahlreichen Verordnungen, aber auch in Gesetzesstößen - etwa 7. April, 14. Juli, 30. Januar 1934 -, welche den totalitären Herrschaftsanspruch der nationalsozialistischen Partei betonen und zugleich sichern. In der mentalen Gleichschaltungsphase wird bereits die Tendenz zur rassengeschichtlich, rassenpolitisch und erbbiologisch begründeten Vereinheitlichung der Gesellschaft sichtbar. Sie macht einen weiteren Aspekt nationalsozialistischer

Homogenisierung aus, die auf den Begriff der „Gleichschaltung" zu bringen ist.

Die Gesetzesstöße der nationalsozialistischen Regierung knüpften zu einem nicht geringen Teil an Gesetzentwürfe der vornationalsozialistischen Präsidialregierungen an und entsprachen nicht selten, wie etwa das „Gesetz zur Verhütung des erbkranken Nachwuchses" vom 14.7.1933, einer breiten Bevölkerungsstimmung. Damit stellt sich die Tendenz zur Selbstidentifikation und zur Selbstgleichschaltung der Gesellschaft als Problem. Auch diese Tendenz soll als ein Aspekt nationalsozialistischer Gleichschaltungspolitik behandelt werden.

Gleichschaltung: Zerstörung des Weimarer Verfassungssystems

Am 30. Januar 1933, gegen 12 Uhr 40, wurde der deutschen Öffentlichkeit durch eine offizielle Bekanntmachung ein neues Kabinett vorgestellt. Von Schleichers Konzeption, waghalsig entwickelt und bestenfalls geeignet, den Deutschen die nationalsozialistische Diktatur, nicht aber den autoritären oder zumindest autoritativen Staat zu ersparen, war Mitte Januar 1933 endgültig gescheitert. In fast letzter Minute, nach empfindlichen Stimmenverlusten und mühsam überbrückten Spaltungstendenzen, hatten die Nationalsozialisten doch noch die Teilnahme an der Regierung angeboten bekommen, nicht zuletzt aus der überheblichen Hoffnung von Papens heraus, mit Hitler nicht nur fertig werden zu können, sondern ihn durch die Regierungsverantwortung gleichsam zähmen und einhegen zu können. Diese Hoffnung war trügerisch und belegte aufs neue, daß die politischen Eliten weitgehend unfähig waren, den prinzipiell gewaltsamen und aufs Ganze gehenden Charakter der nationalsozialistischen „Bewegung" zu erkennen.

So scheint es, als hätten allein die Nationalsozialisten gewußt, daß es um alles, um das Ganze ginge. Ihre Entschlossenheit war keine nachträgliche Beschönigung der unüberschaubaren Entscheidungssituationen, so sehr auch später in den alljährlichen Feiern der Machtübernahme und „Machtergreifung" der eiserne Wille zur „nationalen Revolution" beschworen werden mochte. Die Nationalsozialisten waren von allem Anfang an entschlossen, die unerwartet angebotene Chance zu nutzen und alles zu tun, um ihre Herrschaft zu etablieren und zu zementieren. Zu dem Entschluß gehörte die Bereitschaft, die verhaßte Weimarer Verfassungsordnung, die „November-" und „Judenrepublik", von Grund auf umzustürzen - auch unter Anwendung äußerst gewaltsamer Mittel.

Joseph Goebbels, nachträglich am 13. März 1933 in ein durch die Wahl vom 5. März stabilisiertes Kabinett als Minister für Volksaufklärung und Propaganda aufgenommen, verhöhnte in einer Darlegung von „Wesen und Gestalt des Nationalsozialismus" die bekämpfte Weimarer Demokratie und mit ihr alle

Demokraten: „Wir Nationalsozialisten haben aber niemals behauptet, daß wir Vertreter eines demokratischen Standpunktes seien, sondern wir haben offen erklärt, daß wir uns demokratischer Mittel nur bedienten, um die Macht zu gewinnen, und daß wir nach der Machteroberung unseren Gegnern rücksichtslos alle die Mittel versagen würden, die man uns in Zeiten der Opposition zugebilligt hatte." In dieser kleinen Schrift knüpfte Goebbels an seine Gewaltverherrlichung der zwanziger Jahre an und entlarvte die Legalitätsterminologie der Nationalsozialisten als herrschaftstechnisch instrumentalisierten Schwindel. Er war wie andere Nationalsozialisten entschlossen, den verhaßten politischen Gegnern - und zu ihnen zählten die Mitglieder aller der NSDAP gegenüberstehenden Parteien - ihre politischen Artikulations- und Existenzrechte zu beschneiden. Da die Nationalsozialisten die Berechtigung aller nicht von den Nationalsozialisten sanktionierten Wertvorstellungen und Ziele entschieden ablehnten und sich selbst in einer auf die Unterscheidung zwischen Freund und Feind zugespitzten Entscheidungssituation wähnten, war nur ein kleiner Schritt von der „Vernichtung" politischer Werte und Überzeugungen zur Existenzvernichtung zurückzulegen. Mochten vereinzelte Übergriffe selbst von den eingeschüchterten Gegnern der Nationalsozialisten noch als übersteigerte Reaktion auf die jahrelange Behinderung einer nationalsozialistischen Machtausübung interpretiert werden, so konnte die Anwendung einer systematisch ausgreifenden Gewaltsamkeit bald keine Zweifel mehr daran lassen, daß die Nationalsozialisten angetreten waren, die politischen und sozialen Verhältnisse auf die dauerhafte Stabilität ihrer Herrschaft hin zu verändern. Hauptziel der Nationalsozialisten war seit den Beratungen über die Regierungsbeteiligung Ende Januar 1933 vor allem eines gewesen: die umfassende Macht, und zwar auf Dauer.

Diesem Ziel standen politische Mehrheitsverhältnisse ebenso entgegen wie Grundbestimmungen der Verfassung: Die Nationalsozialisten hatten niemals die absolute Stimmenmehrheit gewonnen und waren deshalb auf Koalitionspartner angewiesen. Auch eine Fortsetzung der Notverordnungspolitik barg ihre Risiken für die Konsolidierung nationalsozialistischer Herrschaft, denn sie verstärkte die Abhängigkeit vom Reichspräsidenten und von den politischen Gruppierungen, die auf den Reichspräsidenten, die zunächst kooperationswilligen parlamentarischen Kräfte und die Öffentlichkeit Einfluß ausüben konnten. Bestimmungen der Weimarer Reichsverfassung standen schließlich dem umfassenden Herrschafts- und Gestaltungsanspruch der Nationalsozialisten entgegen: Politischer und sozialer Pluralismus, die föderativen Strukturelemente und der Schutz des einzelnen durch Grundrechte ließen die „stille" Veränderung der Weimarer Republik in einen „totalen Staat" nationalsozialistischen Typs nicht zu. Zwar entfalteten die Nationalsozialisten vor ihren teilweise widerwillig-widerstrebenden Partnern des Kabinetts der „nationalen Konzentration" mit kaltem Kalkül die Aussicht auf eine Fortsetzung der Notverordnungspolitik ad infinitum; zugleich aber bereiteten sie durch eine „legal" anmutende radikale Umwälzung der verfassungsmäßig vorgeschriebenen politischen Willensbildung die Fundierung ihrer Herrschaft vor, die - so hofften sie - auf unabsehbare Zeit - auf „tausend Jahre" - bestehen und auf lange Frist nationalsozialistische Staats- und Gesellschaftsvorstellungen verwirklichen würde.

Ergaben sich die nicht der NSDAP angehörenden Kabinettsmitglieder noch der stillen Hoffnung, Hitler einbinden oder gar an die Wand drücken zu können, „bis er quiekt" - wie von Papen sagte -, so vollzog sich im politischen Raum, in der Kooperation von Reichspräsident, Reichskanzler und der unter nationalsozialistischem Zugriff stehenden preußischen Polizei bereits ein rascher Verfassungswandel, und dies sowohl auf dem Gebiet des Verfassungsrechts wie der Verfassungswirklichkeit. Die Nationalsozialisten hatten sich lange Jahre vor der Machtübernahme von den verfassungskonformeren Parteien zu unterscheiden versucht, indem sie ihren unbedingten Willen zur Gewaltanwendung betont hatten. Dies war ihre absolute Maxime der Übergangsphase - alle anderen Handlungsanweisungen waren situationsbezogen und relativ gewesen. Auch vor 1933 hatten Nationalsozialisten Gewalt ausgeübt und gerechtfertigt. Schlagend wurde dies in der Rechtfertigung des Mordes von Potempa deutlich. In diesem kleinen Dorf hatten Nationalsozialisten 1932 einen des Kommunismus verdächtigen Landarbeiter zu Tode getreten. Alfred Rosenberg kritisierte den diese Untat bestrafenden Rechtsspruch - überwiegend die in lebenslange Haft umgewandelte Todesstrafe - mit den Worten: „Mensch ist nicht gleich Mensch, Tat ist nicht gleich Tat". Hitler selbst telegraphierte den Mördern, er fühle sich „angesichts dieses ungeheuerlichen Bluturteils" mit ihnen „in unbegrenzter Treue verbunden", und bekräftigte: „Eure Freiheit ist von diesem Augenblick an eine Frage unserer Ehre, der Kampf gegen eine Regierung, unter der dieses möglich war, unsere Pflicht." Die politischen Gegner der Nationalsozialisten wußten also, von welchen Maßstäben aus die vielfach propagierte nationalsozialistische Ordnung visionär und deshalb entsprechend nebulös ausging - sie konnten sich allerdings nicht vorstellen, wie entschlossen die Nationalsozialisten an die beabsichtigte Umwälzung herangingen. Nicht zuletzt mangelte es an der Phantasie, sich die letzten Konsequenzen nationalsozialistischer Maßnahmen auszumalen. Wilhelm Hoegner, 1933 einer der jüngeren und später scharf mit seiner Fraktionsführung ins Gericht gehenden sozialdemokratischen Reichstagsabgeordneten - nach dem Krieg sozialdemokratischer Ministerpräsident des Freistaats Bayern - hat diese mangelhafte Einsicht scharfsichtig benannt: „Es ging uns nicht ein", schrieb er im Schweizer Exil, auf die sich überschlagenden Ereignisse des Frühjahrs 1933 zurückblickend, „daß eine deutsche Staatsgewalt die rohen Mißhandlungen wehrloser Menschen, die Befriedigung aller grausamen und sadistischen Triebe vertierter Kerle an unschuldigen Opfern zuließ, ja zu begünstigen schien." Er spielte auf einen doppelten Vorgang an, der ein gemeinsames Ergebnis hatte: die gleichzeitige Sicherung der Macht von oben und - durch die Ausübung des militanten Terrors einer weitgehend legalisierten SA, die Polizeifunktionen wahrnahm - von unten. Die Sicherung nationalsozialistischer Macht von oben wies sich am Ziel aus, „in", wie Hitler in seiner stündlich im Rundfunk wiederholten Erklärung der Reichsregierung vom 1. Februar hervorhob, „vier Jahren die Schuld von 14 Jahren wiedergutzumachen". Seine Bitte wurde zum geflügelten Wort, später dann zur bitteren Erinnerung an einen kurzen Augenblick, in welchem die weitere Entwicklung in ein terroristisches Regime befristet zu sein schien: „Nun, deutsches Volk, gib uns die Zeit von vier Jahren und dann urteile und richte uns."

Hitler schien zu appellieren und sich damit einer bevorstehenden erneuten demokratischen Entscheidung, die das „Inferno" der Wahlen von 1932 abschließen sollte, beugen zu wollen. Seine Regierungserklärung berief sich auf Gemeinsamkeit, auf Tradition, auf nationale Werte und schien die „Regierung der nationalen Erhebung" zum Instrument des gesamten Volkswillens deklarieren zu wollen. Dies war jedoch insofern eine Täuschung, als jeder Appell an die Wählerschaft von Entscheidungsmöglichkeiten ausgeht, die die Bevölkerung in Gruppen teilen. Die nationalsozialistische Alternative der bevorstehenden Wahlen lautete lapidar verkürzt: Nationalsozialismus oder Marxismus. Die bürgerlichen Parteien sollten durch die hier angelegte Polarisierung auf Ziele der NSDAP eingeschworen werden; die in einen gemeinsamen Topf geworfenen linken Parteien wurden aus der nationalen Gemeinsamkeit ausgeschlossen. Insofern war auch die scharfe Ablehnung einsichtig, die aus dem Aufruf der KPD zum Generalstreik und dem sozialdemokratischen Aufruf des Fraktionsvorstandes sprach. Beide wurden am 1. Februar veröffentlicht und stellten die Bedrohung der „Arbeiterklasse" heraus. Damit trafen sie die langfristige Absicht der NSDAP allerdings nur teilweise, denn ihr ging es um mehr als lediglich um den „Kampf gegen die Arbeiterklasse": Ihr ging es um die Beseitigung der liberaldemokratischen Verfassungsordnung, um den Kampf gegen Liberalismus und Sozialismus, um die Herstellung einer radikal anderen politischen Ordnung, deren Tragweite, Konsequenz und Brutalität erst erkannt wurde, als das Regime durch inneren Widerstand nicht mehr erschüttert werden konnte.

Hitler hatte den Vorsitzenden der Zentrumsfraktion, Prälat Kaas, bereits am 1. Februar 1933 darüber informiert, daß er von Hindenburg vorschlagen wollte, „der neuen Regierung ihre Arbeit zur Rettung der Nation auf dem Boden der Verfassung zu ermöglichen", indem Neuwahlen durchgeführt würden. Dieser Wille zur Verfassung war freilich von vornherein nicht ehrlich. Die Durchbrechung der Weimarer Verfassungsordnung erhielt unmittelbar nach dem 1. Februar 1933 eine neue Qualität. Die Herausforderung, vor die sich machtbesessene Nationalsozialisten gestellt sahen, war nicht die deklarierte Ermöglichung einer Sammlung der „aufbauwilligen Kräfte" verschiedener politischer Parteien, sondern war die Beseitigung aller die totale Machtausübung behindernden Verfassungsbestimmungen, und dies möglichst im Vorfeld der plebiszitär angelegten Wahlentscheidung. Die Wochen zwischen Regierungsübernahme und Reichstagswahl, die auf den 5. März 1933 gelegt worden war, erscheinen uns als eine phasenhaft verlaufende Machtausweitung, in der „Lenkung und Stimmung", Formierung und Selbstausrichtung, Terror und freiwilliger „Gehorsam" in der Hoffnung auf „Schutz" (C. Schmitt), Angst und Begeisterung, aber auch Kleinmut der Gegner und demonstrative Präsentation der Macht durch Nationalsozialisten eine unentwirrbare Einheit verkörperten.

Überraschend war die weitgehende und mühelos anmutende Gleichschaltung von Verwaltung, Polizei und Rechtsprechung, aber auch die Formierung der öffentlichen Meinung. Die Deutung der Vorgänge als nationale Erhebung entfachte offensichtlich einen Stimmungssog, eine Art „Schweigespirale", aus der sich kaum ein Zeitgenosse zu entwinden vermochte. Selbständige Denker und Politiker wurden nicht selten gewaltsam isoliert. Bekanntheit erlangte die Verhaftung des Lübecker Sozialdemokraten Julius Leber, der noch in der Nacht der Machtergreifung das Opfer eines nationalsozialistischen Überfalls wurde und in einer Verkehrung der Verantwortung in Gefängnishaft kam. Wurde Leber wenige Tage später auch von Zehntausenden seiner Anhänger aus dem Gefängnis gleichsam herausdemonstriert, so handelte es sich doch um eine bemerkenswerte Seltenheit, wenn nationalsozialistische Gewalt vor manifestem Gegendruck zurückwich. In der Regel suchte sich die neue Regierung ja als eine legal gebundene „Erfüllung" nationaler Träume darzustellen, die den offensichtlichen Bevölkerungswillen vollzog. Die angebliche Volksmeinung wurde gegen die parlamentarischen Kräfte ausgespielt, die sich von ihr gelöst hätten. Dabei verschwiegen die Nationalsozialisten wohlweislich, daß sie alle ihre Energien auf die Formierung eben dieser Volksmeinung konzentrierten. Ihr Ausschließlichkeitsbewußtsein vertraute allerdings nicht allein auf die Stimmungen, sondern drückte sich in Verordnungen aus, die die Gewichte im Kampf um die öffentliche Meinung entscheidend verschieben und die Zerstörung der Weimarer Ordnung besiegeln sollten.

Karl Dietrich Bracher hat in seinen bis heute nicht übertroffenen Studien über die Auflösung der Weimarer Republik und die nationalsozialistische Machtergreifung die Stationen der nationalsozialistischen Machtausweitung benannt und die Wechselwirkung des „freiwilligen Zwanges" einer von oben und unten ausgehenden Formierung von Bevölkerung und Öffentlichkeit dargestellt. Als die „vorentscheidenden Notverordnungsakte" hat er insgesamt drei Verordnungen bezeichnet, die ausnahmslos im Februar 1933, also vor der Reichstagswahl, erlassen wurden. Sie belegen, daß die Nationalsozialisten die Macht nicht auf eine legale Weise erlangten, sondern nur auf dem Weg einer grundlegenden Außerkraftsetzung der legitimen Verfassungsordnung, die zugleich den ungehemmten Zugriff auf die Gegner der NSDAP ermöglichte.

Erste Stufe der pseudolegalen Machtausweitung war die sogenannte „Schubladenverordnung" vom 4. Februar 1933. Sie koppelte den beginnenden Wahlkampf an die voranschreitende Machtergreifung, indem sie politische Grundrechte aufhob. Die Verordnung fand die neue Regierung bereits in den Schubladen des Kabinetts von Schleicher vor. Sie firmierte zum ersten Male unter dem Anspruch, das deutsche Volk zu schützen. Aufgrund des Weimarer Notverordnungsartikels (Art. 48 Abs. 2 WRV) wurden in der „Verordnung des Reichspräsidenten zum Schutz des deutschen Volkes" (Reichsgesetzblatt 1933 I, S. 35) Versammlungen und Aufzüge verboten und aufgelöst, sofern „in ihnen zum Ungehorsam gegen Gesetze oder rechtsgültige Verordnungen oder die innerhalb ihrer Zuständigkeit getroffenen Anordnungen der verfassungsmäßigen Regierung" aufgefordert oder „angereizt" würde. Die Nationalsozialisten folgten damit einer bereits unter Präsidialkabinetten angelegten Immunisierungsstrategie, die aus der Kombination von Verfassungsbestimmungen und Notverordnungen resultierte und politische Herrschaft nicht nur der öffentlichen Kritik enthob, sondern sogar aus politischen, parlamentarischen und publizistischen Verantwortlichkeiten befreite. Recht wurde seiner Funktion entkleidet, eine Norm zum Schutz der Schwachen zu sein, wie der frühere sozialdemokratische Justizminister Gustav Radbruch immer wieder hervorgehoben hatte, und geriet rasch zur manipulativ gehandhabten Sanktionierung einer gewaltsamen Herrschaft: „Organe, Einrichtungen, Behörden oder leitende Beamte des Staates" durften nicht „beschmipft" oder böswillig verächtlich gemacht werden. Auch die Pressefreiheit wurde entscheidend eingeengt. Sobald sie „öffentliche Sicherheit oder Ordnung" gefährdeten, mußten Druckschriften beschlagnahmt werden. Zuständig waren in diesem Fall nicht Gerichte, die die weit gefaßten Bestimmungen auf Einzelfälle anzuwenden hätten, sondern die Ortspolizei. Sie geriet aber rasch in den nationalsozialistischen Einflußbereich, vor allem im kommissarisch verwalteten Preußen. Auch die periodische Presse, vor allem also die Tageszeitungen, wurde reglementiert. Die Notverordnung vom 4. Februar 1933 wob ein dichtes Netz der Kontrolle und des politischen Zugriffs und hob unter Verwendung unpräziser Begriffe wie etwa des „Staatsinteresses" entscheidende liberale Grundrechte auf. Insbesondere die Verantwortlichkeit der Exekutive für alle Verbotsmaßnahmen bot der Minderheitsregierung der „Nationalen Erhebung" die Möglichkeit, „kraft eigenen Ermessens die Vollmacht zur Ausschaltung der konkurrierenden Gruppen und Politiker, zur Gleichschaltung der öffentlichen Meinungsbeeinflussung, zur Institutionalisierung der auf Ausnahmerecht gegründeten Herrschaft" zu gebrauchen und fundierte den langfristig angelegten „Prozeß pseudolegaler Machtbefestigung, dessen erstes Ziel" mit dem Ermächtigungsgesetz erreicht war (Bracher, Machtergreifung, S. 93).

Die Formierung der veröffentlichten Meinung setzte sich in der Zerstörung der föderativen Ordnung fort. Auch hier wurde der Weg zur Gleichschaltung der Länder durch eine Notverordnung geebnet, welche durch den Zugriff auf Preußen die Rolle des Reichsrats als eines durchaus noch beachtenswerten Gegengewichts zur Reichsregierung beschnitt. Die „Verordnung des Reichspräsidenten zur Herstellung geordneter Regierungsverhältnisse in Preußen" vom 6. Februar 1933 (Reichsgesetzblatt 1933 I, S. 43) löste den seit von Papens „Preußenschlag" schwebenden Streit über die legitimen Regierungsbefugnisse der ehemaligen Regierung Braun und der faktisch handelnden Kommissariatsregierung von von Papen und Göring. In einer Verkehrung von Ursache und Wirkung wurde „dem Land Preußen" eine schwerwiegende „Verwirrung im Staatsleben" angelastet, die das „Staatswohl" gefährde. Deshalb wurden „bis auf weiteres" dem Reichskommissar für Preußen und seinem Beauftragten alle Befugnisse übertragen, die einem Urteil des Staatsgerichtshofes zufolge dem Preußischen Staatsministerium zukamen. Der Preußenschlag von Papens hatte damit faktisch seinen Abschluß gefunden.

Die Verordnungen vom 4. und 6. Februar 1933 ließen schlaglichtartig erkennen, daß die Nationalsozialisten die Behauptung ihrer Macht durch eine Vermengung legalistischer und verfassungsrevolutionärer Maßnahmen anstrebten, die zur Verwirrung der politischen Maßstäbe ebenso beitrug wie zur Lähmung der möglichen Sensibilisierung für Konsequenzen dieses Verfassungsbruches. Da die Fristsetzungen der Verordnungen außerordentlich vage formuliert waren, ließen sie reichen Spielraum für Willkür; sie konnte nur unter Schwierigkeiten mit rechtlichen Mitteln bekämpft werden, denn gerade in der Verordnung vom 6. Februar 1933 zeichnete sich die Aushöhlung der Gewaltenteilung zwischen Verwaltung, Regierung und Rechtsprechung ab. Insofern stellte die Maßnahme eine wichtige Station auf dem Wege einer stufenweisen Durchbrechung des Verfassungssystems dar, das bis dahin vor allem durch die Entmachtung der Legislative durch die Exekutive charakterisiert werden konnte. Beide Verordnungen zerstörten Grundsäulen der Weimarer Reichsverfassung: mit dem ausgewogenen Schutz des Individuums und seiner politischen Artikulationsmöglichkeiten, aber auch mit der föderativen Ordnung, die sich als Begrenzung zentralisierter Macht bewährt hatte. Wesentliche Schranken der Macht, die heute in der Ordnung des Grundgesetzes zu den unveränderlichen und nicht aufhebbaren Verfassungsbestandteilen gehören, waren damit gefallen. Ohne diese Entwicklung wäre die weitere Machtausweitung, die in der völligen Gleichschaltung der Länder und der gesellschaftlichen Organisationen endete, kaum möglich gewesen: Die Verfassung, ursprünglich gedacht, um der Verstaatlichung der Gesellschaft wie der Vergesellschaftung des Staates Grenzen zu setzen, war zu einem leicht verfügbaren Instrument des radikalen politischen Wandels geworden.

Eine der ersten Konsequenzen war die massive Behinderung des kommunistischen und sozialdemokratischen Wahlkampfes. Die KPD hatte Anfang Februar zum Generalstreik aufgerufen und damit Reaktionen heraufbeschworen, die in eine gewaltsame Verfolgung ausarteten und eine kontinuierliche kommunistische Wahlkampfführung unmöglich machten. Die kommunistische Partei begann, ihre Untergrundtätigkeit vorzubereiten, hatte sich aber weiterhin mit massivsten Übergriffen der SA auseinanderzusetzen, die in polizeiähnliche Positionen einrückte und viele ihrer Sturmlokale in „wilde Konzentrationslager" verwandelte. Kraft zum Durchhalten wollte die KPD aus der Hoffnung schöpfen, daß mit der nationalsozialistischen Diktatur der Endkampf des Kapitalismus angebrochen sei. Ihre Mitglieder hatten vom bürgerlich-parlamentarischen Weimarer System niemals etwas erwartet, sondern die Republik von links bestürmt und keine andere Alternative als die Diktatur des Proletariats gesehen - insofern waren sie weniger überrascht von der Wucht der Propaganda als die Sozialdemokratie. Auch die Zeitungen der SPD wurden verboten, zuerst tageweise, dann mit zunehmend längerer Frist, sozialdemokratische Redner behindert und ihre Anhänger einer diffamierenden und gewaltsamen Verfolgung ausgesetzt. Da die Sozialdemokratie aber in der Position einer Verteidigung der Verfassungsordnung und der sich darin ausdrückenden Hoffnung auf die mündige Aufgeklärtheit der Öffentlichkeit verharrt hatte, mußte die Behinderung der freien politischen Agitation deprimieren und lähmen. Ihr Bekenntnis zur Legalstrategie war ja niemals allein Ausdruck politischer Naivität und Lähmung gewesen, sondern sollte zugleich die politischen Gegner auf die Verfassung verpflichten und den Fortbestand der Republik ermöglichen.

Obwohl über den terroristischen Charakter der nationalsozialistischen Herrschaft keine Zweifel möglich waren, blieb die Beschwörung der sozialdemokratischen Reichstagsfraktion vom 30. Januar 1933 folgenlos. Sie hatte, so scheint es heute, lediglich den weiteren Argumentationsrahmen abgesteckt:

> „Wir führen unseren Kampf auf dem Boden der Verfassung. Die politischen und sozialen Rechte des Volkes, die in Verfassung und Gesetz verankert sind, werden wir gegen jeden Angriff mit allen Mitteln verteidigen. Jeder Versuch der Regierung, ihre Macht gegen die Verfassung anzuwenden oder zu behaupten, wird auf den äußersten Widerstand der Arbeiterklasse und aller freiheitlich gesinnten Volkskreise stoßen: zu diesem entscheidenden Kampf sind alle Kräfte bereitzuhalten."

Bis zur Rede des Fraktionsvorsitzenden Otto Wels, mit der er ein ungebrochenes Bekenntnis zu Freiheit und Sozialismus, zu Republik und Verfassung ablegte und der Zustimmung zum Ermächtigungsgesetz vom 24. März 1933 widerstand, änderte sich an der deklamatorischen Haltung der Sozialdemokratie nichts. Sie erblickte trotz aller Behinderungen in der Reichstagswahl vom 5. März „eine echte Chance für die Erhaltung der Demokratie", nicht jedoch eine pseudodemokratische und insofern weitgehend „neuartige, wirkungsvollere Realisierung der Machtergreifung auf pseudolegalem Wege" (Bracher, Machtergreifung, S. 107).

Im nationalsozialistischen Wahlkampf bereitete sich die mentale Gleichschaltung der Öffentlichkeit vor, nicht allein durch die Formierung der veröffentlichten Meinung, sondern auch durch die Mobilisierung der nackten und egoistischen Interessen, nicht zuletzt aber durch die Verbreitung von Schrecken und der diesem korrespondierenden Angst. Neben einer Übereinstimmung in propagandistisch geschickt herausgestellten und überhöhten Zielen der Nationalsozialisten, die seit 1930 die fragmentierte politische Kultur der Weimarer Republik weitgehend in einen neuen, von nationalsozialistischer Ideologie geprägten „nationalen" Konsens zusammengeführt hatten, bot der Wahlkampf die Gelegenheit, Macht und Einfluß zu zelebrieren. Die Nationalsozialisten beherrschten die Straßen und weitgehend auch die Medien, denn auch die ihnen noch reserviert gegenüberstehenden Partner wollten sich nicht gegen die Öffentlichkeit stemmen und setzten erst für die Zeit nach den Wahlen auf ihr Zähmungskonzept. Die Verwirrung aller Maßstäbe wirkte sich in einer Nivellierung der politischen Sprache aus und begünstigte den Eindruck, daß die Nationalsozialisten die politische Kommunikation weitgehend im Griff, aber auch durch zentrale Begriffe ihrer Programmatik inhaltlich gestaltet hätten. Insofern zeitigte die Mobilisierung der Gewalt durch Sprache und Demonstration Folgen. Die Nationalsozialisten appellierten allerdings auch in einer subtilen Form an die Angst, denn sie drohten indifferenten Wählern mit beruflichen

Konsequenzen, mit Beförderungsstopp, Entlassung oder Konsumentenboykott. Die Selbstgleichschaltung vieler Bürger setzte im Wahlkampfinferno des Februar 1933 ein - sie führte zur Verdrängung vieler Maßstäbe einer liberaldemokratischen Ordnung, die sich als eine an Prinzipien der Humanität orientierte Grundordnung begriffen und gerechtfertigt hatte. Angst als der „erste Schrittmacher" der mentalen Gleichschaltung unterschied sich von der Existenzangst, die viele Deutsche in Arbeitslosigkeit und sozialem Abstieg empfunden hatten, grundlegend, denn sie individualisierte und atomisierte vielfach die Gegner nationalsozialistischer Herrschaft und richtete sie auf eine indifferente Passivität aus.

Die Durchbrechung des Weimarer Verfassungssystems durch zeitlich nicht begrenzte präsidiale Verordnungen rief in der Öffentlichkeit keinen Widerstand hervor. Stattdessen schien der nationalsozialistische Wahlkampf die intendierte Systembeseitigung zu einem hervorstechenden Thema machen zu wollen. Das Ende der parlamentarischen Verfassungsordnung und die Beseitigung des Parteienstaates schien Hauptgegenstand des Wahlkampfes zu werden. Die Beseitigung politischer Vielfalt ließ sich allerdings nicht nur durch einen Wahlgang, sondern vor allem durch Maßnahmen erreichen, die den Weg zur Vorbereitung der verfassungsentbundenen nationalsozialistischen Diktatur fortsetzten. Strömten Wähler der sogenannten bürgerlichen Parteien den neuen Fahnen zu, die zugleich einen vielfach geforderten konfliktlosen „neuen Staat" symbolisierten, so verharrten die sozialdemokratischen, die dem Zentrum nahestehenden katholischen und die kommunistischen Wähler offensichtlich in ihrer Distanz. Sie erschienen nicht nur als stabile Lagerparteien, sondern sie pflegten auch ihr politisches Sonderbewußtsein, ihre distanzierte Lagermentalität, und versuchten ansatzweise, sich der augenscheinlichen Formierung der Öffentlichkeit entgegenzustellen. An ihrer Agitation brach sich jedoch kaum die Welle der von den Nationalsozialisten bestimmten Sammlungsbewegung, zu der sich Zentrum und einige bürgerliche Parteien schließlich sogar ausdrücklich bekannten. Selbst die mit der SPD in Listenverbindung kooperierende Deutsche Staatspartei betonte ihre Unabhängigkeit und ihre Eigenschaft, eine Partei der „nationalen Demokratie" zu sein (Aufruf vom 11.2.1933).

Die Machtstellung der Nationalsozialisten schlug sich in Erlassen nieder, die staatliche Organe in den Dienst der NSDAP stellten und zugleich den Einflußbereich der nationalsozialistischen Organisation durch ihre schrittweise Verstaatlichung erhöhten. Ein Runderlaß des Reichskommissars für das Preußische Ministerium des Innern Göring gestattete ausdrücklich die Bewaffnung aller Personen, die für den Schutz der Unterkünfte sogenannter „nationaler Organisationen" verantwortlich schienen. Der „Schießerlaß", ausdrücklich als Erlaß zur Förderung der nationalen Bewegung bezeichnet, verpflichtete die Polizei, „auch nur jeden Anschein einer feindlichen Haltung oder gar den Eindruck einer Verfolgung gegenüber nationalen Verbänden (SA, SS und Stahlhelm) und nationalen Parteien unter allen Umständen zu vermeiden." (Ministerialblatt für die preußische innere Verwaltung 1933 I, S. 169). Vielmehr seien diese Gruppen von der Polizei „mit allen Kräften zu unterstützen". Hingegen sei „staatsfeindlichen Organisationen mit den schärfsten Mitteln entgegenzutreten": „Gegen kommunistische Terrorakte und Überfälle ist mit aller Strenge vorzugehen und, wenn nötig, rückhaltlos von der Waffe Gebrauch zu machen", betonte Göring, der als Reichsminister auch auf die Verfassung vereidigt worden war. Er beseitigte die rechtsstaatliche Maxime, die Verhältnismäßigkeit von Mitteln und Zielen abzuwägen, indem er gleichsam eine Art Schießbefehl gab. Polizeibeamte, „die in Ausübung" ihrer von den Nationalsozialisten definierten Pflichten schössen, würden „ohne Rücksicht auf die Folgen des Schußwaffengebrauchs" vom Reichsminister selbst gedeckt, bekräftigte Göring und drohte demjenigen, der „in falscher Rücksichtnahme" versage, dienststrafrechtliche Konsequenzen an: „Jeder Beamte hat sich stets vor Augen zu halten, daß die Unterlassung einer Maßregel schwerer wiegt, als begangene Fehler in der Ausübung."

In Görings Schießerlaß kündigte sich die völlige Einschwörung der Beamtenschaft auf den nationalsozialistischen Maßnahmenstaat an, die wenige Monate später ihren Ausdruck in der „Säuberung" und „Gleichschaltung" der Exekutive und Judikative fand. Göring sprach die deutliche Erwartung aus, alle Beamten sollten sich „mit ihm eins fühlen in dem Ziel, durch die Stärkung und Zusammenfassung aller nationalen Kräfte" das deutsche Vaterland vor dem „drohenden Verfall zu retten". Die Gleichschaltung der preußischen Polizei folgte Mustern der Infiltration, aber auch der Sympathiewerbung. Infiltrierend mußte die Einbeziehung von SS, SA, Stahlhelm und deutschnationalem Kampfring in die Polizei wirken, die durch den „Erlaß über die Einberufung und Verwendung von Hilfspolizei" geregelt war und in Verbindung mit den Durchführungsbestimmungen vom 22.2.1933 ausdrücklich auf die Unterstützung der Regierung, also nicht auf den Schutz des Rechts zielte. Für Sympathie sollte die ehrenvolle, in den Presseorganen groß herausgestellte Beerdigung des von Kommunisten erschossenen SA-Mannes Maikowski und eines Polizisten wirken. Maikowski hatte im Dezember 1932 einen Kommunisten ermordet; der erschossene Polizist war, wie sich später herausstellte, ein Anhänger der Sozialdemokratie und somit eher ein Symbol der belagerten und schließlich erfolgreich gestürmten Republik.

Die Gewalt, die bereits die Auseinandersetzungen der Auflösungsphase der

Weimarer Republik geprägt hatte, wurde vor allem in offenen und subtilen Formen von Nationalsozialisten angewendet, die die freie politische Kommunikation unterbanden, die angstvolle Orientierung und auch innere Strömung nach rechts verstärkten und sich der staatlichen Organe zielbewußt bedienten. Es gibt keinen Zweifel, daß die Praxis der Regierung als „Aufhetzung zu Gewalttätigkeiten" zu charakterisieren war. In diesem Klima wurde der Anfang Februar begonnene Wandel der Verfassung zunächst stabilisiert und durch ein Fanal kräftig forciert: Am 27. Februar ging der Reichstag in Flammen auf. Bereits Tage zuvor war die Öffentlichkeit durch polizeiliche Durchsuchungen kommunistischer „Zentralen", insbesondere des Berliner Karl-Liebknecht-Hauses, beunruhigt worden, zumal die Regierung auf bevorstehende kommunistische Aufstandsversuche hinwies. Wollten die Nationalsozialisten ihre Gegner zu Reaktionen veranlassen, die sie als Angriff auf den Staat deuten konnten, ehe sie zum Gegenschlag ausholten? Hatten sie, als die erwarteten Verstöße ausblieben, selbst für den Anlaß zum Losschlagen gesorgt? Oder hatten sie, geistesgegenwärtig die Situation der Stunde nutzend, die Tat eines Einzelgängers in ihrem Sinn ausgenutzt und den lange vorbereiteten weiteren Schritt zur Durchbrechung der Weimarer Verfassungsordnung schlagartig vollzogen?

Die heftige Kontroverse über die Ursachen und Veranlassungen des Brandanschlags auf das Berliner Reichstagsgebäude wird wahrscheinlich kaum jemals in einer voll überzeugenden und wissenschaftlich gesicherten Weise beendet werden. Vieles spricht für die Verantwortlichkeit Görings und die von ihm veranlaßten Brandlegungen; und nahezu alles weist auf die Entschlossenheit der nationalsozialistischen Führung, die Tat in einem Sinne auszunutzen, der die Konsolidierung nationalsozialistischer Herrschaft kräftig beförderte. Sie deuteten den Brandanschlag als Fanal des kommunistischen Umsturzes und blieben damit, wie Karl Dietrich Bracher hervorgehoben hat, im Rahmen ihrer bisherigen Planungen einer Machtübernahme. In den Boxheimer Dokumenten, die der hessischen Justiz 1931 in die Hände gefallen waren, hatte die Überlegung eines kommunistischen Putsches als Voraussetzungen und Rechtfertigung nationalsozialistischer Machtergreifung eine zentrale Bedeutung besessen.

Die Nationalsozialisten blickten zweifellos mit einer gewissen Genugtuung in die Flammen. Zum einen sahen sie das Symbol des deutschen Parlamentarismus sicherlich mit Zustimmung in den Flammen versinken; zum anderen aber hatten sie einen Anlaß, um die antikommunistische Agitation und Gewaltanwendung zu intensivieren und eine Notverordnung auf den Weg zu bringen, die als das eigentliche Verfassungsgesetz des nationalsozialistischen Deutschland bezeichnet wurde. Die „Verordnung des Reichspräsidenten zum Schutz von Volk und Staat" vom 28. März 1933 verhängte über Deutschland den permanenten

Ausnahmezustand. Sie stellt die dritte grundlegende Notverordnung dar, welche die nationalsozialistische Machtausweitung auf einem vergleichsweise hohen Niveau zu einem vorläufigen Abschluß führte. Die Grundrechtsordnung der Weimarer Reichsverfassung wurde außer Kraft gesetzt, ohne daß eine Befristung dieser Verordnung erfolgte. „Bis auf weiteres", so hieß es, seien „daher Beschränkungen der persönlichen Freiheit, des Rechts der freien Meinungsäußerung, einschließlich der Pressefreiheit, des Vereins- und Versammlungsrechts, Eingriffe in das Brief-, Post-, Telegraphen- und Fernsprechgeheimnis, Anordnungen von Haussuchungen und von Beschlagnahmen sowie Beschränkungen des Eigentums auch außerhalb der sonst hierfür bestimmten gesetzlichen Grenzen zulässig." (Reichsgesetzblatt 1933 I, S. 83). Zugleich wurde mit dieser Verordnung ein weiterer Schritt auf dem Wege zur Gleichschaltung der Länder vollzogen, denn ausdrücklich wurde die Regierung ermächtigt, „zur Abwehr kommunistischer staatsgefährdender Gewaltakte" die zur „Wiederherstellung der öffentlichen Sicherheit und Ordnung nötigen Maßnahmen" anstelle der Landesbehörden wahrzunehmen, wenn diese sich dem Vollzug widersetzten. En passant wurde auch die Todesstrafe für Verbrechen des Hochverrats, der Brandstiftung und anderer Anschlagsvergehen eingeführt sowie die Strafen für Aufruhr und Landfriedensbruch gravierend verstärkt.

Mit diesen Bestimmungen war die Weimarer Reichsverfassung endgültig durchbrochen und zerstört. Haben Verfassungen Regierungsbildung und Gesetzgebung, Verwaltungsorganisation und Individualschutz zu regeln, so waren diese Funktionen durch die Verordnungspraxis und die langjährige Existenz von Präsidialkabinetten, nicht zuletzt aber durch entscheidende Akte einer Aufhebung von Grundrechten beseitigt und der Staat damit diktatorischen Zwecken dienstbar gemacht worden. Diese völlige Umkehr aller Mittel und Zwecke der Verfassung läßt die Umbruchphase des Februar 1933 als eine Art nationalsozialistischer „Revolution" erscheinen, die ihre verfassungsrechtlichen Voraussetzungen selbst erzeugte. Zugleich sicherte die Regierung ihren Bestand durch eine erst am 1. März 1933 im Reichsgesetzblatt (1933 I, S. 85) publizierte Verordnung „gegen Verrat am Deutschen Volke und hochverräterische Umtriebe", die wiederum auf den 28. Februar datiert worden war. Sie bot eine pseudolegale Grundlage für die bereits in der Nacht vom 27. auf den 28. Februar rollenden Massenverhaftungswellen und stellte eine „Kollektivbedrohung" (Bracher) aller Gegner der neuen „Staatsgewalt" dar.

Die „Reichstagsbrandverordnungen" waren für die Konsolidierung nationalsozialistischer Herrschaft wahrscheinlich wesentlich bedeutsamer als das Ermächtigungsgesetz und die zahlreichen Gleichschaltungsgesetze, die in den folgenden Monaten erlassen wurden. Sie setzten die entscheidenden Rahmenbedingungen für Terror und Einschüchterung, für Angst, aber auch für die Lösung und „Freisetzung" des Individuums aus rechtlichem Schutz und verfassungsmäßiger Einhegung der Staatsgewalt, die die Gesellschaft und den einzelnen auf nationalsozialistische Staatsziele ausrichtete und mit brachialer Gewalt eine pluralistische Ordnung zerstörte. Die Verordnungen des Februar 1933 wurden in den zwölf Jahren nationalsozialistischer Herrschaft nicht aufgehoben; in einer 1934 verfaßten synoptischen Übersicht der Verfassungsbestimmungen des „Dritten Reiches", welche die Weimarer Reichsverfassung und das „neue" nationalsozialistische Recht gegenüberstellte, wird die fortdauernde Geltung der Notverordnungen deutlich vorausgesetzt. So wurde diese Notverordnung zum Ausdruck einer Kontinuität antinationalsozialistischer Widerstandsfurcht. Die Widerstandskämpfer des 20. Juli 1944 wurden schließlich sogar unter Berufung auf die Notverordnungen der Machtausweitungsphase zum Tode verurteilt.

Die „Reichstagsbrandverordnungen" hatten die Grundlage für die faktische Gleichschaltung der deutschen Länder geschaffen. Bis zu diesem Zeitpunkt waren nur weniger Länderregierungen in der Hand nationalsozialistischer Reichskommissare. Unter Berufung auf das Einheitlichkeitsgebot wurden die Innenministerien vor allem der sozialdemokratischen Länder übernommen, nicht selten durch Nationalsozialisten, die in der Endphase der Weimarer Republik zu Gewaltideologen, -strategen und -praktikern geworden waren. Bezeichnendes Beispiel war, daß der Verfasser der Boxheimer Dokumente, der später auch an der Lebensvernichtung beteiligte Werner Best, das Innenministerium des standhaften hessischen Sozialdemokraten Wilhelm Leuschner übernahm. Auch die Stadtstaaten und die südwestdeutschen Staaten wurden gleichgeschaltet. Lediglich die Bayern versuchten durch eine Betonung föderativer Gesichtspunkte dem Zugriff zu entkommen, ohne allerdings die Frage der Staatsform klären zu können: Strebten vor allem Sozialdemokraten wie Wilhelm Hoegner nach der Auflösung des Reiches und der Unabhängigkeitserklärung Bayerns, so erblickten Anhänger der Bayerischen Volkspartei in der Neubegründung der bayerischen Monarchie einen Ausweg. Die Frage wurde entschieden, als der Reichsführer der SS, Heinrich Himmler, Chef der Bayerischen Politischen Polizei wurde und unverzüglich begann, ein System konzentrationärer Terrors aufzubauen: In Dachau entstand das erste deutsche Konzentrationslager und die Keimzelle des deutschen Konzentrationslagersystems schlechthin.

Zunächst setzten Nationalsozialisten allerdings nicht auf den nackten Terror, sondern auf die Vermengung von Terror und Täuschung, von Verführung und Zwang. Die propagandistisch als „letzter Wahlgang" bezeichneten Reichstagswahlen vom 5. März 1933 hatten keine verfassungsändernden Mehrheiten gebracht - die Nationalsozialisten hatten nicht einmal die Hälfte der Mandate gewonnen - und unabweisbar den Willen der Nationalsozialisten gestärkt, diese Zweidrittelmehrheit durch Ausnutzung der exekutiven Machtstellung, durch eine sogartige Stimmungsmache und durch Machtdemonstration zu erzeugen, um anschließend das Parlament als wichtigstes Willensbildungsorgan des parlamentarischen Systems zu entmachten und abzuschaffen.

Dieses Ziel ließ sich nur durch eine Vielzahl von Vorstößen erreichen, die insgesamt auf die Einschüchterung von Widersachern und Widerstrebenden, von Zurückhaltenden und Indifferenten hinauslief. Die Einrichtung eines „Reichsministeriums für Volksaufklärung und Propaganda" im März 1933 mit regionalen Stützpunkten schuf eine wichtige Voraussetzung permanenter Formierung der veröffentlichten und der öffentlichen Meinung. Der Propagandaminister bestimmte die öffentlich erörterten Themen, er prägte Begriffe, er hämmerte neue Maßstäbe ein und forcierte einen Wertewandel, der auf wohlbereiteten Boden fiel. Die nationalsozialistische Propaganda erzeugte nicht nur öffentlichen Druck, bestimmte das Meinungsklima, sondern appellierte geschickt an vorhandene Wertmuster: Die Selbstgleichschaltung der Gesellschaft reagierte nicht nur auf Druck, auf Terror und Angst, sondern sie war auch Ausdruck einer vielfach vorab gegebenen Gemeinsamkeit, einer Bereitschaft zur Identifikation mit der „nationalen Bewegung" und „nationalen Erhebung", und Ausdruck eines Willens zur Selbstidentifikation. Die Diffamierung der Weimarer Republik und ihrer Träger, die Tradition antidemokratischen Denkens, der Verlust liberaldemokratischer Maßstäbe - der die Lähmung des Beamtenapparates und seine spätere Ausrichtung auf die Ziele nationalsozialistischer Herrschaft ebenso erklärte wie die Indifferenz vieler Intellektueller, die zwar gegen den Nationalsozialismus, nicht aber für die Weimarer Verfassungsordnung eintraten - zeitigte verhängnisvolle Wirkungen.

Die Distanz, die gegenüber der „ungeliebten" und unverstandenen Republik bestand, wurde von einer Woge nationaler Symbole zugunsten des „Dritten Reiches" verringert. Es zelebrierte sich am 21. März, am „Tag der Nationalen Erhebung" in Potsdam, nachdem der verfassungsbrechende Erlaß des Reichspräsidenten über die „vorläufige Regelung der Flaggenhissung" vom 12. März 1933 die Hakenkreuzfahne entscheidend aufgewertet und die NSDAP farbenmäßig überall präsentiert hatte. Hier wurde die Stimmung geformt, hier wurde politische Empfindsamkeit abgestumpft und der Blick von Angst und Schrecken in einer bequem beruhigenden Weise abgelenkt. In Umdeutung des Wahlergebnisses vom 5. März zum nationalsozialistischen Plebiszit wurde die Wahrnehmungsfähigkeit politischer Differenzierung und unsäglichen Verfolgungsleids entscheidend geschwächt: Aus der Bereitschaft zur „Selbstidentifikation" mit nationalsozialistischen Programmzielen erwuchs die Selbstgleichschaltung, die zur Abstumpfung der Fähigkeit zum Mitleiden, zur Solidarität und damit zur politischen und humanitären Apathie führte.

Schlußpunkt dieser Entwicklung war die Verabschiedung des „Gesetzes zur Behebung von Volk und Reich" vom 24. März 1933, das auch „Ermächtigungsgesetz" genannt wurde. Es beendete die Notverordnungspolitik der vergangenen Jahre, indem es der Regierung mit fast verfassungsmäßiger Mehrheit - die KPD wurde „überspielt" - gestattete, zur Legislative zu werden. Dies war insofern ein ungeheurer Vorgang, als sich das deutsche Parlament selbst entmachtete: „Reichsgesetze", hieß es, „können außer in dem in der Reichsverfassung vorgesehenen Verfahren auch durch die Reichsregierung beschlossen werden." Weiterhin wurde festgestellt, daß diese Gesetze auch von der Reichsverfassung abweichen dürften. Seinen Charakter erhielt das Gesetz durch seine klar hervorgehobene Gültigkeit allein für eine nationalsozialistische Regierung. Sie allein wurde „ermächtigt", denn im Falle eines Regierungswechsels sollte es vorzeitig außer Kraft treten. Insofern handelte es sich auch hier um eine auf den Einzelfall bezogene Ausnahmeregelung zugunsten des Maßnahmenstaates, der den Gesetzesstaat abgelöst hatte.

In der Öffentlichkeit wurde die grundsätzliche Bedeutung dieses Gesetzes nicht erkannt, und wo sie durchschaut wurde, handelte es sich vielfach um Politiker und Juristen, die den Wandel ausdrücklich begrüßten. Die Nationalsozialisten hatten es augenscheinlich verstanden, die vielfach betonte und auch herbeigeredete Krise der liberalen Demokratie durch eine Entscheidung für den totalen Staat zu beenden. Hinzu kam die Erwartung des sozialpolitischen Kurswechsels, kamen Hoffnungen auf eine Befriedigung egoistischer Interessen, auf Stellen im Staatsdienst, die Beseitigung der Akademikerarbeitslosigkeit, die Verringerung der Konkurrenz in Handel und Gewerbe.

Die Nationalsozialisten hatten die Macht zu einer Zeit erhalten, als die politischen Grundfragen der Weimarer Republik - Reparationen und (begrenzte) Revision - in einem keineswegs perspektivlosen Sinne gelöst waren und sich ein Umschwung der Wirtschaftskonjunktur abzeichnete. Die Republik hatte Chancen gehabt, sich zu erholen und zu stabileren politischen Verhältnissen zurückzukehren. Die Nationalsozialisten aber hatten die möglicherweise letzte Gelegenheit ergriffen und an mentale Vorbehalte vieler Politiker und Bürger appelliert; sie hatten den Schein der Legalität gewahrt und zugleich die höchste Legitimität beansprucht. Sie konnten sich in einer von ihnen angeheizten und zugleich im Zaum gehaltenen Wahlbewegung als „Ordnungskraft" profilieren, die Sicherheit und Ruhe verkörpern wollte und zugleich der Einheitssehnsucht Rechnung trug. Aber sie erschöpften sich nicht im Appell, in der Deklaration des guten Willens und der nationalen Gesinnung, sondern sie griffen dauerhaft nach der Macht, indem sie vorgaben, breitesten politischen Vorstellungen und Sehnsüchten zu entsprechen und im Einklang mit ihnen ein nicht dem deutschen Wesen entsprechendes politisches System zu beseitigen.

An die Stelle des parlamentarischen und pluralistischen Rechtsstaates trat ein zentralistischer Einparteien- und Führerstaat, der bewußt alle Prinzipien der liberalen Verfassungsordnung beseitigte. Herrschaft durch Vielfalt, durch Diskussion und Kommunikation wurde durch den Anspruch einheitlicher Willensbildung und die Ausrichtung gesellschaftlicher Vielfalt und Interessen auf ein Ziel ersetzt. In diesem Umbildungsprozeß wurde kunstvoll und demonstrativ den Legitimitätsmustern der Demokratie entsprochen: Die pseudodemokratisch abgesicherte und ermöglichte Machtausweitung der Nationalsozialisten hatte die Voraussetzungen für die Gleichschaltung der Verwaltung, Rechtsprechung und politischen Artikulation geschaffen, aber auch der gesellschaftlichen Formierung eine notwendige Ausgangsbasis zur Verfügung gestellt.

Gleichschaltung als politische und gesellschaftliche Vereinheitlichung

Der „Tag von Potsdam" und die Selbstentmachtung des deutschen Reichstags wurden in der nationalsozialistisch bestimmten veröffentlichten Meinung als Ausdruck eines „politischen Umsturzes" gedeutet, der sich mit der Zustimmung nahezu der gesamten Öffentlichkeit vollzogen hatte und nun gleichsam durch die „Potsdamer Nationalversammlung" sanktioniert wurde. Der Gleichrichtung der Öffentlichkeit sollte allerdings die Gleichschaltung der Institutionen entsprechen. So sehr die nationalsozialistische Politik seit Ende März durch Terror und Gewalt charakterisiert werden kann, also auch durch spontane Übergriffe geprägt war, so wenig ist die Planmäßigkeit der weiteren Machtbefestigung zu übersehen. Dieser Doppelläufigkeit entspricht der Hebelpunkt nationalsozialistischer „Revolutionierung", die auch nach der Ermächtigung beansprucht und proklamiert wurde: Revolution von oben und von unten, aus der Regierungsposition heraus und unter Beteiligung der Straße.

Beide Tendenzen waren stets aufeinander bezogen und lassen sich eigentlich nicht trennen. Dennoch läßt sich das Nebeneinander der Entwicklungen nicht parallel darstellen. Das am 31. März 1933 verkündete „Vorläufige Gesetz zur Gleichschaltung der Länder" (Reichsgesetzblatt 1933 I, S. 153) sprach den Landesregierungen ähnliche Gesetzgebungsfreiheiten zu, wie sie sich die nationalsozialistische Regierung durch das „Ermächtigungsgesetz" zuerkannt hatte, und verfügte auf der Grundlage der Reichstagswahlergebnisse vom 5. März 1933 eine Neuverteilung der Stimmen in den Landtagen, freilich ohne die kommunistischen Stimmanteile zu berücksichtigen. Auch die kommunale Selbstverwaltung wurde in diesem Sinne gleichgeschaltet. Damit waren die Vielfalt der deutschen Selbstverwaltung und die föderative Struktur, die Ausdruck deutscher Geschichte und Voraussetzung einer Dezentralisierung politischer Herrschaft war, beseitigt. Das Reichsstatthaltergesetz vom 7. April 1933 verstärkte die Zentralisierungstendenzen weiterhin, hatte der Reichstatthalter doch den gesetzlichen Auftrag, „für die Beobachtung der vom Reichskanzler aufgestellten Richtlinien der Politik" zu sorgen (Reichsgesetzblatt 1933 I, S. 173). Am ersten Jahrestag der nationalsozialistischen Herrschaftsübernahme wurde die „Gleichschaltung der Politik in Reich und Ländern" durch das Gesetz „über den Neuaufbau des Reiches" (Reichsgesetzblatt 1934 I, S. 75) vollends besiegelt und die im Nachklang der Reichstagsbrandverordnung durchgeführte Machtergreifung in den Ländern durch die Auflösung der Landesparlamente und die Ernennung der Statthalter zu einem dem Reichsinnenminister unterstellten Verwaltungsorgan abgeschlossen. Sechs Wochen später wurde auch der Reichsrat aufgelöst. In diesen Entwicklungen wurde die Lösung der Reichsregierung von Grundbestimmungen des „Ermächtigungsgesetzes" deutlich, die ausdrücklich den Bestand von Reichstag und Ländervertretung garantiert hatten. Machtbewußt war die nationalsozialistische Regierung in die Rolle eines Verfassungsgebers eingerückt und hatte sich Rechte angemaßt, die traditionellerweise Ausdruck einer autonomen Volkssouveränität waren. Lapidar hieß es im Neuaufbaugesetz: „Die Reichsregierung kann neues Verfassungsrecht setzen." Damit war zugleich der umfassende Gestaltungswille der Regierung proklamiert und sanktioniert.

Da sich der Nationalsozialismus nicht nur als antimarxistische Bewegung, sondern auch als Gegenbewegung zu den Prinzipien des Liberalismus empfand, mußten sich weitere Nivellierungsbemühungen auf Vereine, Verbände und Parteien richten, die nach herkömmlicher Meinung Ausdruck gesellschaftlicher Vielfalt und Vereinigungsfreiheit waren. Die „Februarverordnungen" hatten einem Zugriff entschieden entgegengearbeitet. Da die nationalsozialistische Agitation politische Vielfalt stets als fehlende „Einheit" interpretierte, hatte sie sich vielfach im Einklang mit antidemokratischen und antipluralistischen Grundströmungen befunden, die Ausdruck einer obrigkeitsstaatlich geprägten Stimmung, einer Harmoniesehnsucht und Konfliktfeindschaft waren. Die Beseitigung von Interessenvertretungen durch Auflösung, Selbstauflösung oder Einbeziehung in ein dichtes Netz nationalsozialistischer Organisationen war deshalb ebenso wie die völlige Durchsetzung eines Einparteienstaates nur noch eine Frage der Zeit. Der totalitäre Gestaltungsanspruch der Nationalsozialisten konnte politischen Neben- und Gegengruppierungen nicht das geringste Artikulations- und Existenzrecht einräumen.

Ehe die politische Vielfalt der Parteien, Verbände und Einzelstaaten beseitigt wurde, sollte jedoch die staatliche Verwaltung und die Justiz durch Entlassungen und die Erzeugung von Anpassungsdruck auf nationalsozialistische Zielvorstellungen eingeschworen werden. Das „Gesetz zur Wiederherstellung des Berufsbeamtentums" stand in der Tradition der Versuche, die nationalsozialistische Regierung mit dem „Staat" gleichzusetzen und deshalb den Staatsschutz zum Regierungsschutz zu verengen. Beispiele einer derartigen Kurzschlüssigkeit waren die Verordnung des Reichspräsidenten zur Abwehr „heimtückischer Angriffe gegen die Regierung der nationalen Erhebung" vom 21. März 1933 sowie das Gesetz zur Abwehr politischer Gewalttaten vom 4. April 1933. In diesen Gesetzen zeichnete sich eine typische nationalsozialistische Gewaltargumentation ab. Sie lief in der Regel darauf hinaus, dem politischen Gegner jene Untaten zu unterstellen, die Nationalsozialisten zur Zerstörung der Republik begangen hatten - die allerdings nach der Machtergreifung und Machtausweitung im verklärenden und umdeutenden Rückblick nicht mehr als Untaten erschienen, sondern als nationale Tat.

Auch die Säuberung der Beamtenschaft stellt sich als Anspruch dar, die Politisierung der Bürokratie zu verhindern oder Folgen einer Demokratisierung der Verwaltung zu verringern. „Wiederherstellung des nationalen Beamtentums" lautete die Phrase, die eine totale Politisierung der deutschen Beamten- und Richterschaft rechtfertigen sollte. Deshalb sollten vor allem politische Beamte, also durch das Vertrauen von republikanischen Politikern in ihre Ämter beförderte Angehörige der Verwaltung, „aus dem Amt entlassen" werden. Insbesondere sogenannte „politische" Beamte, die nach der Novemberrevolution als Vertreter der demokratischen Parteien in den Staatsdienst getreten waren, „ohne die für ihre Laufbahn vorgeschriebene oder übliche Vorbildung oder sonstige Eignung zu besitzen", sollten ohne Anspruch auf Versorgung entlassen werden. Die Ausstattung mit einer „jederzeit widerruflichen Rente" war Gnadenakt, nicht jedoch Anspruch. § 3 des Gesetzes bezog „nichtarische Beamte" ausdrücklich ein. Trennten sich die Nationalsozialisten von politisch mißliebigen Beamten und Juden in jedem Fall, so wurde die übrige Beamtenschaft durch die Drohung diszipliniert, aus dem Staatsdienst entlassen zu werden, sobald nicht mehr die „Gewähr" bestand, „jederzeit rückhaltlos für den nationalen Staat" einzutreten. Durch Versetzungs-, Umzugs- und Entlassungsdrohung, durch die Aussicht auf Verlust der Pensionärsbezüge und Gehaltsminderungen wurde die Beamtenschaft ebenso wie die Richterschaft weitgehend diszipliniert, soweit sie nicht bereits von vornherein im Einklang mit nationalsozialistischen Zielen stand. Die Nationalsozialisten konnten deshalb weitgehend auf den völligen Austausch der Angehörigen des öffentlichen Dienstes verzichten, soweit nicht „Marxisten (Kommunisten und Sozialdemokraten)" betroffen waren - ehemalige Mitglieder dieser Parteien hatten keine Chance, sofern sie sich nicht bereits vor dem 30. Januar 1933 einer Partei der „nationalen Erhebung" angeschlossen hatten.

Das Gesetz zur Wiederherstellung des Berufsbeamtentums eröffnete die Reihe zahlreicher Gesetze der Jahre 1933 und 1934, die den Anspruch der nationalsozialistischen Ideologie verwirklichten, die bestehenden politischen Verhältnisse „radikal" zu ändern. Bereits knappe vierzehn Tage nach der Potsdamer Feierlichkeit war der „rassen-" und parteipolitische Nivellierungs- und Verfolgungsanspruch der Nationalsozialisten klar formuliert und in die Praxis umgesetzt worden. Weitere Gesetze zur Gleichschaltung von Berufsgruppen - wie der Rechtsanwälte, Ärzte und Steuerberater - folgten rasch und orientierten sich an ähnlichen Vorstellungen. Die meisten Akademiker hatten sich in nationalsozialistisch orientierten Berufsverbänden zu organisieren; ganze Berufsgruppen wurden auf diese Weise gleichgeschaltet und mußten auf kurze Sicht Erfüllungsgehilfen nationalsozialistischer Standespolitik, aber auch der geistig-kulturellen Gleichschaltung werden.

So wird sichtbar, daß die nationalsozialistische Gleichschaltung nicht nur auf die Zerstörung des pluralistischen Parteien- und Verbandssystems zielte. Vielmehr ging oftmals die Prägung der alltäglichen Lebensverhältnisse voraus. Exemplarisch läßt sich dies an der nationalsozialistischen Hochschulpolitik zeigen, die durch einen entschiedenen Gleichschaltungswillen charakterisiert werden kann. So wurden bereits am 22. April 1933 Studentenschaften aus „voll eingeschriebenen Studenten deutscher Abstammung gebildet", welche die „Gesamtheit der Studenten" als „Glied der Hochschule" zu vertreten und „mitzuwirken" hatten, „daß die Studenten ihre Pflichten gegen Volk, Staat und Hochschule erfüllen". Ergänzende Maßnahmen zur Befriedung der Studierenden, die sich durch die Aussichtslosigkeit ihres Studiums bedrängt fühlen mochten, stellte das „Gesetz gegen die Überfüllung deutscher Schulen und Hochschulen" dar. Es legte unter anderem Quoten nichtdeutscher Studenten fest, suggerierte dadurch die Steuerbarkeit der Versorgung von Jungakademikern, grenzte faktisch jedoch die Zahl der jüdischen Studenten drastisch ein (Reichsgesetzblatt 1933 I, S. 225). Ähnliche Techniken der Gleichschaltung von Berufsgruppen finden sich auch bei Bauern und bei Arbeitslosen - deren Schicksal durch steuerliche Anreize für Konsum und Investitionen gemildert werden sollte -; immer wieder werden Gleichschaltungstendenzen und alltägliche Erwartungen miteinander verschränkt.

Dennoch waren die Hauptakzente der Gleichschaltung gegen den verbandlichen Pluralismus gerichtet, denn neben nationalsozialistischen Organisationen konnte keine Vielfalt gesellschaftlicher Vereinigungen geduldet werden. Der

Aufbau des totalen Staates, der seinen totalitären Anspruch durchzusetzen hatte, konnte nur auf den Grundlagen eines Einheitsstaates verwirklicht werden. Die Zerschlagung der Gewerkschaften ging der Auflösung und Selbstauflösung der politischen Parteien voraus. Auch hier war die Verwirklichung nationalsozialistischer Absichten nur aufgrund einer Vermengung von Verführung und Zwang, von Terror und Täuschung möglich. So hatten Nationalsozialisten zunächst der falschen Erwartung der Gewerkschaftsführung nicht widersprochen, sie könnten auf der Grundlage des „neuen Staates" eine Basis für gewerkschaftliche Interessenvertretung und Sozialpolitik finden; vielmehr schienen sie auf das Bekenntnis des Bundesvorstandes des Allgemeinen Deutschen Gewerkschaftsbundes einzugehen. In seiner Erklärung vom 9. April 1933 hatte dieser bekräftigt, die in jahrzehntelangem Kampf geschaffenen Selbstverwaltungsorgane „in den Dienst des neuen Staates zu stellen", am berufsständischen Wirtschaftsaufbau mitzuwirken und das „höhere Recht des Staates" - und zwar des nationalsozialistischen Staates - zur Ordnung und Regelung der Wirtschaft anzuerkennen. Der ADGB-Vorstand begrüßte sogar Bestrebungen, „eine Vereinheitlichung des deutschen Gewerkschaftswesens" durchzuführen, denn verwirklichte sich auf diese Weise nicht das alte Ziel der Einheitsgewerkschaft? Es kann kein Zweifel bestehen: Die Gewerkschaftsführung hatte sich von der nationalsozialistischen Programmatik weitgehend gefangennehmen lassen und nicht erkannt, daß die von der NSDAP-Führung kontrollierte Gewerkschaft nur Formierungsinstrument, nicht aber Gestaltungsorgan sein konnte. Damit hatte die mitgliederstärkste Interessengruppe, die sich noch immer in dem süßen Bewußtsein wog, die Republik nach dem Kapp-Lüttwitz-Putsch des Jahres 1920 gerettet zu haben, kapituliert und den Nationalsozialisten ein entscheidendes Mittel zur Gleichschaltung des kritischen Bewußtseins überlassen. Am 10. April 1933 wurde der 1. Mai, der traditionelle Kampftag der internationalen Arbeiterbewegung, zum „Feiertag der nationalen Arbeit" erklärt. Dies war ein kalt berechneter Täuschungsversuch, denn bereits einen Tag später vertraute Goebbels seinem Tagebuch an: „Nicht ein halbes Jahr wird mehr ins Land gehen, und sie sind vollkommen ausgebootet und ohne Einfluß." Unter dem 17. April notierte er: „Den ersten Mai werden wir zu einer grandiosen Demonstration deutschen Volkswillens gestalten. Am 2. Mai werden dann die Gewerkschaftshäuser besetzt. Gleichschaltung auch auf diesem Gebiet. Es wird vielleicht ein paar Tage Krach geben, aber dann gehören sie uns." Zugleich wurde deutlich, daß die Zerschlagung einer selbständigen Gewerkschaftsbewegung nur der erste, entscheidende Schritt zur völligen politischen Gleichschaltung war: „Sind die Gewerkschaften in unserer Hand, dann werden sich auch die anderen Parteien und Organisationen nicht mehr lange halten können. ... Ein Zurück gibt es nicht mehr. Man muß den Dingen nur ihren Lauf lassen." (Tagebuchaufzeichnung vom 17.4.1933). Unter dem Schutz der gleichgeschalteten Polizei wurden am 2. Mai, nach einer grandiosen Inszenierung der Feierlichkeiten zum „Tag der nationalen Arbeit", die Häuser der freien Gewerkschaften besetzt. Der erwartete „Krach" blieb weitgehend aus. Dazu trug jedoch erheblich die Verhaftung und Mundtotmachung der führenden Funktionäre bei. Damit hatte eine sozialdemokratisch orientierte Gewerkschaftsbewegung - nach der bereits zuvor erfolgten Zerschlagung der kommunistischen Gewerkschaftsbewegung - ihr Ende gefunden. Die Christlichen Gewerkschaften entgingen der nationalsozialistischen Gleichschaltung ebenfalls nicht. Funktionäre der Nationalsozialistischen Betriebszellen-Organisation (NSBO) rückten in gewerkschaftliche und vereinzelt auch betriebliche Führungspositionen. Nach der Zerschlagung der freiheitlichen deutschen Gewerkschaftsbewegung rückte das Ziel der politischen Gleichschaltung in das Zentrum der Überlegungen. „Wir treten heute in den zweiten Abschnitt der nationalsozialistischen Revolution ein", hatte der spätere Führer der Deutschen Arbeitsfront, des Zusammenschlusses von Arbeitern der „Stirn und Faust", der Lohnabhängigen und der Unternehmer, am 2. Mai verkündet und die politischen Parteien, insbesondere die Sozialdemokratie, als Gegner ausgemacht, dem der „letzte Fangschuß" gegeben werden müsse. Die Drohung war unmißverständlich gewaltsam und machte zugleich deutlich, daß sich gewaltverherrlichende Sprache in Gewaltpolitik verwandelte. Es sei besser, die Führer der deutschen Arbeiterbewegung befänden sich in „Schutzhaft", verkündete Ley und brachte zugleich zum Ausdruck, daß man einer Ergebenheitsadresse, der Verpflichtung auf die neuen Grundlagen des Staates, keinerlei Wert mehr beimesse: „Deshalb schlagen wir dem marxistischen Gesindel seine Hauptwaffe aus der Hand und nehmen ihm damit seine letzte Möglichkeit, um sich neu zu stärken."

Bereits wenige Wochen später „krepierte" (Ley) der deutsche Parteienstaat „elendiglich auf dem Schlachtfeld der nationalsozialistischen Revolution". Die kommunistische Partei war bereits durch gesetzliche und terroristische Maßnahmen weitgehend ausgeschaltet worden, vermochte allerdings in selbstmörderisch erscheinenden Selbstbehauptungsaktionen - Flugblattverteilung, Anbringung von Wandparolen - zumindest im Straßenbild der großen Städte und der ehemaligen kommunistischen Hochburgen präsent zu bleiben. Die KPD hatte sich auf die Arbeit im Untergrund besser als die übrigen verfolgten Parteien vorbereitet, weil sie als erste verfolgt worden war und sich keiner legalistisch gestimmten Hoffnung hingegeben hatte. Überdies konnte sie die internationalen Verbindungen der Kommunistischen Internationale ausnutzen, um vergleichsweise rasch ein von außen auf das Reich einwirkendes Kommunikationssystem aufzubauen.

Die SPD hingegen bekannte gegen die sichtbar werdende nationalsozialistische Gewalt- und Gleichschaltungspolitik trotzig ihre Prinzipien von Demokratie und Sozialismus. „Die Arbeiterbewegung wird in Deutschland immer ein politischer Faktor bleiben", hieß es in einem Flugblatt der Tage nach dem 5. März 1933, nach der letzten demokratischen Reichstagswahl, die in Deutschland stattgefunden hatte. „Wir wollen über die Demokratie zum Sozialismus." Das Bekenntnis zur Verfassung und Legalstrategie zeugte vor dem 30. Januar 1933 sicherlich von nobler Gesinnung und war Ausdruck einer bewußt verteidigten Treue zu liberaldemokratischen Grundsätzen, die „Schutz und Schirm" boten und von dem sozialdemokratischen Justizminister Gustav Radbruch als „Schutz der Schwachen", nicht aber als Ausdruck einer Klassenherrschaft interpretiert worden waren. „Wir sagen ...," schrieb Friedrich Stampfer, daß es „seit Jahrzehnten" sozialdemokratische „Art" sei, „mit gesetzlichen Mitteln und sachlich zu kämpfen". Gesetzlichkeit und Sachlichkeit, Legalität und Rationalität waren jedoch Grundprinzipien, die nationalsozialistischem Verfassungsbruch und Gewaltsamkeit nichts mehr entgegensetzen konnten und lediglich die Wahl zwischen Untergang in Anstand oder im gewaltbewußten Widerstand ließen. Zunächst beschwor man die Tugenden und Prinzipien der Verfassung: Die am 23. März 1933 gehaltene Rede von Otto Wels ist bis heute eine Absage an totalitäre Tendenzen und eine Bekräftigung demokratischer Prinzipien, die - allerdings ohne jeden Abstrich - den Sozialismus ermöglichen und die Herrschaft des Rechts sichern sollten. Diese Rede ist bekannt als ein beeindruckendes Zeugnis sozialdemokratischen Selbstverständnisses und einer mutigen Standhaftigkeit. Dennoch: An der SPD gingen Versuchungen der Unterwerfung ebensowenig vorüber wie an der freien Gewerkschaftsbewegung. Allerdings waren die Reaktionen auf den nationalsozialistischen Druck vielfältig und gestatten nicht, von einem einheitlichen Versagen der SPD zu sprechen - wie jede nach den Prinzipien innerparteilicher Demokratie organisierte Vereinigung bot sie den Ansatz für unterschiedlichste Antworten auf nationalsozialistische Herausforderungen und Terrorakte. Viele führende Genossen hatten die Brutalität der Nationalsozialisten bereits am eigenen Leib, im Gefängnis, in „wilden Konzentrationslagern" der SA, die vielfach ihre „Sturm-Lokale" in „Folterkeller" verwandelten, kennengelernt. Sie lebten auf der Flucht, im Untergrund, hetzten wie führende Kommunisten auch von Versteck zu Versteck. Einige Sozialdemokraten blieben standhaft, wie Julius Leber, der bekannte, „seinen Weg" bis zum Ende gehen zu wollen, und einer der führenden Männer der Widerstandsgruppen um Stauffenberg wurde, oder wie Felix Fechenbach, der meinte, „das Schicksal habe beschlossen, daß er hier bleibe". Er wurde als einer der ersten deutschen Sozialdemokraten Anfang August 1933 ermordet. Einige emigrierten, wie die meisten Mitglieder des Parteivorstandes, aber auch kämpferische Sozialdemokraten, und verstärkten so den sozialdemokratischen Substanzverlust. Nicht wenige der führenden Funktionäre wiederholten jedoch den Fehler der Gewerkschaftsführung und suchten sich den Herausforderungen und Zumutungen nationalsozialistischer Praxis anzupassen. Die jahrelang verteidigten Prinzipien der Verfassungsordnung, insbesondere der Grundrechte, wurden leichtfertig preisgegeben, was um so schwerwiegender war, als allein die Sozialdemokratie - neben einigen Intellektuellen, die sich zu den Grundprinzipien der liberalen Demokratie bekannten - den Ansatzpunkt eines antitotalitären Widerstands bot. Sie verfügte über Zielvorstellungen nichtdiktatorischer Art und unterschied sich hierin grundlegend von den Kommunisten, die sich auch in Zeiten schärfster Verfolgung nicht von letztlich diktatorischen Neuordnungsvorstellungen abwandten.

Die Kapitulation der SPD vor der NSDAP war nicht einhellig, aber deshalb nicht minder tragisch, um so mehr, als heute bekannt ist, wie zielgerichtet der nationalsozialistische Unterdrückungs- und Ausschaltungswillen war. Die Entschlossenheit der Nationalsozialisten, die SPD als zweite „marxistische" Partei den Weg der KPD gehen zu lassen, gibt den Diskussionen der im Lande gebliebenen Sozialdemokraten den Anschein des Irrealen, macht aber vor allem die kunstvoll vorbereiteten Bedingtheiten von Gleichschaltung und Selbstgleichschaltung, von Anforderungen des Systems und ideologischer Gleichschaltung deutlich. So betrachtet, erwies sich die sozialdemokratische Legalstrategie als ein verhängnisvoller Irrtum. Seine Wirkungen wurden durch die abwartende Haltung der Funktionäre, ihren in der langen Geschichte der deutschen Sozialdemokratie herausgebildeten Hang zum „Attentismus", noch verstärkt. Die letztlich zukunftsgewisse Rechtfertigung „gesetzlichen Handels", an welchem die Gegner der demokratischen Arbeiterbewegung zugrunde gehen sollten, hielt der Wirklichkeit des Terrors, dem auf Abschreckung und Einschüchterung zielenden System von Verhör, Konzentrationslagerhaft und Zerstörung des individuellen Behauptungswillens, nicht mehr stand. So griffen gerade in der Haltung der Sozialdemokratie vom 17. Mai angesichts der Aufforderung und Herausforderung, in einer gemeinsamen, einstimmigen Erklärung des inzwischen um Abgeordnete der KPD und auch andere Verfolgte verringerten Reichstags das terroristische nationalsozialistische Regime außenpolitisch zu unterstützen, die Mechanismen von Terror und Zwang, von freiwilliger Unterstützung und leichtfertigem Einschwenken auf durch die Nationalsozialisten definierte „nationale" Positionen.

Die sozialdemokratische Basis, eingeschüchtert, aber auch opportunistisch vielfach angepaßt, hatte keine enge Verbindung mehr zu ihren Funktionären; diese wiederum erkannten ansatzweise, daß es den Nationalsozialisten in erheblichem Maße gelungen war, die Parteimitgliedschaft zu unterminieren - so ging die SPD nicht einmal wie ein Koloß auf tönernen Füßen unter, sondern wurde mehr getrieben, als sie Herr der Situation war. Die Partei wurde regelrecht in Zwangssituationen hineinmanövriert, wobei traumatische Erfahrungen ihrer Geschichte aufbrachen. So lastete der Vorwurf, die Sozialdemokratie sei eine vaterlandsfeindliche, eine anti- und unnationale Partei, schwer - so schwer, daß man lieber auf außenpolitischem Gebiet eine akklamative Unterstützung der NSDAP hinnahm, als sich erneut der nationalsozialistischen Propaganda gegen die „Marxisten" auszusetzen. Am 17. Mai 1933 stellte sich die sozialdemokratische Restfraktion, der eine differenzierte Stellungnahme untersagt worden war, mit dem gesamten Reichstag einmütig hinter die Regierung Hitlers. Die anschließenden innerparteilichen Diskussionen trennten Exil-Vorstand und Reichstagsfraktion; vor allem aber ergriffen die Nationalsozialisten die Gelegenheit, die SPD zu verbieten und aufzulösen. Der gesuchte Anlaß bot sich ihnen mit dem Aufruf des Prager SPD-Vorstands, dem nationalsozialistischen Regime Widerstand zu leisten. Gegen den Anspruch der Restfraktion, weiterhin alleiniger legitimer Sprecher der SPD zu sein, bekräftigte der Prager Vorstand seinen Willen durch ein Manifest, das im „Neuen Vorwärts" unter der Schlagzeile veröffentlicht worden war: „Zerbrecht die Ketten". Goebbels drohte, „alles" der sozialdemokratischen Fraktion „auf Konto" zu schreiben - Durchsuchungen von Büros und Wohnungen einzelner Sozialdemokraten, schließlich die Meldung, man habe konspiratives Material gefunden, bereiteten das Parteiverbot vor: Am 22. Juni 1933 wurde die SPD wie bereits früher die KPD zur staatsfeindlichen Partei erklärt und unter Berufung auf die Reichstagsbrandverordnung unterdrückt. Mandate wurden kassiert, Vermögen endgültig beschlagnahmt, die Mitgliedschaft in der SPD verboten, das traditionsreiche Pressewesen zerstört. Durch diese Maßnahmen erschien die Sozialdemokratie nicht als eine freiwillig untergegangene, als eine angepaßte, sich selbst gleichschaltende Partei, sondern als eine zunächst vor allem illegal wirkende, dann bis auf wenige Ausnahmen in „Nonkonformismus" und „Dissidenz" abwartende Partei, die sich für die Zeit nach der Überwindung und Befreiung vom Nationalsozialismus bereithielt. Viele Sozialdemokraten wurden inhaftiert, eingeschüchtert, ermordet - unter ihnen ein Teil der jüngeren Parteimitglieder, die sich widersetzt hatten, ohne zu emigrieren. Sie bewahrten die Identität der Sozialdemokratie, die durch den inneren Substanzverlust der Zeit zwischen Ermächtigungsgesetz und Parteienverbot aufs höchste gefährdet war.

Mit der Beseitigung der freien Gewerkschaftsbewegung und dem Verbot der kommunistischen und sozialdemokratischen Opposition hatten die Nationalsozialisten die bedeutendsten und schwierigsten Hindernisse beseitigt, die der politischen Gleichschaltung entgegenstanden. Die Parteien des liberalen, bürgerlichen, konservativen und politisch-katholischen Parteienspektrums erlagen der NSDAP weitgehend ohne großen Widerstand oder proklamierten in folgenloser Weise ihren Selbstbehauptungswillen. Die meisten der Parteien, die sich der nationalen Konzentration zurechneten oder dem Ermächtigungsgesetz zugestimmt hatten, lösten sich „selbst" auf, schworen sich auf die Ziele des „nationalen Aufbaus" ein, wie die Deutsche Volkspartei, oder versuchten, wie das durch das Reichskonkordat beeindruckte Zentrum, die Tatsache zu kompensieren, daß sie im gleichgeschalteten Parlament „parlamentstaktisch" und „regierungspolitisch überflüssig geworden waren". Dennoch: Auch hier wurde Zwang und Einfluß ausgeübt, wie Verhaftungs- und Opferzahlen belegen.

Mitte des Jahres 1933 hatten die Nationalsozialisten ihr Ziel einer weitgehenden „Gleichschaltung" und damit die institutionellen Voraussetzungen des Einparteien- und Führerstaats erreicht. Am 14. Juli 1933 wurde in einem großangelegten Gesetzgebungsschub die Grundlage des „neuen Staates" gelegt: Er kannte keine Parteien, organisierte Interessen, keine Gewaltenteilung, keine unabhängigen staatlichen Institutionen mehr. Nach der Beseitigung der Grundrechte, die das Individuum jedem staatlichen Zugriff preisgab, war das durch die Präsidialkabinette angeschlagene Weimarer Regierungssystem innerhalb von drei Monaten völlig umgestürzt worden. Das Ergebnis dieses Prozesses kam im „Gesetz über Volksabstimmung", im „Gesetz gegen die Neubildung von Parteien" und im „Gesetz über die Einziehung volks- und staatsfeindlichen Vermögens" zum Ausdruck (Reichsgesetzblatt 1933 I, S. 479). Es wurde verfügt:

> „In Deutschland besteht als einzige politische Partei die Nationalsozialistische Deutsche Arbeiterpartei."
>
> „Wer es unternimmt, den organisatorischen Zusammenhalt einer anderen politischen Partei aufrechtzuerhalten oder eine neue politische Partei zu bilden, wird, sofern nicht die Tat nach anderen Vorschriften mit einer höheren Strafe bedroht ist, mit Zuchthaus bis zu drei Jahren oder mit Gefängnis von sechs Monaten bis zu drei Jahren bestraft."
>
> „Die Regierung kann das Volk befragen, ob es einer von der Reichsregierung beabsichtigten Maßnahme zustimmt oder nicht."

Der 14. Juli 1933 erscheint vor dem Hintergrund dieser Bestimmungen als wichtige Zäsur: Der Nationalsozialismus hatte sich in grundlegender Weise konsolidiert. Die diesen Trend zusätzlich sichernden Gesetze, etwa das „Gesetz zur Sicherung der Einheit von Partei und Staat" vom 1. Dezember 1933 oder das „Gesetz über das Staatsoberhaupt des Deutschen Reichs" vom 1. August

1934, faßten faktische Entwicklungen in einer Rechtsnorm zusammen, schufen aber keine völlig neue Verfassungsrealität. Auch die Ausschaltung der SA-Führung, die vielfach als Übergang einer nationalsozialistischen Bewegungs- in eine Beharrungsphase interpretiert wird und in den nachträglich sanktionierten Morden an SA-Führern, aber auch an bürgerlichen Politikern und möglicherweise zugleich an Mitwissern nationalsozialistischer Verbrechen der Machtausweitungsphase, kulminierte, war verfassungsrechtlich kein neuer, überaus gravierender Eingriff. Lediglich die Tatsache, daß nach dem 30. Juni 1934 Hitler von dem Spitzenjuristen Carl Schmitt sogar das Recht zuerkannt worden war, Recht zu schützen und zu setzen, ist bemerkenswert, verweist sie doch noch einmal auf die völlig aufgehobene Gewaltenteilung.

Hitler hielt im Zusammenhang mit dem Gesetzesschub vom 14. Juli 1933 am 1. Juli 1933 eine wichtige Rede, die der Reichsinnenminister Frick zu einem Rundschreiben an Reichsstatthalter und gleichgeschaltete Landesregierung verarbeitete. In diesem Schreiben kamen Grundzüge nationalsozialistischer Gleichschaltungspolitik zum Ausdruck: „In seinen letzten Ansprachen", hieß es, sei „eindeutig festgestellt" worden, „daß die deutsche Revolution abgeschlossen ist".

> „Soweit neben der Nationalsozialistischen Deutschen Arbeiterpartei noch politische Parteien bestanden, haben sie sich selbst aufgelöst. Ihre Wiederkehr oder Neubildung ist für alle Zeiten ausgeschlossen. Die Nationalsozialistische Deutsche Arbeiterpartei ist damit der alleinige Träger des Staates geworden. Alle Macht dieses Staates liegt in den Händen der von dem Herrn Reichskanzler allein geführten, in der alle entscheidenden Ämter mit zuverlässigen Nationalsozialisten besetzt sind. Damit ist die siegreiche deutsche Revolution in das Stadium der Evolution, d.h. normaler gesetzlicher Aufbauarbeit getreten. Wichtigste Aufgabe der Reichsregierung ist es nunmehr, die in ihr vereinigte totale Macht geistig und wirtschaftlich zu untermauern."
> (Völkischer Beobachter 193 vom 12.7.1933)

Damit zeichnete sich ein weiteres Gleichschaltungsziel ab: die „innere Erziehung" des Menschen.

Ideologische Gleichschaltung und gesellschaftliche Selbstgleichschaltung

Jeder totale politische Herrschaftsanspruch rechtfertigt sich aus dem Willen, die politischen und sozialen Verhältnisse aus einer Zukunftsverpflichtung, einer Verantwortung für die zukünftige Geschichte, heraus grundlegend zu wandeln und zugleich als Voraussetzung dieser geschichtsethisch gerechtfertigten Absicht einen neuen Menschen zu schaffen. Der totale Staat zielt deshalb auf Bildung und Erziehung, auf Kultur und Konfession. Immer wendete er dabei

AIZ
Erscheint wöchentlich einmal • Preis Kč 1.60, 30 Gr., 30 Schweizer Rappen, 2½ Pfg
in Nordamerika und Kanada 10 Cents • V. b. b. • Jahrgang XII • Nummer 18 • 10. Mai 1933
Im Westen nichts Neues
AM 10. MAI WERDEN IN DEUTSCHLAND ALLE MISSLIEBIGEN BÜCHER VERBRANNT
DURCH LICHT ZUR NACHT
Also sprach Dr. Goebbels: Lasst uns aufs neue Brände entfachen, auf dass die Verblendeten nicht erwachen!

Mittel der Diffamierung, der ideologischen und geistigen Ausgrenzung, der Bewertung von Kunst, Wissenschaft und Denken an. Die ideologische Gleichschaltung vollzieht sich wie die politische und soziale Gleichschaltung in einem Verhältnis von Unterdrückung und Unterwerfung, von Verweigerung und Einbindung, von Unabhängigkeit und Vorteilssuche. Dies macht die moralische Integrität vieler intellektueller Emigranten, vieler Intellektueller, die eher ein Berufsverbot auf sich nahmen (das ein wirkliches Berufsverbot war), als künstlerische Propagandisten des NS-Regimes zu werden, und vieler Wissenschaftler aus, die ihrem unverrückbaren wissenschaftlichen Wahrheitsbegriff verpflichtet waren. Dennoch: Die positivistisch geprägte Wissenschaft der Weimarer Republik hatte nur ungenügend kritische Maßstäbe, Wertbewußtsein und Wertgefühl, aber auch Kriterien zur Überprüfung von vorgegebenen Prämissen einer politisierten wissenschaftlichen Forschung entwickelt. Der weitverbreitete Relativismus, der nicht Ausdruck der Toleranz, sondern der Gleichgültigkeit war, hatte zum Verlust reflektierter Maßstäbe der Gesellschaft und ihrer Teilgruppen ebenso beigetragen wie zur Diffamierung von Konsens, Kompromiß und Kooperation. Emil Lederer, der in der Weimarer Republik ein einflußreicher, den Gewerkschaften nahestehender Sozialwissenschaftler war, hat in seinem amerikanischen Exil betont, man müsse als Wissenschaftler bereit sein, „diejenigen Werte zu verteidigen, auf deren Grundlage sich die Wissenschaft entwickelt" habe: „die Freiheit des Gedankens, der Rede, der Diskussion; der Achtung vor der Wahrheit; das Vertrauen auf die Fähigkeit des menschlichen Geistes, für sich selbst zu entscheiden, und die Bereitschaft, die Verantwortung für das eigene Schicksal zu übernehmen." Für ihn war Wahrheit nicht absolut, sondern das Ergebnis eines „Prozesses allmählicher Entdeckung, als ein dauerndes Ringen mit der Natur und der Gesellschaft." Deutlicher läßt sich eine wertbezogene Gegenposition zu einem ganzheitlichen, einem „holistischen" Weltbild nicht formulieren, das in der politischen Praxis stets zur Entwicklung totalitaristischer Ordnungsformen auch im Bildungs- und Kulturbereich neigt.

Setzten sich die Nationalsozialisten in politischer Hinsicht vor allem durch Terror und Angsterzeugung durch, so verlief die ideologische Gleichschaltung weniger gewaltsam. Zwar kam es auch hier zu Rechtsverstößen und zu Gewaltmaßnahmen, wie der Bücherverbrennung vor der Berliner Universität, der Ausbürgerung und Vertreibung von Intellektuellen, ihrer Inhaftierung und Ermordung - dennoch: im geistig-kulturellen Bereich bestanden starke Tendenzen zur Selbstgleichschaltung, sei es aus Anpassung an Zeitströmungen, denen ein Literat stets mehr ausgesetzt ist als ein Wissenschaftler, sei es aus einer zunächst nur teilweisen, allmählich immer größer werdenden Übereinstimmung mit der nationalsozialistischen Kunstpolitik und Wissenschaftsauffassung. Auch hier wirkten sich Drohungen sozialer Degradierung, Erwartungen der Nationalsozialisten an Funktionsträger - wie die Rektoren der Universitäten - oder die Möglichkeit eines Arbeitsverbotes aus und zeugten jene Mitläufer, welche „ihrer eigenen Erniedrigung und Zerstörung" (Lederer) applaudierten. Die Nationalsozialisten verstanden es meisterhaft, antidemokratische, völkische und künstlerisch-ästhetisch rückwärtsgewandte Grundströmungen und Ressentiments zu verstärken und zugleich gegen die Intellektuellen der Weimarer Republik zu wenden. Die Tragik intellektueller Positionen war, daß sie selbst zu der Weimarer Republik nur ein schlechtes, vielfach ein gleichgültig-nichtssagendes Verhältnis hatten und keineswegs die Chancen zu erkennen vermochten, welche sich in dieser Republik für ihre künstlerisch-literarische Unabhängigkeit bot. Selbst Karl Kraus war zu Hitler nur jenes verräterische Bonmot eingefallen: „Zu Hitler fällt mir nichts ein" - und auch Tucholskys „älterer, besoffener Herr" schwankte von Wahlveranstaltung zu Wahlveranstaltung, ohne sich entscheiden zu können oder zu müssen. Dennoch kann man viele Intellektuelle, die sich gegen den Nationalsozialismus, aber nur selten - wie der Historiker Ludwig Bergsträsser - für die Republik entschieden, nicht für die Zerstörung der Demokratie verantwortlich machen. Wohl aber trugen sie ihre Verantwortung für die Zerstörung der Maßstäbe einer konflikt-, aber auch kompromißfähigen liberaldemokratischen Grundordnung.

Für eine Partei, die sich durch den entschiedenen Willen zur geistigen Gleichschaltung von konkurrierenden Parteien unterschied und deshalb den Anspruch der geistigen Vereinheitlichung erhob, war somit der Boden bereitet. Die nationalsozialistische Weltanschauung erhob nicht allein den Anspruch ausschließlicher Geltung, sondern auch der umfassenden, sich auf alle Bereiche erstreckenden Gültigkeit. Aus diesem Anspruch rechtfertigte sich die weitgehende geistige Organisierung von Akademikern, Hochschullehrern, Publizisten, Künstlern, aber auch von Lehrern und Universitätsdozenten in berufsständischen Verbänden, die sich zu effektiven Organen der Beeinflussung, der Gleichschaltung, der Kontrolle entwickelten. Die Reglementierung der Kultur, ihre Ausrichtung auf die nationalsozialistische Ästhetik, die Verteufelung „entarteter Kunst" sind ohne diese Zentralisierung nicht denkbar. Ihre Voraussetzung fand sie im „Reichskulturkammergesetz" vom 22. September 1933 (Reichsgesetzblatt 1933 I, S. 661), welches beanspruchte, durch die Einrichtung von Kammern für Reichsschrifttum, Reichspresse, Rundfunk, Theater, Musik und Bildende Kunst die „umwälzende Neugestaltung" des geistigen Lebens zu gewährleisten und die nationalsozialistische Herrschaft vom „Vorwurf der geistigen Barbarei" zu befreien.

Lebte die neugeschaffene Institution, die der Welt zeigen sollte, was

„deutsch und echt" sei, schon weitgehend von der „inneren Aufnahmebereitschaft weiter Schichten" (Bracher, Stufen, S. 392), so war das Schriftleitergesetz vom 4. Oktober 1933 wie das Gesetz zur Wiederherstellung des Berufsbeamtentums ein Disziplinierungs- und Ausschließungsgesetz, welches u.a. auch rassenpolitische Kategorien verwendete. Es schaltete das Wort gleich und zog damit der geistigen und publizistischen Auseinandersetzung mit dem nationalsozialistischen Staat und seiner Politik enge Grenzen. Nonkonformität und Abweichung, d.h. „Dissidenz", bildeten sich als nichtöffentliche Verhaltensweisen heraus, die nur zuweilen in knappen Formulierungen angedeutet werden konnten. „Man war dagegen", wurde zum Kürzel, mit der sich Regimeindifferente oder -gegner verständigen konnten.

Insgesamt betrachtet, war die Nachfolgebereitschaft der breiten Öffentlichkeit ebenso wie vieler Funktionsträger aus dem gesellschaftlich-kulturellen Bereich groß. Sie entstand zum Teil aufgrund der Unsicherheit, welche die Beziehung zwischen Schutz und Gehorsam „einschnappen" ließ und Mitläufer zeugte, zum Teil aufgrund der Begeisterung über den augenscheinlichen Erfolg der Nationalsozialisten, zum Teil aber auch, weil die neuen Herren meisterhaft an die Vorurteile anknüpften, welche die belastende Tradition des deutschen Obrigkeitsstaates ausmachten. Vor allem aber appellierten sie an die Interessenlage, an Zukunftsfurcht und Benachteiligungsgefühle, an Ressentiments - sie verschärften Verfolgung und Unterdrückung in der Regel erst, nachdem sie den zu bekämpfenden Gegner oder Zustand in der Öffentlichkeit scharf markiert hatten und die aus Empfindsamkeit oder Betroffenheit resultierende Solidarität mit Verfolgten und Unterdrückten weitgehend abgebaut hatten. Dies zeigte sich besonders an den rassenpolitisch motivierten Nivellierungstendenzen, die zunächst gegen jüdische Beamte, Rechtsanwälte, Steuerberater, Ärzte, Journalisten, Künstler, Hochschullehrer, schließlich gegen jüdische Kaufleute und die Gesamtheit der jüdischen Mitbürger, immer aber gegen die „jüdische Kultur" gerichtet waren.

Der weitverbreitete Antisemitismus der Kaiserzeit und der Weimarer Republik hatte sicherlich zur Zerstörung von Wertmaßstäben ebenso beigetragen wie beruflich bedingte Zukunftsangst oder die Angst vor einer Überfremdung durch Ostjuden, die in vergleichsweise großer Zahl nach Deutschland strömten und zur Ghettobildung neigten. Diese Ängste wurden von den Nationalsozialisten umgesetzt, vielleicht, weil der deutsche Antisemitismus in der Endphase der Weimarer Republik weitverbreitet war und deshalb ein vorzügliches Mittel zur nationalsozialistischen Stimmungsmache darstellte (wie eine revisionistische Geschichtsschreibung behauptet), vielleicht aber auch, weil der Antisemitismus zur Hinnahme einer terroristischen Politik am stärksten bereit machte,

Das böse Gewissen

Fräulein, es hat geklopft, sehen Sie doch bitte mal vorsichtig nach

Der Stürmer Nr. 11, März 1933

wie Bracher betont hat. Unbestritten ist, daß die „Rassendoktrin" der Angelpunkt der „nationalsozialistischen Herrschaftsphilosophie" war und den „terroristischen Charakter des Regimes" ohne breiten Widerstand und bemerkenswerte Resistenz einer (allerdings gleichgeschalteten) Öffentlichkeit erproben und demonstrieren konnte. Bereits unmittelbar nach den Reichstagswahlen vom 5. März begannen Boykottmaßnahmen, die im Berliner Aprilboykott kulminierten und den Nationalsozialisten zeigten, daß sie sich im Kampf gegen das „Judentum" weit vorwagen durften. Stufenweise setzten sie die Schwellen des praktischen Mitgefühls herab: „Reinigung" der Beamtenschaft und akademischer Berufe von Juden sind hier ebenso zu nennen wie das Sterilisationsgesetz vom 14. Juli 1933, das erbbiologische Kriterien formulierte und Voraussetzung der Lebens- und Existenzvernichtung im Zusammenhang nationalsozialistischer Rassenpolitik war. Die Aufhebung der Rechtsgleichheit zwischen Juden und Deutschen insbesondere im alltäglichen Leben zwischen Mietern und Vermietern, Kunden und Kaufleuten, Beklagten und Klägern bereitete die Ausgrenzung der Juden aus der Staatsbürgerschaft, damit aber aus den letzten rechtssichernden Normen vor. Die Reglementierung ihrer Lebensverhältnisse, ihrer Ehepläne und ihres Geschlechtslebens war ein weiterer Schritt, der schließlich in pogromartigen Verfolgungen, in Repressalien und Erklärungen der Rechtsfreiheit endete. Alles dies vollzog sich vor den Augen der Öffentlichkeit, wurde jeweils propagandistisch hervorgehoben und gerechtfertigt, wurde gleichsam zum Bestandteil einer dauerhaft erzeugten Entscheidungssituation aller Deutschen.

Jede Erklärung dieser Hinnahmebereitschaft, die aus der politischen Folgebereitschaft resultierte, wird zu kurz greifen. „Es gibt Probleme", stellte der Philosoph Karl Jaspers im Zusammenhang einer Betrachtung nationalsozialistischer Lebensvernichtungspraxis fest, „die lassen sich nicht lösen". Sicherlich stellt der Hinweis auf den Druck „von unten" keine ausreichende Erklärung dar, ebensowenig wie der staatliche Herrschaftsanspruch zur Verängstigung aller Zeitgenossen derart beigetragen hätte, daß jede Untat hingenommen worden wäre. Gerade die nationalsozialistische Rassenpolitik, die schließlich in eine „industriemäßig" betriebene Menschen- und Massenvernichtung mündete, hatte sich in ihren Anfängen vor aller Augen vollzogen und deshalb zur Abstumpfung der Sinne beigetragen - in einer heute nicht nachvollziehbaren Weise.

Auch die Verfolgung politisch Andersdenkender fand vor aller Öffentlichkeit statt, ja konnte die intendierte abschreckende Wirkung nur entfalten, wenn sie von jedermann beobachtet oder zumindest, in Realität und Konsequenz, geahnt werden konnte. Dies haben Studien über die Entstehung des deutschen Konzentrationslagersystems ergeben. Die Nationalsozialisten vermochten durch die Anknüpfung an Traditionslinien des deutschen „Obrigkeitsstaates", durch die Mobilisierung alltäglicher Interessen und die Formierung der veröffentlichten Meinung, durch die Erzeugung eines auf Öffentlichkeit angewiesenen Terrors die politischen Diskriminierungsabsichten wenn nicht konsens-, so doch zumindest hinnahmefähig zu machen. Sie begründeten auf diese Weise ihre politische Herrschaft und schalteten das öffentliche Bewußtsein gleich - durch Abstumpfung, durch Hinnahmebereitschaft, durch Angst, Furcht, aber auch durch die Aussicht auf die Beförderung der eigenen, der kleinen Interessen. Dies zeigte sich in den Jahren zwischen 1935 und 1938/39 stärker als in der Machtausweitungsphase und bildete die Kehrseite der alltäglichen Solidaritätsbeziehungen, die trotz Verfolgung und Diffamierung des Gegners im Alltag häufig standhielten und zuweilen Voraussetzung für Lebensrettung und Überleben im Untergrund waren.

Konsequenzen

Die Geschichte der nationalsozialistischen Machtergreifung, Machtfestigung und Machtausweitung ist Exempel für die Durchsetzung eines totalitären Herrschaftssystems mit pseudodemokratischen Mitteln, mit Methoden der Gewalt, zugleich aber für die Selbstgefährdung einer Gesellschaft, die politische Ziele ohne Mitteldiskussion und -reflexion zu erreichen sucht und nicht über unumstrittene Maßstäbe des politischen und sozialen Miteinanders verfügt. Die Geschichte der Ursachen und Voraussetzungen dieser Herrschaft wird, trotz einer breiten und ausgezeichneten Forschung, immer rätselhaft bleiben, denn alle Aufklärung über Ereignisse und Abläufe kann nicht schlüssig erklären, weshalb sich eine ganze Gesellschaft der nationalsozialistischen Täuschungs- und Unterdrückungsstrategie willig ergab. Auf die Frage, weshalb das „Dritte Reich" möglich war, weshalb ausgerechnet die Nationalsozialisten die Krise des liberalen Systems zu ihren Gunsten entscheiden konnten und damit die deutsche Katastrophe auslösten, ist keine eindeutige Antwort möglich. Jeder Antwortversuch spiegelt gegenwärtige Erfahrungen, spiegelt Zeitkritik und Zeitdiagnose der antwortenden Forscher, Lehrer und Publizisten, reflektiert historisch-politische Erfahrungen ebenso wie politische Intentionen.

Bis heute ist die nationalsozialistische Machtergreifung als Beginn einer totalitären, menschenvernichtenden und die deutsche Teilung besiegelnden Diktatur ein deutsches Grundtrauma geblieben. Es läßt sich auf verschiedene Weise „bewältigen": durch die Auseinandersetzung mit Tendenzen, welche in ihrer Gesamtheit die Konsolidierung des Nationalsozialismus begünstigten, durch die Ergründung von Mechanismen und Folgen einer politisch-moralischen Gleichgültigkeit, durch den Versuch, Ansätze eines den Nationalsozialismus ermöglichenden Denkens und politischen Handelns bereits frühzeitig zu erkennen.

So steht die deutsche Nachkriegsgesellschaft vor der Frage, „wie es möglich war", aber auch vor dem Problem, was in der jeweiligen Gegenwart an vergleichbaren politischen und politisch-kulturellen Problemen und Phänomenen vorhanden ist. Die Auseinandersetzung mit zeitgeschichtlichen Zäsuren ist somit auch auf die Herausforderungen der deutschen Nachkriegsentwicklung zu beziehen. Geschichtsbewußtsein schlägt sich in der Gegenwartsdeutung nieder und kann unter dieser Voraussetzung zukunftswichtig werden.

Auflösung und Selbstpreisgabe der Weimarer Republik haben sich ebenso wie Machtergreifung und Machtausweitung der Nationalsozialisten, Zerstörung der Grundrechtsordnung und totale Gleichschaltung von Staat und Gesellschaft in den wenigen Monaten des Jahres 1933 auf die Beratungen des Parlamentarischen Rates und die Ordnung des Grundgesetzes ausgewirkt. Gerade in der Verfassungsdiskussion der Nachkriegszeit sind aus der Beantwortung der Frage, „weshalb gerade die Nationalsozialisten" eine Demokratie zerstören und eine totalitäre Diktatur errichten konnten, Folgerungen gezogen worden. Wenn man je aus der Geschichte lernen kann, dann ist die Lektion nationalsozialistischer Herrschaft, die Lektion einer Schändung des Individuums, der Zerstörung gesellschaftlicher Vielfalt und der Gleichschaltung aller politischen Willensbildungsprozesse auf die Programmvorstellungen einer alle Werte der Humanität umstürzenden und bekämpfenden Partei gelernt worden.

Viele der Folgerungen scheinen in die Überlegung zu münden, künftig müsse um jeden Preis und mit aller Kraft die politische, kulturelle und soziale Vielfalt gesichert und das Recht des einzelnen gegenüber Staat und seinen Organen gesichert werden, habe die Verfassung die Sicherung, Durchsetzung und Gewährleistung von Menschenwürde und Pluralität als obersten Auftrag staatlichen Handelns zu bekräftigen. Deshalb schreibt die Verfassung der Bundesrepublik Deutschland vor:

> „Die Würde des Menschen ist unantastbar. Sie zu achten und zu schützen ist die Verpflichtung aller staatlichen Gewalt." (Art. 1, I GG).

Die Grundrechte stehen bewußt als staatlichem Handeln und Regierungssystem vorgeordnetes Normen- und Wertgefüge am Anfang des Grundgesetzes; sie genießen den besonderen Schutz des Artikels 73 Absatz 3 des Grundgesetzes. Besonders geschützt ist auch die bundesstaatliche Ordnung, die sichtbarster Ausdruck einer antizentralistischen Willensentscheidung des Parlamentarischen Rates ist, denn gemäß Art. 73 Abs. 3 des Grundgesetzes ist eine Änderung der in den Grundrechten nach Art. 1 bis 20 „niedergelegten Grundsätze" und der bundesstaatlichen Ordnung „unzulässig". Gegen eine Gleichschaltung der Kultur und Bildung sind ebenso Sicherheiten vorgesehen, wie gegen die Instrumentalisierung der öffentlichen Meinung zugunsten einer einzigen Tendenz, Weltanschauung oder Partei. Auch die gesellschaftlichen Organisationen, Parteien und Verbände, sind in besonderer Weise unter den Schutz des Gesetzes gestellt. Das Bundesverfassungsgericht ist befugt, Verstöße gegen die Verfassung festzustellen und die Verfassungsordnung zu schützen. Im Zusammenhang mit der Notstandsverfassung wurde sogar ein zur Verteidigung der freiheitlich-demokratischen Grundordnung praktiziertes Widerstandsrecht in die Verfassung eingefügt. Die Prinzipien der Gewaltenteilung, insbesondere zwischen Exekutive und Rechtsprechung, wurden nachdrücklich bekräftigt.

So läßt sich die Verfassung als Ergebnis eines historisch-politischen Lernprozesses interpretieren, lassen sich grundlegende Gehalte ihres Normengefüges durch den Hinweis auf die nationalsozialistische Machtergreifung und die Entstehung des deutschen Unrechtsstaates interpretieren. Dies erscheint als Selbstverständlichkeit. Dennoch zeigt die öffentliche Diskussion in der Bundesrepublik und insbesondere die Kritik an Grundprinzipien der parlamentarischen, rechtsstaatlichen und pluralistischen Ordnung, daß im Zuge der Generationen durch die Zeit und die Aufspaltung der unter dem Eindruck des Nationalsozialismus stehenden Zeitgeschichte in eine Vielzahl von je gegenwartsgeschichtlich geprägten Erfahrungen Grunderfahrungen der lebens- und zeitgeschichtlichen Entwicklung immer wieder aufs neue zu vermitteln sind.

Vielleicht läßt sich die Frage, weshalb es gerade den Nationalsozialisten gelang, die deutsche Öffentlichkeit zu beeindrucken und Mechanismen der Selbstidentifikation und Selbstgleichschaltung zu initiieren, durch den Hinweis beantworten, daß die NSDAP beanspruchte, durch „Wende" und „Revolution" die Geschichte neu beginnen zu lassen. Damit war zugleich der Verlust historischer Erfahrungen vorgezeichnet, an denen sich Maßstäbe politischen Handelns und politischer Ziele entwickeln lassen. Zwar beriefen sich Nationalsozialisten vielfach auf die Geschichte; „Geschichte" in diesem Zusammenhang war jedoch Synonym für „Zukunft", bedeutete nicht die Bindung an die Geschichte seit Aufklärung und Revolution, sondern stand für den Versuch, die Ergebnisse dieser Geschichte zu beseitigen.

> „Historisches Wissen ist eine Technik ersten Ranges zur Fortsetzung einer gereiften Zivilisation. Nicht weil es positive Lösungen für die neuen Konflikte des Lebens lieferte - das Leben ist immer wieder anders, als es war -, sondern weil es verhindert, daß die naiven Irrtümer früherer Zeiten wieder begangen werden. Aber wenn man, nicht genug damit, daß man alt ist und das Leben schwieriger zu werden beginnt, das Gedächtnis verloren hat und keinen Gewinn aus seinen Erfahrungen zieht, so ist alles verloren. Und in dieser Lage ist, glaube ich, Europa ..."

Der Geschichtsphilosoph Ortega y Gasset schrieb diese Sätze, drei Jahre vor der nationalsozialistischen Machtergreifung, im Jahre 1930. Sie stehen am Anfang grundlegender historisch-politischer Erfahrungen, die weiterzugeben sind, will man sie nicht immer wieder neu machen.

Zitierte und weiterführende Literatur

Aleff, Eberhard, Das Dritte Reich. 7. Aufl. Hannover 1970.

Bracher, Karl Dietrich, Die Auflösung der Weimarer Republik. Eine Studie zum Problem des Machtverfalls in der Demokratie. 6. Aufl. Düsseldorf 1978.

Bracher, Karl Dietrich, Stufen der Machtergreifung. Frankfurt/M. 1974.

Broszat, Martin, Der Staat Hitlers. Grundlegung und Entwicklung seiner inneinneren Verfassung. 9. Aufl. München 1981.

Erdmann, Karl-Dietrich, Die Weimarer Republik. München 1978.

Erdmann, Karl-Dietrich, Deutschland unter der Herrschaft des Nationalsozialismus. München 1979.

Lederer, Emil, Kapitalismus, Klassenstruktur und Probleme der Demokratie in Deutschland 1910 - 1940. Göttingen 1979.

Matthias, Erich / Morsey, Rudolf (Hg.), Das Ende der Parteien 1933. Darstellungen und Dokumente. Königstein/Ts. u. Düsseldorf 1979.

Megerle, Klaus, Die nationalsozialistische Machtergreifung. Berlin 1982.

Münch, Ingo von / Brodersen, Uwe (Hg.), Gesetze des NS-Staates. Dokumente eines Unrechtssystems. 2. Aufl. Paderborn 1982.

Sauer, Wolfgang, Die Mobilmachung der Gewalt. Frankfurt/M. 1974.

Schulz, Gerhard, Die Anfänge des totalitären Maßnahmenstaates. Frankfurt/M. 1974.

Schulz, Gerhard (Hg.), Staat und NSDAP 1930 - 1932. Quellen zur Ära Brüning. Düsseldorf 1977.

Steinbach, Peter, Nationalsozialistische Gewaltverbrechen. Die Diskussion in der deutschen Öffentlichkeit nach 1945. Berlin 1981.

Das Dritte Reich. Die Zertrümmerung des Parteienstaates und die Grundlegung der Diktatur. Berlin o.J. (= Ursachen und Folgen. Vom deutschen Zusammenbruch 1918 und 1945 bis zur staatlichen Neuordnung in der Gegenwart Bd. 9).

Die Autoren des Bandes

Jürgen Bergmann
Dr. phil., Jg. 1936. Studium der Geschichte und Germanistik in Berlin, 1969 Promotion. Prof. für Sozialgeschichte des 19. und 20. Jahrhunderts am FB Politische Wissenschaft der FU Berlin. Veröffentlichungen zur Wirtschafts- und Sozialgeschichte des 19. und 20. Jahrhunderts.

Georg Kotowski
Dr. phil., Jg. 1920. Studium in Kiel und Berlin, 1950 Promotion. Prof. für Politikwissenschaft mit besonderer Berücksichtigung der geschichtlichen Grundlagen am FB Politische Wissenschaft der FU Berlin. Veröffentlichungen zur Zeitgeschichte, Verfassungsgeschichte und Geschichte des Bildungswesens.

Detlef Lehnert
Jg. 1955. Studium der Geschichte, Politischen Wissenschaften und Philosophie in Berlin, 1978 Dipl.Pol., 1981 Promotion. Hochschulassistent für historische Grundlagen der Politik, bes. Geschichte politischer und sozialer Bewegungen im 19. und 20. Jahrhundert. Veröffentlichungen zur Geschichte und Theorie sozialer Bewegungen im 19. und 20. Jahrhundert.

Klaus Megerle
Dr. phil., Jg. 1943. Studium der Geschichte und Politischen Wissenschaften in Tübingen und Berlin, 1971 Promotion, 1977 Habilitation. 1979 Prof. für deutsche Geschichte des 19. und 20. Jahrhunderts, 1982 Akad. Rat am FB Politische Wissenschaft der FU Berlin. Veröffentlichungen zur deutschen Industrialisierungsgeschichte, zur politischen sowie zur Wirtschafts- und Sozialgeschichte des 20. Jahrhunderts und zu Fragen der Studienreform.

Peter Steinbach
Dr. phil., Jg. 1948. Studium der Geschichte, Politischen Wissenschaften und Philosophie in Marburg, 1973 Promotion, 1978/79 Habilitation. Prof. für Historische und theoretische Grundlagen der Politikwissenschaft an der Universität Passau. Veröffentlichungen zur deutschen Industrialisierungsgeschichte, historischen Parteien- und Wahlforschung, zur modernen Regionalgeschichte und zur politischen Geschichte Deutschlands im 19. und 20. Jahrhundert.